魏晋门阀

潘彦明·著

下

中国出版集团　现代出版社

图书在版编目（CIP）数据

魏晋门阀 / 潘彦明著. -- 北京 ：现代出版社,2024.6
ISBN 978-7-5231-0860-4

Ⅰ. ①魏… Ⅱ.①潘… Ⅲ.①中国历史—魏晋南北朝时代—通俗读物
Ⅳ. ①K235.09

中国国家版本馆CIP数据核字(2024)第097850号

魏晋门阀

作　　者　潘彦明
责任编辑　姚冬霞

出 版 人　乔先彪
出版发行　现代出版社
地　　址　北京市安定门外安华里504号
邮政编码　100011
电　　话　010-64267325
传　　真　010-64245264
网　　址　www.1980xd.com
印　　刷　北京飞帆印刷有限公司
开　　本　710 mm×1000 mm　1/16
印　　张　50.5
字　　数　765千
版　　次　2024年6月第1版　2024年6月第1次印刷
书　　号　ISBN 978-7-5231-0860-4
定　　价　98.00元（全二册）

第四章　乱

胆怯的权臣

映入杨骏眼帘的是一幢空了许久的宅邸。几个月前，他弟弟杨珧辞去官职，刚从这里搬出去。杨骏贪婪地看着，忍不住赞叹："真是富丽堂皇啊……"他对这豪宅早就心仪很久了。

"正始年间，魏朝大将军曹爽也住过这里。"侍从随口说道。

"提这干吗？"杨骏瞪了那人一眼。他心里掠过一丝不快，但这消极的感觉转瞬便被面前的豪宅冲得烟消云散。

"搬进去！"

还没住几天，杨骏受皇太后杨芷宣召进宫。

"觐见太后殿下。"

"父亲不必多礼。"杨芷赶忙搀扶起杨骏。

杨骏起身，不再拘泥烦琐的皇宫礼节，恢复家人谈话的状态："找为父何事？"

"唉，想我孤儿寡母深居皇宫，整日心神不宁，我有个不情之请，想让您搬到宫里住。"

"啊？……这……恐怕有些不妥吧？"

"没什么不妥，我已经安排好了，您就住进太极殿吧。"太极殿位于皇宫南宫，是皇帝处理政务、群臣上朝的场所。它名为一个殿，其实是由正殿、东堂、西堂以及周围无数宫室构成的庞大建筑群。

"可宫中不比宫外，为父那三千名步兵、一千名骑兵，没法带进来。"

"说得也是……"杨骏的亲兵不属于皇宫禁军，若带进宫就等于谋反了。杨芷想了想，言道："这样吧，父亲可以配左卫、右卫、三部司马各二十人，再配殿中都尉十人，总计一百一十名侍卫随您进太极殿。反正宫中比宫外安全，有这些人保护，应该也够了。"

"好！"杨骏喜出望外，他才住进洛阳城最大的豪宅，本以为府邸的规模已经到了头，没料到才没几天，他又更上一层楼。

如此，杨骏把四千名亲兵留在了宫外，只带着一百一十名侍卫搬进了太极殿。这么一来，群臣等于每天都要来杨骏家里上朝。

司马炎死后翌月，公卿悉数会聚于皇宫内，准备为司马炎举行盖棺入殓的仪式，皇宫被此起彼伏的号哭声掩盖。哭着哭着，众人才发觉少了一个人，一个最关键的人——辅政重臣、太尉杨骏："太尉怎么没来？快派人去请他。"

使臣匆匆来到太极殿："群臣俱已到场，请杨大人出席入殓仪式。"

杨骏听着殿外一片嘈杂声，内心忐忑不安。这么多人，闹哄哄的，万一有人趁乱刺杀我，怎么办？他对使臣的话充耳不闻，不管对方怎么催促，就是没有走出太极殿的意思。

"大人，时辰都快过了！"

杨骏下令："传侍卫来！"顷刻间，数十名侍卫紧紧环绕在杨骏身旁。见此情景，杨骏心里总算踏实了许多："恕我公务繁忙，陛下的葬礼我就不参加了。"

使臣惊诧地盯着这位色厉内荏的权臣，深深地叹了一口气，拂袖而去。

杨骏最终没敢出席司马炎的葬礼。其实不光是他，另一位司马炎生前属意但未遂的托孤重臣——大司马、汝南王司马亮也没参加葬礼。这时，司马亮正独自坐在皇宫门外哭丧："先帝恕罪！先帝恕罪啊！老臣只能在这里给您凭吊啦！"

侍从忍不住插嘴道："汝南王，您不进去吗？"

司马亮瞪了他一眼："闭嘴，你懂个屁！这要进去，万一被杨骏刺杀怎么办？"

想当初，司马炎为了降低权臣篡国的风险，煞费苦心挑了这两个胆小如鼠又缺乏器量的人托付后事。依这一标准来看，司马炎绝对算找准人了。司马亮和杨骏都因为害怕被对方刺杀，一个在侍卫的簇拥中不肯迈出家门半步，一个在皇宫门外哭丧不敢入宫，居然全都没出席司马炎的葬礼。

宗　师

司马炎总算盖棺入殓，身后事，他两眼一闭，再与自己无关。而他临终前让司马亮辅政的那封诏书至今藏在杨骏府中，不见天日。很多人私下有耳闻，但因为诏书未曾公示天下，如今木已成舟，大家只能默默接受由杨骏辅政的事实。

然而，议论声还是在朝野间风传："其实汝南王司马亮本该与杨骏共同辅政。"杨骏怀疑是华廙泄密，遂将华廙罢黜。

早先，司马亮都打算去豫州许昌任职了，司马炎突然驾崩，导致他离京耽搁。司马炎的葬礼结束后，他依然没去许昌，不是因为贪恋京都的权势，而是他左右徘徊，根本想不明白该怎么办才好。

走，他怕会引起杨骏的怀疑。不走，他又怕面对杨骏。

司马亮这么黑不提白不提地滞留京都，也让杨骏很难受。杨骏把司马亮列为头号政敌，自然不是惧怕司马亮的才略，因为谁都知道，司马亮根本没有才略，他怕的是司马亮在宗室中的"宗师"地位，更何况，按照司马炎临终前的意思，司马亮和自己一块辅政也是理所应当，这尤其让杨骏心里发虚。

同样地，司马亮也害怕杨骏，他虽然留在京都，却从不敢上朝。

"怎么办？怎么办？恐怕身家性命要保不住了……"司马亮惶惶不可终日。

一天，司马亮找同僚何勖商议对策："何卿，杨骏一直憋着要害我，您能不能帮我想个辙儿？"

何勖听了，气不打一处来："您官拜大司马，要兵有兵，要权有权，又身为皇室宗师，人心所向，天下谁都希望让您辅政。照我说，您该主动讨伐杨骏，怎么反倒怕他？真是莫名其妙！"

司马亮连连摆手："这……恐非我力所能及啊！"

"那在下也没辙了，您自己看着办吧！"

司马亮拜别何勖，心里仍然没主意。他的幕僚见状，劝道："大人，恕我多言。您率本部营兵突袭杨骏府邸，只需一声号令，朝廷重臣都会响应，没道理躲在家里战战兢兢。"

"不妥，不妥，你别再说这种话。"俄顷，司马亮一拍额头，"有了！我有主意了！"

"您终于想明白啦？"

"嗯！想明白了。明天，我们就率本部营兵出京！"

"您是想去调动许昌军团反攻杨骏？"

"不！我们先出城，就驻扎在城外。"

"然后呢？"

没有然后。司马亮想不了那么远："先看看再说。反正城外比城里安全。"

幕僚满脸惊愕，呆呆地望着司马亮，一句话都说不出来。

几天后，司马亮带着大司马府的营兵畏畏缩缩地出了京城，正像他说的那样，他没去许昌，而是驻扎在洛阳城外。堂堂宗室长辈，又是众望所归，却变成了一股立场和目的均不明确的游离势力。

这算什么事？朝臣无不失望透顶，而杨骏也恰好抓住了司马亮的把柄。

"司马亮私自驻军城外，必是图谋不轨！"他当即奏请朝廷下诏书讨伐司马亮。不过，委派谁执行这项命令让杨骏相当为难。群臣一个个推三阻四，甚至包括杨骏的亲信都不愿意干这种不得人心的事。最后，杨骏决定让司空石鉴（山涛的好友）和中护军张劭（杨骏的外甥）来执行。这几个月，石鉴和张劭一直率军驻扎在洛阳城外，守护着司马炎的陵墓峻阳陵。杨骏认为，二人既不在京城，自然不会十分了解眼下的局面。

翌日，诏书发到了峻阳陵："汝南王司马亮未经朝廷的许可，擅自率军驻扎洛阳城外，意图谋反。诏命司空石鉴、中护军张劭率本部营兵讨伐！"

石鉴听罢，皱着眉头。他虽不在京城，消息却算灵通。摊上这么件恶心事，要真做了，绝对会被人戳脊梁骨啊……

张劭没往这方面想，他是杨骏的外甥，当然全心全意为杨骏出力："石大人，朝廷让咱们讨伐司马亮，赶快整军出发吧！"

石鉴慢慢悠悠地说："不急，不急。"什么朝廷，分明是杨骏想借刀杀人。

"朝廷敕命，岂有不急的道理？"

"你先容我想想。"石鉴说，"就算打仗，也要知己知彼。你看这样好不好，我派几名斥候去打探一下司马亮的底细再说。"

"也好。"张劭同意了。

石鉴琢磨：以司马亮的秉性，磨蹭磨蹭就该逃跑了。

果不出石鉴所料。没两天，司马亮得知朝廷要讨伐他，连夜逃往许昌。

杨骏获悉司马亮离去的消息，也不想把事闹大，稀里糊涂没再提。

天下笑柄

司马亮跑到了许昌，杨骏神清气爽，他认为再没谁能挡他的路了。

6月，朝廷下诏，正式宣布杨骏为首辅大臣，并由太尉晋升为太傅。所有朝廷诏书在司马衷那走个过场后，一律都要皇太后杨芷点头才能实施，而杨芷点不点头还是得看杨骏的意思。这年，司马衷三十一岁了，一个成年皇帝还要把政权拱手交给权臣，不能自理，实在可悲。

杨骏一执政就办了两件让人大跌眼镜的蠢事。

第一件事，他宣布改年号为永熙。改元就伴随大赦，天下罪犯因此被赦免。姑且不提改元会引发一系列不良后果，有个更严重的问题被杨骏忽略了。根据礼法，皇帝驾崩第二年才能改元。杨骏犯了一个超低级的错误。

"想当年，西汉名臣杨震学富五车，号称'关西孔子'，今天子孙不肖，居然到了这个地步，真给祖宗脸上抹黑！"

全天下都在耻笑杨骏没文化。若非旁人提醒，他仍蒙在鼓里。

"皇帝驾崩第二年才能改元？这么重要的事，怎么没人跟我讲？"杨骏也觉得很丢脸。于是，他为挽回颜面，来年正月又改元永平。可笑的永熙年只持续了半年就结束了，事后，杨骏命令史官抹掉关于永熙年的记载。不过，这起乌龙改元事件最终流传下来，给杨骏本就不光彩的人生又重重地抹上了一笔。

杨骏办的第二件蠢事是让全天下人都晋爵一级，凡参与司马炎葬礼的官员晋爵二级，所有二千石以上的官员全部封侯。侯爵相当于国家干股，很多人拼了一辈子才能挣到。此言一出，群臣哗然，大家都认为杨骏疯了。

侍中石崇（石苞的儿子，曾跟王恺斗富）与散骑侍郎何攀（昔日王濬幕僚）问道："不知太傅此举究竟想达到什么目的？"

杨骏回答："昔日魏明帝曹叡刚登基时也曾大开封赏，我这是效仿先人。"

石崇瞠目结舌："即便当年曹叡封赏的程度，也没今天这般夸张！"话说回来，曹叡是皇帝，杨骏拿自己跟皇帝比，本就是大逆不道。

何攀劝道："当初那些伐吴功臣流血流汗，助先帝一统天下，他们的封赏都比不上这回，您让他们心里怎么想？您开了这样的先河，后世必当效仿，那么几代之后，天下就全都是公侯了！侯爵以稀为贵，若人人皆为公侯，谁还会在乎？"

这时，左军将军傅祗实在忍不下去了，直指问题的核心："哪有因为先帝驾崩封赏大臣的，你是想让臣子都盼着皇帝死吗？"这位傅祗，正是昔日辅佐司马师和司马昭的魏朝名臣傅嘏的儿子。

杨骏大肆封赏，无非想卖个人情，如果他识相，就该借着石崇、何攀、傅祗的话顺坡下，反正别人恨不到他头上。但杨骏蠢到没边儿，坚持给所有人都封了侯。果然，封侯的人一多，自然没人珍惜爵位，得了便宜的人还在背后笑话杨骏。

不难想象，无论是改元还是封赏，两件事都没给他带来半点好处，反而让他沦为天下笑柄。

众叛亲离

杨骏怎么都想不明白，为什么连封赏这种好事都会有人反对，而且最终也没见谁念他的情。

没两天，封赏事件中的反对者俱遭杨骏打压。左军将军傅祗调任侍中，被剥夺兵权；侍中石崇调任荆州刺史，被赶出朝廷；何攀没动窝，但处处受杨骏排挤。

石崇即将远去荆州，众多送行的好友中，有杨骏的弟弟——"三杨"老幺杨济。

"石君，对不住啊……"杨济和石崇私交不错，知道石崇规劝杨骏是一番好意，结果反落得这样的结局，心里相当过意不去。

"没事！没事！"石崇倒也坦然。

"你说说，我大哥搞成这样，公卿会怎么想啊……"

石崇言道："太傅要想得人心，就该与四海贤士共同执政才行。"他可没杨济那么纠结，心想：朝廷怕是要面临一场动荡，搅和政治，不如闷声发大财。果不其然，他到荆州后便驱使手下劫掠当地商队，干起了官行匪道的勾当。

此时，"三杨"中的老二杨珧已辞官隐退，老三杨济也有急流勇退之意，但想到兄弟的命运毕竟绑在一起，不得不帮杨骏出谋划策。

他提议："皇子司马遹深得先帝宠爱，又是陛下唯一的儿子，大哥可以册立司马遹为皇太子，再挑选德高望重者辅助太子参政，这肯定能得到公卿的支持。"

于是，杨骏奏请朝廷册立司马遹为皇太子，拜何劭为太子太师、王戎为太子太傅、杨济为太子太保、裴楷为太子少师、和峤为太子少傅、张华为太子少保。这起人事调动，是杨骏执政期间唯一可圈可点的事。

在这六位东宫辅臣中，杨济是杨骏的三弟，何劭在司马炎临终前帮杨骏写过托孤诏书，二人受杨骏信任，自不必多言。而王戎、裴楷、和峤、张华全都是大名士。张华是伐吴功臣，在司马炎时代遭太子党打压被罢黜，赋闲多年，至此终于被朝廷起用，重新踏入政坛。裴楷属于河东裴氏家族，是名臣裴秀的堂弟，号称"玉人"，他与杨骏是儿女亲家，但断定杨骏成不了大器，刻意跟杨骏保持距离。

然而，一肚子草包的杨骏跟这批大名士实在没有共同语言。不多久，他又开始排挤由他亲自提拔的大名士，不让他们参政。结果，东宫的实权派只剩下杨济。

杨济提醒杨骏："起初，王佑劝先帝派出三位皇子担任外州都督（司马炎的三子司马柬出任关中都督，五子司马玮出任荆州都督，十子司马允出任扬州都督）正是为了牵制大哥你。现在王佑官任中领军，手握皇宫内禁军兵权，大哥又深居宫中，极不安全。我觉得该找个借口把他赶走。最近正好河东太守空缺，不如派他去河东。"

杨骏同意了。

讲到这里，大概介绍一下杨骏的势力部署。《晋书》中讲杨骏"多树亲党，皆领禁兵"，但这绝对是夸大其词。翻遍史书，可以确知杨骏真正的亲信不多，排除那些无关紧要的小角色，算来算去，真正值得一提的只有五个人。

第一个当然是他的三弟杨济。此时，杨济担任太子太保，算安插进东宫的重要势力。杨骏的外甥段广，任散骑常侍，充当皇帝身边的眼线。另一个外甥李斌，官任河南尹（京畿郡行政长官）。补充一句，李斌也是魏朝"玉山"李丰的侄子。再有就是两个禁军将领——中护军张劭和左军将军刘豫，二人都隶属中护军，手握皇宫外围禁军兵权。杨骏赶走王佑后，没再任命新的中领军，显然，他那些资历浅薄的亲信没法镇住皇宫内中层禁军将领。也就是说，他只是把皇宫内禁军打散，却不能完全控制。总而言之，表面上位高权重的杨骏根本撑不住这么大盘子。

有人劝杨骏："您以外戚的身份位居辅政重任，应当秉承公正、诚信、谦逊。时下众多藩王手握兵权，占据各大州郡，宗室强盛，您硬是不让他们参政，我担心祸患不远了。"

杨济也劝大哥把司马亮请回来一起辅政。他是个聪明人，按他的算计，大哥无德无才，这么搞下去早晚是个死。如果大哥能跟司马亮共同辅政，朝廷格局则有可能发生改变。要么是杨家与宗室联手，平衡其他公卿；要么是公卿分成两派，一半支持杨家，一半支持宗室。总不至于像现在这样，全天下都跟杨家作对。

然而，杨骏一概不听。

杨济郁闷地来到好友傅咸（傅祗同族）府中。几杯酒下肚，他忍不住跟傅咸抱怨道："糟心透了！真想像我二哥杨珧那样隐退，不问政事……"

"又在为你大哥的事发愁？"

"还能有什么事？大哥如果屈身退让，请司马亮入朝参政，杨家之难，尚可幸免，否则就等着灭族吧！"

"唉，你大哥的确应该与司马亮联手辅政。再说，外戚与宗室本来就该彼此仰仗、相互援助，所谓唇亡齿寒哪！"

"可这道理就是没法跟我大哥讲明白。"

"你先别愁，明天我去劝劝太傅。"

傅咸第二天果然去劝杨骏。

杨骏非但不听，反而开始变着法儿排挤傅咸。最后，他连杨济都爱搭不理了。

潜伏的杀手

杨骏办了无数蠢事，尚算得人心的就是册立司马遹为皇太子，不过，凡事都不可能讨好所有人，册立太子也不例外，这不可避免地得罪了皇后贾南风。

司马遹是司马衷的长子，但不是贾南风所生，因此不算嫡长子，而是庶长子。倘若将来贾南风生了自己的儿子，该怎么办？贾南风对杨骏立司马遹一事，憋了一肚子火。当年，弘农杨氏为挽救贾南风濒危的政治生涯出工出力，但贾南风丝毫没领情，而且杨芷总拿皇太后的地位压她，让她对杨骏、杨芷父女满是恨意。

早晚有一天我要灭了杨家！贾南风咬牙切齿。

再说杨骏，他对贾南风有点顾忌，但他始终认为自己的头号政敌是那个宗室中辈分最高的老头子司马亮。所以，对于得罪贾南风这事，他压根没放在心上。

公元 291 年春节，皇宫举办了一场盛大的岁首年会。司马衷一如既往地傻笑着，皇太后杨芷坐在最尊贵的位置，在她旁边是意气风发的杨骏。任谁都看得明白，群臣不自觉地往杨骏和杨芷身旁聚拢，本应是主角的皇帝身边显得冷冷清清。

贾南风坐在一旁，悄悄用胳膊肘戳了戳司马衷，阴沉沉地说道："你看杨骏那副趾高气扬的德行，说不定哪天就篡了你的皇位。"最近这段时间，她频繁给司马衷灌输这种想法。

"太后会保护我的！"司马衷说完，不由自主地望向不远处的杨芷。

此刻，杨芷正和杨骏喜笑颜开地接受群臣的敬酒。

"说什么傻话？太后是杨骏的女儿，他们打算合谋刺杀你呢！"

"啊……别、别让他们刺杀我，好不好？"

"有臣妾在，不会让他们动你一根毫毛。臣妾会保护你。"

一阵微风把贾南风身旁的烛火吹熄。旁边的太监赶忙端着一盏新烛走上前来。

贾南风摆了摆手："不用了。"她觉得这样挺应景，杨骏在明，自己在暗，暗处挺好的。

夜已深，酒席上的众人渐渐东倒西歪，杨芷宣布散席，大家都醉醺醺地回去休息了。贾南风没有醉，她很清醒。

"陛下，臣妾累了，今晚就不陪你了。"

"好！好！"司马衷很高兴，他并不喜欢和贾南风同床共寝。

贾南风往寝宫走去，在她身后，有个太监紧紧跟随。这太监名叫董猛，是贾南风的亲信。

贾南风屏退左右，吩咐董猛："你传裴颜（wěi）、何攀、孟观、李肇来见我。"

不多时，董猛带着四人来到贾南风寝宫。

何攀官任散骑常侍，在封赏事件中因为跟杨骏唱反调，后来一直遭到排挤。

裴颜是晋朝开国重臣裴秀的儿子、裴楷的堂侄，同时是贾南风的表亲，官任右军将军，是皇宫内中层禁军将领，原本隶属中领军。可自从上任中领军王佑被罢免后，杨骏经常对他指手画脚，搞得他相当不爽。

孟观和李肇则是皇宫下层禁军将领，常被杨骏肆意辱骂。

这四位官员和贾南风秘密结成了一个政治联盟。他们的目标，即是扳倒杨骏。

何攀开口道："近来，杨骏还是整天得罪人，现在就连杨珧和杨济都对他失望透顶。但即便如此，下臣还是觉得，要对付杨骏，必须有宗室藩王支持才能成功。"

裴頠等人颔首附和。

贾南风思忖了一番，遂吩咐李肇道："你马上去趟许昌，找汝南王司马亮，就说杨骏目无皇室，意图谋反，让他入京勤王。"说着，她把一封信递给了李肇，"这是我的手谕，务必亲手交给他。"

李肇接过信。

贾南风大概有点不放心，又问道："司马亮胆小懦弱，如果他不敢率兵勤王，你怎么办？"

"宗室藩王又不是只有汝南王一人，他若拒绝，臣再去找其他藩王，一定不会无功而返！"

"好。我给你提个醒，要是汝南王拒绝，你可以去找楚王司马玮商议。这小子性格轻率暴躁，可用。"司马玮是司马衷五弟，在司马炎临终前出任荆州都督。

"臣记住了！"

翌日，李肇告病请假，偷偷来到许昌，面见汝南王司马亮。

司马亮听完李肇的陈述，又看了贾南风的手谕，狐疑道："你说杨骏要谋反？"

"正是！"

司马亮虽懦弱，但几十年也不是白活的。他暗想：杨骏自己没儿子，难道他要谋自己女儿的反？荒唐！他当然没把这话挑明，只是跟李肇打着马虎眼："杨骏不得人心，离死不远啦！"

"这么说，您是答应啦？"

"答应什么？"

"当然是答应率军剿灭杨骏！"

"哎！"司马亮连连摆手，"俗话说，多行不义必自毙。杨骏活不了多久。不劳我出兵，咱们只须等着看他倒霉就行。"

李肇听明白了，司马亮还是不敢冒头。他早就想到是这个结果："既如此，在下也不强求，只希望大人能守口如瓶，不要泄露出去。"

"这是自然，这是自然。"

"下官告辞。"李肇拜别司马亮，马不停蹄奔赴至荆州，秘密拜访楚王司马玮。

司马玮年方二十一，其性格确如贾南风形容的那样，轻率暴躁。他听了李肇一番话，气得怒发冲冠："你再说一遍，杨骏要谋我哥哥的反？"

"的的确确。"

"大胆贼子，我誓要诛他九族！"

"敢问殿下您是否要带荆州军入京勤王？"

"不用！我先去趟扬州，找我十弟淮南王司马允帮忙，然后我俩只身入京。"司马玮根本不惧杨骏，故敢做出这样的决定。

"啊？"李肇惊得合不拢嘴。

几天后，司马玮来到淮南，见到了司马允。

"老十，杨骏要谋反了！"司马玮一边大刺刺地说着，一边摩拳擦掌，"快跟我入京诛杀逆臣！"

"真是这样吗？"司马允性格比司马玮稳重很多。

"有什么可迟疑的？"司马玮急得直跺脚。

"你先别急。"司马允转过头，询问在座的淮南相刘颂："刘君，您怎么看？"

这位刘颂前文出现过两次，他在伐吴功臣王浑和王濬争功事件中偏袒王浑，又在太常寺七博士力挺司马攸后宣判七博士死刑。从他的过往事迹中不难发现，他是个能准确站对立场的人。

刘颂想了想，说："谋反不谋反未可知，但杨骏篡夺汝南王辅政之位，证据确凿。更何况，他闹得天怒人怨，人人得而诛之。楚王殿下要杀杨骏，确实是为社稷尽忠！"

"嗯……"司马允点了点头，"不过，藩王入京不能这么随随便便。总得找个名正言顺的理由。"

司马玮、司马允、刘颂经一番商议，遂向朝廷提出要为先帝吊丧，请求入京。

没几天，杨骏接到了司马玮和司马允的奏疏。他原本就忌惮这些手握强兵的藩王，如今见司马玮和司马允请求只身入京，便爽快答应。

话说回来，司马允虽然认可刘颂的主张，但他心里想：朝廷里斗得不可开交，再加上自己这个性子暴烈的哥哥，指不定会闹出多大乱子。

司马允道："刘颂，你也跟我一起进京，有什么事，你代我跟皇后商量，我就不出面了。"

刘颂同意了。

公元291年4月初，司马玮和司马允各自带着一批幕僚顺利进了京城。

司马玮很快就跟贾南风碰头，二人一拍即合，秘密达成协议。紧接着，司马玮又把几个皇室成员——东安公司马繇（司马伷第三子）、下邳王司马晃（司马孚第五子）、东海王司马越（司马懿四弟司马馗的孙子）等人也拉进了反杨骏联盟。

月黑风高夜

十几天后，4月22日深夜，在静悄悄的皇宫内，一场政变蓄势待发。

贾南风下令："孟观、李肇，你们俩跟我去陛下寝宫！"

俄顷，司马衷睡眼惺忪地被孟观和李肇叫了起来。

"陛下，杨骏谋反，今晚就要进宫刺杀您！"

"那怎么办？怎么办？"司马衷惊慌失措，他的大脑几乎不具备独立思考的能力，只好求助地望向一旁的贾南风。

贾南风道："请陛下马上下诏，讨伐杨骏一党！"

这个时候，留宿在皇帝寝宫外的杨骏外甥、散骑常侍段广听到了动静，心知不妙，闯进寝宫："陛下，发生什么事啦？"

"他、他们说你舅舅谋反！"

段广大惊失色，扑通跪倒在司马衷的面前："陛下，太傅膝下无子，皇太后是他的女儿，您是他最亲的外孙，他怎么可能谋反？请陛下明断！"

贾南风怒斥："段广，你是杨骏外甥，当然护着你舅舅说话！你要置陛下安危于不顾吗？"

孟观、李肇也一个劲儿地催促："请陛下不要再迟疑了，否则性命不保！"

"可……万一是谣言呢？"司马衷这样说并非出于理性的判断，仅仅是由于他本心里不愿把杨骏想得那么坏。

贾南风道："陛下不必多虑，只须下诏罢黜杨骏，让他以公侯的身份回家养老，万一传言有误，还有回旋余地。"

"好，好，传中书省，下诏！"

"不用了！"贾南风说着，掏出诏书，"诏书已经写好，陛下盖上玉玺就行。"

司马衷接过诏书，乖乖地盖上玺印。

就这样，这封罢免杨骏，实际上等于宣判杨骏死刑的诏书正式颁布。此情此景，与昔日司马懿胁迫郭太后下诏讨伐曹爽何其相似。更具戏剧性的是，杨骏之前还居住在曹爽故府。历史就是这样一次次地反复上演着相同的情节。

贾南风得到诏书，政变也就具备了合法性。接着，她在裴颜、孟观、李肇的协助下调出宫内禁军。司马玮、司马繇、司马晃、刘颂等人齐聚在她身边。

"诸将听旨！殿中郎孟观、李肇率军围攻杨骏所在的太极殿；东安公司马繇屯兵云龙门（皇宫正南门），担任总指挥，协助孟观和李肇；下邳王司马晃屯兵东掖门，楚王司马玮屯兵司马门（皇宫正北门），你二人阻断皇宫内外的联系；淮南相刘颂驻守皇宫大殿，保护我和陛下的安全；右军将军裴颜驻守皇宫外，严防有外兵进入。"

原本静悄悄的皇宫顿时变得躁动起来。裴颜、孟观、李肇、司马玮、司马繇、司马晃、刘颂等人借着夜色的掩护，分别率领禁军各就各位。

窘困太极殿

不多时，太极殿内的杨骏获悉这一变故。

"怎么办？"他的反应并不比司马衷好多少。

幕僚朱振进言："肯定是内宫太监与皇后联手要害您，事已至此，唯有拼死一搏。臣建议火烧云龙门以示威，借此扰乱敌军。同时打开万春门，进入东宫拥戴太子（司马遹），然后率领东宫禁军和皇宫外禁军兵谏陛下，皇后必定就范。"

这里要解释一下为何朱振特别提到东宫禁军和皇宫外禁军。当时杨济担任太子太保，东宫禁军算是一股亲杨骏势力。除了东宫势力，杨骏能指挥得动的中护军张劭、左军将军刘豫以及他自己的几千名亲兵，则全驻扎在皇宫外。

我们再逐一列数那些反对杨骏的禁军势力，包括右军将军裴颜（隶属中领军）、左卫将军司马越（隶属中领军），再加上孟观、李肇两个下级禁军将领，全部驻扎在皇宫内。因此，对于杨骏来说，皇宫内是最危险的地方，在这种情况下，杨骏居然敢把数千名亲军扔在皇宫外，只带一百一十名侍卫住进皇宫内的太极殿，属实是不长脑子。他要想咸鱼翻生，唯有打通东宫和皇宫外这两条路。

朱振不单单考虑兵力部署，更考虑到了政治层面。因为讨伐杨骏的诏书是皇帝下的，杨骏若公然对抗，就真成了叛乱，唯一可行的方案便是抬出太子司马遹这杆大旗，才能减小杨骏在法理上的劣势。

杨骏踌躇：拥戴太子兵谏皇帝，一旦迈出这步，就再无退路，这不等于是要立司马遹，废司马衷吗？一想到这里，他就吓得浑身哆嗦。司马炎当初托孤给杨骏的理由得到了验证，杨骏的确没胆量做出废立皇帝这种事。

"太傅，事不宜迟，别再犹豫了！"

杨骏焦躁地踱着步，几乎没有经过大脑，说出了这样一句话："云龙门是昔日魏明帝所建，花费巨大，烧掉可惜啊！"他的思维绝对是跳跃性的，这完全超出了正常人的理解范畴。此言一出，在场幕僚和公卿无不愕然。大家心里只剩下一个念头：大难临头还想着城门的花费，再跟杨骏混，必死无疑。

这时候，太极殿内除了杨骏幕僚，还有侍中傅祗、尚书武茂、散骑侍郎王恺、散骑侍郎何攀（贾南风内应）等几位朝臣。

傅祗反应最快，起身说了一句："臣与武茂即刻去探听内宫消息！"还没等答复，他便向杨骏揖手告退。

武茂没反应过来，不明白现在去内宫能起什么作用："……傅大人？"

傅祗瞪了他一眼："你是不是天子之臣？眼下内宫生变，不知陛下安危，你还傻坐着干吗？"

武茂幡然醒悟，一跃而起，紧跟傅袛跑出了太极殿。

《晋书·傅袛传》写到这里就止住了，但《资治通鉴》中补充了一个至为关键的细节。傅袛临走前对其他同僚喊道："宫中不宜空！"这句话是撺掇同僚都跟他去内宫。倘若真是如此，傅袛便不单单为自己逃命，他劝所有人赶紧离开杨骏，实在很像贾南风派来瓦解杨骏内部的奸细。这不奇怪，傅袛此前得罪杨骏，被剥夺左军将军的官职，一直对杨骏相当不爽。

傅袛、武茂一跑，何攀、王恺连招呼都不打一声，也匆匆退出太极殿。如果说傅袛身份不明，何攀则确凿无疑是贾南风派来监视和瓦解杨骏的内鬼。

其他人纷纷醒过味来。"臣也去打探消息。"说话间，众人一哄而散。

等杨骏反应过来，身边的幕僚和公卿已所剩无几。

何攀逃出太极殿后，立刻被贾南风任命为翊军校尉，率领一支禁军，扭头就加入司马繇、孟观、李肇等人的队伍，一齐向太极殿展开围攻。

死　路

与此同时，在皇太后居住的崇化宫内，杨芷惊闻政变。她完全无能为力，只能拼命写求助信，然后让侍卫把信往皇宫外一通乱射，祈求有人帮忙。射出去的书信很多，其中有些被敌军捡到，呈给了贾南风。

贾南风恨得咬牙切齿，继而，她嘴角浮现一丝阴狠的笑容。杨芷，我刚刚还发愁怎么处置你，这下你与杨骏同谋证据确凿，想不死是没可能了！

捡到杨芷求救信的还有杨骏亲信——左军将军刘豫。

"不好！大家快跟我入宫救太傅！"刘豫带着本部营兵跑到皇宫门口，却见到驻守于此的右军将军裴颜。

刘豫不知道裴颜是贾南风的同谋，慌张地问裴颜："你见到太傅没有？"

裴颜的任务正是阻止外人进宫，他欺骗刘豫说："我刚看到太傅驱车从西门逃跑了。"

"大势已去啊！"刘豫信了，"那……我该怎么办？"

"要我说，你该马上去廷尉自首，或许还能免罪。"

刘豫听了裴颜的话，扔下本部兵独自去了廷尉。裴颜果断接管刘豫的军队，随后率军前往万春门，将太子东宫戒严。杨骏最后一条生路也被堵死了。裴颜行事缜密，但其实没太大必要，因为此刻杨骏仍龟缩在太极殿内不知所措。

不多时，司马繇、孟观、李肇把太极殿围了个水泄不通。

"准备火矢！射！"一声号令，铺天盖地的箭雨射进太极殿内，守护在杨骏身边的侍卫纷纷倒地身亡。

司马繇看差不多了，便向孟观言道："孟将军，杨骏已无还手之力，我们可以进去缉拿他了。"

"杨骏罪当诛灭三族，岂有缉拿之理？皇后事先叮嘱下臣，为免除后患，绝不能留杨骏活口！"

"好，就依皇后的意思办。"司马繇点了点头，遂下令："冲进去，格杀毋论！"

太极殿内响起阵阵鬼哭狼嚎，所有留在太极殿内的官吏和侍卫全被屠戮殆尽。然而，杨骏踪影全无。

半个时辰过后，有士兵在府邸马厩里找到了杨骏。只见杨骏趴在一堆草料中，面如土色，狂乱地挥舞着双手："我没罪啊！我不抵抗！我愿听候廷尉发落！"

"你见不到廷尉了。奉皇后之命，杀无赦！"十几支长戟当场把杨骏戳得全身都是窟窿。

此时，李肇还肩负另一项重要使命。他受贾南风委托，冲进杨骏的书房，搜出当初司马炎让杨骏辅政的诏书，一把火烧成了灰。这下，无论把任何罪名扣到杨骏头上，都死无对证了。

太极殿屠杀结束，贾南风依旧没有放松警惕："杨骏虽死，但杨济还在。留着他难免夜长梦多……"想到这里，她以太子司马遹的名义宣召太子太保杨济入宫。

须臾，杨济接到诏令，同时获知了皇宫内的政变。

"去还是不去？"

杨济麾下有四百名侍卫，都是武艺高强的关西勇士，这些人深受杨济厚恩，纷纷振臂高呼："只要大人一句话，我们肝脑涂地，决不退缩！"

眼看一场杨氏反击战即将打响，这时，在一旁的太子少师裴楷动了心思。杨骏覆灭是社稷之幸，不能再让杨济惹出事端，更何况，率领四百名侍卫攻打皇宫，也是枉送性命。想到这里，他劝道："您是太子僚属，太子宣召，岂能不去？"必须说明的是，裴楷不是贾南风党羽。早年，他还和任恺、庾纯站在同一阵线对抗贾充。如今，他虽跟杨骏是儿女亲家，但在大是大非面前，他希望杨骏垮台，另外，他根据晋朝这几十年来的政治风气从不乱杀臣子来判断，杨济最多就是遭到罢黜，不会有性命之虞。然而，他完全没料到，这场政变的主谋——皇后贾南风，从此将一改之前的风气，并引来一连串腥风血雨。

杨济自认平时和裴楷关系不错，听从了裴楷的建议。但他这一走，再没能回来。

洛阳杀场

"把杨骏党羽统统抓起来！"随着贾南风一声令下，众军满城搜捕杨骏的幕僚、亲信和亲戚。

在这场动乱中，裴楷的儿子，也就是杨骏的女婿裴瓒，被乱军杀死。

实事求是地讲，杨骏虽然位高权重，但因政治手腕低劣，根本没笼络几个亲信。有很多人其实是因为各种私人恩怨被无端牵连。

先前，荀恺（荀颢侄孙）对杨骏趋炎附势，政变后，他摇身一变，反而成了举报杨骏亲信的活跃分子，甚至借机公报私仇。

荀恺对贾南风言道："裴楷是杨骏的儿女亲家，武茂是杨骏的表亲，他们都曾助杨骏作恶，罪不容赦！"

裴楷和武茂是杨骏亲戚不假，但裴楷一直和杨骏保持距离，更在政变时劝杨济放下武装入东宫，武茂也在政变之夜逃出太极殿。二人因为跟荀恺有过节，遭诬陷，被押送廷尉。

另外，政变的主要执行者——东安公司马繇也趁这千载难逢的机会排除异己。司马繇的父亲是伐吴功臣司马伷，母亲是诸葛太妃，外祖父即是"淮南三叛"中的诸葛诞。当初，文鸯投降司马昭，诸葛诞城破人亡。司马繇为了给外祖父报仇，遂将文鸯诬陷为杨骏的党羽。

几乎没有经过廷尉审判，政变第二天一大早，数千人就被拉到洛阳东市问斩。

在司马炎时代曾挽救贾南风政治生涯，后辞官隐退的杨珧，也没有躲过这一劫。他身为杨骏的弟弟，排在候斩队伍的前列，没等多久便轮到了他。

"跪下！"刽子手粗鲁地把杨珧按倒在刑台上。

杨珧喊得声嘶力竭："我冤枉啊！我早就辞官归隐，杨骏干的那些事跟我一点关系都没有！"

"只要是杨骏亲戚，就不能宽恕！"

"等等！等等！先帝在世时，我曾向先帝预言杨骏必身败名裂，先帝许诺我说，若真有那么一天，可以免我不死！我把这话写成奏疏，至今还藏在宗庙的石匣里！不信你们可以去问张华！张华知道！去宗庙把那个石匣拿来！"

"当真？"

"句句属实！"

监斩官犹豫不决，征询同僚的意见："当年钟毓预先提醒文皇帝（司马昭），说弟弟钟会有谋反之心，后钟会谋反，文皇帝就没有牵连钟毓。今天这情况，参考先例，是否酌情处理？"

当初因为杨珧一句话，多位藩王被迫离开京城，杨珧从此成了皇室公敌，所有藩王都恨不得将他生吞活剥。此时司马繇在旁，厉声喝道："有什么可酌情的！已经裁断要斩首，绝不能姑息！快斩！"

监斩官听司马繇这么说，只好下令将杨珧斩首。

杨珧把能做的都做了，却还是不能幸免，他死不甘心，拼命摇晃着脑袋喊冤。刽子手根本没法瞄准他的脖子，情急之下一刀劈去，正好砍在杨珧的脑袋上，杨珧当场脑浆迸裂。

张华没来得及出面保住杨珧，那封有前瞻性的奏疏，也到底没从宗庙中取出来。杨珧做了跟钟毓同样的事，但结局大相径庭，只能怪他自己生不逢时吧。

随后，应太子宣召入宫的杨济、和傅祗一同逃出太极殿的武茂、听了裴颜的话主动到廷尉自首的刘豫，还有被司马繇诬陷的文鸯以及杨骏的三个外甥——张劭、段广、李斌，这些人全都被夷灭三族。

一颗颗人头滚滚落地，哀号声、惨叫声、刀砍入肉声不绝于耳。在高平陵政变四十二年后，洛阳东市再次被鲜血染红了。

裴楷也在候斩的队伍中，他身戴枷锁，缓缓向刑场走去。在他前前后后的人，情绪或激动，或绝望，只有他泰然自若，显得相当与众不同。

两旁围观的百姓发现裴楷的身影，纷纷惊呼起来："看！那不是'玉人'裴君吗？虽蓬头垢面，却像站在玉山上一般光彩照人！"

裴楷是大名士，人称"玉人"，他仰慕魏朝名士夏侯玄，就连临死前的神态也颇有夏侯玄的风采。

裴楷即将走上刑场了，这时，他对押解的侍卫提出一个请求："能否帮我找些笔墨纸砚，我想给亲戚故旧写几封绝笔信。"这沉稳镇定的语气完全不似从一个将死之人的口中说出的。

侍卫不好拒绝，恭敬地把纸笔递到裴楷的面前："您且写吧。"

裴楷席地而坐，开始写起了遗书。

与此同时，在朝廷里，政变的主要执行者裴颜正力求保住自己叔父一命。傅祗也上疏恳求道："正始年间，鲁芝、辛敞是曹爽幕僚，斩关夺路投奔曹爽，尚且被宣皇帝（司马懿）赦免。而今，希望朝廷也能效仿先祖，宽赦裴楷！"

贾南风很想处死裴楷，除了荀恺的诬陷，更重要的原因是裴楷先前跟她父亲贾充互为政敌。但最后，她决定卖裴颜和傅祗一个面子，遂将裴楷赦免。

傅祗帮裴楷免罪一事，恰恰从侧面印证了他确是贾南风的同谋，否则，他绝不可能有这么大的话语权。杨骏覆灭后，傅祗因功受封郡公，食邑八千户，在傅祗一再推辞下才改封县公，食邑一千八百户，另外，傅祗的儿子也受封二千二百户食邑。如果他那天晚上仅是逃出太极殿，然后选择置身事外，是不可能获得这么大好处的。不过，中国人总习惯给历史人物套上非黑即白的脸谱，傅祗算西晋时期的名臣、正臣，史官大概觉得把他跟贾南风扯到一块儿实在不长脸，为保全他的形象，故抹去了他联手贾南风的记载。幸运的是，史书中总是有意无意地藏着蛛丝马迹，以供后人将这些历史人物尽可能还原得真实立体。

人性复杂，哪里有纯粹的好人或坏人呢？

裴楷的遗书刚刚写完，赦免诏书就及时送到了刑场："朝廷有诏，赦免裴楷！"

裴楷卸掉刑具，缓缓走出刑场，神态和方才一般无二。他想着死于乱军中的儿子，又看看眼前堆积如山的头颅，不禁感慨命运的无常。

4月24日，该杀的杀完了，不该杀的也杀完了，大获全胜的贾南风宣布改年号为元康元年。自公元290年至公元291年4月，短短一年多，竟连续改了四次年号，杨骏仅执政十个月即宣告覆灭。

斩草除根

杨骏一党被灭，贾南风仍有一块心病未除，那就是皇太后杨芷。只要杨芷在后宫一天，她就永无出头之日。

贾南风对司马衷言道："陛下，杨骏虽已伏法，但别忘了，太后也是同谋。"

司马衷被这场屠杀吓得魂飞魄散，他有些后知后觉，杨骏纵有千百个不是，也不至于谋反，更别说刺杀自己。贾南风一提到杨芷，司马衷心里更难受了。他想起杨芷多年来对他的百般呵护："胡说！太后不是同谋！不能杀她！"

贾南风拿出了杨芷写的求援箭书："你看看，这就是太后与杨骏合谋的证据。若谋反者不追究，何以服众！再说，太后怨恨他父亲被杀，迟早会害死你！"

"那……那也不行！"

"陛下心肠太软，要不这样吧，让太后迁居永宁宫，不伤她性命，只是严密看护，这也是为了保护陛下的安全。"

"真的不伤害太后性命？"

"臣妾可以担保！"

司马衷只好同意。

不多时，后军将军荀恒（荀恺的弟弟）将杨芷及其母亲，也就是杨骏的夫人庞氏，押解到永宁宫软禁起来。

事情当然不会结束。

翌日，贾南风授意廷尉高光（魏朝名臣高柔之子）上奏："皇太后心怀奸谋，危害社稷，射箭传书，募集同党。陛下虽然心怀仁义，但臣等认为不能就此作罢，建议众公卿在朝廷公议，来决定如何处断太后。"

司马衷无奈："你们……好好想想，可别草率决定啊！"

于是，公卿在朝堂上激烈地争论起来。

高光表示："杨骏图谋社稷，结党营私，这些皇太后都有参与。皇太后上背祖宗之灵，下绝万民之望，应该贬为平民！"

张华想为杨芷求情，婉言道："虽说太后是杨骏的亲人，没办法母仪天下。但臣觉得也不宜贬为平民，不如废掉皇太后这一身份，只封为'武皇后'，将她安置在离宫，让她颐养天年，也算成全她与陛下的母子之情。"

荀恺、司马晃为了迎合贾南风的意思，反驳道："杨芷危害社稷，不配再当武皇帝的皇后，必须废为平民，臣建议将她软禁于金墉城。"金墉城前面讲过，是洛阳城内的一座小城，曹芳、曹奂两任被废的魏国皇帝都曾在这里居住。

高光根据司马晃和荀恺的意思，将杨芷废为平民。

没几天，高光又上奏："杨骏作乱，家属理应处死，杨芷既已幸免，庞氏罪不容恕，应交付廷尉行刑。"在审讯杨芷这件事上，史书中只写廷尉，没提高光的名字，不过，据考证，公元291年前后任职廷尉者确是高光。高光在史书中名声很好，料想他和傅祗情况类似，史官为保全其形象，把他这段不光彩的经历删了。

司马衷就算再傻也明白高光的意思，他苦苦哀求说："别杀庞氏，让她和太后一起去金墉城，行不行？"

"宽赦杨芷已是法外开恩，庞氏断不可赦！"

"求求你们了……"

"不行！"

最终，庞氏被押赴刑场问斩。

临刑前，杨芷抱着母亲号啕大哭，然后连滚带爬地来到贾南风脚下，拼命叩头："臣妾错了，请皇后饶了我母亲吧，臣妾求您了！"

贾南风冷笑地看着杨芷："你不是皇太后吗？怎么自称臣妾啦？"

"臣妾知错了！"杨芷额头鲜血直流，与泪水混在一起，把她的脸弄得一团糟。她后悔莫及，自己当初为什么要瞎了眼帮助贾南风？

贾南风不再理会杨芷。她心想：你不用着急，过不了多久，你就又能跟你母亲见面了。

庞氏被斩首，杨芷被押送到金墉城中。

过了段时间，贾南风下令："从今日起，谁都不准再去见杨芷。"

"那负责送饮食的侍卫总不免要见到她吧？"

"我说得还不够明白吗？谁都不准！"

"下臣明白了。"

从这天起，再也没人给杨芷送过吃的，几天后，杨芷竟被活活饿死。

杨芷下葬时，贾南风让人用符咒把她的脸封了起来，以防她去阴曹地府向司马炎告状。十几年后，贾南风的时代过去，杨芷才得以平反，谥号"武悼皇后"。

随着"三杨"和杨芷的死，弘农杨氏也算败落了。不过，瘦死的骆驼比马大，在后世，这一家族依旧人才辈出。隋朝开国皇帝杨坚、唐朝"十一宰相"杨氏、"中国四大美女"中的杨玉环、宋代满门忠烈的杨家将，都出自弘农杨氏。

"三杨"的故事到这里就结束了，杨珧和杨济摊上这么一位大哥，只能自认倒霉。可平心而论，杨骏固然可恶，却也没做出什么太伤天害理的事，他最大的错误便是得到了和自己能力不匹配的地位。杨骏死后，贾南风作为一颗冉冉升起的凶星，终于登上了政治舞台。前面说过，中国人对历史人物习惯赋予脸谱化的概念，贾南风凶狠毒辣不假，但在后面，本书仍然会尽量以更加公正、客观的角度来描写这位中国历史上首屈一指的恶妇。

汝南王执政

贾南风借助宗室的力量赢得了政变，她得势后，她的堂兄贾模、外甥贾谧（mì）、舅舅郭彰全都飞黄腾达。贾、郭两族鸡犬升天。

不过，贾、郭族人资历尚浅，若要强托到辅政的位子上，瞬间就会变成第二个杨骏，对于这点，贾南风心里还是有数的。经过一番权衡，贾南风把司马亮从许昌召回京都，任命为太宰、录尚书事。为了不让宗室独大，她又提拔在司马炎时代失势的卫瓘，任命为太保、录尚书事。司马亮是宗室中辈分最高的宗师，卫瓘是讨平蜀国战役中崛起的功臣，二人资格都很老，且早先都是杨骏的政敌。

由此，司马亮和卫瓘成了继杨骏之后的辅政重臣。不过，司马亮的智商比杨骏高不了多少，他秉承杨骏衣钵，一上台就封侯一千多人。他的想法简单直接，不能在封侯这件事上输给杨骏，否则无法收揽人心。

傅咸劝道："照您这样封赏，今后谁不盼着国家政变？祸患会无穷无尽。而且那些受封者中很多人根本没参与诛灭杨骏的政变，譬如夏侯骏，他一直置身事外，朝野对此议论纷纷，都说他因为是您的姻亲才无功受禄。"

司马亮把傅咸的话当成了耳旁风。而另一位辅政重臣——名声颇佳的卫瓘也不想蹚这趟浑水。他年轻时才略非凡，年老后唯求保全官位。

此时，司马炎的第三子司马柬眼看杨骏一党覆灭，心里根本高兴不起来。他有种预感，真正的祸乱恐怕才刚刚开始。他自己没有亲身参与政变，立场相当尴尬。于是，司马柬为免受猜忌，屡次跟朝廷申请返回藩国。司马亮不答应，坚持让司马柬任录尚书事，帮自己辅政，因为他已经发现，别说是管朝廷，就连宗室他也管不住。

政变中立下汗马功劳的东安公、右卫将军司马繇，在政变后越来越忘乎所以，凭借权势提拔亲信，排除异己多达三百余人。

王戎好心劝道："你好歹给自己留条后路。"

司马繇不听。

司马亮也觉得不能再这么放任司马繇了。

没两天，朝廷下诏，将右卫将军司马繇调任尚书仆射。

司马繇丢了兵权，心里自然憋屈，整日只有借酒浇愁。一天，他喝得酩酊大醉，忍不住破口大骂："早晚有一天，我要废了司马亮和皇后！"

这番酒后的胡言乱语被他的亲哥哥司马澹听到了。司马澹素来跟司马繇关系恶劣，他的妻子又是贾南风表亲。于是，他一不做二不休，火速向贾南风和司马亮密报："司马繇意图谋反！"

朝廷当即将司马繇罢黜，流放边境。

皇室刚刚合力击败杨骏还没一个月，就闹出这么一档子事，这隐约预示着司马家族内部开始走向分崩离析。

楚王凶猛

再来说说另一位宗室，性格暴烈的楚王司马玮。他率先入京联络多位藩王，可以说是起到了主导作用。政变胜利后，司马玮受封卫将军、中领军、侍中、太子少傅，俨然成了京都军事实力最强的藩王。但司马玮年轻气盛，心里不满足："杨骏是我除掉的，到头来把司马亮和卫瓘两个老东西抬了出来，这算什么事？"

司马亮和卫瓘深知司马玮不服管。对他们来说，这个手握兵权又凶暴乖戾的年轻人，就像个随时会引爆的火药桶，其危险程度远在司马繇之上。于是，两位辅政重臣下定决心，不惜和司马玮撕破脸，联名上疏，请求让司马玮返回藩国。

其余公卿脊背直冒冷汗，无人敢附和。大家都知道，司马玮这小子心狠手辣，谁都不敢惹。果不其然，司马玮根本就懒得搭理司马亮和卫瓘。

两位辅政重臣见司马玮不动窝，又申请让裴楷代替司马玮任中领军，以削减司马玮的兵力。裴楷的儿子娶了司马亮的女儿，裴楷的女儿又嫁给卫瓘的儿子，三人是亲家。

司马玮一听就炸了："我可不像司马繇那样任你们摆布！裴楷胆敢接受，我就一剑斩了他！"

裴楷果然不敢，他百般推辞，甚至请求离开京都去外州做官。

这么一来，司马亮和卫瓘的努力再次泡汤。

此时，皇后贾南风默默观察着朝堂局势，意识到司马玮和司马亮、卫瓘两方已经公开翻脸。她想到了一个完美的计划，一个可以让自己置身于事外，让司马玮与司马亮、卫瓘两败俱伤的计划。通过后面发生的事可以看出，贾南风的计划不仅不完美，而且是破绽百出，然而，其结果远远超出了她的预期。

三封矫诏

公元 291 年夏天的一个晚上，贾南风让司马衷写了一封诏书，内容很简单：

"太宰司马亮、太保卫瓘图谋造反，诏楚王司马玮将二人罢黜。淮南王司马允、长沙王司马乂（yì）、成都王司马颖守卫皇宫诸门。"这封诏书很不正规，也没有通过中书省，乃是一封密诏。

写毕，贾南风派遣亲信太监董猛持诏书晓谕司马玮。

董猛看了看诏书，道："下臣这就将诏书传达给楚王、淮南王、长沙王、成都王四位殿下。"

"不！你只须将诏书传给楚王一人即可。务必催他今夜就行动，不能耽搁！"

贾南风的如意算盘，是让司马玮自己去折腾，又考虑到司马亮和卫瓘各有一千名侍卫，必能闹得两败俱伤。而诏书既然没有通过中书省，到时候她甚至可以矢口否认。实际上也的确如此，政变之后，这封密诏根本无人问津。

深夜，司马玮被人从睡梦中唤醒，他迷迷糊糊地看着眼前的董猛。

"陛下有诏。"

司马玮一头雾水。中书省的人怎么没来？

"是密诏……"董猛悄声将诏书的内容告知司马玮。

完全没做任何准备就要发动政变？况且，负责守卫宫门的长沙王司马乂（司马炎第六子）才十五岁，这么重要的事怎能交给一个孩子来执行？司马玮愕然。

"这诏书……是真是假？……不行，我要入宫觐见陛下，好问个明白！"就连司马玮这么鲁莽的人都不禁心生疑窦。

董猛劝道："陛下与皇后再三叮嘱，这是一份密诏，请您尽快执行。若拖延下去，事情难免不会泄露，这也就失去了密诏的本意。"

此时，司马玮早已没了睡意。他萌生出一个念头，管它诏书是真是假，何不趁此良机，一举铲除司马亮和卫瓘！"好，你回禀陛下，本王这就按诏书行事。"

"那下臣就告退了。"董猛像鬼魅般消失在黑夜里。

按诏书行事……按诏书行事……司马玮嘴上这样说，心里却在打鼓。自己本部营兵不少，但司马亮和卫瓘府中也各有一千名侍卫，若二人反抗，很可能斗得两败俱伤。该怎么办？司马玮的脑子飞快地转了起来，他习惯于凭直觉和情绪左右自己的行动，猛一思考让他有些不适应，渐渐地，他飞散的思绪越发不可控。突然，一个大胆且夸张的计划在他脑海中迸发。

就这么办！干吧！当即，司马玮一连伪造了三封诏书！

第一封矫诏发给驻扎在京都共三十六个营的所有朝廷中央军："司马亮、卫瓘图谋不轨，欲废掉陛下，灭先帝子嗣。诏楚王司马玮罢免司马亮、卫瓘。诸营皆听楚王号令，严加戒备，不得有异动。"

第二封矫诏发给司马亮和卫瓘："诏令司马亮、卫瓘上交印绶，遣散所有幕僚属官，即刻离京返回自己的封地。"

第三封矫诏发给司马亮和卫瓘的下属："司马亮、卫瓘谋逆，企图危害社稷，现已罢免。诸僚属既往不咎，率先出降者封侯受赏，若不奉诏，便依军法从事。"

至于说这三封矫诏上的玺印又是如何解决的呢？司马玮索性自己盖了个萝卜章。他才二十一岁，再加上性格冲动，想当然就干出了这种不计后果的事。

写毕，司马玮将第一封矫诏传遍了洛阳三十六个军营。适逢深夜，绝大部分军营都无从辨别，只能遵从司马玮的指示进入备战状态。

司马玮的幕僚公孙宏谏言道："正始年间，宣皇帝（司马懿）废曹爽时，把太尉蒋济拉到身边增加威慑力。殿下可效仿之。臣建议拉上司徒王浑，如此必能服众！"王浑即是当初与王濬争功的伐吴功臣，他在军中极具影响力。

司马玮即命人去请王浑。王浑猜到马上又将掀起政变，果断关闭府门，命府中一千多名侍卫抵抗司马玮，以示不蹚这趟浑水。司马玮不敢相逼，只好放弃。

随后，司马玮火速点兵，命公孙宏、李肇率军讨伐司马亮，命司马遹（司马炎第十三子）率军讨伐卫瓘。同时，他又派出一支军队袭击卫瓘和司马亮的亲家——此前差点夺了自己中领军之位的裴楷。

司马遹军中有个部将名叫荣晦，曾是卫瓘幕僚，被卫瓘斥责罢免后投奔司马遹麾下。此时，不知是天意还是刻意安排，他跟着司马遹也参与到讨伐卫瓘的行动中。荣晦难掩内心的激动，他意识到一个报仇的良机就在眼前。

灭　门

这天深夜，刚刚平静了三个月的洛阳城再次人喧马嘶。

先说卫瓘这边的情况。不多时，司马遹的军队就包围了卫瓘府邸。卫瓘惊闻变故，忙跑到院子里，只见院墙外火把通明，人声鼎沸。

"朝廷已罢免卫瓘，命令卫瓘立即交出印绶，遣散幕僚属官！"

卫瓘震惊。

左右僚属进言："卫公身为辅政重臣，深夜突遭围攻完全不合情理，这诏书肯定是假的！请您下令，先率府中侍卫抗击，然后上表朝廷问明情况，若真是朝廷的意思，再投降也不迟！"

卫瓘心里却想：万一诏书是真的，自己率军抵抗就是谋反，必诛灭三族。况且，诏书明确说是罢免官位，并非要自己的命。这位当年在伐蜀战役中凭一己之力缉拿邓艾，又联合诸将剿灭钟会的名臣年已古稀，早被岁月磨平了棱角。

他摆了摆手，打断了幕僚的话："不能抵抗，那是抗旨！"

随即，他下令道："所有人放下武器，打开府门，让他们进来！"

门开了，司马遹率军进府，将卫瓘团团围住。

"老臣没有谋反，老臣是忠臣啊！"就在卫瓘说这句话的时候，他脑海中闪现出二十七年前的一幕。那时候，他奉钟会之命缉拿邓艾。"老臣是忠臣啊！"当时，邓艾也是这么说的。卫瓘怅然哀叹。

这时，荣晦凑上前对司马遹言道："我在卫瓘手下当过差，认得他全家老小，我建议将他全家逮捕，听候楚王发落。"

司马遹点了点头。

荣晦指挥众军搜查全府，将卫瓘及其家眷一并捆绑着押送楚王府。

当这队人马走到东亭道北的时候，荣晦叫停了队伍。然后，他带着几个人走到卫瓘面前："老东西，你还记得那天你骂我的情景吗？你也有今天！"

"你要干什么？"卫瓘惊问。

"干什么？我要报仇！"荣晦拔出剑，喊道："奉诏！杀！"

司马遹猝不及防："荣晦，不要妄动！诏书只说罢免卫瓘！"但他拦不住了。

卫瓘也呆住了，愣愣地望着向他砍来的利刃。同样是二十七年前，在成都，他剿灭钟会后，对部将田续说："田续，你还记得江油之辱吗？今天，我给你一个报仇的机会。"本来很可能被赦免的邓艾因此命丧绵竹。

邓艾的相貌在卫瓘眼前渐渐消散，取而代之的是荣晦红通通的双眼。

一柄利剑插在卫瓘的胸口。莫非，这就是天道轮回，因果报应？

卫瓘倒在血泊中，他最后听到的声音，是他全家的惨叫声。

"都杀了！一个不留！"荣晦这一开了杀戒，也就停不下来了。漆黑的深夜，洛阳的街道上响起一片鬼哭狼嚎。

卫瓘其中一个儿子卫恒，目睹这场惨剧，吓得魂飞魄散，他拔腿就跑。等他回过神来，发现自己居然冲出了人群，他完全不记得自己是怎么逃出来的。可下一步，他能逃到哪儿去呢？仓皇中，他想到了他嫂子的父亲何劭。何劭是何曾的儿子，前文讲到他每餐耗资两万，并在司马炎临终前帮杨骏撰写遗诏。

卫恒跌跌撞撞跑到何劭家门外，可任凭他怎么呼唤，府门就是不打开。他摸着墙找到一个墙洞，绝望地朝洞内哭喊："何公，我家横遭灭门之祸，求您救我！"

哭了很久，终于，墙洞对面传来何劭的声音："别在这儿喊！朝廷已经下诏赦免你家！快回去吧！"

"真的吗？"

"真的！真的！快走吧！"

卫恒像丢了魂儿一样跑回家，却跟荣晦的兵士撞了个正着。

"那不是卫瓘的儿子吗？"

"杀了！"

这下，卫恒跑不掉了。

在这场灭门惨案中，卫瓘的儿子和孙子共九人被杀。只有卫恒的两个儿子——卫璪、卫玠因为有病住在医生家才得以幸免。后来，卫璪在"永嘉之乱"时被匈奴人杀死，卫玠在"永嘉南渡"的大背景下举家迁往江南，但也在二十七岁时早亡。卫氏逐渐走向没落。不过，代表卫氏精神的书法流传后世。两晋南北朝时，卫氏书法的影响力辐射大江南北，除了卫瓘，卫恒、卫恒堂妹卫铄（史称卫夫人）俱是书法巨匠，而卫铄正是"书圣"王羲之的姨母，在卫铄的悉心栽培下，王羲之成了中国历史上赫赫有名的书法奇才。

身价千匹布

就在卫瓘遭难的同时，公孙宏和李肇的军队也包围了司马亮的府邸。

跟卫瓘那边情况差不多，司马亮的幕僚也劝主子率侍卫抵抗，但司马亮不敢。

几名士兵在府外搭起梯子，爬上墙头，向府中喊话："陛下有诏！罢黜司马亮，速速投降！"

"我对国家从不曾怀有二心，何至于此！若有诏书，能否拿出来让我看看？"

墙头上的士兵将司马亮的话转达给公孙宏。

公孙宏嗤鄙道："死到临头，还看什么诏书？攻进去！"

司马亮听着攻城锤撞击府门的声音，吓得魂都出来了。

砰……砰……砰……

司马亮的幕僚急不可耐："就算有诏书也是矫诏！请大人赶快率侍卫迎战！"

"不！别乱动。"

"大人，再不动就没机会了！"

"别动！"司马亮就这么站着，一动不动。

很快，府门被攻破了，司马亮束手就擒。

"我对陛下的忠心天地可鉴！你们不能妄杀无辜！"

公孙宏和李肇这支军队倒没有出现失控的局面。

"我们没打算杀你，朝廷只要罢免你的官位。"

听到这话，司马亮心里踏实了。

不多时，天空泛白，一夜的骚乱总算过去。公孙宏和李肇没把司马亮押赴廷尉，而是将他五花大绑，扔到王府的墙脚处，等着司马玮发落。毕竟，司马亮是皇室长辈，没人敢动他。

太阳渐渐升高，时值盛夏，天气越来越热，负责看守的士卒见司马亮热得浑身冒汗，不禁心生怜悯："大人，来，咱们挪个阴凉地方。"

"谢啦！谢啦！"

士卒见司马亮仍是满头大汗，又找了一把扇子帮他扇风："大人，您暂且忍忍，过不了多会儿，朝廷的诏书应该就能到了。"

"好！等以后，我一定会报答你！"

果不其然，朝廷已知晓司马玮这一夜的惊人举动。

朝臣奏道："陛下，皇后殿下，卫瓘一家惨遭灭门，司马亮也被擒拿！司马玮调动京都三十六营军，不知意欲何为！"

贾南风瞠目结舌。原本，她希望司马玮和司马亮、卫瓘斗得两败俱伤，可眼前的局面完全超出她的预料。真没想到这小子搞出这么大动静，居然敢发矫诏调动全部中央军。

不能任由他杀了司马亮，老头子辈分最高，他一死，就没人治得住司马玮了。

"贾模听令！"

贾模是贾南风的堂兄。"臣在！"

"你带二百名骑兵，火速去王府营救汝南王，不能让他出事！"

贾模飞身骑上一匹快马，向司马亮府邸飞奔而去。

而另一边，司马玮也获悉了朝廷动向。

"楚王殿下，贾模携带赦免司马亮的诏书，正赶赴这里！"

"什么！"司马玮明白过来，贾南风不会任由他胡闹下去了。若留下活口，将来必是个祸患，既然都把卫瓘杀了，索性抢在贾模赶到前杀了司马亮！

可摆在眼前的问题是没人敢碰司马亮。

司马玮被逼急了，喊道："听着！谁杀了司马亮，就赏赐一千匹布！"

这道命令的效果立竿见影。司马亮刚刚还在享受士卒给他扇凉风，转眼就见士卒把扇子扔在一旁，面目狰狞地拔出了刀……更多的人冲过来，照着司马亮劈头盖脸就是一通乱砍。顷刻间，这位司马衷的四叔爷——汝南王司马亮被砍得稀烂，最后连尸体都无法辨认了。

司马亮的嫡子当场被杀，另外三个儿子侥幸逃脱。其中八岁的三子司马羕在逃跑中偶遇裴楷。原来，裴楷也正被司马玮追杀。当天，裴楷带着司马羕八次转移藏身之地，最后跑进岳父王浑家，才逃过此劫。

螳螂与黄雀

司马亮刚死片刻，司马玮就看到远处扬起一阵尘土，在烟尘中，分明是大批骑兵向自己狂奔而来。

"陛下有诏！不可杀汝南王！"

"不可杀汝南王！"

喊声越来越近。贾模这一路，几乎是喊着跑来的。

"不可杀……"当贾模看到司马亮被砍得稀烂的尸体时，后半句话不由自主地咽了回去。他发现司马玮就站在不远处。

贾模来晚了一步。他勒住了缰绳，谨慎地与司马玮保持着安全距离，然后在马上给司马玮揖了一礼："参见楚王殿下！"贾模没敢下马。

"啊！是贾大人，司马亮和卫瓘企图抗命，刚刚被我就地正法了。"

"呃……恭贺殿下……"贾模忍不住擦了一把额头上的冷汗，"下臣这就把喜讯传达给陛下和皇后！告辞！"不等说完，他掉转马头，往皇宫飞奔而还。

一天之内，两个首辅重臣家破人亡。司马玮则控制着洛阳绝大部分军营，摇身一变，成了洛阳城中的最强势力。

"楚王殿下！楚王殿下！"司马玮的幕僚岐盛把仍沉浸在胜利喜悦中的主子拉回到现实中。

"怎么？"

"贾模跑了！"

"跑？……"司马玮大概还没意识到贾模是在逃跑。

"现在京畿中央军都听命于您，趁此机会一举诛灭贾模和郭彰，剪除皇后的羽翼，大事可定！"

"你说什么？"司马玮瞪圆了双眼。

无论是诛杀杨骏，还是诛杀司马亮、卫瓘，司马玮都无所畏惧地冲在第一线，并毫不犹豫地杀尽对手。他甚至很享受充当贾南风的棋子，这能满足他对杀戮的渴望。可是，岐盛提出了一个超越他思维范畴的建议。反攻贾南风？那将会形成怎样一种局面？司马玮根本理解不了。他找不到自己的定位。

司马玮隐约觉得岐盛的话是对的，但缺乏政治格局，他想象不出如果背后没人给自己撑腰，自己该何去何从："这……容我再想想……"

司马玮在犹豫，但他的后台，同时也是他的敌人——贾南风却不给他时间了。

贾模跌跌撞撞地跑进皇宫："汝南王也被杀了！臣，还是没来得及制止！"

这是贾南风始料未及的。"这小子……可真敢干哪！"她不由得慌张起来，火速向司隶校尉傅祗下达缉拿司马玮的诏书。

司隶校尉手握一千两百人的武装力量，有权缉拿京官。可是，当缉拿司马玮的诏书抵达傅祗处，这位西晋名臣迟疑不决，他暗想：司马玮调动了全部中央军，我手里仅有一千来人，这不是让我送死吗？

傅祗对传达谕令的使臣言道："请回禀朝廷，时下京都局势纷乱，臣实在无从判断，需要验明诏书真伪后再做行动！"

傅祗不敢出头。贾南风傻眼了。

危急时刻，太子少傅张华急匆匆跑进后宫，和贾南风的亲信董猛撞了个满怀。

"啊！是董大人！"张华并不喜欢这个宦官，但眼下他意识到大敌当前，自己不得不与董猛、贾南风站在同一战线，"我正要找您。"

"张大人何事？"

"如今社稷危在旦夕！司马玮坐拥强兵，若再不制止，恐怕连皇室都危险了。"

张华说得没错，这个时候，除了司马玮的军队，其他中央军营也大多处于战备状态，并遵从司马玮的指示驻守在京都各处。

董猛点着肥胖的脑袋："您且跟我来，咱们一起去找皇后商议。"

张华与董猛跑到贾南风的寝宫。

贾南风慌张地问道："张华，外面的事你都听说啦？"

"臣听说了！"

"你怎么看？"

"司马玮矫诏擅杀重臣，将士仓促间不明真相，都以为是朝廷下诏，所以才会跟从。臣建议立刻派出驺虞幡使，宣告解除各军战备，司马玮之势必定瓦解。"

驺虞是古代传说中的仁慈神兽，连青草都不忍践踏，只吃自然死亡的生物。画有驺虞的旗帜名为驺虞幡，是朝廷宣布解除军备休战的专属令旗。

"好！"

旋即，数名手持驺虞幡的骑兵从皇宫飞奔而出，分别跑向京都各营，一边跑，一边高声大喊："楚王矫诏！朝廷命诸军解除战备！"

司马玮的弟弟司马乂正驻守在皇宫东掖门，手拿弓箭准备大干一场，听到驺虞幡使的喊声，当场吓蒙了。"楚王出示诏书我才听他的，谁知道连诏书都能有假！"这个生活在和平时代的十五岁的孩子，还是第一次目睹矫诏事件。他只好下令，"全军解散回营！"

其余京都各营见到驺虞幡使，也都像司马乂一样解除了战备。最后，驺虞幡使来到司马玮的军营："楚王矫诏！陛下敕命诸军速速解散！"

这一喊，司马玮的亲兵顿时哄然退散。

"不要跑！"可任凭司马玮怎么喊都没用了。转眼间，连他的亲信幕僚都跑得无影无踪，最后，他身边只剩下一个驾车的仆役。

司马玮万念俱灰，跳上车："快！带我去秦王府。"秦王即是他三哥司马柬，在司马炎诸子中，除司马衷外，司马柬排行最大。此刻，司马玮意识到司马柬是唯一有可能保护自己的人。

然而，还没等司马玮跑到秦王府，他就被捕获并押送廷尉受审。

太子太保司马泰（司马懿的四弟司马馗之子）听闻司马玮被捕的消息，打算率领手下亲兵前去救援。幕僚劝道："事发仓促，您可千万别轻举妄动，还是先派人参加审讯再做打算吧。"司马泰听从，放弃了救援计划。

对司马玮的审讯基本相当于走个过场，进行得相当迅速，没一会儿，朝廷下诏："司马玮擅发矫诏，谋害司马亮、卫瓘及其子嗣，图谋不轨，即刻问斩！"

奉密诏行事

司马玮被斩首的这天，狂风暴雨、电闪雷鸣。这样的天气，仿佛正是为了应和司马玮暴烈的性格。

"我冤枉啊！冤枉啊！"司马玮跪在刑场上，声嘶力竭地高喊着。轰隆隆……一声响雷让他打了个激灵，他陡然想起自己尚有一件救命法宝："给我松绑！我有东西要呈献！"

监斩官是刘颂，他见司马玮这样说，遂对侍卫点了下头。

司马玮手一松开，便掏出藏在怀里的诏书——那封由贾南风授意司马衷写的密诏。"看看！看看！这可是真的诏书啊！我是奉密诏行事！"他手持密诏，狂乱地向刘颂挥舞着。

侍卫犹豫地望着刘颂："大人，您要不要看看？"

密诏？刘颂不想看，更不敢看。他叹了口气，不希望这事再往更深层蔓延了。就这么简单地结束吧！

"斩了！"

刽子手手起刀落。

司马炎的第五子——楚王司马玮就这样攥着真正的诏书死了。因为他私造的那三封矫诏闹出的动静实在太大，事后，贾南风这封密诏再无人问津。

这场政变发生在杨骏死后第三个月，短短时间，数位朝廷重臣相继命丧黄泉。

后世有人分析说，这其实是贾南风的连环计。贾南风巧妙地布了盘天衣无缝的局，一举将司马亮、卫瓘、司马玮剿灭。固然，贾南风希望司马亮、卫瓘、司马玮鹬蚌相争，她自己好渔翁得利，但若说这一切都是事先安排好的，就真是太抬举贾南风了。在这场政变中，存在着诸多巧合与不确定性，假如司马玮没有私自写那三封惊天动地的矫诏，假如司马亮和卫瓘奋起反抗，假如司马玮克制住自己，没有杀司马亮和卫瓘，结果如何，犹未可知。我们分析一下贾南风的预谋。她一开始大概只是想在司马玮缉拿司马亮、卫瓘后和稀泥，一方面削弱司马亮、卫瓘的权势，另一方面对密诏来个死不认账，再把矛头指向司马玮。不过即便如此，司马玮的结局依然会是最惨的，这也难怪，这个性格冲动、莽撞又凶暴的年轻人，注定是被人利用的命。自然，被卸磨杀驴也是他无法逃避的结局。

司马玮被杀后，帮他驻守皇宫东掖门，后放弃抵抗的胞弟司马乂被贬黜到了常山。在不久后，这位司马乂还会再次登场，等待他的将是一场更大的动荡。

再说之前拒绝缉拿司马玮的司隶校尉傅祗也在事后被罢免。而后，傅祗又被起用，但因为这件事，他的官运相当坎坷。直到很多年后，他才重新崛起，并为挽救西晋社稷贡献出巨大力量。

元康年：何不食肉糜

公元 290 年，杨骏刚一上台就闹出乌龙改元的笑话。到公元 291 年初，杨骏为挽回面子，又改年号为永平，实在是越抹越黑。4 月，杨骏被杀，朝廷又改年号为元康。6 月，随着司马亮、卫瓘、司马玮被杀，就只剩下贾南风一家独大。这个凶残恶毒又丑陋的女人，总算如愿以偿地攀上权力顶峰。幸运的是，贾南风对改元没什么兴趣，司马玮死后没再提改元这事。

从此，元康年将持续很长一段时间。这也是西晋王朝自司马炎死后少有的平稳时期（相对而言）。

趁这难得的机会提一提司马衷。别忘了，他毕竟是晋朝第二届皇帝，不能只当成一个跑龙套的对待，虽然实际上，他连跑龙套的都算不上，充其量只是个让权臣与皇后贾南风随意摆弄的道具罢了。

一次，贾南风撺掇司马衷说："先前你当太子的时候，和峤说你不配当皇帝，待会儿你见到他，就问问这事，看他怎么答复你。"

"哦，好。"

司马衷见到和峤后，果然问起此事。

和峤平静地回答："臣先前侍奉先帝，的确说过这样的话。可幸好臣的话没有兑现，今天您当了皇帝，是国家之福，臣不敢逃避责罚。"

司马衷也不生气，痴痴地笑道："怎么会呢，我知道，您是忠臣，我不会责怪您的。"

这事要发生在别的皇帝身上，史书一定会大书特书，称赞其宽容仁厚……但遗憾的是，这事发生在司马衷身上，评价也就只有一个字——傻。

从元康二年（292）开始，全国各地灾情不断，司马衷每天听的都是关于饥荒的消息，他心里一直憋着个问题。虽然他有种感觉，自己不该乱问问题——这并非出于理性的分析，而是从以往的经验得出的教训——只要自己一开口，总会引起旁人的耻笑。但最后司马衷还是没忍住，把这憋了很久的问题说了出来。

"老百姓既然没粮食吃，那他们为什么不吃肉呢（何不食肉糜）？"

这句话流传后世，成为一个罪大恶极的标签牢牢地贴在司马衷的脸上。然而，以司马衷的性格，恐怕他问这话的时候心里的的确确是充满着关切吧。可即便如此，又有什么用呢？这世界上就是有一种人，蠢到没边儿，谁见了都想照死里抽。让人无奈的是，我们又不能把所有这一切都归罪司马衷。诚然，司马衷不学无术，只知道吃喝玩乐，堪称史上最昏庸的皇帝，但别忘了，他是个天生智障患者，是个病人，病人本该得到更多的关怀和爱护，可他被错误地赋予更多的责任，更关键的，这不是他主动选择的结果。司马衷的父母——司马炎和杨艳，自认对儿子关爱有加，武断地将皇袍穿在他身上，最终给所有人带来了毁灭性的灾难。

可想而知，司马衷每天就像个吉祥物一样坐在皇位上，却对朝政没半点控制力。当时所有诏书都由贾南风颁布，司马衷要做的，无非在诏书上盖个戳，显然，他也没有选择盖或者不盖的权力。

于是，元康年间，贾南风变成了实际意义上的皇帝。

元康年："贾郭"

贾南风有了权，都干了些什么呢？史书记载了两件事。其一，她跟太医令程据私通。其二，她经常派人绑架帅哥跟自己搞一夜情，而那些被绑来的帅哥多半都在完事后被杀人灭口。固然，贾南风是邪恶的。但必须客观地说，就她这些恶行，跟吴国末代皇帝孙皓比起来，绝对是小巫见大巫。总之，贾南风没人性、没道德、没理想，只对权力和性有强烈的欲望。

所谓一人得道，鸡犬升天。跟着贾南风一起升天的，便是她的父族贾氏一族，以及她的母族郭氏一族。贾南风的母亲郭槐是个嫉妒心极强且心狠手辣的女人，她的家族，准确的称呼应该叫太原郭氏，正是魏国名将郭淮的后代。元康年间，贾氏与郭氏的名望虽不及颍川荀氏、琅邪王氏这些名门，但其权势和显赫程度却无人能比。自然，贾、郭两大家族也是支撑贾南风的重要势力。

贾氏和郭氏族人中，除了郭槐、贾南风、贾午（贾南风的妹妹），还有两位需要着重介绍。首先说贾南风的外甥——贾午之子贾谧（mì）。

贾谧的父亲名叫韩寿，但他随了母姓，这里面有一段故事。

很多年前，韩寿任贾充幕僚。有次，贾充设宴款待宾客，风流倜傥的韩寿也在席间，正巧被贾午看到。贾午春心荡漾，主动勾搭韩寿。于是，二人开始频繁私会，夜夜偷情。

一天，贾充闻到韩寿身上异香扑鼻。这气味他再熟悉不过了，竟是司马炎特别赏赐给他和陈骞的西域香料，也就是说，普天之下就只有他们两家有。韩寿怎么会有？陈骞跟韩寿八竿子打不着，不可能送他，只可能来自贾府。贾充想起自己曾把香料送给女儿贾午，那么唯一的解释只有……

顿时，贾充恍然大悟。女儿跟人私通可不是件体面事，若张扬出去肯定有损贾府的名誉（虽然在外人眼里，贾府根本就毫无名誉）。贾充思来想去，既然生米做成了熟饭，不如索性把贾午嫁给韩寿。

韩寿和贾午生子，取名韩谧。后来，贾充考虑到自己没有儿子（两个幼子均因郭槐杀死奶妈而早夭），又看韩谧生得俊秀，便让韩谧改姓贾，充当自己的嗣子，成为贾氏的继承人。不过，根据礼法，嗣子应该找兄弟的儿子，哪有让外孙当嗣子的道理？贾充死后，博士秦秀正是揪住这个把柄，说贾充扰乱纪度，打算给他定谥号"荒侯"，结果未遂。

贾谧同样深得姨母贾南风宠爱，在门下省担任散骑常侍，整天围着贾南风打转，官位不算太高，但权倾朝野。

再说郭氏一族的大佬——贾南风的舅舅郭彰。元康年间，郭彰官拜卫将军。他和贾谧二人并称"贾郭"，乃是当时权势最盛的外戚。

元康年：贾南风的班底

朝廷毕竟有很多政务需要处理，贾谧和郭彰却是只会享福不会干活的人。贾南风要想安心享受骄奢淫逸、放荡不堪的生活，就必须组建一个既忠于自己，又能脚踏实地工作的政治班子。幸运的是，在她众多庸庸碌碌的亲戚中，居然有两个才干、名声俱佳的人才——堂兄贾模和表弟裴𫖯。当初，贾南风诛杀杨骏时，裴𫖯厥功至伟。毋庸置疑，二人皆能委以重任。还有一个人她必须考虑，这人和她并不沾亲带故，但在剿灭司马玮的事件中立下汗马功劳，这人便是大名士张华。

贾南风问贾模、裴𫖯道："张华这人到底能不能重用？"

二人回答："张华身为先帝时代统一天下的功臣，自卫瓘死后，名望和资历无人能及，如果提拔他辅佐朝政，朝野一定会心服口服。"

贾南风点点头，又问外甥贾谧："你觉得呢？"

贾谧想了想，说："张华出身寒门，没有家族势力，权力再重也不会威胁到皇室。我觉得可用。"

"好……既然你们都这么说，那就提拔提拔张华吧。想来，他被先帝罢免这么多年，过得也挺憋屈。"

张华曾经是个铁杆齐王党，因不支持司马衷当太子，遭到荀勖、冯𬘬、司马炎的联手打压。但话说回来，如今这些公卿，当年又有几个是支持司马衷的？大家的态度其实都差不多，既然木已成舟，那些陈芝麻烂谷子的旧事也就别再计较了。如此，张华这位远离政坛多年的名臣，总算在贾南风时代得到重用。

下面介绍一下元康年间位居权力顶峰的干实事和不干实事的重臣。贾南风身为皇后，多数情况下只能深居后宫，最需要的就是能从后宫伸向朝廷的触手。于是，她最重视的自然是位于皇宫内的门下省（皇帝的近臣兼顾问，掌握朝政机要）和中书省（负责颁布诏书）。我们从这两个行政机构开始说起。

门下省的四位侍中分别是贾模、张华、裴𫖯、裴楷。其中贾模权力最大，为首席侍中。而同属门下省的散骑常侍贾谧位在侍中之下，但受贾南风宠爱，最是嚣张。史书记载，贾谧对触怒他的黄门侍郎敢直接上枷锁处私刑，这种事就算首席侍中贾模也干不出来。

中书省的两位大员分别是中书监张华与中书令裴楷（二人兼任侍中）。起初，张华被中书监荀勖整，此刻，他终于也坐到了中书监的位子。毋庸置疑，他心里对贾南风怀有很深的感激，这种感情在未来将会极大影响他的判断力。

说完门下省和中书省，接着说执掌皇城禁军的武官。

卫将军：郭彰。他手里有一支亲兵，相当于京都卫戍军司令。

中领军：王衍。这人出自名族琅邪王氏，乃是"竹林七贤"中王戎的堂弟。王衍能统领皇宫内禁军，成天在贾南风眼皮子底下晃悠，全因他妻子郭氏与郭彰是同族。

中护军：赵浚。这人在书中是第一次出现，他的侄女名叫赵粲（司马炎嫔妃），乃是贾南风多年的死党，并曾在谢玖事件中力保过贾南风。

除了以上重臣，别忘了朝廷里还有个相当务实的部门——尚书台。元康年间，王衍担任尚书令，而尚书台最重要的人事部门吏部尚书则由王戎担任。由此，尚书台的政务便主要集中在两个琅邪王氏兄弟手中。

总的来说，贾南风的政治班子组建得还算得体。尤其是四位门下省要员张华、贾模、裴颜、裴楷，都算得上当时的顶尖人物。

前面大致介绍过河东裴氏家族。在晋朝初年，裴秀与太原郭氏搞政治联姻，是故，贾充即是裴颜的姨父，贾南风则是裴颜的表姐。贾南风掌权后，裴颜大权在握，裴氏家族的势力更上一层楼。

裴楷则是裴颜的堂叔，他在家族中名声最响，号称"玉人"。裴楷个性通达随性，他的堂兄看上他的一栋宅邸，他想都没想就赠给了堂兄。去富豪家做客时，他只要看到什么名贵珍玩，张口就要，然后转手又送给贫困者。

裴楷曾提议从最富裕的梁王司马肜和赵王司马伦二位藩王的封国税租中每年抽调一百万钱，以抚恤宗室中的贫寒者。

有人讥讽裴楷说："哪有拿别人的东西再送给其他人做人情的？"

裴楷答道："损有余以补不足，天道也！"

可见，裴楷对钱财有着相当豁达的价值观，称得上"不以物喜"。不过，在河东裴氏一族中，裴楷的命运也最为跌宕。

司马炎时代，裴楷站队任恺压制贾充，自然没什么好果子吃。杨骏掌权时，裴楷虽是杨骏的亲家，却被杨骏排挤。杨骏好不容易倒台了，裴楷的儿子又意外死于乱兵之中，他自己也差点被株连斩首。司马玮发动政变的那天夜里，他保护司马亮三子司马羕四处逃窜，幸而得到岳父王浑保护。此时，他官拜中书令，但他生性淡泊名利，一心只想着退隐。

王浑很理解自己的女婿，他上奏朝廷："裴楷天性不喜欢争名夺利，还请朝廷成全他的志向！"

朝廷没有同意。没过多久，裴楷便一病不起了。

裴楷临终之际，王衍去探望他。裴楷望着王衍，说了一句莫名其妙的话："你我似未曾相识啊……"

王衍与裴楷相交多年，临了却被裴楷说不认识，到底是什么意思？魏晋时期，名士深受玄学思想的熏陶，常常说些玄而又玄的话。想来，裴楷大概是借以表达自己不谙世事的本心吧。倘若这话说得更直白，并带有贬义，那意思则可理解成人心叵测、知人知面不知心了。王衍也是大名士，整天把名节挂在嘴头，但从他日后的所作所为来看，证明裴楷所言不虚。

贾南风掌权后没几个月，裴楷病逝。

王衍叹道："裴君精明开朗远在众人之上，寻常人看不透他。若人死能复生，我真想再与他同舟共济。"寻常人看不透裴楷，但王衍看得透，这话自是借着称赞裴楷来证明他自己不是寻常人。

元康年：变味的玄学

来讲讲王衍的事迹。这位琅邪王氏族人，王戎的堂弟，自幼享有清高的名声。他十来岁时去拜见山涛，山涛盯着他看了许久，赞叹道："真不知是哪位老妇人，生了这么个俊美的儿子。可是……"山涛话锋一转，"……将来贻误天下苍生者，或许就是此子啊！"

王戎、王衍兄弟来跟羊祜关系不睦。二人上位后，大肆诋毁早已故去的羊祜，"二王当国，羊公无德"这句话，在元康年间广为流行。

早年间，杨骏想把女儿嫁给王衍，王衍以此为耻，装疯卖傻躲避这桩婚事。然而，王衍娶了太原郭氏之女。其实，弘农杨氏的名望远在太原郭氏之上，但杨氏是司马炎时代的外戚，郭氏则是司马衷时代的外戚，毋庸置疑，郭氏有更大的升值潜力，王衍拒杨骏而纳郭氏，不是考虑其家族历史，乃是出于政治投机。

王衍跟堂兄王戎的金钱观迥然不同。王戎爱财，王衍却自命清高，鄙视钱财。一次，王衍言道："钱财如粪土，我连说出'钱'这个字都觉得恶心，从今以后，我绝口不提'钱'字！"

王衍的妻子郭氏贪婪，好敛财，故意跟夫君作对，趁王衍熟睡时在他床的周围堆满了钱。王衍醒来，满眼都是钱，知道是妻子想逼他说出"钱"字，不禁恼怒地道："把阿堵物都给我拿走！""阿堵"是晋朝时的口语，"阿堵物"意指"这东西"。后来，阿堵物就成了钱的代称。

司马炎曾问王戎："当今之世，王衍能跟谁相提并论？"

王戎不吝溢美之词："唯有古代圣贤方能与王衍相提并论，当今怕是无人能及。"不过，王戎应该也不是称赞王衍的才干，而是称赞王衍的哲学造诣。

王衍才华横溢，自比"孔门十哲"之一子贡。他和那个时代绝大部分士人一样，均推崇魏朝夏侯玄、何晏的玄学，且在玄学理论上有杰出造诣。说到魏晋玄学，就不得不提一种风靡于魏晋的时尚社交活动——清谈。

清谈源于东汉末年的清议，不同的是，汉末清议的话题主要是品评名士，其内容与政治息息相关，而魏晋清谈则刻意回避政治，以《老子》《庄子》的哲学思想为基础，针对有与无、本与末、动与静、言与意、自然与名教等问题展开探讨和辩论，完全是哲学范儿的。

清谈自魏朝正始年间开始流行，当时正值曹爽和司马懿紧张激烈的派阀斗争，士大夫整天把脑袋拴在裤腰带上过日子，为排解压力，遂创造出这种娱乐与学术兼具的社交活动。正始年后，清谈并没有走向衰败，反而更加盛行，成为魏晋时期最具特色的文化风貌之一。

这种高端大气上档次的风雅社交，令士大夫趋之若鹜，备加推崇，其吸引力比五石散有过之而无不及。不过，清谈绝非胡吹瞎侃，而是有一套严格的规矩和流程。参与清谈者人数不定，过程中，一方阐述自己的主题和见解，持不同意见的另一方则竭力推翻对手的论点。清谈的结束，有时是双方求同存异，有时是各自坚持，很难定下胜负。本来嘛，哲学问题也不是那么容易讲得清的。

晋朝时佛教已相当盛行，因此，清谈也常常流露出佛教禅宗的韵味。

一次，一个宾客向大名士乐广请教："'旨不至，至不绝'是什么意思？""旨不至，至不绝"出自《庄子》，大概意思是说，凡人认为探知到了某件事物，便能了解这事物的属性和形态，但其实，这种对事物的认知是极其粗略甚至有误的，故凡人几乎不可能通过触摸或观察了解事物的全貌。

乐广听罢，没有直接回答，他用拂尘敲了敲案几，问道："碰到了吗？"

宾客回答："碰到了。"

乐广又将拂尘从案几上拿开，问道："既然碰到了，它又去了哪儿呢？"

宾客做猛然醒悟状。当然，悟没悟，只有他自己知道。

清谈忌长篇大论，主张言简意赅。王衍曾称赞乐广说："我跟人说话已经力求简略，但比起乐广，还是觉得自己太啰唆。"

王衍与乐广同是西晋著名的清谈领袖。乐广留下这个颇具禅机的故事，王衍却留下一个很不光彩的故事。

王衍跟人畅谈玄理的时候，往往前后矛盾、漏洞百出。别人指出他的错误，他也满不在乎，随口便将前面说过的话推翻，被人评论为"口中雌黄"。

清谈，作为一种半消遣半学术的社交活动固然无所谓，但遗憾的是，这种社交极大地影响了士大夫的心性。倘若士大夫之间的话题过多涉及政治，很可能会被朋友鄙视，因为他们认为政务是"俗务"，唯有纯粹的哲学才是清高风雅。甚至士大夫在处理政务时，也不由自主地把清谈时养成的习惯带了进去——政务太俗，什么都不做才是真正的高人。这绝对不是无为而治，实则是借着无为而治的说法占着茅坑不拉屎。其中，王衍正是这样一个典型。《晋纪·总论》的作者干宝评论说："做官的人讥笑勤奋，却把空谈当成高明，诸如刘颂进言治政之要、傅咸弹劾歪风邪气，都被人称为'俗吏'，可那些无所事事者却个个名重天下……"这话，极其准确地描述了当时的官场风气。

王衍推崇"贵无论"，以"无"作为世界的根本。裴頠则是个务实的人，他不爽像王衍这样的人大行其道，认为应该改变社会风气，遂写下一篇《崇有论》驳斥王衍。裴頠也是玄学拥趸，《崇有论》同样基于玄学理论。姑且不提二人的哲学见解谁更高深，只针对当时的时局来说，裴頠的确起到了更加积极的作用。

若真要从哲学角度来讲，王衍虽喜欢畅谈"无"，但料想他并不明白"无"的真正含义。其实，道家和佛教的"无"绝非指什么都没有，这种概念超越于"有"与"没有"的二元对立概念，甚至超越了我们的认知范畴，是对宇宙万物本源的粗浅描述。受限于人类语言的匮乏，实在没有准确的词能形容这至深的道理，故用"无"来代替。可是这简陋的文字表达，却误导了很多一知半解的人，认为无所作为、空无一物就是开悟的表现，实在是可悲可叹。其实那些真正开悟的人，反而会很好地把这智慧运用到我们所处的现实世界当中。

讲个不相干的小故事。

有人问一位开悟的禅师："您开悟前做什么？"

禅师答："砍柴、烧水、扫地。"

"您开悟之后又做什么？"

"砍柴、烧水、扫地。"

"这么一说，开悟不开悟究竟有什么区别？"

禅师答："我开悟前做这三件事的时候，脑子里杂七杂八，思绪混乱。开悟后，砍柴的时候就想砍柴，烧水的时候就想烧水，扫地的时候就想扫地。"寻常人都没有百分之百控制自己意识的能力，不信，你可以试着集中意识在一点，观察思维会不会有或多或少的跳跃，禅定正是对意识控制能力的训练。

放下这些深奥难懂的哲学问题，让我们回到元康年间的政治环境中。

手握尚书台政务的重臣王衍，对"无"的理解显然仅流于肤浅的辩论中，因为从他的所作所为来看，他肯定不理解"无"的真正含义。王衍从政，完全可以用四个字来形容——尸位素餐，其政绩自然乏善可陈。

像王衍这号人，毫无作为，但至少不会惹是生非，再加上有张华、裴𫖮、贾模三人竭力匡扶朝政，居然令晋王朝步入了很长一段时间的平稳与安定。想想，皇帝是个傻子，皇后又凶残毒辣，在这种怎么想都是死路一条的危局之下，能勉强维持朝廷和谐，也属实不易。

身居最高位的皇后贾南风，有了这个政治班子帮她打理政务，也就可以踏踏实实享清福，玩男宠了。

元康年：惊为天人

朝廷在张华、裴颜、贾模三人的努力经营下勉强维持着平静。而洛阳城也像个自我治愈能力极强的生物一般，虽然经历了无数场政变，但只要风波一过去，凭借政治中心的独有魅力，立刻又恢复到往日的繁华。

这天，在洛阳城的主街聚了一大群人，人群中央堆了一捆干柴，干柴上拴着一只外形奇特的大鸟，有几个手持火把的侍卫站在柴堆旁边，不停推搡着往中间拥挤的好事者。人群外围没有挤进来的还不甘心，纷纷伸着脖子，踮起脚尖，往中间张望。

"那是什么鸟？长得真奇怪！"

"从没见过。"绝大部分人都没见过这种鸟，不由得啧啧称奇。

只有几个见多识广的人知道这是怎么回事："没见过吧？那是鸩鸟！"

"当真？鸩鸟只生活在长江以南，剧毒无比。律法严禁把鸩鸟带到江北，怎么会出现在京都？"

"听说它是石崇送给王恺（司马炎的舅舅）的礼物。傅祗把这事揭发出来，这不，朝廷要烧死这只鸩鸟呢！"

须臾，侍卫看时辰已到，将火把投到干柴之上，随着一阵嘶鸣，鸩鸟被烧死。

鸩鸟被广泛记载于古代史籍中，因其羽毛含有剧毒，故常用作暗杀神器。晋朝时因考虑鸩毒引发的恶劣社会影响，明令禁止把鸩鸟带到长江以北。

回过头来讲石崇，他在杨骏掌权时被赶出京都，外派荆州刺史。荆州纵跨长江南北两岸，石崇有幸从江南得到一只鸩鸟，便赠给王恺。二人经常斗富，但私交还不错。傅祗听说后，上疏弹劾石崇。于是，这只无辜的鸟被烧成了灰，但石崇和王恺没受到什么处罚。不过，朝廷考虑到石崇在荆州也没干什么好事，便宣召他入京担任太仆。

石崇满载着抢劫荆州富商积累的巨额财富，高高兴兴地回到京都。这一入京，他便敏锐地觉察出，政局跟他离京时相比，已是天壤之别。

如今的天下是贾氏的了……

每天早朝后，石崇总是第一个跑到皇宫城门外等候，他知道，要不了多久，贾谧就会驾车而出。

石崇不住向皇宫中引颈张望，不消片刻，远处扬起一阵尘土，一辆豪华马车飞驰而来。石崇扑通跪拜在路边，等马车临近，他扯开嗓子高呼："恭迎贾大人！"

车里坐的正是贾谧。贾谧看到趴在地上的石崇，满意地点了点头。马车并没有停下，嗖的一下从石崇跟前掠过。

石崇依然"五体投地"，口中高呼："恭送贾大人！"

距离石崇不远处的路边，还有一个人做着跟石崇同样的事。

"恭迎贾大人！"

"恭送贾大人！"这人喊得比石崇还要响亮。

直到马车远去，二人才缓缓站起身。

石崇侧眼一看，不禁笑了："安仁，怎么你也在啊？"

安仁，正是中国历史上著名的美男——潘岳的字，故，潘岳又名潘安，时四十多岁。石崇的父亲石苞人送外号"姣无双"，赞其相貌英俊，石崇长得也很帅，但跟潘岳比起来，绝对是土鸡见凤凰。潘岳一站起来，刚刚猥琐谄媚的模样荡然无存，又恢复了平时玉树临风的神采，引得路人啧啧称奇。

"这长相，简直惊为天人！"

潘岳到底帅到什么程度？史书记载，每当潘岳乘车外出，就连路边的老妪都被其相貌倾倒，纷纷往他车里抛递花果，一路下来，潘岳能满载一车花果。

潘岳不仅帅，还文采绝佳、学富五车。他二十岁的时候，正赶上司马炎初登帝位，他写了一篇赋为司马炎歌功颂德。可坏就坏在这篇赋，其辞藻过于华美，招致上司与同僚的妒忌，竟让他十年中不得升迁。司马炎驾崩后，潘岳充任杨骏幕僚。杨骏被诛杀，潘岳托司马玮的关系躲过一劫。司马玮被诛杀，潘岳又阿附在贾谧门下。

后世有好事者，说潘岳和贾南风玩暧昧。但事实上，潘岳对妻子的忠贞是出了名的。潘岳和发妻杨氏在十二岁时订婚，后二人两地分居十七年，从未相辜负。潘岳二十九岁和杨氏团聚，相守二十三年后，杨氏病故。杨氏死后，潘岳为杨氏写了一篇情深意切、感人肺腑的悼亡词。潘岳终生不曾纳妾，杨氏死后也没再续弦，始终如一。"潘杨之好"这个成语，即源于潘岳和杨氏这一段佳话。

不过，潘岳在政治上和好友石崇一样，是个热衷名利、性格谄媚之徒，很快，他们都成了贾谧身边的红人。

元康年：金谷派对

这天，石崇盛情邀请贾谧道："下臣自从荆州回来，就在洛阳城东北建了一幢别墅，若贾公您能赏光，必令蓬荜生辉。"

"好！"贾谧痛快地答应了。他早知石崇富可敌国，又在荆州发了横财，料想别墅肯定极尽奢华。可即便有这样的心理准备，他亲临石崇别墅后，还是惊得瞠目结舌。

石崇的别墅建在洛阳城外的金谷涧，正是史上著名的金谷园。金谷园依山傍水，顺着高低山势，建造层层错落的亭台楼阁，山坡上保留着天然石窟，供石崇和他的宾客在其中享受别样风情。园中种植各种奇花异草，林间飞鸟啼鸣，又有小溪潺潺，绕着楼台奔流不息，最后汇入园中的人工湖。湖水清澈荡漾，湖中荷花盛开，鲤鱼穿梭。真可谓人间仙境。这还不算什么，石崇又用从南方搜罗到的珍珠、玛瑙、琥珀、犀角、象牙等奇珍异宝将金谷园装扮得金碧辉煌，就算是皇宫，也达不到这样的档次。

《世说新语》中记载了一个小故事，足以说明金谷园的奢华。

一次，太子太保刘寔（预言邓艾、钟会必死于巴蜀之人）到金谷园做客。席间，他想上个厕所，遂在侍者的指引下来到一间屋外。

刘寔迈步进屋，觉得不对劲。只见屋子中央有一张红纱大帐，地上铺着昂贵的毯子，旁边数名衣着华丽的美女手持甲煎粉、沉香汁等名贵香料侍立左右。见刘寔进来，美女们笑盈盈地拿起一件衣服，准备给刘寔更衣。

刘寔仓皇逃出，见到石崇，连声致歉："真是对不住，我刚刚误进您的寝室。"

石崇大笑："什么寝室，那里就是厕所。"

刘寔愕然："我实在消受不起，还是憋着好了。"

石崇豪奢，但绝非土豪，而是文豪，他著有《金谷诗序》，在文学史上地位极高。五十年后，"书圣"王羲之也写了一篇《兰亭集序》，时人评价能与《金谷诗序》媲美，这话让王羲之听得相当受用。

金谷园很快就变成石崇邀朋聚友之地，渐渐地，这里形成了一个以石崇、潘岳为首，总共二十四人的小团体，史称"金谷二十四友"。"金谷二十四友"多是当世文人才子、社会名流，在文学史上很有分量，又以名士身姿引领着时代的潮流，同时也散发着强烈的市侩气。他们的政治立场，全部是阿附贾谧，乃是贾氏势力的延伸和扩张。诚然，贾氏一族代表着黑恶势力，但我们也没必要以这种单纯的立场来定义这"金谷二十四友"。他们当中很多人积极推动着政治往良性方向发展。下面从"金谷二十四友"中挑选几位在政坛上颇具影响力的人讲讲。

首先说陆机、陆云二兄弟。三国时期的吴国，江东吴郡最具重量级的"吴郡四姓"中的陆氏家族，在最后的名将陆抗和名臣陆凯死后有所没落，但依然保留着先代的荣耀。陆抗的两个儿子——陆晏、陆景都在伐吴战役中为王濬所杀，他的另外两个儿子——陆机和陆云则幸免于难。二人在吴国灭亡后深居简出，潜心学术，过起隐居生活。

出身江东豪族的周处，年轻时曾为非作歹，祸害乡里，有过一段不光彩的历史。后来，周处对自己的前半生有了悔意，便找到陆云坦露心迹："我想弥补以往的过错，可年纪大了，恐怕来不及了。"

陆云开导他说："古人云'朝闻道，夕死可矣'，周君既然有此志向，自然前程光明，完全无须忧虑名声不彰。"

陆云这番鼓励令周处痛改前非，他终成一位刚正不阿的直臣。周处是吴国名臣周鲂的儿子，他拜访陆云时已年近半百，而陆云才二十来岁，由此可见陆氏家族在江东的地位。

公元289年（司马炎驾崩前一年），陆氏兄弟在隐遁九年后前往洛阳，决定出仕晋朝。陆机北渡长江时，不幸被一群盗贼劫持。命悬一线之际，他望见岸边的盗贼头领器宇不凡，正有条不紊地指挥着下属抢劫。陆机被盗贼头领深深吸引，不顾身旁挟持他的盗贼，径自朝岸上高呼："君有如此才略，为何沦为强盗？"

一句话惊醒了梦中人。盗贼头领瞬间大彻大悟，从此与陆机结为莫逆之交，并跟随陆机来到洛阳。这位放下屠刀立地成佛的人，名叫戴渊，后来成为东晋开国名臣，后文还有故事。

陆机、陆云并称"二陆"。太康年间，"二陆"又被称为"太康之英"，与当时的名臣张华交情匪浅。

"金谷二十四友"中还有两兄弟名叫刘舆、刘琨。刘氏兄弟是东汉中山靖王之后，跟蜀国开国皇帝刘备同宗，刘舆、刘琨的母亲是郭氏，乃是贾南风的姨母。两兄弟受过石崇救命之恩。

一天夜里，石崇得到一个消息，刘舆、刘琨兄弟去王恺家留宿。

石崇听说王恺跟刘氏兄弟有过节，可刘氏兄弟一直茫然不悟，他不安地道："恐怕刘氏兄弟凶多吉少了……快，备车！去王恺家救人！"

这个时候，刘氏兄弟已被王恺灌得酩酊大醉，王恺命人在后院挖好了一个大坑，打算将二人活埋。

石崇及时赶到王恺家门外，使劲拍打着大门："王恺，快出来！"

王恺打开府门，见是石崇，心知不妙："这么晚了，你来我这儿干吗？"

"我来接刘舆、刘琨回家！"

"他们没在我这儿！"王恺想糊弄过去。

可石崇不依不饶，一把推开王恺，闯进后院，找到了烂醉如泥的刘氏兄弟。他瞪了王恺一眼，架起刘氏兄弟便往外走。王恺没法阻拦，只能看着到手的鸭子就这样飞了。

刘舆和刘琨上了石崇的车，车子一路狂奔。凉风渐渐吹醒了他们的酒劲。

"石君，我们怎么在你车上？这是在哪儿？"

"哼！若是我来晚一步，你们就被王恺活埋了！"

刘舆、刘琨听罢，酒意全无，惊出一身冷汗，一个劲儿地向石崇道谢。

"不用谢了。你们还年轻，不知道世态险恶，以后千万注意，不可再随便留宿别人家里！"

刘舆、刘琨拼命点着头，对石崇千恩万谢。补充一句，这位刘琨，此时仅是一介热衷享乐的纨绔子弟，但多年以后，他最终成长为一个顶天立地的杰出栋梁。

石崇的外甥欧阳建也是"金谷二十四友"之一。他历任尚书郎、冯翊太守，官声尚佳。

石崇、潘岳、陆机、陆云、刘舆、刘琨、欧阳建等人，未来都会卷入西晋末年的纷争，关于他们的结局，后文会一一讲述。不过眼下，元康年间，以这些人为核心的"金谷二十四友"，则尽情享受着快乐的生活。他们的利益，也都与贾氏一族牢牢捆绑在一起。

元康年：内忧外患

晋帝国的心脏京都洛阳，在经历了这几场血腥政变之后，很快又恢复了往日的平静，甚至或多或少延续着"太康盛世"的繁华，然而，在京都之外的其他地方，满目疮痍。从元康二年（292）开始，全国各地饥荒、瘟疫、洪灾、旱灾就没有间断过。元康年间，朝廷颁布过一封诏书，因饥荒导致贩卖人口的行为被正式宣布合法化。这很能说明当时的恶劣状况。

讲完朝廷里的政局，再来看看朝廷之外发生了什么事。

元康四年（294）夏，北方匈奴开始侵扰并州（位于司隶州的北方，离京畿地区相当近）。到了元康六年（296），西部的氐人和羌人也跟着举起反叛的旗帜。匈奴人几百年来已养成习惯，只要觉察到朝廷弱势，就趁火打劫，这本不奇怪，可雍凉的氐人、羌人叛乱，却是因新任雍凉都督——赵王司马伦（司马昭的弟弟，司马衷的叔祖）频施恶政。

当初，司马炎临终前曾在宗室长辈中苦苦寻觅可托孤的人选。司马伦这个名字一度出现在他的脑海中。然而，这位长辈除了干过偷窃御宝的勾当，实在找不出值得一提的事能勾起司马炎的好感。最后，司马炎才选定司马亮托孤。不难想象，一个骨子里透着贼性的人自然干不出什么好事。

氐、羌揭竿而起，雍州刺史解系、御史中丞解结（解系的弟弟）、冯翊太守欧阳建纷纷上表弹劾司马伦。

朝廷不能任由司马伦祸害边境，遂下诏征司马伦入朝，并派梁王司马肜（司马伦的哥哥）接任雍凉都督。

司马伦一回到京城，就开始跟贾南风、贾谧、郭彰等人套关系，迅速变成朝中的大毒瘤。随后，他又提出想任录尚书事，做尚书令，被张华、裴頠否决。

因为这事，司马伦对张华、裴頠怀恨在心。

放下没脸没皮的赵王司马伦不提，再说他留在雍州的那一堆烂摊子。新任雍凉都督——梁王司马肜，也好不到哪儿去。

一次，司马肜指着自己浑身打满补丁的衣服，跟幕僚显摆："你看我，算不算清廉？"其实，司马肜的食邑在诸藩王中最高，绝对算得上富可敌国，他穿破衣烂衫只为作秀。

幕僚毫不客气地说："您是藩王，又是重臣，应该想着举荐贤才，为国分忧，只做这种表面文章，有何意义？"

司马肜入驻雍州没多久，氐人部落首领齐万年便正式称帝，率领氐、羌联军大举向官军发起进攻。朝廷意识到，以司马肜的能力，要想平息叛乱绝对是痴人说梦，遂调派御史中丞周处前往雍州对抗齐万年。周处即是前文提到的那个年轻时为非作歹，中年时听了陆云一席话痛改前非的江东人。他文武全才，相当靠谱，但那些举荐周处的公卿个个没安好心。原来，周处性格耿直，弹劾过很多人，其中就包括梁王司马肜。由此，这场发生在雍州的氐、羌叛乱，成了朝廷公卿打击异己的好机会。

中书令陈準（裴楷死后继任中书令）看出苗头不对，上奏道："周处以前得罪过梁王。臣建议让孟观跟周处同去雍州，并让孟观率五万人当周处的前锋，二人均不受梁王管辖。否则，梁王一定会把周处推到险境，然后袖手旁观。"陈準是颍川陈氏族人，他是魏朝名臣陈群的孙子，陈泰的侄子。

陈準希望让孟观为周处保驾护航，可是有太多人希望看周处倒霉，最终，朝廷没有听从陈準的谏言。周处被派往雍州，隶属司马肜麾下。

元康七年（297），齐万年率七万氐、羌联军屯兵梁山，司马肜只拨给周处五千人，让他迎战齐万年的七万大军。结果，周处战死。

第二年，中书监张华和中书令陈準再度提议让孟观支援雍州，朝廷不得不同意。这次，朝廷没再让孟观受司马肜管辖，更是授予他极大的权力——统领大批朝廷中央军和关中驻军抗敌。终于，在元康九年（299），孟观大获全胜，生擒齐万年。孟观和周处都武略出众，但二人境遇不同，只因孟观曾协助贾南风剿灭了杨骏，是贾南风的亲信，所以得到朝廷的支持。战后，朝廷将司马彤召回京都，让他任录尚书事，又让司马颙（yóng）（司马孚的孙子，司马衷的堂叔）接替司马彤镇守关中。困扰西部三年的氐、羌叛乱总算是平息了。

崖边太子

元康年就在骄奢淫逸的贾南风、为虎作伥的贾谧、鄙视"俗务"的王衍、崇尚享乐的"金谷二十四友"以及不要脸的司马伦和司马彤这票人的折腾下，一路走来。能勉强一路走来，全赖张华、裴颜、贾模三人的竭力支撑，不过，这三人仅仅是在自身利益和道义之间尽可能寻求一个平衡点，而且这平衡点无疑是更向自身利益方面倾斜的。由此，当然没法指望张华、裴颜、贾模能做出推倒重来、逆转乾坤的壮举。倘若一直这样下去倒也没什么，然而，朝廷里存在着另一股微妙的势力，与贾南风形成了针锋相对的冲突，终将成为大厦崩塌的导火线。

这股势力深居在皇宫的东宫，正是太子司马遹（yù）。司马遹对自己的未来，以及皇室的未来一无所知，就算知道了他也不会甘心，就算不甘心他也无能为力，说白了，他是一位可悲的太子。

司马遹十二岁前跟着生母谢玖和爷爷司马炎生活，幼年时期的口碑颇佳。司马遹五岁时，一天夜晚，皇宫中失火。司马炎登高观察火势，司马遹紧靠在司马炎身边，使劲拽着司马炎的衣服往后撤："皇爷爷，别站在那儿。"

"怎么啦？"司马炎不解地问道。

司马遹一本正经地说："夜晚火灾保不准有政变，不能让火光照到陛下，您要站在暗处。"

司马炎惊诧："你这孩子将来必是个奇才啊！"

还有一次，司马遹跟司马炎参观猪圈，说："猪这么肥，我想杀了犒赏将士。"

"好，好，就听你的！"司马炎自豪地对旁边的傅祗说，"我这皇孙今后一定能兴旺社稷！"

自此，司马炎开始有意塑造司马遹的光辉形象。他常对大臣说："司马遹长得跟宣皇帝（司马懿）神似！"

司马遹十二岁时在杨骏的奏请下当上了太子。想当初，谢玖怀孕后逃出东宫，这才揪出贾南风草菅人命的恶心事，把司马炎气得暴跳如雷。不难想象，贾南风对司马遹母子一点好感都没有。

后来杨骏死了，贾南风禁止司马遹和谢玖相见。

"我想见我母亲！"司马遹泪眼汪汪地向贾南风请示。

"你是太子，应该待在东宫。你母亲是嫔妃，住在西宫，不能随便乱走，坏了规矩！"从此，司马遹很难见到母亲。

十几岁的孩子喜欢玩闹，司马遹也不例外。内宫宦官向贾南风禀报："太子最近越来越贪玩，总是不尊重师长。"

"你就跟他说，趁着年轻应该好好玩，没必要约束自己。"

宦官又向贾南风禀报："太子最近脾气越来越坏。"

"好啊，你告诉他，当太子的就该懂得用严刑峻法让别人畏惧。"

可想而知，司马遹在这样的教育下会变成什么样。渐渐地，他养成了诸多令人咋舌的怪癖。譬如，他在东宫开集市卖肉菜米面；他喜欢让属下乘马车疾驰，然后弄断缰绳，看着人仰马翻笑得前仰后合；他脾气暴躁，对惹恼自己的人直接拳脚相加；他还有个奇怪的忌讳，只要看到有人破土动瓦修房子心里就烦躁。

司马遹每月有五十万钱俸禄，还经常入不敷出。他的名声也像他的财富信用额度一样，不断地透支消耗。

太子幕僚杜锡（伐吴功臣杜预的儿子）知道贾南风存心要搞臭司马遹的名声，便多次劝司马遹说："您该注意言行举止，不能总这么张扬跋扈，这是自取祸患！"

司马遹很不耐烦，偷偷在杜锡的座位下藏了针。杜锡没发觉，一屁股坐下，疼得上蹿下跳。

一言以蔽之，司马遹十二岁以后仿佛变了个人似的。对他的评价也以十二岁作为一个转折点，形成了两个截然相反的极端。至于司马遹到底是在贾南风的破坏性教育下发生了心理畸变，还是他始终没有变，却是被贾南风刻意摧毁了呢？皆有可能。

早晚有一天要废了你！贾南风每次见到司马遹，心里都会冒出这样的想法，而司马遹的名声急转直下，正是贾南风这一计划的铺垫。可是别忘了，贾南风没有亲生儿子，她废了司马遹，还能立谁呢？贾南风决定找个孩子冒充是自己生的，最后，她选定了妹妹贾午的幼子，也就是自己的外甥韩慰祖（贾谧的弟弟）。

某日，贾南风在朝堂上突然宣布自己有个儿子。说罢，她把韩慰祖拉了出来。

群臣哗然。

"这孩子看着像五六岁模样，恕臣等冒昧问一句，您是什么时候怀的他？"

"我怀他的时候不巧赶上先皇驾崩，考虑到恰逢国丧，所以才没公布。"

光天化日，朗朗乾坤，贾南风竟编出如此荒诞的故事，然而，没有一个人敢捅破这层窗户纸。这无疑令司马遹的处境变得更加危险。侍中裴颜虽说是贾南风表亲，不便公然拆她的台，但也受不了她这么胡折腾。裴颜思来想去，遂奏请将谢玖由才人晋升为淑妃，又扩充东宫侍卫三千人，加上原有的，总共一万人，希望借此能保护司马遹。

贾南风找外甥冒充儿子这事办得实在太离谱了。满朝公卿嘴上不说，心里其实都很不爽，最后，大家谁都不再提这事，权当什么都没发生过，以缄默不合作的态度对抗。可是，不管公卿承不承认贾南风的这个假儿子，贾南风要废司马遹的心不会变。而深受贾南风宠爱的外甥贾谧心知司马遹肯定坐不稳太子位，对司马遹的态度也越来越嚣张跋扈。

一次，贾谧与司马遹下棋，为了一个棋子咋咋呼呼。旁边观棋的成都王司马颖（司马炎第十六子）看不下去了："贾谧，不得对太子无礼！"

贾谧气呼呼地甩袖而走，转脸就跟贾南风告了黑状。没几天，贾南风就下诏把司马颖赶出朝廷，派到邺城。不久，司马颖在邺城建立起不小的势力。在后面的故事里，他还会占据重要分量。

司马遹荒诞不经，人却不笨。他察觉到贾南风的企图，心里越来越怕。可是，父亲司马衷是个傻子，根本指望不上，他只能向贾南风的母亲郭槐寻求帮助。

趁着郭槐生病的机会，司马遹寸步不离地伺候郭槐，这件事赢得了郭槐的好感。郭槐提出想把外孙女也就是贾午的女儿，嫁给司马遹当太子妃。但这事遭到贾南风和贾午的反对。贾南风根本就不想跟司马遹缓和关系，一心只想废掉他。

为了不让母亲再瞎掺和，她决定把王衍的女儿许配给司马遹。

王衍有两个女儿，大女儿王景风长得比小女儿王惠风漂亮。司马遹和贾谧都看上了王景风。不言而喻，贾南风肯定是偏袒贾谧，便让贾谧娶了漂亮的王景风，司马遹只好娶了姿色平庸的王惠风。

这天，贾谧来到东宫拜见司马遹。司马遹正因自己属意的王景风被贾谧抢走耿耿于怀，遂愤然道："让他回去，我不见他！"

太子僚属裴权劝说："贾谧深受皇后宠爱，您就忍忍吧。"

"我已经对他一忍再忍了！说不见就不见！"

贾谧吃了闭门羹，回去后就对贾南风言道："太子最近积蓄私财、广施恩信，是想对抗咱们。我还听他私底下说，要把皇后您囚禁在金墉城，然后尽诛贾氏一族。还是赶紧废了他吧！"

史书写道，因贾谧的谗言，贾南风决定废了司马遹，但实际上，贾谧充其量起到推波助澜的作用。贾南风要废司马遹的想法恐怕完全源于不理性的个人好恶。

枭之城

这天，裴颜忧心忡忡地找到张华和贾模，三人关起门来进行了一番密议。

"皇后一心想废掉太子，照这么下去，肯定要出大乱子。"裴颜注视着张华和贾模，沉吟良久，终于说出了他的想法，"为今之计，只有废了皇后！"

张华听罢，心里咯噔一下，什么都没敢说，只直勾勾地瞅着贾模。

贾模算是贾氏一族中最明白事理的人，也觉得贾南风这么闹下去迟早捅娄子，遂道："我同意裴君的话。"说罢，他看向张华，等着他表态。

张华吓呆了。三人中，裴颜和贾模可都是贾南风的亲戚，唯有他自己是个外人，这让他怎么插嘴？难不成，这是贾南风、裴颜、贾模联手给自己下的一个套？不行！这件事绝不能出头。想到这里，他谨慎地说："也没看出陛下有废皇后的意思，倘若我们擅自为之，忤了陛下心意，可如何是好？况且，诸藩王拥兵自重，朝中朋党林立，搞不好会因此再生变故。万一功败垂成，我们身败名裂不说，也无益于社稷安定啊！眼下，只有靠你们多费心劝劝皇后，只要不出大事，朝廷未必会乱，我们也能落得个善终。"

裴頠和贾模很是失望，二人对视了一眼："既然如此，权当这话没说过吧。希望大家都不要泄露出去，否则对谁都不好。"

三人散伙。

等到张华走后，裴頠和贾模又凑到了一块儿。

"张华胆子太小，也别勉强他了。咱们自己搞！"

"说得是。但废皇后不是件容易事，咱们得找外援。"贾模和裴頠都是侍中，手无兵权，要发动政变，必须争取皇宫禁军的支持才行。

裴頠左思右想："王衍如何？"此时王衍官拜中领军，手握皇宫内禁军兵权，的确是个合适的人选。

贾模点头同意了。

随即，二人劝说王衍帮忙。王衍听罢，支支吾吾答应下来，心里却吓得要死。让自己清谈没问题，但要说发动政变，怎么想自己都不是这块料。果不其然，第二天他就变卦了。

最终，裴頠和贾模大义灭亲的计划只能搁浅，但他们仍然希望能保住司马遹。

贾模提议："目前唯一能保住太子的就是广城君（郭槐）了，这些日子你多去跟她老人家商量商量，我再去劝劝皇后。"

不幸的是，郭槐没两天就去世了，临死前叮嘱贾南风道："贾午和赵粲（司马炎的嫔妃）一定会祸乱你的家事，我死后，你可别再受她们蛊惑了。"

郭槐，这位本性刻薄恶毒的女人，晚年却充当起司马遹最大的保护伞，也是唯一能制约贾南风的人。随着她死去，贾南风再没有任何顾忌。另一边，贾模因为三番五次劝谏贾南风，备受冷落。贾模预感自身难保，心里又怕又气，遂忧愤成疾，于公元299年郁郁而终。

贾模死后，贾南风让裴頠担任门下省首席侍中。裴頠上表辞让，但经不住贾南风一通软磨硬泡，最后无奈接受。

有明白人跟裴頠说："您若想尽忠，就该对皇后知无不言，言无不尽，若皇后不听，索性辞官隐遁。可您既想明哲保身，又不肯逊位，这恐怕不是明智之举。"

裴颜一不敢直谏，二不想辞官，只是硬着头皮在这个位置上待着。

另外，阎缵也劝张华辞官避祸。张华同样割舍不下仕途。

有段时间，张华想聘请韦忠做幕僚。韦忠称病不去。有人问他为什么。韦忠说："张华华而不实，裴颜贪权无厌，二人舍弃道义，阿附皇后，这岂是大丈夫所为？我现在要是当了张华的幕僚，就好比身陷万劫不复之地，将来必受牵连。"

就在贾南风一门心思要废掉太子这事闹得沸沸扬扬的时候，张华故吏、司马遹亲信——手握东宫三千禁军兵权的左卫率（官名）刘卞，找到了张华。

刘卞开门见山地问道："听说皇后想废了太子，这事您知不知道？"

"我没听说。"张华当然听说过，而且心里比谁都清楚。

刘卞察觉到张华对自己有所保留，心下不悦，道："我原是一名小吏，多亏您提携才有今天，我感激您的知遇之恩，所以才对您知无不言，言无不尽。没想到您反而怀疑我。"

张华反问："假定有这回事，你打算怎么办？"

"东宫多忠义之士，且有一万名禁军，您位居宰辅重任，只要您一声号令，我即刻发动政变，废掉皇后！"

又有人想废皇后了，这种事张华听得耳朵都起了茧子。这些年来，张华总是回忆起他昔日力主伐吴平定天下的辉煌，可这辉煌没能维持多久，他便因为在太子党和齐王党中站错队被司马炎罢黜。仕途的暗淡让他心灰意懒，也磨平了他的棱角。更让他始料未及的是，他居然得益于贾南风的提携，成为朝中数一数二的重臣。虽然贾南风品行败坏，但终归对自己有再造之恩。张华不敢也不愿做出对贾南风不利的事。这复杂的感情与他内心的道义形成了巨大矛盾，让他备感纠结。

面对刘卞的提议，他推托说："陛下又没授命我废皇后，如果我这么干，岂不是目无主君，以不忠示天下？就算成功也不能免罪。更何况朝中皇室、外戚各持权柄，哪有那么容易成功的？"

刘卞愤然离去。

待刘卞走后，张华心里七上八下。东宫有这种人，迟早会生出事端，这事瞒不住啊……最终，张华竟然把刘卞的密谋向贾南风和盘托出。

几天后，贾南风免除刘卞东宫左卫率的官职，外调雍州刺史。刘卞察觉事情泄露，服毒自杀。

皇宫处于权力旋涡的核心，想废贾南风的人多如牛毛，不过，这里面真真假假、尔虞我诈，很多事根本说不清楚。

一天，中护军赵浚悄悄对司马遹说："皇后想废掉您，天下皆知，如果再不行动，恐怕就来不及了。东宫有一万名禁军，臣手下也有几千人，臣愿助您发动政变，联手废了皇后！"

司马遹瞪着赵浚，心里打了个激灵。赵浚是赵粲的叔父。自杨骏倒台后，赵浚担任中护军，他是贾南风掌权后的既得利益者，废贾南风对他有什么好处？难不成赵浚是贾南风派来试探、陷害自己的？

"你这说的是什么话，我岂能干出这种大逆不道的事？退下！"

司马遹将赵浚打发走了。

史书认为司马遹没有把握住机会，以遗憾的口吻记下了这件事。然而，司马遹很可能真是做出了正确的判断。在深邃的宫阙内，诸如此类的陷阱无处不在。

毒　酒

到公元 300 年，元康年已走到第十个年头。这年 1 月，太子司马遹的心情既悲伤又低落。原来，他的长子司马虨（bīn）突发重病，性命危在旦夕。司马遹一面让巫师祈福，一面上表请求给长子封个爵位。

奏表传到司马衷手里，令这位傻皇帝有些为难。他有心成全，却做不了主，只好一如既往地请示贾南风："皇孙病重着实可怜，你看要不要答应太子？"

"不准！"

"好、好，听你的。"

这事原本过去了，但贾南风动了念头：司马遹在东宫装神弄鬼不说，还提出这种出格的要求，何不趁机废了他？

于是，贾南风以皇帝的名义派人去请司马遹。

"陛下对你甚是挂念，命你去中宫觐见。"

司马遹认出这名近侍并不是司马衷的，而是贾南风的。他有种不祥的预感，遂推诿道："请你代禀父皇，司马彪病情太重，恕我走不开，改日一定去。"

贾南风又接二连三地派人去叫，次次都被司马遹搪塞过去。

这小子真难请啊！到 2 月 5 日傍晚，贾南风再也忍不住了，写了一封正式书函发给司马遹："陛下召见你，到底来是不来？"

司马遹无奈回禀道："时已黄昏，我明日一早一定去。"

次日清晨，司马遹迫不得已前往中宫觐见司马衷。

司马衷看着自己的儿子，呵呵傻笑："你来啦！"

"父皇恕罪，儿臣最近心中悲痛，所以来迟。敢问父皇召唤儿臣有何事？"

"啊？没什么事啊……"

"啊？"

"哦，是皇后想见你……"

司马遹对父亲这副浑浑噩噩的神情早习以为常："那儿臣这就去向皇后请安。"

"好、好，去吧。"

司马遹辞别了司马衷，又来到贾南风的寝宫。可寝宫里没有贾南风的身影，只有侍女陈舞恭候。

"陈舞，皇后在哪儿？"

"你等着，皇后一会儿就来。"

言讫，陈舞径自走出寝宫，把司马遹一个人晾在了这里。

少顷，陈舞端着一坛酒和一盘枣走了进来："这是昨天陛下打算赏赐给你的枣和酒，赶紧吃了吧！"

"皇后呢？"司马遹没敢妄动。他不知道贾南风此时不想直接面对自己。

陈舞催促道："先别问东问西的，你怎么还不喝？"

"酒有几升？"

"三升。"

"恕我没有三升的酒量。"

此时，贾南风就躲在寝宫门外，她听到司马遹推三阻四，忍不住厉声呵斥："你以前也喝过酒，今天怎么就不能喝？陛下赐你酒，是一番好意，这酒是为你儿子祈福的。"

原来皇后就在门口。司马遹马上跪倒在寝宫内，大声回答："之前喝酒是在陛下朝会上，我不敢推辞，故小酌几杯。我实在喝不下三升酒。况且我到现在粒米未进，喝太多酒，一会儿见到您，怕有失礼仪。"

陈舞板起脸道："您真是不孝！陛下赐的酒您都不喝，难道是担心酒里有毒？"

司马遹听到这话，没法辩驳，只得硬着头皮端起酒坛，咕咚咕咚喝了下去。他喝到两升已是极限，口中连连哀求："真的喝不下了，还剩一升，能否容我带回东宫再喝？"

"不行！陛下命你马上就喝光！"

司马遹只能强忍着喝完。三升酒下肚，司马遹头晕目眩，面前的陈舞渐渐变得模糊不清，没多会儿他就醉得不省人事了。

这酒……酒……到底有没有毒？他不会料到，酒虽然没下毒，却比最毒的毒药还要厉害。

陈舞推了推司马遹，见全无反应，便向贾南风禀报："皇后，太子醉了。"

"嗯，我看看……"贾南风这才缓缓走了进来。她旁边还跟着一名侍女，手中捧着笔墨纸砚。

"太子，快醒醒，醒醒！皇后来了！"陈舞猛烈地摇晃着司马遹。

司马遹只感觉天旋地转，勉强半睁开双眼。

"陛下让你照着这封文书抄写一遍。快写！"侍女将一张写满字的纸铺在司马遹面前，然后又将蘸饱墨的笔和白纸递给了司马遹。

"哦……"司马遹根本不记得自己是怎么拿起笔，又是怎么写下来的。写毕，他把笔一扔，当即又昏睡过去。

贾南风让司马遹抄写的这封文书，内容是："陛下与皇后应自己了断，否则，别怪我亲自动手。上苍命我扫除祸害，我与母后谢淑妃（谢玖）在三辰下歃血为誓，约定日期发动政变，事成后继承帝位，立司马虨为太子，立太子妃王惠风为皇后。以三牲祭祀天地，大赦天下！"司马遹因为是在神志不清中执笔，故涂涂改改，字迹不清，不过勉强还是能看出大概意思。

贾南风看毕，满意地点了点头，然后将文书拿给司马衷看。

"啊！这……这……"即便如司马衷这般迟钝的神经也不由得震惊了，"这真是太子写的？太子要杀朕？为、为什么？"

"的的确确是太子写的！请陛下即刻召集群臣商议此事！"

"快！召集群臣！"

无力的抗争

当天下午，公卿齐聚式乾殿。

众人面面相觑，贾南风率先发话："今天召诸位大人来，是因为宫里出了件大事。"说着，她朝宦官董猛招了招手。

董猛将太子抄写的文书交给群臣传阅。顷刻间，式乾殿一片哗然。旋即，董猛掏出一封诏书，高声念诵："太子写下这番大逆不道的话，按律应赐死！"

司马遹的岳丈——中领军、尚书令王衍差点吓瘫在地上。他没想怎么把这乌龙事件查个水落石出，却只盘算着如何才能全身而退。

"臣……臣……"王衍正要表明自己的立场，突然被一位同僚打断了。

"慢着！"首席侍中裴頠从人群中站出来言道，"这一定不是太子写的！臣斗胆请辨认字迹！"这话也只有身为贾南风表亲的裴頠才敢说出口。

公卿见裴頠发话，纷纷跟从着嚷嚷："是啊，需要辨认字迹！"

王衍本来想表态支持贾南风，听到裴頠和同僚的话，又缩了回去。

"辨认字迹，好！"贾南风胸有成竹，向董猛点了一下头。

董猛遂拿出几份司马遹以往写的文章交给公卿对照。

众人仔细辨认笔迹，神情逐渐由原先的希望变成了失望。这封政变宣言字迹虽潦草，但的确出自司马遹之手。

裴頠暗想：太子写出这样的话，若非神志不清，就是被人胁迫。可这仅仅是裴頠的臆断，并无从证实。话说回来，即便证实了，难道要指责是贾南风逼司马遹谋反？这还怎么收场？

"诸位大人都看清楚了吧？究竟是不是太子所写？"

"似乎……确是太子写的。"公卿无可奈何地承认了。

"好！既然是太子所写，按律，即刻命太子自裁！"

"等等！"裴颜鼓足勇气，打算继续抗争，"既然有物证在此，能否传唤揭发并传递这封书信的人证前来对质？"这恰好戳中了贾南风的软肋。当然，所谓"揭发"并"传递"这封文书的人正是她自己。

"铁证如山，还要什么人证！"贾南风狠狠地瞪了裴颜一眼。

这一瞪让裴颜更加确信，所谓的太子谋反宣言，绝对是贾南风的诡计。可是，他没胆量将矛头公然直指贾南风。

裴颜沉默了。

恰在这时，司空、中书监张华谏言道："废除太子乃社稷大祸！还望陛下、皇后再行斟酌！"张华的态度比裴颜要软弱得多，他这样说，几乎默认了太子谋反，只是从朝廷稳定的立场出发祈求宽赦太子。其实他同样确信这封文书来路不正。

公卿听张华这么一说，又开始嚷嚷。

贾南风见局面难以控制，偷偷朝董猛使了个眼色。

董猛转身离去，俄顷，他回到式乾殿上，朗声说道："刚刚长广公主（司马衷的姑姑，甄德的妻子）发话了，请陛下立刻决断，群臣若有不从，当依军法从事！"董猛假借长广公主之口催促，可依然没什么效果。

时间一分一秒地过去。公卿你一言我一语，一直争论到日落也没个结果。当时的局面是，以裴颜和张华为首的绝大多数公卿都在为司马遹求情，司马衷则左右徘徊，当然，他没有判断的能力，但他感情上自然不希望处死自己的儿子。若依以往的情况，贾南风早就亲自下诏，但这次她遇到的阻力实在太大，没办法直接拍板。

想干掉司马遹有点棘手。贾南风暗想：如果执意让司马遹自裁，公卿肯定不接受，不如先退一步，缓缓再说。

"既然诸位公卿都为太子求情，那就减免死罪，但活罪断不可赦。司马遹从今日起贬为平民。陛下，你看这样行不行？"贾南风瞪着司马衷。

司马衷唯唯诺诺道："可、可以！"

有人提出疑问："陛下除了司马遹，没有其他儿子，废了司马遹，还能立谁当太子？"

这话让贾南风气得七窍生烟。此前，她已经言明自己有了儿子（实则是贾午之子韩慰祖），可想而知，公卿根本没买她的账，至今黑不提白不提，权当没这回事。但在这个敏感时刻，贾南风不想再节外生枝。

有人建议让淮南王司马允（司马炎第十子，跟司马玮一起进京谋废杨骏）担任皇太弟，成为储君。

贾南风烦不胜烦："行了行了，这事以后再说。"

皇太弟的提案尚无定论，却不经意间触动了司马允的神经，也决定了他日后的所作所为。

这天傍晚，司马遹醒了酒意，发觉自己被软禁了起来。他不知道下午式乾殿内发生了什么，但从东宫周围里三层外三层的军队也能意识到，自己凶多吉少了。

不多时，尚书和郁（和峤的弟弟）、太保何劭（何曾次子）、赵王司马伦、梁王司马肜、淮南王司马允、东武公司马澹（妻子是郭氏，杨骏死后，他向贾南风诬告弟弟司马繇谋反）一起来到东宫废黜太子。

一切都完了。司马遹万念俱灰。

当晚，司马遹和母亲谢玖、太子妃王惠风（王衍女儿）、宠妾蒋俊（长子司马虨的生母），以及三个幼子司马虨、司马臧、司马尚被押送至金墉城中。

深夜，一队禁军奉贾南风之命冲进金墉城，将谢玖和蒋俊活活打死。二十九年前，怀有身孕的谢玖费尽周折逃出东宫，求得司马炎的保护，最终，她还是没能逃脱贾南风的毒手。

公元 300 年 2 月 7 日，农历大年初一，贾南风宣布改元。自此，延续了十年的元康年就此终结。往后，晋朝将会步入更加混乱的年代。

救命信

司马遹被废引发的紧张气氛笼罩着整个皇宫。贾南风意识到，只要司马遹一天不死，这事就没个了结。于是，她让董猛挑了个倒霉的太监，经过一番威逼利诱，太监自首说和司马遹同谋政变。然后，贾南风将供词昭示群臣。

裴颜不是想要人证吗？现在人证有了，看他还有什么可说的。

所有人心里都明白，要想保住司马遹，已是难比登天。

阎缵上奏道："昔日，汉武帝的太子刘据拥兵发动政变，司法判定应施以鞭笞之刑。相比起来，就算司马遹有罪，也比刘据轻得多。希望朝廷能重新给太子找个老师，严加教诲。若不悔改，再行严惩。"

司马衷刚要答应，却被贾南风当庭否决。

眼看司马遹谋反的罪名坐实，王衍再也按捺不住，上疏奏请："司马遹居然做出这种大逆不道的事！臣深以为耻，希望朝廷恩准让小女王惠风与司马遹离婚。"

贾南风也不想牵扯声名显赫的琅邪王氏，更何况王衍的长女王景风还嫁给了自己的外甥贾谧，便满口答应下来。由此，王惠风得到赦免。

随后，贾南风命令司马澹押解司马遹从洛阳金墉城转移到许昌，打算让司马遹淡出人们的视线。

司马澹带着诏书和一千名禁军来到金墉城："朝廷下诏，命王惠风与司马遹离婚，王惠风赦免回家，司马遹移居许昌。"

王惠风并不觉得庆幸，她性情忠贞，不忍与司马遹分离。

司马遹愣了一下，忽然想到：或许有救了！

继而，他向司马澹请示："能否容缓片刻，让我夫妻二人做个诀别？"

"好吧，快点！"

司马遹拉着王惠风来到屋里。他没时间再多做解释，马上开始奋笔疾书，将他遭受这不白之冤的原委一一道明。写毕，司马遹将书信折起来，塞到王惠风的怀里："这关乎我的性命，请一定带给令尊大人，让他救我！切记！切记！"

王惠风哭泣着点头应允。她一回到家里，便把书信交给了王衍，求父亲解救司马遹。王衍看完信，满脸嫌恶："好不容易才避免一场大难，别再提这事了！你跟司马遹已经没关系了！"

司马遹眼巴巴地盼着王衍能替自己伸张正义，但他不知道，这封记下事实真相的救命信却被王衍压了下来。

就在司马遹被司马澹押往许昌时，贾南风严令禁止群臣为司马遹送行，不过几个太子昔日的僚属江统、王敦（琅邪王氏族人，王祥侄孙）等人，还是把司马通送到了伊水河畔。司隶校尉满奋（魏国重臣满宠的孙子）得知，把江统、王敦等人悉数收押。可没两天，这帮人又被河南尹乐广（前文提到的清谈领袖）释放。

贾谧打算严惩所有抗旨的人。

有人劝道："废黜司马通的本意是彰显其恶。如今群臣冒死送别，若再惩治群臣，反而会宣扬了司马通的人望，适得其反。"

贾谧听后觉得有道理，不再追究。

死人的价值

年初，皇宫里照例举办了一场盛大的岁首年会，可除了贾南风一党，所有人都显得意兴阑珊。就在这表面上热闹的盛会之外，太子曾居住的东宫，显得格外萧条，这里再没有往日的喧嚣，被暂时封闭起来。

东宫一间空置的宫室房门紧闭，从外面看不出任何异常，但是，这间宫室的门从里面反锁了。此刻，有两个人正在屋里窃窃私语。

这两个人是右卫督司马雅和常从督许超，他们都属于东宫低级禁军将领。

"不能就这么算了，得想个法子营救太子，可皇后执掌重权，单凭我们手里这点儿兵，肯定成不了气候，不如，我们说服张华加入……"

"还提张华？你忘了刚刚自杀的刘卞了吗？据说他想废皇后，找张华商议，结果被张华告了密！"

"那裴颜呢？"

"他终归是皇后表亲，不可信。说白了，那二人只想保全官位。不值得托付。"

"还能找谁？"

"依我看，赵王司马伦可以考虑。"

"司马伦？你疯了！他一直对皇后奴颜婢膝，太子刚一被废，他就被贾南风提拔为右军将军（皇宫中层禁军将领）了。"

"你想想，司马伦是什么货色？既贪婪又冒进。只要他能得到好处，有什么事是他不敢干的？他手里控制的禁军，比我们要多得多啊！"

"这么说，也有道理……"

"司马伦对他的幕僚孙秀言听计从，此人也是个贪婪之徒，我们不妨先找孙秀，然后让他出面劝说司马伦。"

"好！"

二人主意已定，遂大肆贿赂孙秀，劝其谏言司马伦营救太子。

孙秀嘴上应承下来，但心里却想：这事要真按照对方的计划来，岂不是白白给司马通当炮灰？怎么做才能让这事变得对自己和司马伦更有利呢？

孙秀绞尽脑汁，终于想出了一个天衣无缝的计划。他对主子司马伦进言道："皇后凶妒无道，与贾谧合谋陷害太子。可是，因为大人您跟皇后、贾谧关系密切，外面都盛传您也参与此事。时下很多公卿都想废了皇后，万一有政变，您难免不受牵连哪！"

司马伦不住点头："依你之见，当如何？"

"依臣之见，皇后必杀司马通，您应该挑头发动政变，废除皇后！"

司马伦眯缝着双眼，想了半晌："那你认为，什么时候发动政变合适？"

"只待太子被皇后害死，您就发动政变。"

"啊？"司马伦诧异地道，"我发动政变，难道不是为了救援太子吗？"

孙秀摇头道："殿下，您再仔细想想，朝野谁不知道您是皇后私党。您现在援救太子，旁人会认为您是为形势所迫。而且太子个性刚烈，跟您又有宿怨，就算事成，也不一定领您的情，最多算您将功赎罪，难保日后不会生出新的祸患。若等太子死了您再政变废除皇后，就不是给太子充当马前卒，而是为太子报仇了。"

司马伦点头。须臾，他又问道："可皇后什么时候才会杀太子？这得等到什么时候？"

"殿下尽管放心，臣会催促她的……"

这世界上就是有一类人，认为混乱能给自己带来机遇。司马衷当上皇帝后，这类人内心渴望混乱的种子便开始生根发芽，疯狂滋长。

接下来的几天里，孙秀开始散布公卿密谋拥护太子复位的传闻。同时，他又让司马伦亲自提醒贾谧，说司马通有复位的危险。

贾谧果然建议贾南风尽快除掉司马遹，以绝后患。

再说司马遹搬进许昌这两个多月里，整天都过得提心吊胆，他怕被人下毒，从不敢吃外面送来的食物，每餐都是亲自煮饭。他完全想不到，自己在岳父王衍心里是那么一钱不值，而自己的死对司马伦又有多大价值。

这年4月，贾南风秘密授命许昌守将刘振毒杀司马遹。

刘振将毒药送到司马遹的面前："陛下下诏，命你服毒自尽。"

"我不吃！我没罪！为什么要自杀？"司马遹做着最后的抵抗。

"不吃也得吃！"刘振恶狠狠地说。

司马遹咬紧牙关，拒服毒药。刘振见状，猛地抄起药杵直击司马遹的头。许昌宫室外，有人听到里面传出阵阵惨叫，没多会儿，叫声渐渐微弱，司马遹竟被活活打死了。

消息传到了洛阳朝廷。贾南风总算松了一口气，她假惺惺地发出一封诏书："司马遹大逆不道，做出悖逆无道的事，我原本还希望他能痛改前非，重新做人。谁承想，他不幸夭亡，实在令我心如刀绞。司马遹虽犯弥天重罪，但仍是皇帝的子嗣，所以，我特意请求陛下，赐他以王礼安葬。"

"朕的儿子……怎么死啦……"司马衷悲痛欲绝，以他混沌的思绪根本不能清晰梳理这件事的来龙去脉。即便如此，他隐约有种感觉，是贾南风酿造成了这起惨剧。他没有办法，他是个智商不健全的病人，根本不知道该怎么办才好。

后来，司马衷让人建了一座楼台，取名"思子台"。这就是他能为儿子做的一切了。

贾南风长期以来的怨念总算了结。但客观地分析，贾南风和司马遹之间到底有什么利益冲突呢？假如贾南风自己有儿子，那可以说是司马遹挡了她儿子的路，可问题是贾南风没儿子，她和司马遹之间根本就不存在直接的利益冲突。因此可以这样讲，在对待司马遹的问题上，贾南风完全是非理性的妒忌心作祟，以及贾谧、贾午等人从旁煽风点火所致。而无数事例证明，非理性没有好结果。这件事很快让贾南风引火上身。

有诏废后

孙秀三步并作两步，狂奔到司马伦的府邸，竭力压低嗓门，兴奋地言道："赵王殿下，大喜事啊！贾南风动手了！司马遹死了！"

"好！咱们终于可以动手了！"他们听到这个消息，甚至比贾南风还兴奋。

政变的主谋是司马伦和孙秀，还包括司马伦的哥哥——梁王司马肜、司马伦的堂侄——东武公司马澹（司马伷次子）、司马伦的堂侄孙——齐王司马冏（司马攸的儿子）、右卫督闾和、皇宫近臣骆休等人。

此时，这起政变的始作俑者司马雅和许超陷入了尴尬境地。他们本来是为了援救司马遹才联络司马伦发动政变，谁承想司马伦磨磨蹭蹭，愣是耗到司马遹死了才动手。对他们来说，政变完全失去了意义，可事已至此，再想抽身而退也不可能了。

司马伦对司马雅和许超言道："本王希望你们帮忙劝说张华一同举事。"

二人答应下来，向张华透露司马伦准备发动政变的消息。

又有人打算废贾南风了……张华记不清这种事发生了多少次，也记不清自己拒绝了多少次。即便到了这步田地，张华依旧不敢也不愿反抗这位挽救他政治生涯的女人。而这次，他有了一个更冠冕堂皇的理由——司马伦、孙秀都是卑鄙小人，誓不与其为伍！

"司马伦和孙秀绝非善类，将来一定会危害社稷，恕我不能同意！"

司马雅没想到张华还是不敢出头，愤愤地道："刀都快架到你脖子上了，你居然还能说出这样的话！"言讫，他也顾不得礼数，拉着许超愤然离去。

司马伦得知张华的反应后，朝地上啐了一口唾沫，恨恨暗想：既然不想参与政变，就是贾南风私党，事成后定叫你死无葬身之地！

"不用管他。我们按原定计划举事起兵！"

5月7日深夜，司马伦一切准备就绪。他命自己安插在中书省的内应撰写废黜皇后的矫诏，随后，他将矫诏火速传给手握东宫禁军的三部司马。

三部司马深夜难辨真伪，皆信以为真，进入戒备状态。

接着，司马伦又发矫诏，命禁军打开皇宫大门。众人顺利进了皇宫，在通往中宫的路南严阵以待。

咚……咚……咚……三更时分，皇宫内忽然响起了几下击鼓声。这是右卫督间和的信号。

时机到了！皇宫近臣骆休听到鼓声，依照事先的计划，急忙跑到司马衷的寝宫："内宫生变！请陛下速速随臣移驾东堂，一会儿这里恐有祸事！"

司马衷慌了神，顺从地跟着骆休就走。骆休带着司马衷来到东堂后即奏道："陛下，请速召贾谧觐见！"

"召贾谧？召他来干什么？"

"事不宜迟！请陛下宣召贾谧来东堂问个明白！"

司马衷吓得脸色惨白："好……召贾谧来东堂！"

贾谧在睡梦中被唤醒，听到司马衷宣召，匆匆赶到东堂："陛下，深夜召臣，不知所为何事啊？"

司马衷同样莫名其妙，只顾傻呆呆地看着骆休。

没想到骆休突然扯开嗓子喊道："有诏！诛杀贾谧！"

"啊！"司马衷和贾谧俱是一惊。

贾谧反应快，他本来跪在地上，猛地一跃而起逃出东堂，向贾南风的中宫狂奔，边跑边喊："皇后救我！皇后救我！"可他还没跑到中宫，就在半路上被司马伦的禁军截住，就地剁成肉泥。

与此同时，司马伦下令："齐王司马冏率领三部司马攻进中宫，缉拿贾南风！"

司马冏是司马攸的次子，他的母亲名叫贾荃，乃是贾充前妻的女儿。贾充前妻为郭槐所不容，贾荃和贾南风的关系也势同水火。此刻，司马冏背负着上一代的刻骨仇恨，领命而去。

当司马冏逼近中宫的时候，贾南风也刚被贾谧的呼救声惊醒，她往宫外望去，只见一队人马正杀气腾腾地冲向这边，遂慌不择路地往楼上跑。

很快，司马冏率兵攻入中宫，紧跟着贾南风上了楼。

贾南风跑到了楼顶，多年来，她从没怕过，今天，她知道自己已经穷途末路。

"司马冏，你来干什么？"

"有诏书要收押你！"

"放肆，诏书都是我发出的！你哪有什么诏书？"

"多说无益，还不快束手就擒！"

贾南风手扶着阁楼的护栏，遥望司马衷的方向，声嘶力竭地呼喊："陛下，你就这么眼睁睁看着臣妾被废吗？若我被废掉，迟早有一天，你也会让人废掉的！"

司马衷畏畏缩缩地躲在皇宫东堂，依稀听到了贾南风的呼救声。

我会被人废掉吗？他模糊地意识到被废不是件好事，可又想不明白这究竟有什么不好。其实，自己本来就不该是皇帝，废就废了吧。他又想起儿子司马遹，如果我不是皇帝，兴许儿子就不会死了吧？

司马衷默默听着贾南风的呼救声，什么话都没说。

贾南风没见半点回音，万念俱灰地质问司马冏道："死也得死个明白。你说，政变的主谋是谁？"

"赵王司马伦，梁王司马肜。"

原来是他们！贾南风怨恨道："俗话说，拴狗要拴脖子（指司马伦、司马肜），我居然糊涂地拴了尾巴（指太子司马遹）。"

旋即，司马冏将贾南风五花大绑，押出了中宫。

恩、怨

司马伦见大局已定，一面下令缉拿贾南风的亲信和家眷，一面又召中书监张华、侍中裴颜、诸皇宫近臣以及尚书台所有官员前往式乾殿议事。等群臣都到齐了，司马伦亮出废黜贾南风的诏书。

这毫无疑问是一封矫诏，每个人对此都心知肚明，因为司马衷根本没能力下诏书，总不能是贾南风自己下诏废掉自己吧？

尚书郎师景问道："能否请陛下亲自出面确认这封诏书的真伪？"

司马伦的回答很直接："斩了！"禁军拔剑，当场杀了师景。

这下，再没人敢质疑诏书的真实性，局面被控制住了。

司马伦下令："张华和裴𬱟俱是贾南风私党，将二人押到外面听候发落！"他怨恨张华、裴𬱟屡次阻挠自己插手尚书台，故借机报私仇。

张华傻眼了，没想到司马伦居然敢动自己，急得大喊："你打算谋害忠良吗？"

司马伦的亲信、中书省属官张林指着张华，反唇相讥："忠良？你位居宰辅重任，太子被废，你都不能以死殉职，还敢说自己是忠良？"

"那天在式乾殿，我为保全太子据理力争，满朝公卿都能为我做证！"

"谏言既不被采纳，为何不逊位！"

张华默然，无言以对。

不多时，张华和裴𬱟被押送到司马伦屯兵的皇宫主路南侧，贾南风的家眷及党羽，包括董猛（涉嫌参与多起后宫阴谋的太监）、刘振（用药杵打死司马遹之人）、赵浚（赵粲的叔父）以及贾氏一族、韩氏一族（贾谧的叔伯）、太原郭氏一族（贾南风的舅氏，郭淮的后代）全都被押送到了这里。

旁边的空地上横躺着三具尸体，分别是被砍死的贾谧、刚刚被拷打致死的贾午和赵粲。

司马肜扫视被俘者，竟发现解系、解结兄弟也夹杂其中。他跟兄弟二人交情不错，慌忙问司马伦道："是不是搞错了？解氏兄弟不是贾南风私党啊！"

司马伦蔑视地瞟了一眼司马肜，言道："这二人屡次对我无礼，我誓杀之！"当初，解氏兄弟上疏弹劾过司马伦，故被司马伦怀恨。

漫长的政变之夜就快过去，天空渐渐泛白。司马伦一声喝令："全部斩首！"

跟往常在洛阳东市处斩犯人不同，在这场政变中，以上大部分人基本都在皇宫主路南侧被就地处斩，显得不那么正规。公元300年5月8日凌晨，伴随着此起彼伏的哀号声，皇宫的主路上血流成河。

"我是先帝老臣，赤胆忠心。我不怕死，只怕皇室即将大难临头了。"张华临死前失声痛哭。他的眼泪到底为何而流？是对过往的悔恨，还是对未来的绝望？张华感觉到凛冽的刀风迅速逼近他的脖颈，刹那间，他想起二十年前的那个冬天，他冒着漫天飞雪前去探望重病的羊祜。那时候，寒风也是像现在这样吹过他的脖颈，可他一点都不觉得冷。那时候，他还年轻，敢作敢为，羊祜的嘱托更带给他前所未有的勇气和力量。

我曾力主伐吴，平定天下。

我曾仗义执言，不惜得罪权臣、得罪皇帝。

我曾远离政坛，蛰伏沉寂。

我想匡扶社稷，我想报答知遇之恩，我也心存畏惧。

无论如何，我尽力了。

张华被害时六十九岁，他的两个儿子也同时被杀。

阎缵闻听张华罹难的消息，跌跌撞撞地跑到张华的尸体旁，痛哭流涕："我早就劝您逊位，您不听，今日果遭此大难，岂非天命啊！"

裴颜也被杀了，死时三十四岁。按照夷三族的规矩，他的两个儿子理应被处死。司马彤和司马越求情道："裴颜的父亲裴秀为社稷立过大功，不该让他绝后！"早年，裴秀力挺司马炎当上太子，又倡议五等爵制度，让无数人受益。司马伦想了想，总算同意赦免裴颜的两个儿子。

关于河东裴氏，这里再补充几句。这个显赫的家族并没有随着裴颜的死走向没落，除了前文讲到的裴秀、裴楷、裴颜三位杰出人物，为《三国志》作注解的南朝史学家裴松之也属于河东裴氏。河东裴氏上可追溯到秦汉，下则延续到五代十国，隋唐时达到鼎盛。在一千多年的悠久岁月中，河东裴氏可谓人才辈出。

政变当夜，贾南风被废黜皇后身份，翌日住进昔日手下败将杨芷和司马遹住过的地方——金墉城。顺带一提，负责将贾南风押送至金墉城的人是尚书和郁，他不久前还手持诏书奉贾南风之命前往东宫废黜司马遹。史书记载，和郁名声不佳，甚至哥哥和峤都轻蔑其人品，想来便是因他这种墙头草的作风吧。

政变后第六天，司马伦赐给贾南风毒酒，将其毒死。这位以丑恶面目展现于史书中的皇后，终于结束了她残暴、凶悍又兴风作浪的一生，死时四十五岁。

在所有史料中，贾南风的恶劣行迹都是罄竹难书。

后代史家提出一种观点，世人把西晋的混乱全归结到贾南风头上，着实欠公允。客观地说，这话在理。事实上，贾南风执政的元康年间（291—299 年），是继司马炎死后西晋王朝绝无仅有的稳定时期，当然，公认的说法，这九年之所以稳定，是因为有张华、裴颜、贾模三人的支撑。但无论如何，这三位重臣，甚至包括之前的卫瓘，都是贾南风一手提拔起来的。鉴于此，再把西晋那些令人眼花缭乱的政变以及后来的战乱归罪到贾南风头上就不那么妥当了。若论其缘由，只能说是司马衷呆傻，根本没能力统治国家，以致滋长了人们心中对权力和混乱的渴望。但司马衷又不是自己想当皇帝的，如此说来，一切祸乱的根源，都应该让先前那位颇得人心的"宽厚仁君"司马炎来承担才对。

回过头来说，如果贾南风的劣迹在史书中真是被夸大了，那么当裴頠等人企图废黜贾南风时，张华选择支持贾南风，其理由"诸藩王拥兵自重，朝中朋党林立，搞不好会因此再生变故"，倒也不无道理，因为在贾南风死后，诸藩王的的确确是乱成了一锅粥。

张华身为西晋名臣，其才学和干略毋庸置疑。但他晚年颇受争议，不管是因为贪恋权位，还是顾念贾南风的知遇之恩，他都无法逃避身为贾南风私党这个事实。可退一步讲，张华身处在这样一个环境中，又能做些什么呢？或许他比任何人都清楚明白，就算废了贾南风，肯定还会引发更严重的祸乱，对他来说，面前的路没有最坏，只有更坏。

难兄难弟

赵王司马伦诛灭贾南风一党后，又将裴頠的岳丈——司徒王戎和没帮司马遹出头申冤的王衍二人罢免。

随后，司马伦官拜相国（丞相）、侍中（门下省首席重臣）、持节（拥有不经司法斩杀二千石以下官员的特权）、都督中外诸军事（中央军最高统帅），成为朝中最强势力。值得注意的是相国这个官位。自东汉末年至魏朝，总共出过四位大名鼎鼎的相国，分别是曹操、曹丕、司马昭和司马炎，这四位无一不是篡国权臣。

司马伦该不会是想谋朝篡位吧？所有人都生出这样的疑虑。虽说自司马炎死后政变频发，但不管是杨骏、司马玮，还是贾南风，再怎么折腾，也没到谋朝篡位的地步。司马伦这么搞，到底什么意思？

司马伦根本不屑打消旁人的疑虑，依照司马懿、司马昭辅佐（控制）魏室的旧例，将直属亲兵增至一万人。其军事力量瞬间压过京都所有重臣。

这下，大家也就无须再瞎琢磨了。司马伦篡位之心，昭然若揭！

司马伦上位后，为了塑造自己尊重士人的形象，也提拔了很多名士，其中包括荀崧（荀颛侄孙）、荀组（荀勖的儿子）、陆机等人。又委派口碑尚佳却沉寂已久的名士傅祗担任中书监一职。傅祗曾在司马玮政变中表现得畏首畏尾，因而遭到贾南风贬黜。元康年间，他虽被起用，但官运磕磕绊绊，一度被调往雍州任安西军司，和当时担任雍凉都督的司马伦算有过交情。

傅祗闻听，称病推辞，但最后还是被司马伦强拉了出来。

早先，中书令陈准（陈泰的侄子）屡次弹劾过司马伦，如今他虽没被罢免，但也过得战战兢兢。他得知傅祗出任中书监后，悬在嗓子眼的心总算稍稍落了地。他私下对已遭罢免的王戎道："只要傅祗坐镇中书省，我们就能保住性命了。"

除此之外，司马伦的四个儿子都被封为朝廷大员，亲信孙秀官拜东宫右卫率，控制着东宫一半的禁军兵力。

司马伦大权在握，下一步无疑是要问鼎皇帝宝座。然而，有两个宗室成员让他深感挠头。这两位宗室成员是齐王司马冏和淮南王司马允（司马炎第十子）。

先说齐王司马冏，他亲自率军迫使贾南风就范，是这场政变中功劳最大的人。但事后司马伦只封司马冏做了个游击将军（中层禁军将领）。司马冏先前的官位就是左军将军（中层禁军将领），这算哪门子封赏？立下汗马功劳，最后只来个平级调动？究其原因，不外乎是司马伦觉得司马冏是他称帝的绊脚石。因为早在司马炎时代，群臣便有让司马攸继位的意愿。现在，司马衷唯一的儿子司马遹都死了，如果让身为司马攸之子的司马冏权势蹿升过高，难保不会又冒出一拨齐王党，重现当年的麻烦事。

司马冏面对这样的待遇，自然愤愤不平。

再说淮南王司马允，他在司马炎的儿子中人望颇高，当年，他跟愣头青哥哥司马玮一同进京讨伐杨骏，却在那场政变中没有出头，留下了性格沉稳的好名声。就在不久前，贾南风废掉司马遹，朝廷里一度出现让司马允担任皇太弟，成为晋室正式储君的呼声。虽说皇太弟的提议最终没有敲定，但司马允的确是最有希望接替司马衷承袭帝位之人。说白了，他也是司马伦称帝的绊脚石。

司马伦思来想去，拜司马允为骠骑将军、中护军。这个职位也算说得过去。

但没过几天，司马伦又露了一手，彻底让司马允断了做皇太弟（储君）的念想。

就算皇帝司马衷没儿子，但他还有孙子。公元300年6月，司马伦下诏，立司马遹的次子，时年三岁的司马臧为皇太孙。皇太孙，即是国家的正式储君。接着，司马伦又把司马遹昔日的太子妃——王衍的女儿王惠风找了回来，让她负责抚养司马臧。同时，司马伦亲自担任太孙太傅。这摆明了是告诉司马允，我已经成了储君的监护人，你司马允还想当皇太弟？做你的春秋大梦去吧！

司马允的心情一下子被打落至谷底。

齐王司马冏和淮南王司马允这对难兄难弟的沮丧情绪可想而知，自然而然，他们吸引了几个同样过得不如意的人的关注。

白首同归

"金谷二十四友"因为阿附贾谧，大多数也在政变后被罢免。其中处境最危险的当数石崇、潘岳、欧阳建三人。

石崇是贾谧最亲密的党羽。欧阳建是石崇的外甥，元康年间多次上疏弹劾司马伦激起氐、羌叛乱，请求朝廷严惩司马伦。潘岳更惨，他年轻时鞭打过当时还没出头的孙秀，二人早结下了梁子。

这三人中，石崇已遭罢免，欧阳建和潘岳虽仍在官位，但也过得如履薄冰。

一次，潘岳畏首畏尾地对孙秀说："咱们当初那些恩怨，就让它过去吧？"

孙秀的回答差点没把潘岳吓死："铭记于心，永世难忘！"

石崇、潘岳、欧阳建三人意识到自己处境不妙，遂找到司马冏和司马允密谋扳倒司马伦。司马冏和司马允当然也想，可政变不是说干就干的。这事只能当个备选方案。

这天，石崇悻悻地从司马允府邸出来，回到位于洛阳城外的金谷园中。算了，反正已是一介平民，日后就踏踏实实做个富家翁吧。石崇安慰着自己。只要在这金谷园里，他依然能享受着纸醉金迷的生活。况且，在他身边更有一位举世无双的美女相伴。这美女姓梁，名叫绿珠，绝对称得上有沉鱼落雁之容、闭月羞花之貌，是石崇最宠爱之人。

踏进金谷园，石崇低落的情绪总算平复了些。他怀抱绿珠，倾听着绿珠吹奏的悦耳笛曲，烦乱的心绪渐渐平静了下来。

绿珠吹的这首笛曲，名叫"明君"，讲的是西汉美女王昭君的故事。她一边吹着，一边轻轻挣脱石崇的臂膀起身，然后在石崇面前舞动起身子。曼妙的舞姿伴随着笛曲，让石崇看得如痴如醉。这首《明君》舞曲，石崇已欣赏过无数次，但永远都听不厌、看不够。此时此刻，石崇觉得这世上再没有别的能打动他了。

笛曲还没吹完，突然被金谷园中的一阵骚乱打断了。

石崇探身往露台下望去，只见几名朝廷使臣冒冒失失地闯进园内。

石崇转头叮嘱绿珠："你就在这儿等着，别下来，我去去便回。"

说话间，石崇下楼，来到前院应付这批不速之客。

"你们是谁派来的？"其实，他心里能猜到个八九不离十。

"东宫右卫率大人差我等来石君府上，商量点儿事。"

东宫右卫率便是孙秀了。果然是这狗贼……石崇的心怦怦直跳，自己只是一介平民，而孙秀权倾朝野。

石崇硬着头皮，满脸堆笑："若右卫率大人想找我，知会一声，我立刻就去登门拜访，何必摆这么大架势？"

"右卫率大人听说您府上美女如云，故差我等来看看。"

所谓看看，自然就是来索要了。石崇心知肚明，低声对身旁的仆役吩咐了几句。顷刻，几十个身材高挑、婀娜多姿的美女齐刷刷在石崇面前站成了一排。

石崇抬手一指："随便挑吧，看中哪个只管带走。"

使者扫了一眼，却没有动，盯着石崇问道："不知道哪位是绿珠姑娘？"

"啊？"石崇登时脸色大变，"绿珠是我至爱。恕难从命！"

使者也变了脸色："希望石君能割爱！"

"不行！"

"石君，您博古通今，应该看得出当下局势已今非昔比。现在不是您能说了算的，还望三思啊！"

"我没什么可三思的！送客！"

使臣冷哼了一声，拂袖而去。

石崇看着使臣愤然离开的背影，明白自己闯下了大祸。可是，这世上还有什么比绿珠更宝贵的呢？他神情恍惚，回到楼台，一下子瘫倒坐席之上。等他恢复了意识，却发现自己的手一直在打着哆嗦。这辈子，他从来没这么怕过。

"出什么事啦？"绿珠轻声问道。

"没、没什么……"石崇摆摆手，"继续，把那首《明君》吹完吧……"

几天后，金谷园中迎来了比上次更大的骚乱。这次不是朝廷使臣，而是孙秀亲自率领一整队东宫禁军闯进金谷园。

众人二话不说，直接冲上石崇所在的楼台。楼台的槅门被孙秀一脚踹开。

"朝廷诏书！石崇暗通藩王谋反！拿下！"孙秀这封诏书在史书中明确提到乃是矫诏。不过，自贾南风死后，晋朝的局势变得越发混乱，权臣直接控制皇帝和朝廷，无论是真诏书还是假诏书，实际上已经没两样了。

石崇眼见这情景，又看了一眼绿珠，叹息道："我大难临头啦……"

随后，他被五花大绑，押解下楼。

这时，楼台上传来绿珠的呼喊声："石君！"

石崇抬头，只见绿珠扶着露台的围栏，泪眼婆娑，道："妾当效死于君前！"

"绿珠！"随着石崇一声惊呼，绿珠纵身一跃而下。石崇眼睁睁看着自己心爱之人摔得粉身碎骨，只觉肝肠寸断。

石崇全家和他的外甥欧阳建全家，俱被押解进洛阳城。石崇仍沉浸在对绿珠的思念中，经过洛阳城门时，他暗想：恐怕我要被流放到交州蛮荒之地了……

可走了一会儿，他醒过味来：这条路并非通往廷尉，而是去洛阳东市的！

"难道你们不经司法审理就要直接杀我不成？"

他恨恨地看着不远处的孙秀，骂道："你这狗奴才，就是贪图我的家财！"

押送的侍卫听了石崇这话，鄙夷道："知道是钱财害了你，怎么不早点散掉！"

石崇无言以对。

等到了洛阳东市，石崇发现好友潘岳全家也被押送到了这里。

"安仁，怎么你也在？"

这话他觉得似曾说过，旋即，他回想起来。当年，他跪拜在皇宫门口恭送贾谧，抬起头看到潘岳在侧，也是这样打招呼的。那时节，二人过得无比风光，可眼下都成了待宰的羔羊。

潘岳哀叹："还记得我写的那首《金谷诗》吗？"

"怎么不记得？最后两句是'投分寄石友，白首同所归'。"

"唉！如今，咱们这可真算是白首同所归了。"

继而，潘岳对着七十多岁的老母号啕大哭："您当初劝我不要过分钻营仕途，可我就是不听，儿不孝，连累了您，此刻心如刀绞啊！"

欧阳建眼看着石崇和潘岳的头颅滚滚落地，心中哀楚。他在问斩前，作下了相当著名的《临终诗》。诗文感叹人心险恶，表达自己未能明哲保身招致祸患，以及对亲人受到株连的悲痛欲绝。

> 伯阳适西戎，孔子欲居蛮。
>
> 苟怀四方志，所在可游盘。
>
> 况乃遭屯蹇，颠沛遇灾患。
>
> 古人达机兆，策马游近关。
>
> 咨余冲且暗，抱责守微官。
>
> 潜图密已构，成此祸福端。
>
> 恢恢六合间，四海一何宽。
>
> 天网布纮纲，投足不获安。
>
> 松柏隆冬悴，然后知岁寒。
>
> 不涉太行险，谁知斯路难。
>
> 真伪因事显，人情难豫观。
>
> 穷达有定分，慷慨复何叹。
>
> 上负慈母恩，痛酷摧心肝。
>
> 下顾所怜女，恻恻心中酸。
>
> 二子弃若遗，念皆遘凶残。
>
> 不惜一身死，惟此如循环。
>
> 执纸五情塞，挥笔涕汍澜。

失意"皇太弟"（司马允 vs 司马伦）

我本来能当上皇太弟的！早晚有一天，我要做掉司马伦！二十九岁的淮南王、骠骑将军、中护军司马允在心底暗暗发誓。

他不是个甘于束手待毙之人，短短两个月，他就不声不响地招揽了数百名死士。而且，这批死士都非等闲之辈，全部是纵横江湖的剑客。司马允的小动作让司马伦和孙秀越发不安。

公元 300 年 9 月，司马伦授意朝廷拜司马允为太尉，意图夺去司马允的兵权。

司马允拒不接受："我最近不舒服，官拜太尉一事容缓，恕不能接旨！"

司马伦又上疏弹劾司马允抗旨，并再次发出一封诏书。

御史刘机来到司马允府上宣读旨意："淮南王司马允抗旨不敬，涉嫌谋反！现将其幕僚全部缉拿！"

"把诏书拿来给我看看。"司马允一把从御史刘机手中抢过诏书。

"这不是孙秀的笔迹吗？中书省的诏书什么时候轮到孙秀来写？"

此刻，司马允明白若再不做决断，必有性命之忧。当即，他拔剑出鞘，向左右亲信喊道："赵王想灭我家门！把这御史斩了！"

倘若是一般的禁军，万万没这份胆量，但司马允身旁站的是他豢养的死士。死士唯主命是从，听到司马允下令，想都不想就拔刀冲向刘机。刘机见势不妙，拔腿就跑，他的两个副手跑得慢，当场被杀。

到了这一步，司马允就没有回头路了。他喊道："赵王司马伦谋反！众人跟我一起讨伐逆臣！"

不一会儿，司马允便聚集了七百名死士，这些人平素穿着皇宫禁军的戎装，司马允为了区分敌友，让自己人全都解开衣服，袒露左臂，以防误伤。

"是我的人就露出左臂！跟我一起冲进皇宫！"他打算先行挟持司马衷，以皇帝的名义讨伐司马伦。

尚书左丞王舆闻听有变，抢在司马允到来前匆忙关闭了宫门。司马允进不去皇宫，索性一不做，二不休，果断攻向司马伦的相国府。

前面讲，赵王司马伦统领着一万名禁军，但事出突然，这批禁军很多都留守在禁军营中，司马伦府中只有几千人。即便如此，司马伦的兵力还是远超只有七百人的司马允。然而，司马允率领的死士都是江湖剑客，身负武功，战斗力极强。司马伦的禁军不敌，战死了一千多人，只好龟缩在相国府中闭门不出。

"全军列阵！往相府里射箭！"司马允一声令下，死士齐刷刷地放下佩剑，拉弓放箭，霎时间，铺天盖地的箭雨射入相国府。

司马伦猝不及防，眼看就要被万箭穿心。一名幕僚手疾眼快，以身挡箭，这才保住司马伦一命。司马伦抱头跑到一棵大树后面躲了起来，无计可施。

这场仗从清晨一直打到午后，仍不分胜负。

与此同时，东宫左卫率陈徽（陈準的弟弟）获悉政变的消息，打算助司马允一臂之力。但因为皇宫大门已关闭，陈徽无法亲临战场，只能在东宫内擂鼓助威，给司马允壮声势。中书令陈準也想支援司马允，他向司马衷进言道："请陛下速派白虎幡使解围。"

驺虞幡才是专供解除兵斗的，白虎幡却是督战之用。陈準耍了个心眼，他想利用白虎幡帮助司马允剿灭司马伦，只要白虎幡出现在阵前，不仅能给司马允军队壮大士气，更能给司马允赢得政变的合法性。在这场政变中，若是论正义性和民意支持率，司马允绝对够压倒司马伦，但处在司马衷的立场，无论是对于司马允还是司马伦，他都只是个道具罢了，而且司马衷根本无法辨别该支持谁。陈準很清楚，这些复杂的事跟司马衷讲不明白，也没必要讲明白，只须简单告知是解除二人兵斗即可。

只要派出白虎幡使，司马允必胜！陈準心急火燎："陛下，请快下令吧！"

"好！听你的，派白虎幡使！"司马衷糊里糊涂地下了旨。

持幡使者名叫伏胤，他接到命令，即刻上马。

恰在这时，他的马缰绳突然被一个人拽住了。这人正是司马伦的儿子——黄门侍郎司马虔："伏将军，等等！"

伏胤自然知道自己的使命，但他还是停了下来，打算听听这位即将大难临头的司马伦的儿子有什么话要说："您有什么吩咐吗？"

"将军，我想请您帮我刺杀司马允，事成之后，保您一生荣华富贵！"

伏胤转了转眼珠，继而，他冲司马虔点了下头："在下自有分寸！"

随即，他手持白虎幡，带着四百侍卫直奔司马允的阵前。

"陛下有诏！助淮南王（司马允）讨伐赵王（司马伦）！"

此时，司马允周遭层层环绕着死士，他自己稳坐在军阵最中央的战车上，得知伏胤携白虎幡而来，登时欣喜若狂。这一定是有公卿想助他成功，故派出白虎幡使帮他压阵的。

"大事已成！"司马允笑了。

"军阵散开，我出去接旨！"言罢，他跳下战车，兴冲冲地迈步走出军阵，然后跪拜在伏胤的面前听旨。

司马允笑得太早了。伏胤见司马允毫无防备地跪在自己的面前，意识到让自己一生荣华富贵的机会唾手可得。他左手拿着诏书，右手悄悄伸向腰间的佩剑。

哐啷啷一声响，剑光闪过，司马允还没明白怎么回事，当即被伏胤斩于阵前。

"司马允已伏诛！众军退散！"

司马允的军队眼见这突如其来的变故，纷纷作鸟兽散。战后，几千人受牵连被处死。淮南王司马允就此覆灭。

中书令陈准原本派出白虎幡是想助司马允一臂之力，却阴错阳差地帮司马伦解了围。陈准因这乌龙功劳官拜太尉、录尚书事。可没几天，他就因为心里这个疙瘩忧愤而死了。

乱世皇后

司马允掀起这么大风浪，让司马伦明白了一个道理，武力即是一切。

政变后，司马伦的亲信王舆取代陈徽做了东宫左卫率，孙秀取代陈准做了中书令。虽然名义上中书监傅祗比中书令孙秀高半级，但孙秀是中书省实际上的掌权人。往后，司马伦和孙秀再想颁布任何诏书，都是名正言顺的事了。孙秀同时兼任东宫右卫率，他和左卫率王舆二人完全控制了东宫禁军。司马伦便将相国府搬进东宫，又在东宫的几个主门旁边搭起箭楼，封锁东宫两条主路，俨然把东宫改建成了自己的军事堡垒。

同时，司马伦又将直属兵力扩充到三万人，让次子司马馥担任中护军、三子司马虔担任中领军，其他儿子和亲信也多当上中层禁军将领。这样一来，皇宫内外的禁军都成了司马伦囊中之物。

继司马允之后，曾亲手缉捕贾南风，却在事后没捞到半点好处的司马冏排到了司马伦政敌名单的榜首。没过几天，司马伦便将司马冏赶出朝廷，外派至许昌。

司马允事未竟身先死，司马冏也被扫地出门，两个挡在司马伦面前又臭又硬的绊脚石全消失了。司马伦堂而皇之地接受了朝廷赐予的九锡之礼。当年曹操和司马昭均受过九锡之礼，这已成为权臣篡国的必经流程。

这天，孙秀对司马伦提议："眼看贾南风被废已过去半年，皇后的位子不能一直空着，最好先找个人顶上。"

司马伦点头："行，你挑个人吧。"

司马伦和孙秀都觉得取司马衷而代之的日子为期不远，但表面文章还是要做。孙秀开始物色人选。最后，他总算找出一个合适的人——泰山羊氏之女羊献容。

羊献容的父亲名叫羊玄之，官不大，仅做到尚书郎，但家世背景很好，他是羊祜、羊琇两位名臣的侄子。另外，羊玄之的岳父是孙秀的同族兄弟，由此，羊献容算孙秀的外甥女。

出身名门、父亲非重臣（就算成了外戚，也不会对司马伦构成威胁）、和孙秀沾亲带故，这三个因素把羊献容推到了皇后的宝座上。

公元 300 年 12 月，羊献容继贾南风之后，成为司马衷的第二任皇后。她天生丽质，司马衷在忍受贾南风二十多年的欺压（同时是保护）后，也算得着了福利。

皇后自是天下地位最高的女人，不过，羊献容没为自己的身份感到丝毫欣喜，这不光是因为司马衷是天下知名度最高的傻子，更因为她清楚地知道自己的处境——司马伦篡位已成定局，而她自己，到时候会迎来怎样的命运谁都说不好。

既然身不由己，就只能认命。

从此，羊献容将陪着司马衷，在西晋那一连串令人目不暇接的政变和动荡中，过起惊险刺激的生活。而且，这个女人的经历完全可以用离奇来形容。

闹 剧

转过年，孙秀开始在朝野间散布各种传言。

"宣皇帝（司马懿）托梦说让司马伦入主西宫。"

"宣皇帝在北邙山显灵说要帮司马伦承袭帝位。"

就靠这些低劣的小把戏做铺垫，司马伦和孙秀开始紧锣密鼓地筹备起来。

公元 301 年 2 月 3 日，安静的皇宫传来一阵闹哄哄的声音。

"外面怎么啦？"司马衷傻傻地问，身旁的近臣无一人敢应。因为除了他，所有人都知道将要发生什么。

少顷，散骑常侍司马威（司马孚曾孙）和黄门侍郎骆休（曾助司马伦剿灭贾南风）带着一批人，气势汹汹地闯进司马衷的寝宫。

司马衷满脸茫然，磕磕巴巴地问道："阿皮？什、什么事？"阿皮，即是司马威的小名。

"陛下，赵王责令您退位！"

这直截了当的一句话把司马衷吓得不知所措，就算他再痴呆，也明白自己要倒霉了。往昔，无论任何事都由贾南风或辅政重臣代理。如今，他失去了一切依托。这仿佛是上天赐给他的一个机会，一个凭着自己的意愿说不的机会。

"我不，我不要退位！"

"别说那些没用的！把玉玺交出来！"

"不交！"

"这事由不得陛下！"司马威怒目瞪视，几步蹿到司马衷跟前，"恕臣无礼！"

"阿皮你干什么？"

司马威猛地伸出手，去抢挂在皇帝腰间的玉玺。司马衷死死抱着玉玺不放。二人撕扯在一起。一场令人瞠目结舌的扭打就这样展开了。

"快交出来！"司马威使劲掰司马衷的手，只听咔吧一声，司马衷的手指居然被司马威生生掰断了。司马衷疼得一声惨叫，松开了手。上天给了他一个说不的机会，却不给他左右命运的机会。

司马衷哀怨地望着司马威，又扫视着周围袖手旁观的群臣。阿皮小时候还跟自己一起玩过，他为什么要这样对我……他想不明白。

发生在皇帝寝宫的斗殴很快结束了。司马威心满意足地拿到了战利品——玉玺。接着，他替司马衷写下禅位诏书，并在诏书上重重地盖上玺印。

当日，司马伦召集群臣入殿，并让左卫率王舆和前军将军司马雅率军包围大殿。满朝公卿在尚书令满奋的主持下，宣布司马衷退位，司马伦登基。

司马伦几乎能听到自己的心脏扑通扑通地猛跳。我就要当上皇帝了！一旁的孙秀悄悄用胳膊肘戳了戳司马伦。

司马伦这才记起之前孙秀的百般叮嘱："按照规矩，到时您一定得谦让一番。"

对，得谦让……纵然他千百个不愿意，还是勉强挤出了这几个字："公卿的盛情，朕……哦，我难以接受啊……"他生怕说出这句话后没人接茬儿。

不过，司马伦多虑了。公卿齐刷刷地说道："众望所归，请您不要推辞。"

司马伦大大松了一口气。他两眼放光，生怕错过这个机会，马上爽快地回道："朕！答应了！"想当年在魏朝时，司马家族的权柄历经司马懿、司马师、司马昭父子三人，积累了几十年，即便在这样的情况下，司马昭还是五次拒绝魏国皇帝册封相国的诏书。而如今，司马伦当政半年就迫不及待地称了帝。若说司马懿、司马师、司马昭尚算盗亦有道，司马伦充其量只能算个上不了台面的小偷小摸，这也难怪，联想他早年偷窃御宝的行径，实在没必要对他抱有什么期待。

这场闹剧进展得出奇顺利，完全没人提出反对意见。一个智障患者换来一个稍微正常的人，虽说这个稍微正常的人也绝不是什么好鸟，可还能怎么样呢？

司马衷就这样草率地退位了，被尊为太上皇，押解到金墉城中软禁，跟他一起的，还有刚当了两个月皇后的羊献容。

对于司马衷来说，无论是偌大的皇宫还是金墉城，都没什么不同，自己无非换个地方住。有时候，他会想起那一晚贾南风的呼救声："陛下，你就这么眼睁睁看着臣妾被废吗？若我被废掉，迟早有一天，你也会让人废掉的！"

贾南风欺压了自己一辈子，讽刺的是，贾南风最后居然说对了。继而，司马衷又努力往更深一层思考。被废，还是不被废，究竟有什么不一样呢？他几乎无法找出这两者的区别。

起兵勤王（司马冏、司马颖 vs 司马伦）

司马伦当上皇帝，自然希望将来由自己的儿子继承皇位，于是，先前被册立为皇太孙的司马臧就显得碍眼。没过几天，司马伦就把这个三岁的孩子处死了。

遥想当年，司马家兄弟精诚团结，开创了晋朝。可到了此时，司马伦把侄孙一脚踢开，自己取而代之。他坐上了皇位，同样丝毫不差地继承了司马衷先前的处境。事实上，他成了又一个皇位上的吉祥物。真正的大赢家，其实是司马伦的狗头军师——幕后总导演孙秀。

司马伦登基后，孙秀官拜骠骑将军、侍中、中书监，全权掌管朝政。

国家换了皇帝，底下人自然需要安抚。孙秀让所有十六岁以上的太学生和二十岁以上在学的士人都当了官，各郡县二千石以上的官吏，甚至司马伦、孙秀的奴仆杂役全部封侯。一下子冒出太多官员，官帽上佩戴的貂蝉（饰物）不够用，只能拿狗尾来充数；铸造侯印的金银不足，索性不用金银，只在木板上刻姓名。时人讥讽为"狗尾续貂""白板之侯"。

十年前，杨骏大肆封赏公卿时，石崇、何攀曾说："您开了这样的先河，后世必当效仿，那么几代之后，天下就全都是公侯了。"

杨骏倒台后，司马亮也有模有样地学杨骏封赏群臣，傅咸说："照您这样封赏，今后谁不盼着国家政变？"

今天，这些话全部应验。

接下来说说司马伦称帝后各方的反应。朝廷公卿在兵势的压迫下，一个个事不关己，高高挂起；在朝廷以外，那些藩镇重臣，尤其是藩王，则大多睁一只眼闭一只眼，持观望态度。当时，全国各地有几个颇具实力的藩王。他们分别是——

公元 291 年被贾南风外派到常山的长沙王司马乂（yì）（司马衷六弟）。外派原因：受胞兄司马玮事件牵连。

公元 299 年被贾南风外派到冀州邺城的成都王司马颖（司马衷十六弟）。外派原因：看不惯贾谧跟司马遹说话没大没小，出面制止，得罪了贾谧。

公元 299 年接替司马肜镇守关中的河间王司马颙（yóng）（司马孚的孙子，

司马衷的堂叔）。

公元300年被司马伦外派到许昌的齐王司马冏（司马攸的儿子，司马衷的堂弟）。外派原因：他是司马伦称帝的绊脚石。

以上四位藩王中，司马乂、司马颖是司马炎的儿子，司马冏是司马攸的儿子，这三位跟皇室血缘最近的王爷，全都是因为得罪权臣被强行赶出朝廷。司马颙跟皇室血缘较远，出任外州都督则属于正常任职。

藩王心里头根本不会考虑是效忠于司马衷还是司马伦，普遍都有种想法——同样是藩王，凭什么司马伦就能称帝？其中，齐王司马冏尤其对司马伦恨之入骨。

公元301年3月，司马伦称帝的翌月，在洛阳东南的许昌，齐王司马冏以无比复杂的心情，盯着眼前一颗血淋淋的人头。

死人名叫王处穆。不久前，司马冏信誓旦旦地对王处穆说："你在豫州煽动民变，举兵讨伐司马伦，我暗中支持，事成之后，保你封官授爵！"

王处穆满心欢喜，按照司马冏的计划举起反叛的旗帜，没几天便聚集了数万人。可如今，他身首异处了。

王处穆是被司马冏杀死的。司马冏将王处穆的人头送给司马伦，以示向司马伦效忠。他当然不是真心的，可他必须牺牲自己的棋子，因为他还没有做足准备。这颗人头帮司马冏赢得了宝贵的时间。事后，司马伦果然放松了对司马冏的戒备。

4月，司马冏一切准备就绪，果断宣布起兵勤王，同时将讨伐司马伦和孙秀的檄文发往其他各州郡。

这篇勤王檄文的内容为："逆臣孙秀蛊惑赵王（司马伦），请诸侯共讨伐之。"首先，他仍然称司马伦为赵王，显而易见是不承认司马伦的皇帝身份。其次，他把矛头指向孙秀，而非司马伦，那么，他勤王到底勤的是司马衷，还是司马伦呢？怎么说都行。这也算给自己留条后路。总之，司马冏还是很贼的。

在黄河以北，冀州邺城的藩王府邸，一个年轻人端坐在正厅中央，他手里正拿着司马冏发来的勤王檄文，反复观瞧。

这年轻人长相俊秀，再配上一身华服，远远看去，光彩夺目。然而，倘若近距离观察，则会发现他那双漂亮的眼睛，空洞且无神采，气质上也总觉得差点意思。这人正是司马炎第十六子，时年二十三岁的成都王司马颖（司马颖受封成都王，但居住在邺城）。

"这……大概意思嘛……我基本上明白了。不过，我……该干什么？"不说话还好，他一开口，磕磕巴巴又词不达意，无论谁都能看出，这人的智商比司马衷强不了多少。

"卢君，我听你的，你帮我拿个主意。"

司马颖口中的卢君，名叫卢志，官任邺城令，正是魏朝时司马家族的重要盟友——名臣卢毓的孙子。

如同前面讲到的司马玮和司马伦一样，脑子不够转就容易受身边人的蛊惑，司马颖同样对心腹卢志言听计从，可司马颖是幸运的，因为卢志与孙秀截然不同，他是个颇有才智、品行又比较端正的人。

卢志当然知道司马颖金玉其外、败絮其中，但仍尽心尽力地辅佐司马颖，以期将来能把这个半傻子雕琢成器。他答道："司马伦篡夺社稷，不得人心。臣建议殿下举贤任能，起兵讨伐，这是个提高声望的大好机会。"

"好、好，你说得对！"司马颖火速起兵，不仅动员了邺城所在州冀州的兵力，更调动了临近的兖州军团。这支声势浩大的军队，总计二十万众，从邺城南下，驻军洛阳东北约一百八十公里处的朝歌（今河南省鹤壁市淇县）。

邺城更往北，镇守常山的长沙王司马乂，紧随其后，充当成都王司马颖后援。

在黄河以南，镇守新野的新野公司马歆（司马骏之子，司马衷、司马颖的堂叔）也起兵响应，并迅速跟附近的联军盟主——齐王司马冏会合。

从这时开始，以上四位讨伐司马伦的藩王——司马颖、司马乂、司马冏、司马歆便以黄河为界，分出了南北两派。

也有人接到檄文后表现出首尾两端的态度。河间王、关中都督司马颙是个墙头草。他起初打算站在司马伦一边，听说司马冏勤王联军声势浩大，又变卦声称支持司马冏。不过，司马颙屯兵潼关（洛阳以西），不进也不退，持骑墙观望状。

大体上，勤王联军对洛阳形成了三面围攻之势：北线的司马颖、司马乂进军朝歌，南线的司马冏、司马歆出兵许昌，西线的司马颙则待在潼关刷存在感。

司马伦的皇帝宝座还没焐热，就面临四面楚歌的窘境。而且，他除了要面对战争的直接威胁，还要面对政治舆论上的劣势，连宗室藩王都不承认他这个皇帝，气势上就先矮了一截。

狗头军师孙秀想出个馊主意，他以司马冏的名义伪造了一封奏表："臣司马冏受到当地盗匪袭击，需要朝廷派兵救援。"孙秀试图把这场战争说成是各地盗匪组成的叛军，以掩盖藩王起兵这个事实。但这根本就是掩耳盗铃，没几天，司马冏亲手写的讨伐孙秀的檄文传到洛阳，孙秀的把戏不攻自破。

现在，司马伦、孙秀必须面对现实了。

一百一十六天皇帝（司马冏、司马颖 vs 司马伦）

战争迫在眉睫，司马伦和孙秀在朝廷中央军和禁军中挑来拣去，留下少量军队守卫京都，其余五六万人全部派出城迎敌。

其中，许超（试图拯救司马通，联络司马伦剿灭贾南风）等人率三万多名士兵，北上渡过黄河迎击司马颖；张泓等人率二万多名士兵，南下迎击司马冏；司马虔（司马伦第三子）率八千名士兵，为诸军后援。

至于西线的墙头草司马颙，因为暂时没有任何动作，司马伦实在无暇顾及。

前面说过，司马颖有二十万大军，司马冏的兵力虽没有明确记载，但应该在十万左右。可司马伦把家底掏个精光，只凑了六万人。

单看这几组数字，任谁都会觉得司马伦拿六万人打几十万人绝对是以卵击石。可实际情况没那么简单。司马伦派出去的是朝廷军（包括京畿中央军和皇宫禁军），司马颖和司马冏麾下大部分是临时招募的民兵，战斗力不可同日而语。不过，司马伦一方也有个大问题，他能凑出六万人着实不容易，乃是纠合了京都各个禁军营，这些禁军将领多是平级，谁也管不了谁，分别带着几千人各自为战，也没个统一指挥。但话又说回来，司马颖和司马冏这边同样找不出一个能提得上台面的谋臣良将。总而言之，对即将展开的这场大战，就不要抱过高期待了。

战争的前半段，无论是北线的司马颖，还是南线的司马冏，都被朝廷军打得落花流水，狼狈不堪。司马伦一方也并非凭借什么高明战术。拿朝廷禁军打民兵，想当然就是这种结果。

局势对司马伦渐渐有利，但蠢材就是蠢材，一群蠢材凑到一块儿，什么奇葩事都有可能发生。就在司马伦连战连胜的情况下，南线有两支朝廷军居然闹出了哗变，将领弃军不顾，逃回洛阳。不仅如此，这两个添乱的将领嫌拆自家台拆得不彻底，竟谎称南线实力最强的友军张泓全军覆灭。

司马伦顿时慌了神，根本没去验证情报的准确性，急召北线许超回防京都。许超撤回洛阳的途中，司马伦才得知真实情报，南线张泓非但没有覆灭，反而再次击败司马冏。于是，司马伦又让许超重返战场。朝廷军本来打得顺风顺水，可这么折腾，谁都吃不消，前线士气渐渐呈现低落趋势。

再看勤王联军。

南线，即便在两支敌军哗变的情况下，司马冏依然无法突破张泓的防线挥师北上。而张泓也没能力把司马冏彻底打垮。两军就这样隔着颍河，陷入僵持。

北线，司马颖在屡次受挫后打起了退堂鼓，却不知道敌将许超正被司马伦呼来唤去，疲于奔命。

司马颖麾下的卢志同样不知道敌军混乱的局面，但他凭着直觉劝道："若现在撤退，就再没翻盘机会了。敌军打了几场胜仗，难免会犯轻敌大忌，不如咱们趁机反攻，来他个出其不意。"司马颖采纳，向朝廷军展开反攻。

司马伦折腾许超的恶果很快显现，这次，北线朝廷军在司马颖的攻击下节节败退，退到河内温县时终于全线崩溃。司马颖乘胜追击，向洛阳步步进逼。

这场战争从 4 月打到 5 月。司马伦先胜后败，胜在以精锐朝廷军打民兵，败在昏招迭出，自己作死。

勤王联军方面，北线司马颖拿二十万人打三万人，除了堆人数也谈不上什么战术，唯一可圈可点的只有卢志那番临危不退的谏言。南线司马冏驻军阳翟，距离他的大本营许昌仅有三十公里，也就是说，他刚走出家门便被只有几千人的张泓死死堵住，没能前进半步。而西线司马颙则自始至终没参战，随时等着当墙头草捡漏。《孙子兵法》讲"上兵伐谋"，"不战而屈人之兵"。这场低水准的战争死亡人数高达十万人，双方可以说打得毫无技术含量。

无论怎么说，北线朝廷军就这样玩完了。司马伦从优势迅速转为劣势。那些把身家性命跟司马伦绑在一起的人，心急火燎。

几个月前，司马威亲自帮司马伦抢来玉玺，因此当上了中书令。可屁股还没坐热，他的好日子就要结束了。他怎么想都不甘心，遂与孙秀召集尚书台官员商讨对策。孙秀提议让京都四品以下官员的家族子弟，凡十五岁以上者全部投军，出城打仗。这话一出口就犯了众怒，自然没人响应。

孙秀没了主意。他知道自己得罪过太多人，索性躲在中书省里等死。

俗话说，树倒猢狲散。司马伦那些亲信跑是没地方跑了，要想活命，就得当"二五仔"。东宫左卫率王舆是个手疾眼快的人。早在司马允发动政变时，他就以最快的速度把司马允挡在皇宫之外，如今，他见司马伦大势已去，果断反水。

5月30日，王舆率七百人冲进中书省，将孙秀全族一窝剃了。旋即，王舆逼司马伦退位，然后挟持着司马伦，连同公卿一齐前往金墉城迎接司马衷复辟。

司马衷茫然地站在金墉城的门口，看着他的叔爷司马伦被禁军押着，跪在地上哆哆嗦嗦："陛下恕罪，臣被孙秀迷了心窍，孙秀已伏诛，请陛下复位，臣告老还乡。"其他公卿也都跪在地上高呼："陛下恕罪！"三个月前，他们中没有一个人站出来帮司马衷说句话。

"我不怪你们……"司马衷扫视着眼前这帮人，他经历了这不同寻常的三个月，仿佛想通了些什么。"这不是你们的错……"他竟冒出这么一句话，或许，他已经意识到这一连串灾难的罪魁祸首是谁了。

而皇后羊献容，先是在皇宫住了没俩月就被软禁到金墉城，在金墉城住了三个多月又回到皇宫。通过这短短的半年，她看清了自己的命运，往后，不知道还会有多少离奇的事发生在自己身上。为此，她逼着自己做好充足的心理准备。

司马衷在公卿的簇拥中回到皇宫，司马伦步司马衷的后尘，住进了金墉城。

从公元301年2月3日至5月30日，司马懿的小儿子、皇帝司马衷的九叔爷、赵王司马伦，总共当了一百一十六天皇帝后退位。

复　辟

司马衷复辟了，司马伦被软禁了，公卿怀着忐忑不安的心情上朝下朝。谁也不干事，谁也不说话，所有人都在等。因为这个时候，三路手握重兵的藩王仍然盘踞在洛阳城的周围。其中离得最近的，便是在勤王战争中取得最大战果的北线统帅——成都王司马颖。

几天后，6月5日，司马颖率先入京。

满朝官员都为自己曾屈服于司马伦胆战心惊，梁王司马肜（司马衷八叔爷）上疏，痛诉司马伦悖逆无道，请求朝廷将司马伦处死。

此处顺便讲讲这位司马懿的第八子——司马伦的哥哥司马肜。他于一年后寿终正寝。朝廷商讨该给司马肜什么样的谥号时，博士蔡克非常公允地总结了司马肜的一生："司马肜位居上公，又是皇室至亲长辈，本来责任重大。可是，太子司马遹被废，他没一句劝谏；司马允政变，他袖手旁观；司马伦篡位，他又不避嫌逊位……要是连这种人都不给贬谥，法理何在？按《谥法》中的解释，无所作为、辜负重名，应谥号'灵'。"

司马肜故吏不服，纷纷上疏驳斥。朝廷妥协，结果谥号"孝"，是为"梁孝王"。

这个时候，公卿正听着司马肜义愤填膺地指责司马伦，纷纷表示赞同。最后，大伙一致同意赐给司马伦毒酒，让他自裁。司马伦当皇帝这事，可以用五个字来形容——过把瘾就死。此外，司马伦的几个儿子和亲信，包括先前帮司马伦剿灭贾南风的许超、闾和，持白虎幡临阵斩杀司马允的伏胤等人，全被灭了三族。

过了些日子，司马衷提出一个请求。

"朕、有件事……想跟众爱卿商量。"这事他已经在心底憋了很久。

公卿面面相觑，不知道他要说什么，根据以往的经验，但凡从司马衷嘴里说出的话，基本可以直接忽略："陛下何事？"

"先前，阿皮……"阿皮即是司马威，这个从司马衷手里生抢玉玺，又替司马衷写下禅位诏书的宗室成员，并没有被当成司马伦的亲信处死，依然活得挺好。"他、他掰断朕的手指，朕想处死他！"司马衷经历过不计其数的政变，一生都被别人当作道具任意摆弄，他面对那些在政变中失败即将丧命的人时，说得最多的一句话就是："能不能别杀他？能不能饶了他？"因为他根本不懂政治斗争的意义所在，而那些摆弄他的人对他产生的伤害又过于复杂，以至于他根本感觉不到。只有司马威掰断他的手指，这种直接的肉体上的伤害才是他能够理解的。

司马衷下了很大决心，以罕见的坚定语气说道："朕要处死阿皮！"这恐怕是他平生第一次想要某个人的命。

还以为是什么大不了的事呢！公卿个个脸上挂着不耐烦，可总得给皇帝个面子，遂顺着司马衷的意思，附和道："如此，请廷尉治司马威的罪。"

当日，司马威被处死了。

后来者居上（司马冏 vs 司马颖）

这场勤王战争中，西线的河间王司马颙始终没有任何动作。司马伦死后第三天，也就是 6 月 7 日，他居然厚颜无耻地进了京，准备分一杯羹。

按说司马颙是来晚了，可当他进了京城，才发现自己并不是来得最晚的。勤王联军的发起者——南线统帅、齐王司马冏还没到。原来，直到现在，司马冏仍然跟司马伦仅存的余党张泓在阳翟僵持不下。司马冏低劣得令人发指的战术，致使这场早该结束的战争一拖再拖。

成都王司马颖无奈之下，从朝廷派出一支军队援助司马冏，最后终于剿灭了张泓。张泓，这位顽强的将领，在主子玩完的绝境下，死死挡住兵力比自己多出十几倍的敌人。说句公道话，他在此战中表现绝佳，但遗憾的是他跟错了人，再辉煌的战绩也仅是昙花一现，他本人再无其他事迹载于史册。

回过来说司马冏，他进京的障碍被扫清，但他依旧没动窝。身为勤王盟主却无所作为，反而让司马颖抢了头功，更让他颜面扫地的是，最后还得靠司马颖帮他解围，要是就这么进京，岂不是被司马颖压得翻不了身？

司马冏决定耍个小手段："集结附近所有军队，等人都聚齐了再进京。"

司马冏又在阳翟耗了一个来月。直到 7 月底，他总算把周边郡县的几十万军队全部统合在一起，才大张旗鼓地开进京城。这么一来，司马冏凭借压倒性的兵力后来者居上，声势瞬间盖过司马颖。

8 月，朝廷正式下诏，司马冏官拜大司马、都督中外诸军事，赐九锡之礼，成为新一届辅政重臣。

齐王司马冏大权在握，每天登门拜访者络绎不绝，其间出了个小插曲，一直无所事事的王爷司马肜露面了。若是寻常人来访，司马冏大可端坐府中，但司马肜到底是皇室宗亲中辈分最高的长辈（司马昭的胞弟，皇帝司马衷的三叔爷），司马冏不敢怠慢，趋步府外恭迎。

"不知叔爷大驾光临，有失远迎，恕罪恕罪！"司马冏表面尊敬，心里却烦得要命。这位司马肜向来脑子不太正常，前些天，司马冏率领几十万大军进京，宗室公卿皆备重礼恭迎，唯独司马肜莫名其妙地拿着一百文钱，硬塞到司马冏手里。此番前来，不晓得又会做出什么怪异举动。

司马肜径直进了司马冏的寝室，一屁股坐到床上，又大大咧咧地拍了拍司马冏的胳膊："我得嘱咐你句话，你可别嫌我啰唆。"

司马冏神情尴尬又不得不表示恭敬："叔爷请讲，晚辈听着呢。"

司马肜突然扯开嗓门喊了句："你可别学柏女那个儿子！"

"啊！"此言一出，不光司马冏脸色骤变，左右人等尽皆骇然。柏女是司马懿的宠妾柏夫人。柏夫人的儿子即是司马伦。所谓别学柏女的儿子，就是明言告诉司马冏别称帝。如果这话从一个脑子正常的人嘴里说出来，基本等同于把谋反的大帽子凿凿实实地扣到了司马冏的脑袋上。无奈，司马肜不属于正常人之列。

老东西真是口无遮拦，哪有这么说话的！司马冏直想找个地缝钻进去。

虽说司马彤和司马肜在宗室至亲中辈分最高（司马懿仅存的两个儿子），但这两个位高无权的老头在司马冏眼里根本不值一提。他真正的竞争对手，唯有勤王战争中的另外两路统帅——河间王司马颙和成都王司马颖二人。

先说说司马颙，虽然他在勤王战争中一直首尾两端，但朝廷顾及他关中都督的重要分量，还是决定给他加官晋爵。最终，司马颙捞到了太尉和侍中的官位，虽然谈不上有实权，但毕竟他没出一点力，也算空手套白狼。几天后，司马颙心满意足地返回长安属地。

再说半傻子司马颖，他在勤王战争中战绩最好（这是相比司马冏和司马颙而言，其实打得也挺丢人），但到头来居然什么都没捞着。论兵力，他没司马冏多；论头脑，他没司马冏灵；论地位，他是司马冏最大的潜在竞争对手。所有这些因素加在一起，造成了他最冤的待遇。

参与勤王战争的藩王总共有五人，除了司马冏、司马颙、司马颖，司马乂官任左军将军，掌握一定数量的皇宫禁军，司马歆升任镇南大将军、荆州都督。

几天后，司马歆准备回荆州去了。临行前，他和司马冏、司马颖、司马乂同去拜谒皇陵。四位藩王表面上一团和气，可在谒陵的途中，四人有意无意地分成两拨。派系划分完全依据他们在勤王战争中南、北两线的归属，同属北线的司马颖和司马乂一拨，同属南线的司马冏和司马歆一拨。走着走着，两拨人渐行渐远。

司马乂朝身后瞟了一眼，已看不见司马冏和司马歆的人影。"哼！"他闷哼一声，抬头仰视天空，似在自言自语，"这天下基业可是先帝（司马炎）创建的。"

司马颖觉得司马乂话里有话："是、是啊……"六哥什么意思？

"你不明白吗？先帝的天下，还轮不到司马攸的儿子（司马冏）来管！十六弟，你才是辅政的不二人选。"

司马颖耷拉着脑袋，想起连月来的遭遇，心里觉得无比憋屈。自己在勤王战争中功劳最大，又第一个进京，如今却屈居司马冏之下。

"唉……"他叹了口气，不想再多说什么。

再看另一拨，这时候，司马歆也若有所思地对司马冏言道："还是司马颖跟皇室的血缘更近哪……"

所谓跟皇室的血缘更近，显然是拿司马冏（皇帝的堂弟）与司马颖（皇帝的亲弟）相比。司马冏会意："说得是啊……那堂叔您的意思呢？"

"司马颖声望高，不能把他晾在一边不管，你最好让他跟你一起辅政，如果他跟你不对付，那就先下手为强，趁早夺了他的兵权！"

"嗯……多谢堂叔提醒。"

世上没有不透风的墙。但凡听到他们这番各怀鬼胎的对话的人，心里都在发怵：看这架势，想让社稷安定，怕是没指望了。

远离是非（司马冏 vs 司马颖）

新野公司马歆离开洛阳赴任荆州都督。齐王司马冏和成都王司马颖各自拥兵数十万，齐聚洛阳城中。

司马冏思来想去，自忖没把握夺去司马颖兵权，迫于舆论压力，只好邀请司马颖辅政。司马冏的心计远在司马颖之上，他确信司马颖肯定玩不过自己。

司马颖虽说脑子不好，但到底还有些自知之明，倘若真跟司马冏搅在一块，早晚会被对方搞死。于是，他向卢志求教保全之策。

卢志劝道："两雄并立朝廷，日后必起争执。臣建议您以照顾母亲为由返回邺城，远离京都这个是非之地。您表现得越谦逊，就越能赢得天下士民之心，将来前途不可限量。"

司马颖颔首应允。

翌日，司马颖连招呼都没打就动身返回邺城。等出了洛阳城，他才给司马冏写了封信，陈明自己避嫌退让的意愿，尽量让对方安心。

司马冏可不踏实。他内心其实挺纠结，司马颖留在洛阳是隐患，去了邺城同样是隐患，但好歹眼不见心不烦。不管怎么说，人已经走了，能做的唯有好生安抚。于是，他授予司马颖大将军官位，同时任都督中外诸军事、录尚书事、假节钺，又赐九锡之礼。乍一看，这几个权位都挺唬人，却是虚名，因为司马颖身在邺城，根本没法染指京畿中央军和尚书台，由此，都督中外诸军事和录尚书形同虚设。至于假节钺，司马颖本就是邺城的土皇帝，没有假节钺也是想杀谁就杀谁。

司马颖回到邺城，听从卢志的建议，推掉容易惹麻烦的九锡之礼，开始玩命收揽人心。他造了一批棺材，将勤王战争中阵亡的士兵，无论敌我全部妥善安葬，又从邺城划拨出十五万斛米运到阳翟赈济灾民。阳翟是勤王战争中的南线，司马冏和张泓在这里打了好几个月，当地百姓因司马冏卷入战乱，却得到司马颖的救助。这的确是个高招，卢志刻意为司马颖树立起与司马冏截然不同的形象。

司马颖的人情也卖给了很多朝臣。司马冏打算处死陆机（"金谷二十四友"之一），司马颖百般求情，保住了陆机。随后，他又举荐陆机任平原太守，陆云任清河太守。因为邺城距离平原郡和清河郡相当近，且同属冀州境内，司马颖把陆氏兄弟拉到自己伞下。

因为有卢志的辅佐，原本脑子不那么灵光的司马颖，声望与日俱增。

至此，参与勤王战争的五位藩王中的三位——河间王司马颙、新野公司马歆、成都王司马颖相继回到自己属地，司马颖的政治盟友——长沙王司马乂身在朝中备受打压。至此，司马冏完全控制了朝廷。

转眼过去大半年，到了公元302年5月，皇帝司马衷最后一个后代——皇孙司马尚（司马遹的幼子）夭折。这下，司马衷所有的子孙都死光了，皇室面临一个严重的问题，没有皇储。虽说当时司马衷正值壮年，又新册立了皇后羊献容，但说实话，谁都不想把希望寄托在司马衷的生育能力上。生不生得出来另当别论，就算生出来，万一继承了司马衷的智商，该如何是好？社稷已经乱到这步田地，唯有指望某个皇室成员能站出来扭转危局。

朝廷里再次响起立皇太弟的呼声。按说司马冏是帝国的实际掌权人，本应近水楼台先得月。但他是司马衷的堂弟，血缘疏远。再者，他当政期间飞扬跋扈，引起众多公卿不满。因此，司马冏与皇太弟的宝座失之交臂，公卿的目光则瞄向司马衷的十六弟——在邺城疯狂收买人心的成都王司马颖。

如若司马颖当上皇太弟，司马冏煞费苦心取得的地位将一朝化为乌有。为了避免这种局面，司马冏想出一个办法。立什么皇太弟？干脆找个不懂事的皇室孩子过继给司马衷当皇太子算了。挑来拣去，他选中司马衷十三弟司马遐（曾助司马玮发动政变，致使卫瓘被灭门）的儿子，时年八岁的司马覃。司马遐于一年前病死，司马覃一没成年，二没父亲，这是他当选的主要原因。事情办得相当顺利，司马覃被立为皇太子，司马冏兼任太子太师，成为储君的监护人。这么一来，朝政就可以继续把持在司马冏手里了。

绝地反击战（司马颙、司马颖、司马乂 vs 司马冏）

自司马炎死后，那些利欲熏心的宗室藩王似乎就被一种宿命牢牢束缚着——他们像木偶一样被身边的小人物操控，进而闹得不可开交。时至今日，这一宿命依然没有终结的迹象。

公元302年底，河间王司马颙的幕僚李含向主子谏言："司马冏擅权自重，令朝野失望。殿下应传檄四方，声讨司马冏。"

司马颙沉思道："司马冏手握朝廷，这事可没那么容易啊……"

李含想了想，道："殿下可以给身在京城的司马乂写一封密信，邀其作为内应。然后，咱们再把这事透露给司马冏，令其杀掉司马乂。司马乂与成都王司马颖同气连枝，此人被杀，势必激怒司马颖。届时，殿下可拥立司马颖承袭帝位，大事若成，您就能坐上宰相之位了！"

这主意可谓险恶至极。司马颙听得血脉偾张："妙计啊！"他说干就干，当即给司马乂写了一封密信，又偷偷泄露给司马冏。随后写檄文陈述司马冏的罪状，并提出要拥立司马颖为皇太弟，兵谏洛阳。

讨伐檄文传到邺城，卢志觉得不妙，他劝司马颖道："这事千万别答应。您要是帮着司马颙兴风作浪，以前苦心积累的好名声都将付诸东流。"

往昔，司马颖对卢志言听计从，可现在，他脑子里只有司马颙给他的承诺。他答应我，事成后立我当皇太弟，这条件简直太诱人了……

"卢志，这回……我不想听你的。我要起兵帮司马颙，换个皇位来坐坐！"就这样，司马颖受司马颙的鼓动，在邺城举兵。

公元303年1月底，司马颙和司马颖的兵谏奏表传到洛阳，司马冏大惊失色。

"河间王和成都王居然图谋造反！"他扫视同僚，"你们说，该怎么办？"

朝堂上鸦雀无声，公卿心想：首辅重臣的位子哪有这么好坐，惹得别人眼红被赶下台，所谓风水轮流转，这种事早就见怪不怪了。

俄顷，一个苍老的声音打破了僵局。说话者是王戎（"竹林七贤"之一）。此前，他因为跟贾南风有姻亲关系被司马伦罢免，司马伦倒台后又重返政坛，官任尚书令。"老臣觉得，您勤王确是立下大功，但无奈那两位藩王不满意封赏，是故起了二心……"他顿了顿，觉得下面要说的话有点危险，遂给自己壮了壮胆，道，"老臣斗胆，请您逊位避嫌，这样或可全身而退！"

"啊？"司马冏倒吸一口凉气。这老东西哪里是给自己出主意？分明是要拆自己的台。

见王戎开了头，中书监司马越也随声附和："臣也赞同王大人的意见！"

司马冏不知所措，眼看群臣就要受王戎和司马越的撺掇劝自己逊位，局面越发不可收拾。恰在这时，他的一名幕僚站出来说道："昔日伪皇帝司马伦篡取社稷，天下吵吵嚷嚷，却没有一个人敢反对。你们难道忘了是殿下首倡义兵，亲临矢石，才让陛下复辟？二王悖逆，朝廷理应讨伐。试问，自汉、魏以来，但凡辅政重臣被免职的，有哪一个能得善终吗？持此议者，可斩首示众！"

幕僚这番驳斥镇住了场面。所有人都不敢再多说一句话。

王戎吓得脸色煞白。再不抽身而退，怕是要死在这儿了。"老臣……老臣要去厕所……"他话音未落，便忙不迭逃出大殿。到了厕所，王戎佯装五石散药性发作，一个趔趄栽倒在地上，随后趁乱被人搀扶回家，躲过了一劫。

朝议就在这纷乱的气氛中戛然而止。

与此同时，司马颙命李含率关中军从西路攻向洛阳，司马颖也积极备战，随时准备从北路打过来。而那封寄给长沙王司马乂，让其做内应协助讨伐司马冏的密信，也如李含计划的那样，顺利泄露给了司马冏。司马冏得知自己眼皮底下藏着内奸，决定先下手为强，火速派出一支禁军攻向司马乂府邸，一场兵祸即将在洛阳城展开。

"启禀殿下，司马冏的军队正杀向咱们这儿！"

长沙王司马乂被这晴天霹雳般的消息震得脑子一阵发蒙："这……这没道理啊……"司马冏肯定是听到什么风声，但他自己都还没决定是否响应司马颙的策反，更没采取任何行动……等等，既是密谋，司马冏怎么会知道？难不成……顿时，司马乂明白了一切。自己的死才是司马颙希望看到的。

要想活命，唯有拼死一搏！

司马乂索性豁出去了："快！集齐所有侍卫！"

司马乂仅拥有百余名侍卫。他当然不会傻到拿自己的百十来号人去死磕齐王司马冏派来的几千人。"所有人！跟我入宫！"去皇宫，是他唯一的生路。他要去那里取出一件极具价值的护身符——智障皇帝司马衷。

司马乂带着一百多名侍卫避开司马冏的军队，向皇宫一路狂奔。

这段时间，司马冏把自己的府邸修成了朝堂，大有取代皇宫的势头，皇宫因此日渐没落，守卫松懈，这反倒给司马乂闯宫制造了条件。司马乂顺利冲进皇宫大门，直奔司马衷的寝宫。

"陛下，齐王谋反了！"

又有人谋反。司马衷对这种事几乎习以为常了："那怎么办？"

"请陛下发诏，命皇宫内禁军讨伐司马冏！"

司马衷秉承着被谁挟持就听谁的习惯，顺从地成了司马乂手里的道具。司马乂下令："关闭皇宫所有城门！皇宫内禁军皆听我号令，抵抗叛贼司马冏！"

原本，皇宫内禁军都归司马冏亲信——中领军何勖统领，但毕竟皇帝诏书的分量更重，禁军纷纷响应司马乂，何勖见局面失控，仓皇逃归司马冏处。就这样，本来身处绝境的司马乂，凭借皇帝这杆大旗咸鱼翻生，迅速聚拢起一支足以跟司马冏抗衡的军队并展开反攻。

司马冏也不甘示弱，让黄门令从皇宫偷出驺虞幡，然后命骑兵高举驺虞幡，在阵前往来驰骋，声称司马乂矫诏，勉强弥补了己方声势上的不足。

两个藩王各自利用手里的道具，试图压倒对方。这是司马乂与司马冏的较量，也是皇帝与驺虞幡的较量。

司马冏的府邸紧邻皇宫西墙，这场战争的主战场便集中在皇宫西墙周围，自然而然，战火也烧进了皇宫。往昔，皇帝司马衷经历过无数次政变，但像今天这样如此接近战场还是头一遭，流矢漫天乱飞，时不时射到他的身边，让他魂飞魄散。皇宫多处起火，那些一心救火的公卿大臣，成批成批地被箭雨射死。

无论司马衷多么不情愿，但他确实起到了不小的作用，活人的影响力到底比驺虞幡大些，渐渐地，司马乂的优势越来越明显。

战争持续的时间不长，第三天，司马冏的亲信——中领军何勖被同僚刺杀，司马冏战败被俘。司马衷肯定没意识到，这场战争是他打赢的，他战胜了驺虞幡。

战争结束后，司马衷呆滞地看着面前被五花大绑的司马冏，自然，他无法清楚辨析这其中的缘由。箭虽然差点射到自己，可毕竟没射中，所以，司马冏大概是无罪的吧？

"能不能赦免他，别杀他？"

司马乂听了这话，气不打一处来，他可不希望司马衷再说出什么不合时宜的傻话，他没搭理司马衷，下令："赶快把这逆臣推出去斩了！"

司马冏被推推搡搡地朝大殿外走去，他清楚自己的结局，但还是一步三回头，哀怜地望向司马衷："陛下您难道忘啦？当初臣首倡义兵，您才能重登皇位啊！"

单从这一点来讲，司马冏和司马衷大概是难以达成共识的，因为司马衷并不能真正理解复辟的意义所在，他仅仅是觉得司马冏很可怜："别杀他……行不行？"他到底是咱们的堂弟啊，为什么一家人非得杀来杀去？他永远想不明白。

齐王司马攸的儿子司马冏，秉政一年零五个月后，被堂兄司马乂斩首，司马冏的三个儿子被囚禁于金墉城，他的同党俱被夷灭三族，两千多人受牵连被杀。

司马冏的死引得一位皇室长辈连连叹息："眼见宗室日渐衰败，只有司马冏这孩子最优秀，如今又把他杀了，往后算彻底完了。"同情司马冏的长辈正是司马睐，当初司马冏进京时，他莫名其妙地拿着一百文钱送礼，然后又口无遮拦地劝司马冏别称帝。司马睐说话办事一向着三不着两，司马冏是不是宗室中最优秀者有待商榷，但他后半句倒算没说错，晋王朝确实算彻底玩完了。

长沙王司马乂杀了司马冏，官拜太尉、都督中外诸军事，成为朝廷新一届首辅重臣。

各怀鬼胎（司马颙、司马颖 vs 司马乂）

按照原定计划，长沙王司马乂本该被齐王司马冏杀掉才对，没想到结局反了过来。远在长安的河间王司马颙郁闷了，他本来想拿讨伐司马冏当借口，盼着打胜后能登上宰辅之位，折腾半天，司马冏居然被司马乂搞死了，自己没了出兵的借口，一切都跟从前没两样。邺城的成都王司马颖也郁闷了，虽说司马乂一直是自己的政治盟友（当然也是亲哥哥），可司马乂得了势，自己又没当上皇太弟，这些都让司马颖分外眼红。

于是，司马颙和司马颖这两位藩王只能继续窝在自己的属地，静观其变。

起初，倒霉的司马乂被推到绝境，却成功地反戈一击，如今，他成了这起政变的最大受益者。然而，司马乂其实也挺郁闷，他根本就不想坐上这个令人眼红的位子，可又骑虎难下。经过一番权衡，他决定采取低姿态，所有朝廷政务，事无巨细均向邺城的司马颖禀报后再实施。于是，当时便形成了这样一个奇特的格局，邺城的司马颖犹如太上皇，遥控着洛阳的朝廷。

可即便这样，司马颖还是不满意，一心盼着司马乂垮台，自己好当上皇太弟。自然，司马颙、司马颖、司马乂这三兄弟的恩怨不会就此结束，而是才刚刚开始。

藩王各怀鬼胎，过得都不踏实，而这一切的始作俑者李含更是郁闷透顶。

司马乂知道自己被李含算计，心里一直憋着怨气，于是征召李含入朝。

司马颙也不想再罩着李含这个倒霉蛋了："去吧，去吧，料想司马乂不会为难你。你到洛阳后，伺机刺杀司马乂，我在外策应。"

李含无奈入朝，结果刚到洛阳就被司马乂处死了。

李含果然被司马乂杀了！司马颙听到这个消息，心头闪过一丝遗憾，再怎么说也是自己的幕僚，又肩负着刺杀司马乂的使命，但转念间，他马上意识到，为李含报仇正是一个讨伐司马乂的理由。想当初，李含打算借司马冏之手搞死司马乂，然后以此为由讨伐司马冏的计划未能得逞。如今，已在九泉之下的李含肯定想不到，他生前落空的谋略，最终竟因自己的死得以达成了。

总之，司马颙决定在关中起兵，同时力邀司马颖加盟。司马颙自己想争权，为何要一而再再而三拉上司马颖，还许诺把司马颖托上皇太弟的宝座？大致看看三方实力就能明白：司马颙的关中军不足十万；司马乂的京畿中央军有数万，但战斗力极高（这在前面的勤王战争中已有所体现），又有朝廷和皇帝作为后盾；司马颖在冀州邺城则有超过二十万大军。所以，简单地说，就是司马颙单凭己力打不过司马乂，与其跟司马乂斗得两败俱伤，不如抱定司马颖的大粗腿，并事先商量好分赃方式——你当皇储我当宰相——来得更保险。

司马颖的僚属卢志极其反对主子跟司马颙合作。

卢志并非死忠保皇派。按照他的规划，司马颖先耐心经营声望，占据义理上的制高点，最后成为像春秋时代齐桓公那样的诸侯霸主，接下来，或者带领其他藩王匡扶皇室，或者承袭帝位，怎么玩都游刃有余，只有这样路才能走得长远。可眼前讨伐司马乂这事，司马颖明摆着是被司马颙当枪使，走上了一条歧路。

司马颖考虑不到卢志那么远，一想到垂涎已久的皇太弟宝座，就按捺不住，两句话就被司马颙撺掇起来。

"拿我的铠甲来！"司马颖脱去官服，在侍从的帮助下换上一身闪亮的铠甲。他本来就长相俊秀，在铠甲的衬托下显得更加英姿勃发。

"卢志，看我这身戎装，威风不威风？讨伐司马乂肯定不在话下吧！"

卢志嘴上草草敷衍了几句，心中却是暗骂：所谓"金玉其外，败絮其中"，就是这个样子吧！对卢志来说，司马颖是自己苦心雕琢的一件艺术品，本来颇具升值潜力，却被司马颙的脏手毁了。

公元303年秋，司马颙和司马颖联名上表，声言要起兵讨伐朝中权臣。矛头直指司马乂和羊玄之。羊玄之是皇后羊献容的父亲，官拜尚书右仆射，庸庸碌碌，干吗要捎带上这个人？想必，除了羊玄之可能跟司马乂走得太近，更多的原因是司马颖怕羊献容不小心生个皇子，挡自己承袭帝位的道路，便先行把羊玄之摆在非正义的立场，为将来废掉羊献容铺路。

给朝廷上表相当于双方正式撕破脸。司马乂心里很窝火，他这么小心翼翼地照顾司马颖的面子，可司马颖还是被猪油蒙了心，要跟自己干仗，再说什么都没用了，只能战场上见分晓。

9月，司马颙从长安进驻郑县，然后拨给部将张方七万关中军，命他攻向洛阳；另一边，司马颖亲率二十余万冀州军从邺城攻向洛阳。和之前的勤王战争格局一样，司马颙、张方在西线，司马颖在北线。

先说西线战况，司马乂派皇甫商率一万多名中央军西出洛阳，迎击张方。10月上旬，皇甫商惨败，张方顺势推进到洛阳城下。不出几天，张方不费吹灰之力攻破了洛阳城。

"赢了！"张方大喜过望。

可等他开进洛阳后，才发觉不大对劲："不对啊……这根本是座空城……"

朝廷是空的，满朝公卿大半都缩在家里；皇宫是空的，司马衷连人影都没有；各中央军营是空的，朝廷军仿佛都人间蒸发了。显然，司马乂也不在城里。正因为这样，张方才能如此轻松地杀进洛阳。

事实情况是，司马乂不想困守洛阳，又自忖无力同时应付两路攻势，于是，他早就带着皇帝司马衷和所有能调动的中央军出了洛阳，亲自北上去抵御司马颖了。要知道，司马颖有二十万大军，司马乂根本没有余力在洛阳留下一兵一卒。

这下张方踏实了，他在洛阳城内肆无忌惮地烧杀抢掠，屠杀近万人，然后固守城中。皇后羊献容的父亲羊玄之眼见张方攻陷洛阳，竟被生生吓死了。

再来讲北线战况。此时，司马乂已驻军洛阳东北方——靠近黄河的河桥，阻挡南下的司马颖。他遥望黄河北岸，问道："敌方前锋统帅是谁？"不消说，他知道司马颖这个半白痴根本不会打仗，更不可能亲自当前锋。

"回禀殿下，是陆机。"

"哦，那个江东名士……"司马乂将了将胡须，沉吟道，"这仗我们能赢！"

盛名之下，其实难副

司马乂这样说不光是为鼓舞士气，也有客观的分析。下面，让我们把目光投向黄河以北司马颖的阵营，看看陆机是怎么被推到前锋统帅这个位置上的。

早在齐王司马冏执政时，陆机差点被司马冏找借口杀了，结果是司马颖保住陆机的性命。陆机自是感恩戴德，从此听命于司马颖。

不过，他的朋友顾荣对此大不以为然："中原适逢多事之秋，你不如辞了官，回江东避难去。"顾荣正是江东"吴郡四姓"中的顾氏家族成员，祖父是吴国第二任丞相顾雍，两个堂兄则是在"南鲁党争"中被孙权整死的顾谭和顾承。顾、陆两家是世交。

陆机摇头道："俗话说，知恩图报。再说，司马颖得人心，跟着他或许还能干出一番成就。"陆机打算跟定司马颖。

再说司马颖，他让陆机当前锋统帅，是出于如下考虑：陆机的祖父陆逊、父亲陆抗都是名将，整天耳濡目染，肯定知道该怎么打仗。况且，当统帅就得能镇得住人，陆机是名士，声望那么高，应该错不了。

但司马颖没想透彻（当然，以他的智商也很难想透彻），陆机是名士不假，但名士大多有个臭毛病，看不起人，这正是陆机初到洛阳时候的状态，可想而知，他跟中原名士处得并不怎么样。更何况，陆机是遭遇人生低谷才流落到冀州，怎么可能镇得住军中那帮中原名士？至于说将门之后，就更虚无缥缈了，要知道，打仗是门技术活，很多人在战场上摸爬滚打一辈子才掌握点儿门道，绝不是听家里老人讲故事就能学会的。

果不其然，司马颖军中的将领得知陆机做前锋统帅，纷纷表示不满。在众多反对者中，表现最激烈的就是陆机的两个熟人——王粹和牵秀。

"让这南蛮子当咱们的顶头上司，实在忍不了！"

昔日，王粹、牵秀、陆机同属于一个小团体，便是元康年间的"金谷二十四友"。大家都曾在金谷园中一起醉生梦死过，但王粹和牵秀见陆机一跃爬到自己头上，心里根本不服气。其实，说是"金谷二十四友"，但这个"友"实则是指二十四人都是贾谧的"友"，彼此之间除了极个别有生死之交（譬如石崇和潘岳，以及被石崇救过性命的刘舆、刘琨兄弟），大多数仅算是酒肉朋友，更不用提这些人免不了在贾谧跟前争风吃醋。顺便再提一句，王粹是伐吴战役中最大功臣王濬的孙子，牵秀是魏朝名将牵招的孙子，二人祖上都赫赫有名，也难怪他们这样心高气傲。

陆机对此心知肚明，遂向司马颖连连推辞："道家说'三世为将乃大忌'。正因为臣的祖父和父亲都为将，所以臣不能再为将了。"做将领就少不了杀人，天理循环，报应不爽，所谓事不过三，这怕是要遭报应的。这算是个冠冕堂皇的理由，其实，他知道自己根本镇不住别人。

"说的什么话？等打了胜仗，我给你封爵，让你位列三公。"司马颖不以为然。

陆机还想再争，却被司马颖打断了："就这么定了。"

陆机暗想：如果再推辞，司马颖大概会觉得自己首鼠两端，恐怕祸事会来得更快。最终，他不得不妥协："既然如此，臣也就不再推辞了。只是……"

"只是什么？"

陆机擦了擦额头上的汗："从前，齐桓公因信任管仲成为诸侯霸主，燕惠王因猜忌乐毅功败垂成，眼前这场仗能不能打赢，其实在您，不在臣！"陆机想到，下属不服，肯定少不了风言风语，司马颖这个半傻子难免听信谗言，所以，他是暗示司马颖要用人不疑。

"行了，我知道了。"莫名其妙，到底在说些什么？司马颖没太听懂。

陆机退下，卢志问司马颖："殿下，刚刚陆机那番话，您明白是什么意思吗？"

司马颖抓了抓脑袋："哦，啊……大概明白。"

卢志暗自冷笑，言道："他是自比管仲、乐毅，却把您比作昏君！"陆机当然没这意思，但卢志从另一个角度曲解了这句话。

"什、什么？"若非卢志提醒，司马颖还真没往这方面想。

司马颖沉默了，卢志这话，让他对陆机有了新的看法，但是，是他自己一再要求陆机当前锋统帅的，说出去的话不便再收回来，先看看再说吧……

卢志先前一直以正面形象示人，此时恶语中伤陆机，因为他和王粹、牵秀等人一样，看不惯一个南方人爬到自己头上。另外，卢志与陆机之间也发生过摩擦。

一次，卢志在大庭广众下问陆机："陆逊和陆抗是你什么人？"他当着陆机的面直呼对方先人名讳，相当无礼。

陆机很生气，决定以其人之道还治其人之身，便反唇相讥："就像卢毓、卢珽跟你的关系一样！"卢毓是卢志的爷爷，卢珽是卢志的父亲。

卢志被弄得下不来台，二人闹得不欢而散。事后，陆云劝陆机道："卢志可能真不知道，你何必跟他较真儿？"

陆机愤愤不平地道："咱们父祖威名远播四海，谁人不知？卢志这么说话，就是存心找不痛快！"

几十年后，东晋名臣谢安以这段逸事来评价"二陆"优劣，谢安认为陆机不畏权贵，维护家族尊严，陆云则显得胆小示弱，故认为陆机要强于陆云。不过客观地讲，陆云只是性格比较随和，而且，他也绝不是一个胆小怕事之辈。

另有一则关于陆云的逸事，也直接影响了"二陆"在邺城的地位。

邺城有个名叫孟玖的太监，深得司马颖宠信。一次，孟玖央求司马颖让他父亲当邯郸县令。

陆云直言劝谏："邯郸是冀州重镇，岂能随随便便让个宦官的父亲来管？"

孟玖恨得咬牙切齿。

陆云初来乍到便得罪了权宦孟玖，这比陆机得罪卢志还要命。因为无论是陆机还是陆云，都没有意识到，他们跟司马颖麾下宿臣交恶，已上升到派系斗争的程度。包括卢志在内的绝大部分人都属一个派系，而孟玖正是这个派系的首领。

就在陆机当上前锋统帅之际，孟玖的弟弟孟超也率领一支军队归属陆机麾下。行军途中，孟超的军队抢劫沿路百姓。陆机逮捕了几个主犯。孟超闻讯，亲自带着一百名铁骑闯入陆机的军营，释放自己的部下。

继而，他指着陆机的鼻子骂道："南蛮子，看你能做几天统帅？"

按理说，陆机完全可以将孟超斩首示众，但他毕竟没带过军，心里发虚，又不懂树立权威的重要性，便本着息事宁人的态度没再追究。事后，孟超不仅没收敛，反而大肆散布陆机通敌的谣言。通常情况下，反间计都来自敌方，可孟超自发搞垮己方统帅。这么窝里斗，让陆机的军队完全丧失了凝聚力。

总而言之，陆机这个前锋统帅做得相当窝囊。

就在陆机整军备战的前夕，他的帅旗被风吹折了。

"噩兆啊……"陆机叹了一口气，笼罩在他心头的乌云更加凝重了。

二　陆

司马乂原本希望皇甫商能顶住西线张方（司马颙部将），可没想到皇甫商一败涂地。10月中旬，司马乂不得不放弃河桥，回守洛阳。

陆机顺势南渡过黄河，占据河桥，并派牵秀追击司马乂。

10月22日，司马乂在洛阳城东的缑氏击退牵秀。陆机军本来凝聚力就不强，首战失利，只好停止进攻，这给司马乂赢得了宝贵的时机，让他得以专心对付洛阳城内的张方。

月底，司马乂在洛阳城内与张方展开巷战。张方的军队一见皇帝的旗帜瞬间土崩瓦解，纷纷逃出城外。司马乂乘胜追击，但张方在洛阳城西重整旗鼓，建立防御工事，挡住了司马乂。司马乂退回洛阳城中坚守。

与此同时，陆机乘势推进到洛阳城东不远处，司马颖也率主力军进驻河桥。

战役进行到这个阶段，司马乂终于要面对他最不愿见到的局面——困守洛阳城，同时应付来自西线张方和东线陆机两支军队的夹击。司马乂向司马颖提出和谈，条件是以陕为界，自己统治陕地以西，司马颖统治陕地以东。结果遭到司马颖拒绝。

11月3日，司马乂趁西线张方喘息的机会，在洛阳城东的建春门摆开阵势，决定与陆机一决雌雄。这场战斗中出现了难得一见有技术含量的战术。司马乂的前锋部将王瑚给数千匹战马身上都绑上长戟，将骑兵猛烈的冲击力发挥到极致，远远看去，犹如一只飞奔的刺猬冲进陆机军阵。

陆机军被这支武装到牙齿的骑兵打得阵脚大乱。司马乂见王瑚得手，全军尽出，顷刻间，陆机军团一个接一个瓦解。

建春门之战，以司马乂大获全胜、陆机惨败收场。司马颖的十六个部将被斩首，头颅悬挂在洛阳铜驼街。在这些战死者中，包括孟玖的弟弟孟超。

孟超向来不服从陆机军令，甚至试图搞垮陆机，按理说，死个添乱的孟超对陆机应该是好事，但陆机没想到这最终给他带来了灭顶之灾。在陆机后方的河桥，孟玖得知弟弟的死讯，气得发疯。他认为是陆机把弟弟害死的，发誓要搞死陆机给弟弟报仇。

于是，孟玖串通牵秀等人向司马颖进谗言，诬陷陆机暗通司马乂，故意在建春门战败。司马颖听风就是雨，当即命令牵秀干掉陆机。

次日黎明，熟睡中的陆机被侍卫叫醒："陆大人，牵秀突然率军前来，已经到大营门口了。"

"啊……"陆机不由得一惊，旋即，他意识到是怎么回事了，"我早料到殿下会听信谗言，他一定是派牵秀来杀我的……"

陆机穿上一身便服，缓步出了营门。

对面，牵秀气势汹汹地喝道："奉成都王之命，将陆机就地正法！"言毕，牵秀的军队齐刷刷地拔刀出鞘。

营中士卒闻言，一片哗然。有人不由自主地拿起武器，只待陆机一声令下，就要自卫。

陆机朝两旁摆了摆手，示意左右克制："放下武器，不准妄动。"继而，他哀叹道："当初我想推掉前锋统帅之职，无奈殿下不答应，今日果然因此丧命，岂非天意？华亭鹤唳，真的再也听不到了！"华亭在江东吴郡，陆机多么希望能重新来过，倘使如此，他一定会听顾荣的劝告，返回家乡，可此时后悔已晚。

陆机死后，陆云也被缉拿。

司马颖的幕僚江统苦劝："敌方势弱，我方势强，陆氏兄弟又都受过您的厚恩，怎么可能背叛您去投奔司马乂？您该慎重调查此事，若陆机真有反情，再诛杀陆云也不晚。"

卢志一心想置陆氏兄弟于死地，当场跟江统争执起来："殿下您别忘了，当年司马伦杀中护军赵浚，赦免其子赵骧，而后赵骧投奔您反攻司马伦，这就是前车之鉴啊！"

孟玖也在旁撺掇司马颖赶紧杀掉陆云。司马颖遂下令将陆云斩首。

江东吴郡陆氏家族纵然风光无限，但这祖孙三代人的命运皆如此坎坷，"二陆"被杀，再度让这一家族蒙受重大打击。

炙（司马越 vs 司马乂）

司马颖临阵换帅，只好亲自率军攻城。不难想象，这支近二十万人的军队在司马颖的统御下，战斗力低得一塌糊涂。但不管怎么说，洛阳城中的司马乂同时遭到东西两线夹击，形势仍异常危险。

这个时候，西部的两股亲司马乂的势力——秦州刺史皇甫重和雍州刺史刘沈正自率兵攻打司马颙的老巢，整个天下可谓乱成一锅粥。司马颙不得不离开郑县回防，但洛阳城西的张方还在坚持攻城。

洛阳战事持续到来年，也就是公元304年，攻守双方都被打得奄奄一息。

洛阳城西的张方久攻不下，又考虑到主子司马颙在老家关中陷入苦战，渐渐萌生退意。城东的司马颖更是死伤六七万人，损失惨重。司马乂日子也不好过，洛阳城中存粮已经见底，每百升谷售价高达上万，基本上没人能吃得起。不过好在他手里还有司马衷这杆大旗帮他鼓舞士气。

就在洛阳城内的守军死扛的时候，一位皇室藩王判断司马乂胜利无望，决定站出来提前打破僵局，顺便也为自己谋一条后路。这人正是东海王司马越，他是司马懿四弟司马馗的孙子，皇帝司马衷的族叔，属于皇室远亲，十几年前，他曾帮贾南风剿灭过杨骏，前文中曾露过几回脸。

公元304年1月17日，司马越暗中勾结了几个禁军将领，出其不意发动政变，将长沙王司马乂缉拿。

第二天，司马越奏请朝廷免除司马乂一切职权，并将其押赴金墉城软禁。

司马乂满腔悲愤，上表言道："如果臣的死能让国家安泰，臣无怨无悔，只怕最后是恶人得志，对陛下没有好处。"自然，皇帝司马衷全无半点判断力，也没法干涉。

总之，长沙王司马乂倒台，东海王司马越顺利接掌政权。而后，司马越下令诸军放弃戒备，迎接司马颖入城。司马越到底没敢让张方进城，几个月前张方在洛阳城内烧杀抢掠的恶劣行径，仍令所有人心有余悸。

持续了四个多月的洛阳攻防战死伤近十万人，就因这突如其来的变故结束了。司马颖率军进了城。这支军队全无胜利者该有的意气风发，反而个个累得筋疲力尽，犹如残兵败将。洛阳城内的将士目睹敌军的惨状，心里后悔不迭。

"看他们这副惨相，只要咱们再撑几天，肯定能赢，可惜功亏一篑！"

"不！还有机会，咱们去金墉城把长沙王救出来，再把司马颖打出去！"

守城将士的企图，不期传到司马越的耳朵里，令他极度恐惧。如果真把司马乂放虎归山，自己必死无疑。司马越决定先行除掉司马乂。不过，他不想脏了自己的手，遂派人给驻扎在城西的张方送出口信，告知司马乂关押的位置，又约定时间放张方进城。

1月20日，张方率军冲进金墉城，将司马乂劫持到自己的军营。

司马乂被五花大绑着推到张方的面前，他根本不屑正眼看张方，仰着头，言道："我已成阶下囚，你要杀便杀！"

张方牙根咬得咯咯作响："杀你是肯定的，但不能让你死得那么容易！"

随即，张方用铁链将司马乂绑在一根粗大的铜柱上。这铜柱中空，里面堆满了柴火。

张方一声令下："炙之！"铜柱中的柴火被点燃了。

这种刑杀方式名为炮烙，是商朝暴君殷纣王发明的酷刑。火不会直接烧到司马乂，但铜柱越来越烫，司马乂的皮肉开始滋滋作响，继而冒出浓烟。撕心裂肺的哀号声不绝于耳。这样惨绝人寰的景象，就连张方的军士也不忍直视。

过了好一会儿，司马乂总算断气了，这绝对是天赐的解脱。他秉政一年，死时二十八岁。客观地评价，在西晋那些参与政变的藩王中，这位司马炎的第六子——长沙王司马乂算屈指可数名声不错的，他性格冷静又懂得克制，无论对皇帝司马衷，还是对邺城的司马颖，都很恭敬，从没干过什么不守本分的事。然而，司马乂死得最悲惨，实在令人惋惜。

这时，西部的战事并未随着司马乂的死而结束。司马颙依然跟雍州刺史刘沈、秦州刺史皇甫重苦苦鏖战。公元304年初，司马颙接连战败，不得不调张方回关中支援。张方临走前闯进洛阳，劫持了一万多人，并在回程途中把这些人当作军粮都吃掉了。

荡阴之战（司马越 vs 司马颖）

洛阳城经过四个多月的战火摧残，已是残破不堪，成都王司马颖看着眼前这一片断壁残垣，又得知自己的大本营冀州北部刚刚发生民变，也不想在洛阳继续耗下去了。不过，他不甘把洛阳拱手送人，便处死了大批不属于自己派系的禁军将领，并任命亲信石超（石苞的孙子，石崇的侄子）为中护军，率五万人驻守洛阳，然后才放心地返回邺城。

司马颖虽然走了，但遥控着洛阳朝政。没过两天，司马颖在邺城官拜丞相，僚属卢志当上了中书监。中书省向来坐落于皇宫内，可卢志这个中书监身在邺城，这意味着中书省也一并搬到了邺城，从此，司马颖便可以随心所欲地颁布诏书了。

除了司马颖，另一个得到实惠的人自然是这场战争的发起者——关中都督、河间王司马颙。他得到张方支援后，很快剿灭了司马乂的残余势力。战后，司马颙官拜太宰、大司马、雍州牧。由此，司马颙的势力范围从关中地区一下子扩大到整个雍州，同时包揽了雍州军政两界大权。他的亲信部将张方也升任右将军。

公元304年，本来极尽繁华的京都洛阳无比萧条，朝廷名存实亡，而成都王司马颖和河间王司马颙，一个在东北（冀州邺城），一个在西（雍州关中），形成当时两大最强势力。

该年4月，司马颖废掉皇后羊献容和皇太子司马覃，把羊献容关押到金墉城。羊献容上一次住金墉城是拜司马伦所赐，可那次没被废，算是陪司马衷去的。时隔两年，她首次被废黜皇后身份。之所以强调首次，是因为这种事未来还会在她身上发生很多次。这下，司马衷又没妻子了，皇室的继承人也空了出来。

司马颙不失时机地上表请求册立司马颖为皇太弟。司马颖总算得到了企盼已久的皇储身份。

两个藩王一唱一和，上演着欢乐的双簧，却忽略了一个人——留在洛阳执掌尚书台的东海王司马越。他一点都高兴不起来，他原先的中书监官位被卢志夺走，虽然自己还挂着尚书令的官位，但凡事都要请示司马颖，也是形同虚设。

要不是我发动政变搞掉司马乂，你们哪有今天？司马越忍不了。

8月17日，司马越伙同右卫将军陈眕（zhěn）（"金谷二十四友"之一，陈泰的侄孙，陈准的儿子）率兵闯入云龙门，成功控制了皇帝司马衷和公卿朝臣。司马颖留在洛阳的亲信——中护军石超见局面失控，仓皇逃奔邺城。

几个月前，皇后羊献容和太子司马覃被司马颖废掉，现在，司马越既然要讨伐司马颖，那么迎羊献容和司马覃复位，自然顺理成章。8月19日，羊献容被司马越从金墉城里接了出来，被废三个多月后，她重新恢复了皇后身份。

8月20日，东海王司马越亲自挂帅，北伐成都王司马颖。受前两次战争的启发，他带上了皇帝司马衷这个提升士气的强力道具。果不其然，短短几天就有十万人应征入伍，加入讨伐司马颖的大军中。

司马衷身边有位侍中名叫嵇绍，他正是"竹林七贤"之一嵇康的儿子。这次出征，嵇绍也要陪着司马衷随军出征。

同僚见嵇绍急匆匆地出发，一把扯住了嵇绍的衣襟："这场仗安危难测，你最好给自己备一匹快马，只要看形势不对就逃命。"

嵇绍正了正衣冠，朗声回答："臣子理应守护天子，生死有命，要快马何用？"

就这样，嵇绍怀着誓死护君的决心踏上了征途。

与此同时，在冀州邺城，司马颖得知司马越会集十余万大军讨伐自己的消息后，吓得手足无措："这、这可怎么办？"

卢志无话可说。他一直为司马颖不听自己的话，非跟司马颙搅在一起怄气。

此时，在旁的司马繇言道："天子亲征，您该主动出城请罪！"这人是司马伷的儿子，也是司马颖的族叔。杨骏被杀，司马繇被二哥司马澹诬告谋反，遭到流放。后因政权更迭，他结束了流放生涯，一直跟司马颖待在邺城。

司马颖狠狠地瞪了司马繇一眼。司马繇唯唯诺诺地退到一旁，不敢再多嘴。

旋即，司马颖派石超率五万名冀州军迎战司马越。

石超出发了，可留守在邺城的官吏无不心里发毛。先前打洛阳打成那副德行，能赢几乎是侥幸，这次居然又要跟皇帝对阵。没两天，邺城官吏士卒纷纷逃亡，投奔司马越。

9月初，石超率军五万挥师南下，司马越则带着十几万人渡过黄河一路向北，两支大军即将迎头相遇。

在讲述这场即将到来的战争前，我们先分析一下这两支军队的情况。

近两年发生过的几场战争中，手握朝廷军（包括京畿中央军和皇宫禁军）和皇帝的一方，屡次取得以少胜多的战绩，皇帝的威信力和朝廷军的战斗力是主要原因。这回，司马越控制着皇帝，又率领多于敌军两倍的朝廷军，看起来应该是稳操胜券，然而，他没有意识到情况正发生着微妙的变化。早些年，政变再怎么热闹也碰不到皇帝，可随着司马冏、司马颙、司马颖这三位藩王一个接一个起兵，为讨伐政敌甚至无视皇帝的安危后，皇帝这个强力道具的功效也就日渐削弱了。而且，司马越这十几万人说是朝廷军，实则是临时征募的民兵，论战斗力，与真正的朝廷军差了不是一星半点。

一切都在潜移默化中发生着改变，诚然，司马越没这份洞察力。

就在司马越向邺城进发的路上，他遇到了前来投奔自己的邺城官吏。

"邺城情况怎么样？"

"士气涣散，逃跑的人不计其数！"

"好！看来这场仗是赢定了！"司马越放松了戒备。

9月9日，石超和司马越在荡阴狭路相逢。

石超的五万冀州军远离邺城，反而免受大本营士气涣散的消极影响，仍保持着凝聚力。而司马越这边，无论是皇帝的威信力，还是朝廷军的战斗力，都今非昔比，再加上他受到投奔者情报的误导，完全没做任何防御戒备。

"不是说冀州军完全垮了吗？怎么石超还敢出来迎击？"司马越仓皇应战。

这支号称朝廷军的民兵大多只为混口饭吃，奢望借着皇帝的余威不战而胜，可一旦真打起来，谁都不想白白送命，转眼间作鸟兽散。

结果不难猜测，司马越被打得溃不成军。

逃吧！但能逃到哪儿去？几天前，关中的司马颙已经派遣张方发兵东进，洛阳估计是凶多吉少，想到这里，司马越舍弃了大军，往东逃到徐州。然而，徐州都督司马楙（司马孚的孙子，司马望的儿子）拒绝接纳司马越。司马越只好逃回到自己的藩国——位于青州的东海国（今山东省郯城一带）。当时的青州都督正是司马越的二弟司马略，司马越被弟弟保护起来。

干涸的血渍

放下司马越逃亡的事先不提，再回来说说荡阴的战事。

这个时候，主帅司马越跑了，十几万民兵也跑了，皇帝被无情地舍弃了。司马衷像没头苍蝇一样盲目乱窜。他一边跑，一边伸手擦去脸上的汗水，却感到脸颊一阵火辣辣地痛。战场上刀剑无眼，司马衷的脸不知什么时候被割出了一道深深的伤口。他实在跑不动了，便弓起腰，大口喘着粗气，这一缓神，才又注意到自己已身中三箭。

"疼死了……"这可比当初阿皮（司马威）掰断自己的手指要疼得多。但奇怪的是，他跑了这么久，居然没发觉。司马衷平生第一次意识到人对于痛苦感知过分迟钝的奇妙。一旦知道自己身受重伤，反而跑得不如之前快了，他一瘸一拐地迈开步，没注意到脚下横躺的尸体，一个趔趄，滚落到旁边的草丛中。

司马衷痛苦地呻吟着，就这么趴在地上起不来了。

这些青蛙拼命地叫，到底是为官还是为私？是为利，为生存。司马衷模模糊糊地想起这件往事。当时他根本听不明白，此时此刻，他似乎有点懂了。

不会有人来救我了。他静静地等待生命的终结。

"陛下！陛下！"一阵呼喊声在不远处响起，司马衷猛地抬起头，居然看到一个人跌跌撞撞地向自己狂奔过来。

"嵇侍中！"

跑来的人正是嵇绍。"臣没能保护好陛下！"嵇绍失声痛哭，一下子扑倒在地。

"嵇绍，你、你是来救朕的？"

"只要臣活着，必以性命守护陛下！"嵇绍紧紧握住司马衷的手，艰难地把这位落难的皇帝搀扶起来。

司马衷号啕痛哭。多少年来，他头一次感觉到有人真的关心他。

"陛下，此地不宜久留，快跟我走！"言讫，嵇绍搀着司马衷打算逃离战场。

然而，这君臣二人没走几步就被敌军发现了。

转眼间，冀州军将司马衷和嵇绍团团包围。众人紧紧握着兵器，不敢动皇帝。几名士卒小声嘀咕了几句，冲上去一把将嵇绍拽到旁边，按在地上。

"你们要干什么？"司马衷试图护住嵇绍，却被冀州军挡住。

一瞬间，司马衷明白了，他一生中从没像现在这般清醒。他们肯定要杀嵇绍。司马衷发了疯一样哭喊哀求："不要杀他！求求你们！别杀他！他是忠臣啊！"

忠臣？如今这世道，忠臣又有什么用？一名将官冷冷言道："奉皇太弟（司马颖）之命，唯不伤害陛下一人而已，其他人，杀无赦！"

几柄利刃当场穿透了嵇绍的胸口，鲜血喷射而出，溅到司马衷的衣服上。

毋庸置疑，嵇绍舍身护主的行为缘于根深蒂固的忠君思想，其中或多或少掺杂了他对仕途的追求。可当嵇绍咽气的那一刻，他大概只有一个想法：司马衷是个可怜人，所以我才要不惜性命保护他。长久烙印在嵇绍内心深处的，到底是亡父嵇康的广陵绝响，还是山涛的谆谆教诲——"天地尚有四季更迭，何况人呢"？

原来，时间真的可以改变一切……

战事结束了。中书监卢志赶赴战场，来到司马衷的面前："陛下，奉皇太弟之命，臣接您去邺城。"

司马衷唯有从命。

在前往邺城的路上，司马衷饥饿难耐，他哀求道："能不能给我点儿吃的？"

石超不耐烦地把一碗清水搁到司马衷的跟前："只有这个，喝吧！"

有些士卒看不下去，偷偷摘了些野桃呈上，让司马衷聊以果腹。

就这样，司马衷被带到了邺城。他目光呆滞，独坐在一间宫室中，什么都不想说，什么都不想做，就如他之前一样。这一切到底为了什么？常年来，他一直在思考这个问题，但他根本想不明白。

几名太监凑上前："陛下，您浑身是血，赶紧把衣服脱下来，臣拿去洗洗。"

司马衷听罢，泪流满面地盯着衣服上的血渍，然后抬起头，以无比坚定的语气大声吼道："这血是嵇绍的，不能洗！"他不懂得眼泪在政治中的价值，也无从知晓自己家族和嵇绍先辈之间的血海深仇，他只知道，自从司马炎死后，嵇绍是唯一真心实意守护自己的人。如今，这个人只剩下干涸的血渍留在自己的衣服上。

半傻子司马颖打赢了这场仗，又将皇帝纳于己手。他脑海中浮现出五年前的一幕。他因看不惯贾谧对太子司马遹无礼，不假思索地呵斥了贾谧，就因为这事，他被贾南风排挤出朝廷，赶到邺城。那时候他想：臣下怎能对主君无礼？而今，他也走上了这条路。主君无能，臣下又凭什么尊崇主君？

对于司马颖来说，他同样是个被时间改变的人。

与此同时，洛阳被司马颙的部将张方攻破。张方进京后干的第一件事，就是又把太子司马覃和皇后羊献容废了。

还不到半年光景，羊献容经历了被废，然后复位，紧接着又被废这样不可思议的遭遇。羊献容死的心都有了，可她没有选择去死，她强迫自己习惯这一切。谁知道往后还会发生些什么呢？羊献容隐约觉得自己的命运实在过于离奇，她决定活下去，坚强地活下去，活着看到这一切结束。

逃出邺城：琅邪王

荡阴之战结束了，司马颖的居城——邺城的局势也稍稍稳定下来。恰在这段时间，邺城发生了两件暂时看似微不足道的小事。可就是这两件不起眼的小事，竟在不久后引发了东晋开国，以及十六国的大格局，实在是相当重要。下面，我们就来讲讲这两件小事。

大获全胜的司马颖脑海中回荡着开战前族叔司马繇劝自己卸甲投降的话。

当初要是听他的，我今天恐怕就死无葬身之地了！

9月18日，司马颖将司马繇处死。司马繇是伐吴战役中立下大功的琅邪王司马伷（司马懿第三子）的第三子。论辈分，他是司马衷、司马颖兄弟的族叔。司马繇的大哥名叫司马觐，他是司马伷的嫡长子，继承了司马伷琅邪王的爵位。

司马觐本人没什么事迹，一定要说，那也只能提提他的妻子——魏朝初代名将夏侯渊的曾孙女夏侯光姬了。

《魏书》中有个故事，说司马觐的儿子司马睿其实是他的妻子夏侯光姬跟牛金通奸所生。关于牛金这个人，他和司马家族之间有着说不清道不明的传说，其源头均指向当时一本流传甚广的谶书《玄石图》中的一句神奇预言——"牛继马后"。牛即牛氏，马即司马氏，暗示牛氏会取代司马氏。据传说，司马懿看到"牛继马后"这句话后，为免除后患，用毒酒谋杀了牛金，但这纯属无稽之谈。

要知道，司马睿于公元 276 年出生，而牛金身为魏朝将领，早在三国时期公元 209 年即登场。假设那时候牛金二十岁，那么他和夏侯光姬通奸生出司马睿时也该有八十七岁高龄，这显然不可能。不过，苍蝇不叮无缝的蛋，夏侯光姬的私生活确实不太检点。世间盛传夏侯光姬与一名姓牛的小吏通奸生下了司马睿，如此，司马睿或许真是牛氏后人也说不定。

总之，司马睿的奶奶是诸葛太妃（"淮南三叛"中诸葛诞的女儿），母亲是夏侯光姬，他又身为琅邪王司马伷的嫡长孙，到底继承了琅邪王这个爵位。这些年，司马睿一直居住在洛阳，但因为司马越起兵北伐，他也不得不随军出征。荡阴战败后，他作为俘虏被软禁于邺城。

"三叔（司马繇）因为一句话就被司马颖杀了……"时年二十九岁的司马睿吓得坐立不安。

不行，待在邺城早晚会步三叔后尘，必须得逃出去！

一个雷雨交加的夜晚，司马睿在侍从宋典的陪同下悄悄潜逃出邺城，踏着泥泞往洛阳而去。此时，他的母亲夏侯光姬仍身陷于那座落败的都城中，他急于把母亲救出来一起返回琅邪藩国。

心急如焚的司马睿骑马一路狂奔，侍从宋典被远远甩到了身后。等他来到黄河北岸的重要关隘河阳的时候，才发觉自己已是孑然一身。

"宋典真够磨蹭！"司马睿低声嘀咕着，往关门处走去。

"站住！"守关军吏横戟拦住司马睿，"奉皇太弟之命，任何官员不得出关！"

糟糕！早知道应该假扮成平民。司马睿这才意识到自己穿的衣服太华贵了。

在这危急关头，侍从宋典从后面追了上来。他瞧见窘迫的司马睿，立刻猜到是怎么回事。宋典急中生智，故作镇静地骑着马，慢悠悠来到司马睿身旁。接着，他像对待下人一样拿马鞭戳了戳司马睿，嘲弄道："官府禁止权贵通行，没想到你这个舍长（管客栈的低级官吏）也算权贵！"言罢，他开怀大笑。

守关军吏听对方只是个舍长，遂不再盘查。

司马睿在宋典的帮助下穿过河阳，南渡黄河，来到被张方控制的洛阳，成功救出了母亲夏侯光姬，随后火速逃到自己的藩国——位于东部的徐州琅邪郡。

司马睿在后面还会有很多故事。这里，我们暂且先把他放下，再来看看另一个逃离邺城的重要人物。

逃出邺城：匈奴王

要讲述下面这个人，必须把时间线往前倒很久很久。距晋朝建国四百多年前的西汉时期，公元前 202 年，汉高祖刘邦亲率大军征讨匈奴，被打得惨败。刘邦迫不得已对匈奴采取和亲政策，将一位皇室公主嫁给匈奴的冒顿单于，并与冒顿单于结为兄弟。从此，冒顿的很多子孙改姓刘。

汉末诸侯混战，曹操为笼络匈奴，将一个匈奴部落首领的幼子刘豹任命为匈奴左部帅，并让其家族定居于山西太原郡。

正始末年（249），太原郡刘豹的府邸，洋溢着一片欢庆气氛，刘豹喜得贵子。也就是这一年，魏朝权臣司马懿发动高平陵政变，将曹爽一党尽数诛灭。司马懿当然想不到这个呱呱坠地的婴儿未来会给他的子孙带来何等严重的影响。

刘豹为儿子取名刘渊。刘渊打小接受汉人文化，精通《春秋左氏传》和《孙吴兵法》，在武学方面的造诣也相当出众。另外，这支定居太原的匈奴刘氏家族与同郡的王家——太原王氏来往甚密，刘渊母丧期间，王昶（魏朝名将）派人前去吊唁，王浑、王济父子跟刘渊更是交情笃深。

刘渊二十五岁时以匈奴人质的身份迁居洛阳。西晋初年，王浑多次跟司马炎举荐刘渊为官，王济甚至提议让刘渊担任东南方面军事统帅对抗吴国。

杨珧警告司马炎说："刘渊才略出众不假，但俗话说，'非我族类，其心必异'。臣担心的不是他没法平定吴国，而是担心他平定吴国后不会乖乖回来。"

司马炎这才打消了让刘渊当藩镇的念头。顺便提一句，正因为此，司马炎驳了王浑、王济的面子，自然要好生安抚，便让王浑担任豫州都督，为最终扫平吴国奠定了基础。

刘渊的处境并非不得志那么简单，杀身之祸无时无刻不伴随着他。

司马攸曾对司马炎说："不杀刘渊，并州怕是永无宁日。"

王浑想保住自己的朋友，苦劝司马炎："刘渊是宽厚之人，臣可以担保。况且朝廷号称以诚信对待匈奴，怎能以莫须有的猜忌杀戮匈奴人质？"

刘渊的性命因王浑得以保全。

公元 290 年司马衷继位，杨骏疯狂赐官授爵时任命刘渊为五部大都督，后因匈奴人叛逃事件频发，刘渊被罢免。几年前，刘渊接受司马颖笼络，居住在邺城。

我虽生在汉地，长在汉地，身体里却流淌着匈奴人的血。终有一天，我要重振匈奴声威！多年来，刘渊从没忘记过自己的志向。

再说司马颖虽然在荡阴打了大胜仗，又挟持着皇帝，但他处境着实不妙。眼下，他陷入了四面楚歌的窘境。在冀州西边，是身兼并州刺史与并州都督，独揽并州军政大权的司马腾（司马越的胞弟）。在冀州北边，是幽州都督王浚（王昶侄孙，"文籍先生"王沈的儿子，太原王氏成员），早在司马伦篡位时代，王浚就暗中支持司马伦，由此跟勤王联军北线统帅司马颖结下了梁子。

这个时候，司马腾和王浚已经公然举起讨伐司马颖的旗帜了。

刘渊抓住机会对司马颖道："司马腾和王浚有十余万大军，恐非邺城能抵挡。"

司马颖说："我想护送皇帝回洛阳，暂避其锋芒，再昭示天下，讨伐叛逆。"

刘渊又说："殿下此言不妥。您是武皇帝（司马炎）之子，于皇室有殊勋，威望遍布四海，天下人谁不愿为您赴汤蹈火？司马腾和王浚的声望根本没法跟您相提并论。如果您放弃大好优势离开邺城，就等于向敌人示弱，即便到达洛阳，权威也荡然无存，到时候怕是没人再听您的了……"

司马颖不住点头。刘渊的话看似有道理，但实则是把司马颖引入了一个陷阱。

接下来，刘渊说出了他这番引言的重点。

"下臣想去说服匈奴部落协助殿下。幽州和并州的兵力不及匈奴，您安心镇守邺城，下臣不日将率匈奴军为您斩杀司马腾和王浚！"

司马颖动心了："好，我任命你为北单于，即刻出城去召集匈奴人马！"

刘渊终于出了邺城。什么北单于……匈奴人的尊号，可不需要让汉人来封！刘渊怀着满腔热血奔赴并州左国城（今山西省方山县）。随后，他被族人推举为大单于，短短二十天内便纠合了五万名匈奴军。

没多久，幽州都督王浚和并州都督司马腾果然发兵讨伐司马颖。刘渊象征性地派出五千名匈奴军声援司马颖。这支匈奴军队只是远远地看热闹，坐观司马颖被王浚和司马腾打得节节败退，便退回左国城，不再管司马颖了。

眼看王浚向邺城步步逼近，卢志最后勉强凑了几十名骑兵，带着皇帝司马衷、成都王司马颖以及众多朝臣逃向洛阳。王浚攻破邺城后，纵容部下鲜卑士卒奸淫掳掠，屠杀了八千平民后返回幽州。

刘渊闻听司马颖撤离邺城，虚情假意地说道："不听我良言，自投死路，真是个庸才！但我与他有约在先，不能不救他。"

刘渊的叔祖刘宣言道："晋人对待我们，就像对待奴隶一样，今天他们骨肉相残，是上天为复兴匈奴抛弃他们。鲜卑人和我们一样都属于少数族群，我们正应该去帮他们推倒晋朝，又怎能反过来帮助晋朝？"

无论是刘渊还是刘宣，都深受汉人文化熏陶，刘宣更是经学名家，他们从汉人文化中吸纳了厚黑学。二人合力演了一出戏，一方面凸显刘渊重道义，另一方面激起匈奴人反抗晋朝的意愿。

听了刘宣一席话，刘渊佯装醒悟："说得对！我们有十余万兵力，要想踏平晋朝易如反掌。大业若成，我可以做汉高祖，即便最差的情况也可做个曹操。遥想汉朝统治天下四百余年，恩泽深入人心，所以，刘备仅凭巴蜀之地就敢跟曹操争锋。我本是汉朝刘氏的外甥，我们的祖先又跟汉高祖誓同兄弟，常言说，兄终弟及，我提议国号称'汉'，尊奉后主刘禅，以让天下归心。"

公元 304 年底，刘渊自称汉王，追尊刘禅为孝怀皇帝，建立宗庙，供奉汉朝三祖（汉高祖刘邦、光武帝刘秀、昭烈帝刘备）牌位。汉朝在亡了八十四年后，蜀国在亡了四十一年后，被匈奴人从棺材里抬了出来，当上了匈奴人的开国先祖。三年后，刘渊正式称帝，他创建的王朝史称"汉赵"。

前文提到太原王氏遭遇低谷，说的就是现在。

原本，太原王氏无比显赫，族中成员中，达官显贵不计其数，可刘渊这一宣布独立，他们跟刘渊的交情也就成了让他们无法翻身的黑背景，在朝中备受排挤。

太原王氏将会沉寂很长一段时间，直到东晋中期这一家族才重新崛起，到那时，太原王氏还将出现一位重要人物，这人最终为东晋社稷做出巨大贡献。

就在刘渊称王的同时，远在巴蜀之地，氐人起义流民的首领李雄也攻克了成都，自称成都王。一年后，李雄称帝，国号"大成"，史称"成汉"。

汉赵和成汉这两个国家，便是即将到来的十六国时期最早兴起的两股割据势力。十六国，是指自公元 304 年匈奴人刘渊、氐人李雄接连独立至公元 439 年北魏拓跋焘灭北凉这一百多年，由匈奴人、羯人、鲜卑人、羌人、氐人相继杀入中原建立起的十几个混乱政权。关于异常纷乱的十六国，这里放下不说，让我们回归到主线——司马家族上来。

不合脚的鞋

公元 304 年秋天，皇帝司马衷、皇太弟司马颖、中书监卢志等人带着残兵败将落魄地从邺城逃向洛阳。

一名侍从上前禀报："陛下，咱们到温县了。"他之所以对司马衷着重说明，是因为这里是司马氏的故乡。再走不多远，就到司马氏的祖坟了。

"陛下要不要去拜祭祖坟？"侍从怔怔地望着司马衷。

"哦……温县、温县……"司马衷依稀记得，亡父司马炎给他讲起过关于温县的故事，这是一个让司马衷感到无比温馨却又陌生的地方。一百多年前，"司马八达"中的老大司马朗带着族人从这里走了出去，等兵劫过后又回到了这里。那时正逢乱世，全天下几乎找不到一个安全的落脚点。而今，全天下都成了司马家族的囊中之物，可司马衷不这么觉得。他的家在哪儿？洛阳皇宫？与其说皇宫属于司马衷，毋宁说司马衷属于皇宫，他充其量算皇宫中的一件摆设罢了。

我要亲自向祖宗谢罪……

"扶朕下车。"司马衷被侍从搀扶着下了车。

"哎哟，脚好痛！"众人低头一看，才发现司马衷的鞋不知什么时候跑丢了。

一个好心的宦官把自己的鞋脱下来给司马衷穿上。鞋并不合脚，就像皇位一样，本来就不该属于他。

司马衷迎着萧瑟的秋风，步履蹒跚地走到祖坟前，扑通一声跪下，哇哇痛哭起来。这一切到底是为什么？他想念司马炎，想念杨艳，想念杨芷，却无比怨恨自己。司马颖沉默地跪在司马衷身后，一言不发。

众人南渡黄河后，遇到了前来迎接的右将军张方。

"陛下，臣接您回洛阳。"张方粗声粗气地喊着，连行跪拜礼都相当潦草。

"快！快扶他起来！"司马衷慌忙制止。他被吓怕了。

几天后，这伙落难者总算回到了洛阳。可想而知，他们踏实不了几天。

远在关中的司马颙不甘心置身事外，暗中授意张方把皇帝、成都王司马颖以及整个朝廷都带到长安来。

公元304年12月14日，张方率军闯入皇宫，将司马衷挟持到自己军营，并将皇宫洗劫一空。三天后，张方宣布迁都长安。

"放把火烧了洛阳，省得陛下老惦记！"

卢志闻言，脸都绿了："万万不可啊！昔日董卓无道焚烧洛阳，过了一百多年世人还在骂他，您怎么能学他呢？"

幸亏卢志一番苦劝，张方这才作罢。

这年年底，从洛阳到长安的大道上挤满了人，张方率领数万大军挟持着司马衷、司马颖以及一票公卿浩浩荡荡去往长安城。皇帝又落入司马颙手中，洛阳仅留下尚书仆射荀藩（荀勖的儿子）、司隶校尉刘暾（直臣刘毅的儿子）、河南尹周馥（伐吴战役中王浑麾下周浚的堂弟）等人留守。从此，长安和洛阳，这一西一东两座都城，分别拥有各自的尚书台，长安称为西台，洛阳称为东台。东台听命于西台，但也保持着相对独立。

等张方一走，东台官员嘀咕起来："皇帝去了西台，咱东台好歹得有个皇室成员撑撑场面吧？"

经过一番商议，众人决定奉迎羊献容复位，就这样，羊皇后成了东台的吉祥物。仅仅一年内，羊献容这个皇后得而复失，失而复得，然后又得而复失，失而复得，实在令人无语。

司徒王戎是"竹林七贤"中仅存的一位，时已七十一岁高龄。他官拜司徒，但心思早就不在做官上。他不想去长安，也不愿再留守洛阳，遂逃到洛阳附近的郏县避难，于翌年病逝。临终之际，毕生吝啬的王戎拿出三百斛米赈济当地灾民。

十四年前，司马衷初登基时，尚书郎索靖调任雁门太守。他经过皇宫门口时，曾指着两旁的铜骆驼叹道："恐怕这里将要荆棘丛生了……"

而今，洛阳皇宫门口果然长满了杂草。

东西并立（司马越 vs 司马颙）

眼看混乱不堪的公元304年差不多过去了。趁着年尾到来之际，我们把这年的年号做一个总结。在讲吴国末代皇帝孙皓时提过，孙皓在位十八年，共改过八次年号，这算相当频繁了。可公元304年，说出来一定会令人大跌眼镜，短短一年居然改过四次年号。3月，司马颖攻破洛阳后改元永安；9月，荡阴战役结束，司马颖改元建武；12月，张方把朝廷搬到长安，东台官员恢复永安年号；结果没两天，司马颙在西台又宣布改元永兴。每一次改元都意味着政治动荡，这一年确实乱得一塌糊涂，而混乱还会持续。

随着皇帝移驾西都长安，洛阳以东的局势悄然发生着变化。

在荡阴被打得溃不成军的司马越逃到东海，但他并未就此没落，反而在藩国内积蓄力量。另外，他的二弟并州都督司马腾、三弟青州都督司马略、堂弟豫州都督司马虓（xiāo），再加上幽州都督王浚，这些藩镇重臣皆唯司马越马首是瞻。东海王司马越的势力由此遍布洛阳以东，手也渐渐插进了东台。

此时，河间王司马颙虽然完全控制了西台，但不可能对迅速崛起的司马越置之不理，于是，他又颁布了一系列任免令向司马越示好。

司马颙罢黜司马越的死对头司马颖的一切官位及皇太弟的身份。想当初，司马越死抱司马颖的大粗腿，可三十年河东三十年河西，现如今司马颖犹如丧家之犬，寄人篱下，已经一无所有。司马颖失势后，其亲信中书监卢志也被罢免。司马炎的第二十五子司马炽任皇太弟，成为新一届皇室继承人。

接着，司马颙任命司马越的四弟司马模担任冀州都督。这算个顺水人情，因为冀州被王浚攻破后已成无主之地，又处在司马越的势力包围网中，即便没这项任命，迟早也会被司马越夺走。

司马颙又任命司马越的三弟——青州都督司马略去洛阳当司隶校尉；拜司马越为太傅，来长安辅政。自然，司马越、司马略不可能放弃军队，让司马颙攥着自己的小命。兄弟二人拒不奉诏，依然固守领地。

由此，皇帝的两位堂叔，东部的司马越和西部的司马颙成了当时的最强势力。

公元305年5月，在长安的张方跟东台较劲，再度下诏废掉羊献容。这是羊献容第三次被废。对于羊献容的遭遇，我们和她本人一样，都应该习以为常了。

接下来不得不重提一件旧事。一年前，司马乂的亲信——秦州刺史皇甫重举兵攻打司马颙。司马颙调动秦州四个郡的兵力围剿皇甫重。这场发生在秦州的内战居然一直持续至今。斗转星移，中原的局势瞬息万变，司马乂死了，司马颖失势了，司马越和司马颙崛起了，可所有这些，皇甫重全都一无所知。他在敌军的围攻下困守孤城，与外界的消息完全隔绝。

这天，皇甫重的儿子皇甫昌历尽万难，成功逃出城，打算去找司马乂求援。

皇甫昌经过长安时傻眼了。皇帝和司马颖怎么都跑到这儿来啦？他继续一路往东，当他抵达洛阳的时候，愕然地发现皇宫城墙边杂草丛生，司马乂早都化成了灰，再往东则是东海王司马越的势力范围。

如今，司马越是唯一能跟司马颙抗衡的藩王。皇甫昌只好去找司马越求助。然而，司马越还在积蓄实力，不想马上跟司马颙翻脸，断然拒绝皇甫昌的请求。

皇甫昌不甘心两手空空地回秦州等死，遂返回洛阳，对东台谎称："下官受东海王委托，迎羊献容重登皇后之位。"大伙稀里糊涂地跟着皇甫昌把羊献容从金墉城里接了出来。这时，皇甫昌说出了他的真正目的："请羊皇后下诏讨伐张方！"

东台官员一个个大眼瞪小眼，全吓呆了。纸包不住火。没多久，众人便得知事实真相，原来这一切都是皇甫昌在自导自演，压根没司马越撑腰。于是，东台官员当即处死了给他们惹出大麻烦的皇甫昌，又慌忙把羊献容送回金墉城。

这事可别让张方知道。东台官员的心悬到了嗓子眼，谁都不想张扬。这是羊献容第四次被废。

皇甫昌被杀的消息传到秦州后，皇甫重士气崩溃，城破人亡。这场在司马乂时代兴起的边境战争，总算落幕了。

大乱战（司马越 vs 司马颙）

公元 305 年 8 月，东海王司马越在自己的藩国站稳了脚跟，随后，他与几个弟弟——并州都督司马腾、青州都督司马略、冀州都督司马模、豫州都督司马虓，以及幽州都督王浚一起，举起讨伐河间王司马颙的旗帜。

既然东部霸主司马越率先撕破脸，西部霸主司马颙也就没必要再做表面文章了，他决定跟司马越正面开战。

就在司马越和司马颙东西对峙的时候，夹在中间的洛阳也不安分起来。

12 月，洛阳将领周权打着支持司马越的旗号，把羊献容从金墉城里接出来复位。洛阳县令何乔很快剿灭周权，没两天又把羊献容废了，算起来，这是羊献容第五次被废。她就这样任人摆布着，在皇宫和金墉城之间搬进搬出。

司马颙很窝心。本来跟司马越开战够让他心烦了，没想到羊献容还没完没了地给自己添乱。于是，他下了一纸诏令，让东台官员杀掉羊献容。

司隶校尉刘暾、尚书仆射荀藩、河南尹周馥等人拒不执行，上疏反驳："羊献容家门残破，又遭软禁，天下人谁不说她冤枉可怜？你诛杀一个走投无路的弱女子，对国家有什么意义？"虽说羊献容没有嫡系人马，但因为泰山羊氏的社会地位，也因为她的境遇实在太凄惨，让她博得了众多公卿的同情。

司马颙暴怒，当即派亲信吕朗率军进驻洛阳，稳定东台局势，并逮捕刘暾。刘暾逃往青州，投奔青州都督司马略。经过这么一番折腾，司马颙也不想再节外生枝，杀羊献容的事就搁置下来了。羊献容被废五次之后，又从鬼门关绕了一遭。

公元306年1月，豫州都督司马虓（司马越堂弟）击败司马颙的亲信——豫州刺史刘乔，又斩杀司马颖的故将石超。

司马越趁着占据优势，派出使臣劝降司马颙，并要求司马颙将皇帝司马衷放回洛阳，双方罢兵，以陕为界，各管东西。

然而，司马颙麾下实力最强的将领，同时也是最强硬的主战派——手握十万大军的张方，力劝司马颙跟司马越火并到底。

到了这个地步，司马颙也不想再跟司马越硬抗了。于是，他派人将张方刺杀。

1月底，司马颙将张方的人头送给司马越求和。司马越见局面对自己越来越有利，非但不再提和解的事，反而加强了攻势。豫州都督司马虓的部将刘琨用张方首级威胁驻防洛阳的吕朗，迫使对方开城投降。东台正式纳入司马越势力范围。

司马颙后悔不迭。

再说被司马颙控制的司马颖，得知司马颙拿张方的人头向司马越求和的消息，心道：连张方都被杀了，自己的脑袋早晚也得被司马颙拿去送人情。想到这里，司马颖南逃到了荆州。

5月，司马越进驻温县。

6月，司马颙见大势已去，单骑逃到长安以西的太白山，躲了起来。司马越的前锋祁弘攻破长安城。祁弘是幽州都督王浚派来支援司马越的，部下多是鲜卑人，一年前，王浚率领鲜卑军攻破邺城，屠杀八千人。这次，祁弘率领的鲜卑军又在长安屠杀了两万人。

这场长达一年之久的大乱战终于结束了。

司马越以胜利者的姿态进入洛阳城后，发生了一个小插曲。此时，纵然司马越的实力已足够他傲视所有藩王，但出于礼貌，他还是要去拜访一位辈分最高的宗室成员。没错，这位长辈就是司马懿唯一健在的儿子司马榦。

司马越站在司马榦的府门外，高声喊道："晚辈前来拜见堂叔。"

过了好一会儿，大门吱扭一声，打开一条细缝，一个仆役透过门缝说了句："平原王（司马榦）不在家。"说罢，他也不理司马越，竟直接关上了门。

司马越无语了。外面兵荒马乱，他一个七十五岁的老头子不在家，还能去哪儿？简直是莫名其妙！他知道司马榦经常做出一些稀奇古怪的举动，不好发作，但又不便一走了之。

"麻烦再去通报一声，就说太傅、东海王司马越前来拜见平原王！"这回，司马越把自己的官爵都喊出来了，好歹司马榦得卖个面子吧？

然而，大门始终紧闭，里面再无任何回应。

司马越就这么被晾了好久，最后，他终于忍耐不住，转身离去。司马越前脚刚走，府门就缓缓打开了一条细缝，司马榦悄悄地隔着门缝往外窥探。

"大人，您真的不见东海王？"

"嘘，小声点儿，我不见他！"

"东海王执掌大权，您不见他不太好吧？"

司马榦只是一个劲儿地摇头。到底司马榦心里怎么想，谁都不知道，毕竟，他是个彻头彻尾的神经病……

五年后，司马榦以八十岁高龄寿终。知天命否？

公元 306 年 7 月，皇帝司马衷被东海王司马越接回洛阳。不言而喻，羊献容也顺便恢复了皇后的身份。这位可怜的皇后，五次被废，又五次被复立，六度从金塘城里搬进搬出。今后还会发生什么？羊献容笑了，笑得很无奈，笑得很惨淡。

9 月，司马越任录尚书事，并派他的堂弟——原豫州都督司马虓转镇邺城，他的胞弟——原冀州都督司马模转镇许昌。

这年冬天，逃亡荆州的司马颖被捕。司马越将他囚禁于邺城，处于堂叔司马虓的监控之下。

要说司马虓的为人还是不错的。此前，他曾上过一封奏疏，表达对司马颖的同情。奏疏是这样写的："成都王司马颖离经叛道，完全是被奸人误导，至于他本人，则不该过分苛责。况且，先帝的子嗣自从元康年以来就被杀得所剩无几，我们这些做臣子的，一想到这里就心痛。臣建议废掉成都王，将之改封。倘若草率杀之，既有违陛下的仁慈，又让旁人说皇室缺乏骨肉之情，臣实在是既悲伤又惭愧，自觉无颜面对天下士人。"

看得出来，司马虓并没有要杀司马颖的意思，司马颖也就有一天算一天地苟延残喘。可好景不长，刚刚过了一个月，司马虓突然暴毙身亡。司马虓的幕僚刘舆（"金谷二十四友"之一，刘琨的哥哥）生怕司马颖在邺城余威尚存，有死灰复燃的危险，遂压下司马虓的死讯，并派人假扮朝廷使者，矫诏赐死司马颖。

这天深夜，牢房中的司马颖听到了一些风声。

"听说司马虓死了，是吗？"他向看守狱卒问道。

"不知道。"

司马颖仔细端详狱卒："你、你今年多大啦？"

"五十。"

"人说五十知天命，你知不知道天命？"

"不知道。"

"唉……"司马颖叹了口气，他一点都不聪明，但也明白自己死到临头了，"我、我想问问，如果我死了，天下是会安定，还是会继续乱下去。"

狱卒沉默不语。他觉得司马颖有点高估自己的影响力了。眼下时局动荡，又岂是区区一个司马颖的死活所能左右的？

司马颖见狱卒还是不理他，又央求道："从我逃离邺城迄今已有两年。这两年来，我都没洗过一次澡，麻烦你帮我盛点儿热水，让我洗个澡再死，行不行？"司马颖浑身脏兮兮，蓬头垢面，可还是能看得出来，他原本长相俊秀。不过，他的眼神比往日更加没有神采。

在司马颖旁边，他的两个儿子号啕大哭。狱卒依旧没动窝。

司马颖也哭了："求你了，能不能别让这两个孩子看着我死？好不好？"

狱卒似在犹豫。

"求求你了！"

狱卒总算把司马颖的两个儿子带到了隔壁囚室。

司马颖心里稍稍踏实。他解开自己的发髻，披头散发地躺了下去。

"你动手吧。"

是夜，司马炎的第十六子——成都王司马颖被狱卒勒死，卒年二十八岁。

司马颖死后，故吏害怕受到牵连四散逃亡。到了他出殡那天，邺城百姓无不唏嘘感叹。"想当初他那么风光，死了连个送丧的人都没有，真是世态炎凉。"纵然司马颖有千百个不是，但再怎么说，他统治邺城时，百姓还算过得不错。司马颖一走，邺城百姓便惨遭王浚部下鲜卑大军的屠戮。

"不！你看，那不是有一个人吗？"

只有一个人，卢志。卢志身穿丧服，手扶着司马颖的棺材，步履沉重地走着。

主君本来大有所为，倘若听我劝谏，定能成为当世霸主，无论是统领诸侯中兴皇室，还是静待时机登九五之尊，都不在话下。可如今……卢志心里只有恨，他恨司马颙把司马颖引上了歧途，更恨司马颖烂泥扶不上墙。

后来，卢志成为司马越的幕僚。又过了五年，时逢"永嘉之乱"，中原士大夫大多逃往长江以南。卢志反而折身向北，投奔镇守并州的抗匈奴名将——司空刘琨。然而，没多久他就被匈奴人俘获，不得已出仕汉赵帝国。公元312年，卢志的儿子卢谌出逃，又投奔刘琨，这件事导致卢志及其家人被杀。

卢志死后，他唯一幸存的儿子卢谌被鲜卑人扣留，禁止南下。卢谌走投无路，在辽西颠沛流离近二十年，后出仕羯人建立的后赵王朝，做到中书监的高位。在十六国大混战的悲惨年代，卢谌像很多汉人士大夫一样，迫于局势屈身。

"我死后，墓碑上不准铭刻我在伪朝（指羯人的后赵王朝）的官位，一定要铭刻晋司空从事中郎卢谌……"司空从事中郎是他年轻时在司空刘琨麾下的官位。那时节，像卢谌这样活得屈辱的人，比比皆是。

卢谌在公元351年的又一起政治动荡中被羯人杀死。他的曾孙卢循，魏朝名臣卢毓第六世子嗣，流落到长江以南，统领信奉五斗米教（东汉末年汉中张鲁发起的宗教）的教众在江东起兵反抗东晋政权，后被宋武帝刘裕击败，投江而死。卢谌的另一个曾孙卢玄，则留在北方，出仕由鲜卑拓跋氏建立的北魏王朝。范阳卢氏渐成北方第一大族。唐朝初年，朝廷打击山东士族，范阳卢氏因此一度陷入沉寂。唐朝贞观年间，卢氏出了一位举世闻名的高僧，这人便是被后世尊为禅宗六祖的慧能大师。唐朝中期，范阳卢氏又再度崛起。

噩梦方醒

司马越主持朝政，独揽大权。然而，他知道自己过不了安生日子，就在他跟司马颙火并的时候，他的部将陈敏居然趁机在扬州独立，以火烧燎原的势头割据了整个江东，再加上并州的匈奴王刘渊、益州的成都王李雄（李雄自号成都王）以及各地数不清的叛乱，晋王朝已是百孔千疮了。

所有这一切，总得对天下人有个交代啊……

就在司马颖死的翌月，这天，司马越派人给司马衷献来一盘面饼。

"哦，好，好，我吃。"司马衷抓起一张饼，狼吞虎咽起来。

好香！他很久没吃过这么香的饼了。

肚子……好疼啊……司马衷捂着肚子痛苦呻吟，可嘴里依然没停止咀嚼。显而易见，他还没意识到吃饼与肚子疼这两件事之间存在什么必然关联。

疼痛愈来愈剧烈，远胜当初司马威掰断他的手指，远胜他在荡阴战场被利刃割伤。可是，并没有人来照顾他。他的所有近侍仿佛凭空消失了一般。

或许，我该给天下人一个交代吧……

就在这一刹那，司马衷感到前所未有的清醒，自己即将结束这场噩梦，马上就能见到生身父母司马炎和杨艳了。

有一句话叫"得之我幸，失之我命"。对于司马衷稀里糊涂地做了十七年皇帝这事，话可以反过来讲，"得之我命，失之我幸"。如今，拜他堂叔司马越所赐，司马衷终于幸运地摆脱了皇帝这份苦差事，同时也摆脱了自己悲剧的一生。

公元307年1月8日，西晋第二代皇帝，晋武帝司马炎的智障儿子司马衷，在洛阳显阳殿驾崩，卒年四十八岁。

司马衷的噩梦算是终结了。可是，因为他，或者准确地说，因为司马炎当初那个荒谬的决定引发的灾难不会结束。不久，整个中国将陷入更惨绝人寰的噩梦。

司马衷死后，朝臣给他追加的谥号是"惠"，这居然是个善谥。惠字在谥法中的含义很多，其中有仁慈、柔和、宽容等。如果说这些评价尚算说得过去，那另外还有一些含义，如"爱民好学""威德可怀"等就实在跟司马衷沾不上边了。司马衷爱民吗？不得而知，从他问"何不食肉糜"这话来看，他压根不能真正理解老百姓究竟是怎么一回事。说到底，朝臣大概是心存怜悯，觉得这位命运多舛的皇帝实在太可怜，这才给了他一个名不副实的谥号吧。

他早就该死了。所有人心里都这么想。

司马衷的死对于羊献容——这位被人废了五次，又复立了五次的皇后而言，意味着什么呢？羊献容强装悲痛，内心却无比畅快轻松。她当然对他没半点感情，正是因为司马衷，自己才遭受了一连串苦难。司马衷可算死了，以后政治局势依然会动荡不堪，再怎么祸害都是祸害下届皇帝，自己大概能喘口气了。

羊献容稳稳地坐在皇宫里，多年来，她第一次觉得自己好像能亲自左右命运。

我将来要过得更好。或许，我的出头之日到了？皇太后之位离我近在咫尺！

不！不对！她猛然意识到，早在一年前，司马颙已经册立司马衷的弟弟司马炽当了皇太弟！论辈分，她是司马炽的嫂子，如果让司马炽继位，她绝对当不成皇太后。不行！我要改变自己的命运。无论如何都得搏一搏！

"司马炽是被逆臣司马颙册立的，不算数。前太子司马覃（司马遐的儿子，被司马冏册立为皇太子）才该继承皇位。"

当时司马炽二十三岁，司马覃只有十二岁，羊献容想立司马覃，自是为谋求皇太后的地位，旁边的侍中华混听了，心惊肉跳。盼星星盼月亮，好不容易等到傻皇帝死了，眼看晋室复兴有望，绝不能再立一个幼童。想到这里，他劝阻道："皇太弟司马炽身为皇室继承人这事，天下皆知，大家都认可其地位，不宜再度变更。"

"放肆！我已下旨，速召司马覃入宫！"

这边羊献容宣召前太子司马覃，那边华混赶忙跑出去通报司马越。司马越得知变故，火速宣召司马炽入皇宫举办登基大典。

既然司马炽是被司马越的死对头司马颙册立的，为什么司马越仍坚持让司马炽当皇帝呢？因为司马炽在朝中呼声很高，继位已是大势所趋，司马越刚刚秉政，并不想在这个问题上跟众臣唱反调。再者，如果年幼的司马覃继位，司马越将来还得应付一个皇太后，徒增麻烦。

司马炽经过尚书台的时候，正好跟司马覃撞了个对脸。司马覃是个孩子，被大伙吓唬了几句就打道回府了，算是主动出局。

就这样，公元 307 年 1 月 11 日，司马炎第二十五子——二十三岁的司马炽登基，成为西晋第三届皇帝。羊献容到底没能当上皇太后，只尊为惠皇后，老老实实地进了弘训宫。她一句话都没说，她心里依旧告诉自己，既然走上了这条路，就要认，就要忍，说不准将来还会发生什么呢！

八王之乱

司马越打败司马颙后，任命梁柳为新任关中都督。没过多久，司马颙的故吏牵秀（"金谷二十四友"之一，陷害过陆机）将梁柳刺杀。随后，牵秀又把逃到太白山的司马颙抬了出来，打算东山再起。

"我们就说梁柳是自己病死的，您放心，这事赖不到您头上。"

司马颙忐忑不安地回到长安城。

司马越可不管梁柳之死赖不赖得到司马颙头上，他本以为司马颙能从此消停，万没料到这小子居然死灰复燃。他火速派贾龛（kān）、贾疋（yǎ）等人讨伐司马颙。说句题外话，贾龛和贾疋是堂兄弟，并非贾充后人，而是三国时期魏国杰出的谋略家贾诩的曾孙。多年后，贾疋官拜雍州刺史，多次与匈奴汉赵帝国开战，为光复晋朝而奋斗。关于他的事迹，后面还会提到。

贾龛、贾疋很快杀了牵秀，随后，大军将司马颙围困在长安城中。

司马越不想跟司马颙这么耗下去。公元307年2月，新皇帝继位的翌月，司马越打算以怀柔手段诱出司马颙，遂让朝廷拜司马颙为司徒，并给司马颙传达口信："只要你来洛阳，以前的事，咱们既往不咎。"

司马颙自知早晚城破人亡，也不想再过这种提心吊胆的生活。要死要活，来个痛快！于是，司马颙出了长安城，往洛阳而去。果不其然，他就在半路上被司马模（司马越四弟）派来的人截杀了。

自公元291年司马玮发动政变将司马亮、卫瓘两位重臣抄家灭门，到此时近十六年，这一连串把西晋王朝搅得天翻地覆的政变加混战，终于随着司马颙和司马颖双双魂归西天而告一段落。司马越成了最后的胜利者。

在历史上，关于西晋王朝的这段动荡有个专有名词——"八王之乱"。八王，指的是八位藩王。让我们来回顾一遍，他们分别是——

汝南王司马亮（司马懿第四子）：老实人，被杨骏排挤，后被侄孙司马玮杀了。

楚王司马玮（司马炎第五子）：二愣子，被贾南风耍得团团转，最后被杀死。

赵王司马伦（司马懿第九子）：年轻时偷御宝，年老后偷皇位，名副其实的贼。

他发动政变剿灭贾南风，又心满意足地当了一百一十六天皇帝，后被侄孙司马颖、司马冏等人干掉。

齐王司马冏（司马攸的儿子）：有点政治手腕，仗打得一塌糊涂，首倡勤王义军讨伐司马伦，后被堂兄司马乂灭了。

长沙王司马乂（司马炎第六子）：为人还算不错，绝地大反击杀了堂弟司马冏，却惹得十六弟司马颖和堂叔司马颙眼红，最后被司马颙的手下张方活活烤死。

成都王司马颖（司马炎第十六子）：半傻子，本来在卢志的辅佐下应该有点作为，却被堂叔司马颙当枪使，最后死于邺城狱卒之手。

河间王司马颙（司马孚的孙子）：不甘寂寞的关中都督，把堂侄司马颖玩弄于股掌之间，但面对大型战役根本掌控不住，战败后被司马模杀了。

东海王司马越（司马懿四弟司马馗的孙子）：也是个不甘寂寞，明明没自己啥事，却非往自己身上揽事的主。为了争夺霸主地位，挑起迄今为止规模最庞大的一场战争，调动了中原及黄河以北各州都督，跟族兄司马颙开战，最后胜出。关于他的故事还没结束。

这八位藩王恰好在《晋书》中被合在一个章节，而他们几乎都牵涉政变，故有"八王之乱"的说法。不过，假如更严谨地分析，老实巴交的司马亮仅仅是被杨骏排挤，而他自己没有主动挑起政变，故不应列入"八王之乱"。再说暴虐的司马玮，甘愿充当贾南风的马前卒，确实引发了一场政变，更导致司马亮和卫瓘家破人亡。但是，司马玮和后面那几位藩王之间，隔着长达十年的相对稳定的元康年，即贾南风、张华、裴頠、贾模执政的时代，故把司马玮跟后面政变的藩王连在一起也稍显牵强。真正挑起战争并引发极大动荡的藩王，准确地说应该是司马伦、司马冏、司马乂、司马颖、司马颙、司马越这六位，还应该算上以下几位。

淮南王司马允（司马炎第十子）：率七百名死士围攻叔祖司马伦，在阵中遭到刺杀，是个失意的"皇太弟"（实则，他只是想当皇太弟未遂）。

新野王司马歆（司马懿第七子司马骏的儿子）：在勤王战争中充当堂侄司马乂的跟班，攻打堂叔司马伦。

新蔡王司马腾、高密王司马略、南阳王司马模（司马越的三个胞弟），范阳王司马虓（司马越的堂弟）：参与公元 305 年至公元 306 年那场大乱战，帮司马越打败了司马颙。

这样说来，从元康年结束至今的六年间，挑起或参与政变、战乱的藩王总共有十二位。只是"十二王之乱"读起来要比"八王之乱"拗口。

一大家子人就这么没完没了地你杀我、我杀你，倘若司马懿、司马孚、司马师、司马昭他们在天有灵，绝对能气得掀开棺材板，跳出来诈尸。

想当年，无论是司马懿、司马师、司马昭，还是司马炎，无一不是雄才大略的杰出人物，但为什么仅仅到了司马衷这一代，国家就一下子乱成这样？很多人说，魏朝时，曹丕扼制藩王，皇权旁落，而晋朝时，司马家族吸取了魏朝的教训，极大增强藩王的实力，结果适得其反，导致了这样的结局。

这说法比较片面。司马炎在世时虽然相当优待藩王，但藩王其实并未控制多少军队。史书中明确记载西晋初年藩王的统兵数量——大藩王五千人，中藩王三千人，小藩王五百人。当时，淮南相刘颂甚至认为藩王军力不足，提议增加藩国军队的数量。而在"八王之乱"时，藩王动辄就兴起数万甚至数十万大军，当然不是藩王政策的缘故。再者，司马炎时代，也没有一个藩王想回自己藩国发展势力，他们无一不是赖在京城安享繁荣富贵。

还有人说，司马炎临死前派出大批藩王担任外州都督，这是祸乱的根源。这说法也不严谨。二愣子司马玮倒是荆州都督，但他是只身来洛阳发动政变，根本没动用他的荆州军团。篡国者司马伦也一样，都是利用皇城禁军夺权。至于司马冏、司马乂、司马颖、司马颙、司马越这五位，担任外州都督都是在司马炎死后，政局已经开始动荡，且出于种种缘由被排挤出朝廷。

由此，即便司马炎没有采取优待藩王的政策，后面必然还是会掀起同样的动荡。退一万步讲，就算司马炎压制了藩王，后面或许就是"某某外姓权臣之乱"了。因为人的私欲是没有止境的，而种种社会制度正是为了帮助人们克制私欲，一旦制度出了问题，人心中的私欲就会无限滋生蔓延。

不幸的是，在古代，制度的重要环节取决于一个人——皇帝。皇帝无能，凭什么我要听他的？其实不只是藩王，每个人都会生出类似的想法。所以说，一切的根源，应该归咎司马炎硬要立司马衷为皇太子这件事。客观地评价，虽然司马炎算是个一统天下的开国明君，但他这个皇帝当得没太进入状态，当爱子之情泛滥时，他就把应尽的责任忘得一干二净了。

再有，不得不提及西晋的企业文化，像魏朝一样不健康。众所周知，西晋的建立是经由司马懿、司马师、司马昭父子三人不断蚕食皇权得来的。看看"八王之乱"中的藩王，司马伦掌权后效仿"宣（司马懿）、文（司马昭）辅魏故事"，司马冏掌权后效仿"宣（司马懿）、景（司马师）、文（司马昭）、武（司马炎）辅魏故事"，司马颖掌权后"制度一依魏武（曹操）故事"，这些难道不能说明问题吗？前辈都这么干了，子孙后代自然是学得有模有样。

借着公元 307 年新皇帝司马炽登基之际，我们总结了"八王之乱"。这场动乱像一次规模庞大的洗牌，把那些利欲熏心又金玉其外、败絮其中的藩王逐一淘汰出局。必须说明的是，到这个时候，"八王之乱"并不算真正结束，因为"八王"中最后的胜出者东海王司马越依然健在，还活得欢蹦乱跳呢！

第五章　王与马的天下

东海王幕府

司马炎总共生了二十五个儿子，却把傻儿子司马衷托上皇位。然事与愿违，司马衷因此度过了悲惨的一生，最后不得善终。也因为这个荒唐的决定，司马炎寄予厚望的孙子司马遹惨遭儿媳贾南风毒手。过了这么些年，司马炎最小的儿子司马炽居然继承了皇位，这绝对是司马炎始料未及的。

司马炽登基是在公元307年1月11日，按照农历，则是光熙元年（306）十一月二十一日。这算捡了个小便宜，因为他再多等一个月就算第二年了。到农历正月初二（公元307年2月20日），司马炽宣布改元永嘉。永嘉年会持续五年之久，在这五年里，我们将见证汉人历史上一场重大变革，当然，从另一个层面来讲，这也是汉人历史上一场空前的劫难。不过在永嘉元年初，也就是司马炽刚刚登基的时候，大部分人绝想不到日后的悲剧，且无不奢望局面还有转机。

人们心存希望，很大原因是司马炽口碑颇佳，在晋朝这一连串跌宕起伏的政变和战乱中，他始终保持低调，一心苦读圣贤书。

"往后能重现武帝（司马炎）的盛世了。"世间生出这美好愿望的同时，也意味着"把政权还给皇帝"的政治舆论尘嚣尘上。这对东海王司马越可不是好事。

摆在这君臣二人面前的首要难题就是，如何处理跟对方的关系。

司马炽虽然是被司马越抬上皇位的，但很遗憾，二人的蜜月期仅两个月就结束了。司马炽决定以强硬手腕跟司马越一较高下。前面讲过，司马颙秉政时封司马越为太傅。时下，司马越虽然是首辅重臣，但他没来得及给自己争取到都督中外诸军事的职权。而且，他离开洛阳两年多，短时间内也没法把手插进皇宫禁军系统。这让他的腰杆没那么硬气。司马炽正好钻了这个空子，他什么事都想管，誓要把政权揽到自己手里。

司马越很不爽，心想：与其待在洛阳天天跟皇帝怄气，不如回藩国另谋发展。

但新皇帝司马炽实在不是个善茬儿，直接否决了司马越的请求。司马越是真不想在洛阳耗了，君臣二人扯了半天皮，最后，司马炽同意让司马越去许昌。

不管怎么说，司马越总算不用再看皇帝那张臭脸了。

公元 307 年（永嘉元年）5 月，司马越离开朝廷，出镇许昌。他吃了没有兵权的大亏，来到许昌后立刻着手部署自己的势力——二弟司马腾任司隶、冀州都督，三弟司马略任荆州都督，四弟司马模任秦、雍、梁（位于益州和雍州之间的汉中一带）、益四州都督（益州在氐人李雄之手，这算虚衔）。如此，司马越四兄弟手握全国各州兵权，而洛阳的朝廷，就由着皇帝自己折腾去吧。

这个时候的西晋，就像一棵枯萎的植物，根早已腐烂，叶子也枯黄，只剩下脆弱的枝干勉强撑着。纵然司马炽尚算贤明，司马越有心力挽狂澜，但无论如何是无法阻止眼前的灾难了。历经连年动荡，全国各地散布着无数割据势力，这些势力无疑都是晋王朝的劲敌。我们来逐个数。

北方：匈奴大单于刘渊在并州建立汉赵王朝（十六国之一）。

西南方：氐人李雄在益州建立成汉王朝（十六国之一）。

东南方：司马越的故将陈敏在江东扬州独立。

除此之外，全国还遍布着数不胜数的起义。叛民领袖王弥在青州和徐州四处劫掠，不久依附刘渊。牧民首领汲桑、羯人奴隶石勒起义，很快攻陷冀州邺城，把刚刚上任的冀州都督司马腾杀了。这里多说一句，次年，石勒投奔匈奴人刘渊，又过了十年，石勒独立称王，其王朝史称"后赵"（十六国之一）。

司马越为应付这混乱不堪的局面，同时也为保住自己的地位绞尽脑汁。

必须强调的是，"八王之乱"中的前几位藩王司马玮、司马乂、司马颖都是司马炎的儿子，以上三位都属于皇室至亲；司马亮（姑且把这个没怎么惹事的老实人归在八王之列）和司马伦是司马懿的儿子，司马冏是司马昭的孙子（司马攸的儿子），这三位是司马懿、司马昭的直系子嗣，跟皇室的关系不算太远；甚至连司马颙，这位司马孚的孙子因为祖上位尊爵高，也算皇室重量级成员。唯独司马越，他是司马懿四弟司马馗的孙子，只能算皇室疏亲。因此，司马越在宗室中号召力并不高，为了弥补这个先天不足，他唯有讨好士族，靠名士帮自己撑门面。功夫不负苦心人，司马越的幕僚团达到前所未有的八十多人，个顶个都是大名士，无论是数量还是质量，均远超以往几位秉政的藩王。

众所周知，西晋名士大多华而不实，司马越重视名士，当然主要是看上了他们背后庞大的家族势力。在这些士族中，司马越最仰仗的有两大家族——河东裴氏和琅邪王氏。

司马越与河东裴氏颇有渊源。七年前，司马伦发动政变，剿灭贾南风并杀了裴颜。裴颜的两个儿子也差点被株连，幸亏司马越求情才得以保全性命。另外，司马越自己就是河东裴氏的女婿，其妻裴妃的两个哥哥裴盾和裴邵，是创建五等爵制度的裴秀和"玉人"裴楷的堂侄，即裴颜的同族兄弟。永嘉年间，裴盾官拜徐州刺史，裴邵后来也担任扬州、江西、淮北都督，俱是藩镇大员。

再说琅邪王氏，这个豪门望族在司马越政权中的地位比河东裴氏还要重要。

王戎死后，琅邪王氏中资望最高的王衍因司马越荣登司空高位，成为司马越最仰仗的左膀右臂。所谓"王与马"，指的是琅邪王氏与司马氏携手创建的政治格局。不过，真正的"王与马"并非指王衍和司马越，而是另有其人，这是后话。

狡兔三窟

毋庸置疑，肩负中兴晋朝重任的王衍是个口若悬河又自私自利的人，与其说他是辅佐司马越，毋宁说他是借助司马越的力量巩固家族势力。

适逢乱世，我琅邪王氏该何去何从呢？王衍苦心钻营，终于想出了一条妙计。

王衍对司马越言道："中原大乱，朝廷只能依靠地方才能自保，臣建议挑选些文武兼备的贤才出任外州刺史。"

"说得是，王公打算举荐谁？"

王衍心里早有人选，但仍佯装沉思，想了一会儿，他缓缓地答道："北方匈奴人是悬在我们头上的一柄利剑，而荆州位于司隶州（京都洛阳所在的州）南，正好可以援护京都。臣举荐胞弟王澄担任荆州刺史。青州也是军事重镇，臣举荐族弟王敦担任青州刺史。"琅邪王氏枝繁叶茂，王衍跟王敦并非同一支，故称族弟。

下面，我们就来讲讲王衍口中这两位"文武兼备"的王氏成员。

先说王澄。

前文讲"八王之乱"，成都王司马颖跟长沙王司马乂干仗时，宦官孟玖进谗言致使陆机、陆云被冤杀。事后，正是王澄向司马颖揭发孟玖的阴谋，才让孟玖伏诛，这件事令王澄声望猛蹿。

史载王澄喜好清谈且勇力绝人，这两点便是所谓"文武兼备"了。另外，王澄性格机警，据说他童年时就能察言观色，把人心里的想法揣摩得一清二楚。出身士族，整天耳闻目睹的都是政治权谋，自然，这属于他的专业特长。世人拿王澄跟王敦（王澄族弟）、庾敳（ái）（贾充政敌庾纯的侄子）相提并论，评价说："王澄第一，庾敳第二，王敦第三。"毫无疑问，这种评价是针对他们的名士范儿而言。

王澄的名士范儿堪称标新立异。"竹林七贤"之一刘伶喜欢在自家"裸喝"，这跟王澄相比，算是小巫见大巫。王澄更喜欢在大庭广众之下全裸出镜，他放荡不拘的举动被王衍赞为"卿落落穆穆然"，意思就是"你小子可真玩得开啊"。

再来讲讲王敦。

王敦喜欢清谈，精通音律。他也是个很玩得开的人。早年间，王敦去石崇的金谷园中做客。金谷园奢华无比，客人上厕所都要在婢女的帮助下更衣，很多人不好意思，只有王敦神色自若，当着婢女的面把自己脱了个精光。

王敦也是王恺（司马炎的舅舅）的座上客。一次，王恺家一个艺伎吹笛子走调，王恺当场将这艺伎斩杀，在座宾客无不骇然失色，唯独王敦浑然无视。另外，王恺劝酒有个残忍的规矩，倘若客人不喝，就要把负责劝酒的婢女杀掉，很多人不忍见婢女丧命，只好强饮，但王敦说不喝就不喝，婢女死在眼前都无动于衷。

必须补充一句，王恺随便杀人的行径极有可能是以讹传讹，后世人饱受十六国的战乱摧残，把前朝的为富不仁者恨到了骨子里，所以对其劣迹添油加醋也是在所难免。总而言之，从以上这些故事也可探知王敦的癖性。

司马越对王衍的提议欣然答允。

再说王衍举荐两个族人担任荆州刺史、青州刺史，当然不是出于国家大义。他回到家后，便对王澄和王敦道明了自己的真实意图。

"知道我为什么做出这样的安排吗？"

"请兄长明示。"

"嗯……好好听着。"王衍犀利的眼神望着王澄和王敦，开口言道，"中原不知道要乱到什么地步。荆州有长江和汉水作为屏障，青州则背临大海，二州都是稳固的战略要地。你们两个驻守外州，我留在京都，足可称得上是狡兔三窟了。"

说白了，王衍的策略就是分散投资，不把鸡蛋放在一个篮子里，以增强家族抗风险能力。王澄和王敦听罢，连连赞叹。这话传出去后，有识之士无不对王衍嗤之以鼻。

东晋史学家孙盛所著的《晋阳秋》也记载了这件事。不过细节略有出入。王衍对几个弟弟说："如今皇室濒危，所以我把王澄和王敦派到荆州和青州。如此，外可以建立霸业，内可以匡扶皇室。以后的事，就指望他们二人了。"按照这种说法，王衍就不单是为自保，他想维护社稷，不行就图谋霸业，野心也是相当大。

王衍吐露心声后，又问王澄、王敦去外州上任有什么计划。

王敦无所谓地答道："随机应变，没必要预先规划。"

王澄则侃侃而谈，把所有可能的局面都设想到，又逐条说出对策，令在座宾客大为叹服。

这下，王澄的风头一下子盖过了王敦。王敦忌妒心起。"呸！"他朝地上吐口水，鄙夷地道："将来要真遇上麻烦，等着看你小子倒霉吧！"

过了几天，王澄准备去荆州赴任了，送别的同僚簇拥着他走出洛阳城。

这时，有几个人低声耳语："王君即将去荆州，想必内心既紧张又激动吧？"

说话声虽低，却字字入了王澄的耳朵。

我若不做点儿什么，难免被同僚看低。

王澄抬头仰视，目不转睛地盯着路旁大树上的一个喜鹊窝。

"你们等会儿。"说着，他竟脱下官服爬上大树，旁若无人地去掏鹊窝。晋朝名士经常会做出现代人很难理解的怪诞举动，以标榜自己与众不同，当时，人们对此早已见怪不怪。即便如此，王澄这么夸张的行为还是引得公卿瞠目结舌。

须臾，有几个人开始拍王澄的马屁。

"刚才谁说王君紧张激动？你们看，王君是何等洒脱自在！"

"是啊！王君根本没把区区一个荆州刺史放在心上嘛！"

王澄正是希望借此表现自己对升官的淡然态度，他听着恭维，心头暗自得意。

刘琨也在送别的人群中，看着王澄近乎幼稚的表演，陡然回忆起自己年轻时在金谷园中纸醉金迷、醉生梦死的生活。这不就是自己昔日的写照吗？这些年经历了太多事，让刘琨明白了很多道理。他怅然叹道："王君外表虽然洒脱，内心实则狭隘幼稚，这么处世，怕会死得很难看吧。"

后来，王澄到了荆州，整天纵情狂饮，完全不过问政务，他当初预想的那些对策一条都没用上。可当时荆州已是起义叛乱遍地开花了。又过了几年，王澄率军讨伐一批聚众起义的巴蜀难民。这批难民投降后，王澄竟残忍地将他们全部处死。这一举动激怒了散布于荆州境内的巴蜀难民，很快便爆发更大的起义。

往后，我们还会讲到王澄、王敦的故事以及他们各自的结局。

王澄当上荆州刺史的同年，刘琨也当上了并州刺史。他率领一千人来到并州北部晋阳郡。一路上，他目睹匈奴人对汉人的杀戮。当他抵达晋阳时，悲哀地发现这里已是一座空城。金谷园中的往事在他脑海中闪现，那些优美的诗句、悠扬的音乐，还有贾谧对自己的赞赏，一切都过去了，一切都变得那么无聊。刘琨突然看清了自己的使命。

从此，这位昔日的"金谷二十四友"之一，沉醉于浮华生活的刘琨，便在四面强敌的围攻下，开始了他崭新的人生。往后很多年里，刘琨成为抵抗匈奴最玩命的名将。

江东名门

先放下混乱的中原和狡兔三窟的琅邪王氏不提，接下来，我们要回到一个久违的地方——江东（扬州）。

三国时，"吴郡四姓"被吴国皇帝孙氏打压。吴国灭亡后，顾荣与大批江东士人来到中原任官，他与陆机、陆云兄弟并称"江东三俊"。随后，陆机、陆云兄弟罹难，陆氏元气大伤。顾荣身在朝堂，面对目不暇接的政变几乎吓出了抑郁症。他向好友吐露道："我整天过得提心吊胆，甚至看见刀和绳子就忍不住想自杀，谁能理解我的痛苦……"

他遥望南方，心底甚是怀念家乡的茭白菜、睡莲粥，还有肥美的鲈鱼，他想再与好友共饮三江之水。

公元 304 年荡阴之战后，顾荣抓住机会，像很多江东士人一样辞官逃回家乡。他终于回归安定。

然而，好日子没持续多久。公元 306 年初，司马越的故将陈敏争取到江东豪族甘卓的支持下，自封扬州刺史、江东都督、大司马、楚公，正式举起反旗。随后，他派弟弟陈恢占据扬州以西的江州，另一个弟弟陈昶则率领数万大军据守长江北岸，防御江北的朝廷军。顾荣等江东士人迫于形势接受陈敏的延揽。

事实上，无论是率先支持陈敏的甘卓，还是后来向陈敏屈服的顾荣，均预感天下会再度陷入乱世，故对陈敏抱有一丝期待，兴许这个人能凭借兵势保护江东。

陈敏到底是不是个合适的人选？答案很快揭晓。陈敏根本不懂政治，他的几个弟弟更是作威作福，四处烧杀抢掠。江东人的心凉到了底。陈敏根本不是来保护江东的，他是来祸害江东的。

公元 307 年（永嘉元年）3 月，顾荣秘密拜访他的老友，同被陈敏延揽的江东名士周玘（qǐ），二人开始商议扳倒陈敏的策略。

这里讲讲周玘，他是个很有故事的人。

周玘是三国时期给曹休送诈降书的吴国名臣周鲂的孙子，也是西晋元康年间在雍州战死沙场的直臣周处的儿子。三年前，司马乂当政时，江东掀起一拨叛乱。当时，周玘仅仅官拜议郎，手里无兵无权，但他不忍见家园惨遭蹂躏，遂主动承担起平叛的责任。周氏是江东豪族，拥有庞大的私家部曲。周玘自掏家底，最后平息了叛乱。

《晋书》记载了周玘"三定江南"的事迹，那场发生在三年前的平叛，即是周玘的"一定江南"。接下来马上会看到周玘的"二定江南"。

这时，顾荣与周玘表面上维持着陈敏幕僚的身份，暗地里则秘密联络驻军淮南的征东将军刘准，请其发兵讨伐陈敏。

刘准不负所望，很快派兵进驻长江北岸，随时准备跟陈敏开战。

这段时间，顾荣、周玘收到庐江太守华谭发来的一封公开信："……陈敏本性凶暴狡诈，他一个六品下才（依据的是九品中正制的成绩）盗据江东，存亡只在旦夕之间。而你们这些人号称江东贤士，却对逆臣贼子俯首称臣，难道不觉得羞愧吗？等朝廷剿灭了陈敏，看你们还有何面目复见中原人？"

这封信把顾荣惹毛了，他把信揉成了一团："什么有何面目复见中原人？华谭怎能理解我们江东人的心思！"他已为对付陈敏付诸行动，但这绝非如华谭所言，是为了有脸见中原人，而是为了维护江东的安全。时下需要隐忍待发，以防陈敏怀疑。但这封义正词严的公开信，恰恰把顾荣和周玘推到了一个危险的境地。

事实的确如此。连日来，手握重兵的陈昶私下劝陈敏道："顾荣、周玘这些人根本不是真心实意帮咱们，我建议赶紧把他们杀了，否则后患无穷。"

甘卓是最先支持陈敏的江东豪族，可不希望看到顾荣等人被杀，他苦劝："顾荣和周玘是江东士人的领袖，万万杀不得，否则江东人会群起反抗！"

甘卓的曾祖乃是三国时的吴国猛将甘宁，甘卓身为将门虎子，也是陈敏最仰仗的江东军事将领。陈敏想了又想，决定卖甘卓一个面子，暂时不动顾荣和周玘。

顾荣、周玘勉强躲过一劫，但小命仍握在陈敏手中。

周玘担心夜长梦多，当即策反陈昶的部将钱广，令其将陈昶刺杀。与此同时，陈敏另一个弟弟——占据江州的陈恢也被江夏太守陶侃接连击溃。

这位陶侃出身江东寒门，完全是凭借自己卓越的才干一步步做到一郡太守之职，日后，他还将大有作为。

总之，随着陈敏的几个弟弟败亡，其实力骤减。现在，他唯一能依靠的就只有甘卓了。于是，他拨给甘卓几万人，派甘卓抵抗钱广。

对于顾荣来说，距离最后的成功仅有一步之遥，但局势也越来越紧张，陈敏只要动个念头，就能不费吹灰之力把自己杀了。顾荣想出了一个自保之策。他惊慌失措地跑到陈敏大营："大人救我！钱广谋反，就快攻到这里了！"说着，他畏畏缩缩地往陈敏身边靠。

陈敏气不打一处："滚出去！"他不耐烦地将顾荣一把推开，"都火烧眉毛了，你不出去迎敌，反倒跑这儿来求我保护！"

顾荣踉踉跄跄，被陈敏推到营帐外，再次看到了晴朗的天空。

命算是保住了。接下来，他要让陈敏离死更近一步。

顾荣与周玘携手飞奔入甘卓大营。

"不知顾君、周君驾到，有失远迎。"甘卓对二人深施一礼。

顾荣、周玘开门见山地说道："咱们江东人心意相通，你想什么，我们心里都明白。找个雄才大略的主君保护江东安危，这事我们当然愿意跟你同心协力。但你看看陈敏，他是这块料吗？陈敏败亡近在眼前，你还替他卖命，到时候连你的头都会装在盒子里，题名'逆贼甘卓之首'，这种遗臭万年的结局是你想要的吗？"

甘卓最近也越发觉得陈敏不靠谱。听了顾荣和周玘的劝说，他幡然醒悟。

"既然顾君和周君这么说，我也不能再一条路走到黑了。"继而，他传令全军在秦淮河南岸列阵，掉转剑锋，直指陈敏。

甘卓也反了。陈敏绝望地看着原本属于自己的数万军队一拨又一拨地倒戈。此时，他手里仅剩一万来人，遂亲自率军在秦淮河北岸列阵，与甘卓隔水对峙。

甘卓军中的士卒齐齐向秦淮河对岸高声呐喊："顾荣和周玘誓不与逆贼陈敏为伍！咱们江东人难道要跟这二位贤士为敌吗？"

陈敏军中的士卒基本上都是江东人。经这么一喊，他的军队顿时起了骚乱。

这时就差压倒骆驼的最后一根稻草了。只见顾荣和周玘缓步走到秦淮河畔。周玘身穿白色铠甲，显得英姿勃发，在他身后，上万名私家部曲严阵以待，就是这支军队多次平定了江东叛乱。再看顾荣，身穿一袭白色儒士长衫，手里拿着一把白色羽扇。这二人分外耀眼。

"看那边！果然是顾君和周君！"陈敏的士卒全挤到秦淮河南岸边，遥望顾荣和周玘。

极具戏剧性的一幕出现了。顾荣气定神闲，将白羽扇高举过头顶，就这么静静地停住了。永保江东安泰！他心里默默地祈祷着。随之，他猛地一挥羽扇，奋力向秦淮河对岸扇去。

一股清风拂过对岸每个江东人的脸庞。

"咱们江东人，可不能跟顾君和周君作对啊！"

"没错！不能再跟着陈敏混了！"

刹那间，陈敏士卒四散奔逃。陈敏单骑逃亡，途中被捕杀。

顾荣和周玘凭借他们在江东的影响力，以四两拨千斤的功力瓦解了陈敏数万大军。江东的叛乱就这样被平定了。这件事，即是周玘"三定江南"中的第二定。

江东士人大大地松了一口气，不过，这口气没法松到底。摆在他们眼前的局势依然紧迫。事实证明，陈敏不是个能保护江东的人，但这样的人如今又上哪儿去找呢……

琅邪王与琅邪王氏

司马睿的爷爷——琅邪王司马伷在司马懿众多儿子中，是除司马师和司马昭外能力最优秀的。早在魏朝时，司马伷负责镇守邺城，把监视、安抚曹氏王公贵族的工作做得有条不紊。而后，他又历任兖州都督、徐州都督等职，在任期间治军有方，深得下属爱戴。公元 279 年，司马伷作为平定吴国的七路统帅之一，立下大功。

公元 283 年，司马伷死。公元 290 年，嫡长子司马觐死。司马觐死时，他唯一的儿子司马睿才十五岁。在"啃老族"盛行的西晋时代，司马睿年纪轻轻就没了父亲，不用说也知道他的官运是没指望了，十几年下来，他只当了个散骑常侍。史书中描写司马睿性格内敛、不露锋芒，这肯定是拣好听的说，因为以司马睿那点背景，就算他想露锋芒怕是也没门路。总之，藩王这么多年打得你死我活、牵连无数，压根没司马睿什么事。

公元 304 年荡阴之战结束后，司马睿的三叔司马繇因为多了句嘴被司马颖杀了，这事把司马睿吓个半死，他赶紧从邺城逃回自己的藩国徐州琅邪。司马睿显然不属于司马颖派系，由此，在随后司马越与司马颙展开的大乱战中，司马睿受到司马越的笼络，一跃成为徐州都督，平生第一次手里有了兵权。

无可否认，司马睿是极幸运的。他的幸运之处不仅仅是虎口脱险，也不仅仅是阴错阳差地站到司马越一边，跃居藩镇重臣，而是在于他身为司马伷的嫡孙，继承了琅邪王这个爵位。诚然，既是司马家族成员，就算是皇室疏远的分支，有个王的爵位也不必大惊小怪，但不同的是，司马睿承袭祖上的这个藩国，正是中原第一望族琅邪王氏的故乡。

更幸运的是，琅邪王司马睿跟一位与他同龄的琅邪王氏族人是至交好友。

司马睿的好朋友名叫王导。他是前文提到过的王敦的堂弟。早在司马睿还待在洛阳的时候，王导就不止一次劝他："只要一有机会，你就赶紧回自己藩国，京城不宜久留！"两年前，司马睿逃出邺城，匆匆去洛阳接上母亲夏侯光姬，就义无反顾地回到徐州琅邪，便是因为听了王导的劝。

事实证明，王导说对了，倘若他留在邺城或者洛阳，指不定摊上多大的祸事。

按说王导的官运要比司马睿好得多，自打他二十来岁时就接连不断被朝廷征召，官位从东阁祭酒到秘书郎，又到太子舍人，再到尚书郎，但王导一概拒绝，可谓名士派头十足。不过到司马越掌权后，王导就不再耍酷玩个性了，他踏踏实实地做了司马越的幕僚。王导在司马越手下当差的意义在于镀一层金并明确政治立场。很快到了永嘉元年（307），他被司马越授予了一个艰巨的任务——去徐州辅佐司马睿。司马越把王导送给司马睿，一方面是想让王导好好帮司马睿的忙，另一方面也是希望王导给司马睿持续不断地洗脑，让司马睿更坚定地站在自己这边。不过，让司马越没想到的是，王导后来真的是死心塌地跟着司马睿混，反而把自己这边的事忘得一干二净，这是后话。

总而言之，永嘉元年，司马睿和王导，这对同龄好友终于走到了一起，这是具有历史意义的重逢，就像刘备遇到了诸葛亮，曹操遇到了荀彧，或者说，是曹丕遇到了司马懿……

鉴于琅邪王氏家族极其庞大，我们详细讲讲这支豪族的各个支系，以便让大家对众多王氏成员之间的关系有个了解。

王祥的曾祖名叫王仁。王仁生王书，王书生四子——王谊、王叡（东汉末年官拜荆州刺史，被孙权的父亲孙坚杀了）、王典、王融。在魏晋时期将琅邪王氏推向高峰的重臣王祥便是王融的长子。王戎、王衍、王澄这三兄弟则属于王谊这一支，他们是王谊曾孙，也即是王祥的族孙。

王祥虽然位高权重，但不幸的是，他几个儿子都死得早，人丁凋零。是故，他在临终前把佩带一生的宝刀送给了胞弟王览（王融次子），并言道："人说佩带此刀者能登三公位。你家人丁兴旺，子嗣中一定有人能配得起这把刀。"这个看似简单的举动，意味着王祥把王融这一支的宗主地位拱手让给王览的后人。

王导和王敦，都是王览的孙子。也就是说，王导（时年三十二岁）、王敦（时年四十二岁）与王戎（"竹林七贤"之一，早都化成灰了）、王衍（时年五十二岁）、王澄（时年三十九岁），早在曾祖那一辈就分支了，但这五人都是同族兄弟。

在后面的故事里，琅邪王氏即将大展宏图，而王氏一族的主角也将从王戎、王衍这一支转移到王导、王敦这一支。

王旷的自信

永嘉元年（307）盛夏，这天，往常门庭若市的琅邪王氏府邸大门紧锁，来客拒不接见。府内显得异常宁静，众多族人仿佛凭空消失了一般。穿过层层院落，一直到府邸深处，总算见到了人影。几个王家人簇拥着王导进了一间屋子，准备秘密商量一件至关重要的大事。这些人家族地位都很高，他们簇拥着王导，更能说明王导在族中的核心地位。这是因为，王导正是王览的嫡孙。

但凡族中商议要事，家族地位低的人是不能参与的。此时，在屋门外，有个人正左右徘徊，他名叫王旷，是王览第四子的次子，限于家族地位不能进屋。王旷因为不受族人重视，心里愤愤不平。

分明是瞧不起我！屋里传出窃窃私语声，他听不真切，心里更加焦急。于是，他悄悄地在窗户上戳了一个小孔，侧耳倾听。原来，堂兄弟们是在商议如何应付即将席卷到家门口的战乱。

王旷听众人七嘴八舌讨论了半天，也没说出个所以然，急得抓耳挠腮。突然，他灵光一闪，脑子里迸发出一个念头。说不定，我能引领全族人的未来！王旷把自己的想法反复推敲了几遍，自觉无懈可击，遂在窗外恶作剧般喊道："屋里的人是图谋不轨吗？怕不怕我告官？"

王导等人正聚精会神地商讨，冷不防听到屋外传来这么一声喊，全都打了个激灵。瞬间，王导回过神来："是王旷！别让他瞎嚷嚷，快把他拽进来！"

屋门打开了。王旷怡然自得地迈步进了屋，见堂兄弟个个怒视着自己，心里又好气又好笑："商量这么大的事，你们这帮人既拿不定主意，干吗不叫上我？"

王导听出王旷话里有话："别卖关子，你有什么想法就说出来。"

众人狐疑地盯着王旷。

王旷这才把他的想法娓娓道出："谁都知道中原已乱得一塌糊涂，战火眼看就要烧到咱家门口了。为今之计，只有离开琅邪！"

"你小子说什么呢！"顷刻间，举座哗然。

"迈出家门就那么难吗？想当初，河内司马氏若不是举家迁往冀州避难，哪儿来的如今晋室天下？再看看颍川荀氏、颍川陈氏、琅邪诸葛氏那些数不胜数的名门望族，汉朝末年哪个不是拖家带口，远赴他乡？"王旷这番话可谓魄力十足。

族人吵吵嚷嚷地道："天下四处战乱，咱们能逃到哪儿去？"

"咱们当然不能像没头苍蝇似的乱跑。"王旷凝视众人，接着说道，"举目天下，北方饱受匈奴人、鲜卑人、羯人肆虐，肯定去不了。西边又有氐人、羌人作乱，也去不了。唯一能去的地方，就是江东！中原与江东隔着长江天堑，一时半会儿还不会受到战火波及。所以我建议，咱们下江东！"

屋里登时又嘈杂起来。

"咱们王氏在琅邪根深蒂固，若是逃往江东，岂不是要过寄人篱下的生活？"

王导一直憋着没说话，只顾低头沉思，俄顷，他挥了挥手，压住族人的议论，示意王旷继续说下去。

王旷见王导有挺自己的意思，腰杆更硬了："咱们琅邪王氏乃天下第一等望族，就算是逃难去江东，也不能被江东人看扁。我先前曾任丹阳太守（隶属江东扬州），深知江东人的心思。所以，咱们要给江东人奉上一份厚礼，让他们对咱们另眼相看！"

说罢，王旷两眼直勾勾地盯着王导，又道："我考虑再三，认为江东人要的东西，咱们能给得出来。"

"你想给江东人送什么厚礼？"王导问道。

王旷目不转睛地注视着王导，缓缓地言道："所谓厚礼……"他顿了顿，"就是琅邪王，司马睿！"

王导正是司马睿的幕僚兼好友，此刻，他双眼瞪得溜圆："你这什么意思？"他暗想：难道要挟持司马睿去江东？江东人要司马睿干吗？

王旷反问："你们知道江东人最需要的是什么吗？"

无人应答。

王旷面露微笑："江东人跟咱们一样，都怕战火烧到自家门口，所以，他们迫切渴望能有一位贤明的主君站出来，保护江东。陈敏作乱初期一度得到江东人的支持，正因为此。只是，江东人随后意识到陈敏不是这块料。但琅邪王司马睿就不同了，他是皇室宗亲，口碑很好，又得到咱琅邪王氏的支持，这不正是江东人期盼已久的救世主吗？"

话音落地，屋里鸦雀无声。所有人的目光最后都齐刷刷望向王导。

王导一动不动，静静地沉思，将王旷的话反复掂量了好半天。

"茂弘（王导字茂弘），你倒是快拿个主意啊！"大伙一个劲儿地催促。

须臾，王导慢慢地从椅子上站了起来。要做出这个决定，还真是不容易啊！但再怎么说，他是个明白人。

王导深深地吸了一口气，手紧攥成拳，接着重重地捶在案几之上。

"下江东，是一条出路！"

下江东

琅邪王氏族人的前途就这样确定了。

王导即刻去说服司马睿。这不是一件难事，司马睿欣然同意。不过，琅邪王氏不是乱臣贼子，司马睿也干不出揭竿谋反这种事，那么下一步，就是如何名正言顺地去江东。

前面讲过，东海王司马越政权的两大支柱家族是河东裴氏和琅邪王氏。王衍自是鼎力支持，而裴氏家族也跟王氏关系匪浅。当时，裴盾官任徐州刺史，裴邵是司马睿麾下幕僚。王导遂请裴氏兄弟出面说服司马越，裴氏兄弟很乐意帮这个忙，同时，司马越的妻子裴王妃（裴氏兄弟的妹妹）也给司马越吹足了枕边风。

以上皆是外援。外援具备，如若司马越自己不愿意，这事也是行不通的。那么，司马越又是怎么想的呢？

处在司马越的立场上来说，他先前已经把三个弟弟司马腾、司马略、司马模派出去担任大部分州的都督，而唯独扬州，自陈敏死后至今仍是无主之地。司马越当然想派个信任的亲戚镇守扬州。而且，司马腾前不久死于汲桑发起的叛乱，逼得司马越只能亲自对付汲桑，这事把他搞得焦头烂额，倘若扬州再闹出个像陈敏、汲桑这样的人，自己还真收拾不了。出于这些考虑，让司马睿去扬州并不违背司马越的利益，而且大有裨益。

于是，司马越跟王衍商议过后，就把这事敲定了。

经过这一番周旋，公元307年8月17日，司马睿和琅邪王氏全族等到了一封改变他们毕生命运的诏书。

"诏令，琅邪王司马睿任扬州都督、假节，镇守建邺！"这是一封左右历史进程的诏书，其意义远远超出当时所有人的想象。

如此，琅邪王氏终于可以名正言顺地举家迁往江东了。

王旷的策略得以实现，他更是满怀激动。临出发之日，王旷一边忙忙叨叨地收拾行囊，一边催促身旁时年五岁的儿子："你还磨蹭什么呢？快点儿！"

这孩子根本不理王旷，仍是一个劲儿地翻箱倒柜，最后，他终于找到了自己的至宝。"姨妈的字帖！"他一边嘟囔着，一边把字帖紧紧地揣入怀里。

他的姨妈，是前文提过的卫瓘族孙女——卫铄，世称卫夫人。这孩子名叫王羲之，正是日后被世人称为"书圣"的书法奇才。

在整个西晋时期，河东裴氏是与琅邪王氏齐名的望族，世人从这两个家族中各自挑出八位杰出者，有"八裴方（比肩）八王"的说法——裴徽（"玉人"裴楷的父亲）vs 王祥，裴楷 vs 王衍，裴康（裴盾、裴邵的父亲）vs 王绥（王戎的儿子），裴绰（裴楷的弟弟）vs 王澄（王衍的弟弟），裴瓒（裴楷的儿子）vs 王敦（王导的堂兄），裴遐（裴楷的侄子）vs 王导，裴颜 vs 王戎，裴邈（裴颜堂弟）vs 王玄（王衍的儿子）。河东裴氏可谓名冠天下，显赫非常。

不过，河东裴氏成员大多留恋中原故土，包括裴盾、裴邵等人都选择留在中原，继续跟着司马越混。后来，裴邵在军营中病死，裴盾为匈奴人所杀。到了十六国时期，留在北方的裴氏族人基本都在游牧族群建立的王朝出仕，他们因为不断卷入政治斗争，家道中落。逃到江东出仕东晋且留名于史书中的裴氏成员寥寥无几，仅有给《三国志》作注解的裴松之这一家人。

到唐朝时，河东裴氏再度复兴，达到了鼎盛的巅峰。仅唐朝，这一家族就出了三十三位宰相、三十一位大将军、三十八位尚书，其他达官显贵、社会名流不可胜数。戏剧《白蛇传》中的法海人物原型，即是晚唐名相、大书法家裴休的儿子裴文德。裴家世代信佛，裴文德出家后法号法海。古刹金山寺便是法海修缮的。

立足不易

纵然王旷先前把江东局势分析得头头是道，王导又信誓旦旦地对司马睿声称江东人像久旱盼甘露一样盼着他来当救世主，但世上的事哪有那么顺当的？

永嘉元年（307）的晚秋，琅邪王司马睿带着幕僚团，包括琅邪王氏一族，定居江东建邺。很快，司马睿意识到自己面临的尴尬处境，江东人根本不搭理自己。

"这都来了一个多月，怎么没见一个江东士大夫登门拜访？"

司马睿满腹牢骚，王导更郁闷。这些日子，王导不是没争取过江东士族，但结果不尽人意。

一次，王导跟陆玩（陆逊的侄孙）提议结为儿女亲家。按说陆、王两家分别是长江南北的顶尖士族，绝对算门当户对，不想陆玩当场驳了王导的面子。

"高大的松柏没法在小土丘上生根，鲜花与杂草也没法种在一个盆里。"陆玩口中的土丘和杂草，指的到底是他自己还是王导？他把话抛出来，就随便王导怎么想去吧。总之，话说得很难听。

王导没放弃，盛情邀请陆玩来府上吃奶酪："陆君请尝尝，这可是北方特产。"

陆玩尝了尝，皱了皱眉头，觉得不合胃口。辞别王导后，他碰巧生了一场病。就因此事，他逢人便奚落道："王家的东西真是不能吃，我差点死在北方佬手里！"

王导玩命献殷勤，却是热脸贴了冷屁股。

陆玩对王导的态度代表了江东士族的普遍情绪。这说明什么呢？很显然，江东士族不接纳这些初来乍到的外来户。看样子，司马睿要想在江东站稳脚跟，是没那么容易了。

《晋书·王导传》中讲述了一个王导帮司马睿开拓局面的故事。公元308年4月，王导借禊（xì）祭（春秋两季举办的祈福消灾仪式）的机会，安排司马睿露面。

同时，他力邀所有一起下江东的中原名士帮司马睿撑场面，这其中，更有他的堂兄——朝廷重臣王敦。江东名士顾荣等人见王敦都侍候在司马睿身旁，立刻对司马睿刮目相看，从此认可了司马睿，同意出任其幕僚。因为这事，司马睿才算赢得了江东士族的青睐。

然而，这件事很值得商榷。《晋书》说王敦参加禊祭给司马睿撑场面。可公元 307 年，王敦已被王衍举荐调任青州刺史，在青州干了没几个月又被召回朝廷做了中书监（关于他被调回朝廷的原因，后面会讲到），并未跟司马睿下江东。无论王敦是青州刺史还是中书监，都不可能随随便便撂挑子擅离职守，跑去江东出席一个跟自己八竿子打不着的禊祭仪式。至于说顾荣等人见到司马睿的排场才意识到司马睿的身价，更是扯淡。包括顾荣在内的江东名士均曾在朝廷任职多年，对司马睿应该很熟悉，何以左顾右盼，单凭一次禊祭才看懂司马睿，接受其延揽？

由此，禊祭之说基本是个象征性大于真实性的故事。事实上，史书中这类故事比比皆是，不能全当真。

不过，司马睿到底是听从了王导的建议，放下身价，亲自拜访顾荣、周玘、贺循、纪瞻等江东名士，颇有刘备三顾茅庐邀请诸葛亮出山的架势，这才成功把几位大名士延揽为自己的幕僚，迈出了突破性的一步。

在众多江东名士中，顾荣无疑是帮司马睿宣传形象的最大旗帜。

有一则关于顾荣的逸事。早年间，顾荣和朋友们欢宴，席间，他发现负责上菜的仆役对烤肉垂涎欲滴。于是，他拿出自己的那份烤肉送给了仆役。朋友们见状，纷纷讥笑顾荣有失身份。顾荣言道："这人整天做烤肉，却不知道烤肉的味道，这难道不是没天理吗？"

顾氏以厚重著称的家风由此可见。此后，顾荣每逢遇到危难，总有一个神秘人物在暗中帮他，他最终发现这神秘人物竟是当初接受烤肉的仆役。后来到了东晋，江东顾氏依旧显赫于世。

再讲讲贺循和纪瞻。

贺循是三国时期吴国名将贺齐的曾孙，吴国灭亡后，他来到中原出仕。司马伦篡位时，贺循逃回江东。陈敏割据江东时征召贺循，贺循百般推托，又服用寒食散，披头散发，赤身裸体，以示自己精神不正常，不能做官。他是当时屈指可数的不对陈敏屈膝的江东名士。然而，贺循接受了司马睿的延揽。他心想：或许司马睿真是一个能保护江东的贤君吧。

纪瞻也属于江东士族，担任过司马冏的幕僚，后逃回江东，并帮助周玘"二定江南"，击败了陈敏。

在顾荣、周玘、贺循、纪瞻的带动下，大批江东名士加入司马睿的幕僚团。这些人中就有前面提过的甘卓以及陆晔、陆玩兄弟。

简要言之，司马睿为争取江东士族的支持可谓下足了功夫，绝非凭借一次戏剧性的禊祭就达成所愿。话说回来，司马睿也的确跟"八王之乱"中那些藩王有所不同，他是个懂得克制自己欲望的人。有件小事恰能说明这点。

司马睿生性嗜好喝酒，王导劝其戒酒。"我再喝最后一次。"司马睿当着王导的面开怀畅饮了一番，从此以后居然真的滴酒不沾了。

司马睿终于成功在江东站住脚，心里的一块石头也落了地。王导更是欣慰。先前族兄王衍精心策划的"狡兔三窟"，这下变成了"狡兔四窟"，琅邪王氏面前的路更加开阔了。

结拜兄弟

就在司马睿和王导苦心经营江东的时候，中原已是满目疮痍。

牧民首领汲桑和羯人奴隶石勒发起的叛乱席卷整个黄河以北，不光杀了东海王司马越的弟弟司马腾，还在邺城放了一把火，将这个冀州重镇烧成了灰，逼得司马越顾不上管朝廷里那些糟心事，亲自驻军到官渡。当然，司马越是不会打仗的，为了平定汲桑和石勒的叛乱，他派出了一个相当得力的部下——苟晞（xī）前去讨伐。

永嘉元年（307）的整个夏天，苟晞与汲桑、石勒在冀州一带展开连番大战。10月，苟晞一鼓作气，攻陷敌军九处堡垒，大获全胜，汲桑和石勒一蹶不振。几个月后，汲桑被另一股流民杀死，石勒转去投奔匈奴人刘渊。

苟晞帮司马越平定了汲桑的叛乱，又顺带给司马越报了杀弟之仇。司马越为表示感激，当场跟苟晞结拜为异姓兄弟，更许诺让苟晞担任青州、兖州都督。然而，司马越不是刘备，苟晞也不是关羽。

司马越的幕僚潘滔劝主子道："兖州是战略要地，当年曹操就是从兖州牧起家的。苟晞欲望强烈，绝非忠臣，您让他担任兖州都督，必后患无穷。依我看，您还不如自己担任兖州牧，只把青州留给他，这才是防患于未然的良策。"

"可我之前都已许诺让他当青州和兖州都督啦！"

"无妨，您不是让他当两个州的都督吗？您再让他当个青州刺史，作为兖州都督的交换，如此一来，青州的军权和政权都给了他，再给他封个高官，应该也能安抚住。"

"可现在的青州刺史是王敦。"

"哎呀，王敦这人狼心狗肺，放在外面难保不生变，您正好可以把王敦召回朝廷，让他担任中书监，不就行了。"

司马越觉得有道理。

永嘉二年（308）初，司马越任兖州牧，又兼兖、豫、司隶、冀、幽、并六州都督。不过说实话，这个时候的晋王朝，除了京师所在的司隶州，其他各州都是一片狼藉，没一处安宁，司马越这个六州都督名头虽响，却是个烂摊子。同时，苟晞任征东大将军，兼青州都督、青州刺史。补充一句，正是因为苟晞这项任命，刚当上青州刺史的王敦被召回朝廷做了中书监。

苟晞高兴了没俩月，就眼睁睁地看着兖州从手里溜走，他把司马越恨到了骨子里。人性就是这样，如果司马越刚开始没跟苟晞提兖州都督这档子事，苟晞应该会对司马越感恩戴德，但既然许诺了，过后又不给，这肯定让苟晞没法接受。

于是，司马越和苟晞这对结拜兄弟的友谊小船说翻就翻了。潘滔出了一个馊主意，司马越还欣然采纳，他根本没想到，自己把苟晞生生折腾成了敌人，还是未来最致命的敌人。

再来说一直浪迹于中原的叛民领袖王弥，他于永嘉元年（307）夏天一度攻破许昌，将这个距离洛阳最近，也是最重要的第二国都洗劫一空。而后，他又攻打洛阳，但被王衍组织的京畿中央军击退。没过多久，王弥也投奔了刘渊。中原和黄河以北数不清的起义叛乱在经过一轮又一轮的洗牌后，落败者去见了阎王，存活下来的人则纷纷聚拢到匈奴人刘渊的阵营，由此，汉赵帝国逐渐成为北方最强势力。

到了永嘉二年（308）冬，刘渊正式称帝，其子刘聪以及麾下的石勒、王弥等人的势力，席卷整个中原及黄河以北。

这个时候，原先镇守许昌的司马越又在哪儿呢？他正被辖区兖州境内的一伙叛军搞得焦头烂额，而他的结拜兄弟——手握青州兵权的苟晞自然袖手旁观，乐得欣赏这出好戏。

辅　翼

永嘉三年（309）初，东海王司马越总算平定了兖州的叛乱。算起来，他自出镇许昌，然后北伐汲桑，又驻扎兖州，迄今已有两年。眼看局势越来越乱，连许昌都被攻陷，他明白不能再放着洛阳不管了。这年4月，司马越决定返回洛阳。

有人提前告知中书监王敦："听说司马越要回京了。"

王敦小声嘀咕了一句："司马越这趟回京，免不了要杀人！"

"为何？"

"你想啊，他走了两年，这两年来陛下扶植了多少亲信？这些人跟司马越可不是一条心哪！他能忍得了这事？"

果不其然，司马越4月14日开进洛阳城，4月22日突然闯入皇宫，将中书令缪播、左卫将军缪胤、尚书何绥、散骑常侍王延等十几个被皇帝司马炽提拔起来的重臣全部处死。

尚书何绥乃是西晋开国重臣何曾的孙子。何曾原先对家人说过这样一句话："我每次觐见陛下（司马炎），陛下从不跟我谈及政务，只聊家常。这么看来，陛下的后代怕是坐不稳江山了。"继而，他指着儿子们说："你们尚且能得以善终。"又指着孙子们说："你们……唉！将来必逢乱世啊！"

何绥身首异处，哥哥何嵩抱着弟弟的尸体失声痛哭，他回想起当初何曾说过的话，仰天长叹："咱们爷爷料事如神，何其圣明啊！"几年后，何曾的后代全部死于战乱，无一人幸免。《资治通鉴》的作者司马光评论说："何曾讥讽司马炎倦怠政务，但他自己不更是奢侈无度、尸位素餐吗？既预料到孙子会遭难，上不劝谏主君，下不约束子嗣，纵然料事如神，又有什么意义呢？"

司马炽看着亲信一个接一个被杀，当场吓呆了："太傅……你、你要干什么？"

"清君侧！"司马越恶狠狠地甩出了这句话。

中书令缪播死死地拽着司马炽的衣服，希望皇帝能保护他。

然而，司马炽清楚地知道自己没这份能力："缪播……这些奸臣贼子哪个朝代都有！非从我这里开始，也不会从我这里结束，可悲啊！"随后，他默默地转过身去，不忍再看眼前的一幕。

司马越处死了皇帝的亲信重臣，又把受封侯爵的皇宫禁军将领全部罢免。他的判断方式很直接，自己这两年不在洛阳，所以但凡封侯的禁军将领，肯定都是皇帝的人。紧接着，他任命亲信何伦为右卫将军、王景为左卫将军，这两人把皇帝司马炽严严实实地监护起来。

就在司马越入京诛杀异己，攥紧皇帝的同时，天下发生了两起大祸：一起是天灾，另一起是人祸。

先说人祸，刘渊扫荡冀州黎阳，屠杀三万多人。

再说天灾，更加恐怖。一场史无前例的大旱灾席卷整个中国，居然导致长江、汉江、黄河、洛河全部枯竭，人们甚至可以徒步走过河床，实在是难以想象。

顺带提一桩趣事。三国时期，吴国重臣步骘很萌地提醒孙权说，魏国想用沙土堵塞长江上游，让下游枯竭。孙权听罢，哭笑不得，回道："如果魏国这么干，我就输给你一千头牛。"事后他又跟诸葛恪嘀咕："自盘古开天辟地以来，长江便奔流不息，哪有用沙土堵塞的道理。"孙权必须庆幸自己没活到西晋这个时候，不然他真会输给步骘一千头牛。

如今，司马越被搞得焦头烂额。放眼天下，唯有江东不乱，他必须保住一方净土，遂任命王敦为扬州刺史。

潘滔又劝："王敦野心极大，您把他派到江东，以后可就再也控制不住了！"

早年间，潘滔第一次见到王敦时便预言说："王敦面相凶狠，将来不是他吃别人，就是别人吃他……"

但司马越不这么想，他认为扬州都督司马睿和王导都是自己人，如果再把王敦派去，肯定会让江东更加稳固。

"怕什么？王敦是个老实人，起先我还让他当青州刺史呢，朝廷一道诏书，他不也规规矩矩地入朝了吗？"

司马越没听潘滔的话，坚持让王敦去了江东。虽然之前潘滔这个狗头军师出的鬼点子导致司马越与苟晞决裂，但这一次潘滔说对了。后来，司马越又想召王敦入朝，王敦死活不来了。

永嘉三年（309），王敦去了江东，跟他的一大家子王氏族人重逢。从此，王敦与王导这对堂兄弟，成为扬州都督、琅邪王司马睿最重要的辅翼。

司马睿见到王敦，脸上很高兴，可心底也隐隐有种不安。

是辅翼吗？这辅翼是不是有点太大了……

山雨欲来

永嘉元年至永嘉三年（307—309年），中原及黄河以北的局势异常纷乱。

最北部（今北京市以北）是由鲜卑拓跋氏、段氏、宇文氏、慕容氏、乞伏氏等建立的各部独立势力。总的来说，鲜卑人像一顶硕大的帽子扣在整个中国以北。鲜卑庞大，但除了极个别部族有时发动叛乱，大体上和晋朝保持友好的附庸关系。

鲜卑以南，即黄河以北的各州，由西向东盘踞着几股晋朝势力。

最西边，是凉州刺史张轨。这个人第一次出现。早在公元301年，张轨卜卦前程，预测凉州能成就霸者之业，遂主动向朝廷请命出任凉州刺史。张轨在凉州颇有作为，且一直对朝廷非常恭顺，当时，众多藩镇重臣无不借口盗贼横行（这也是事实）中断向朝廷纳贡，唯独张轨是个例外。当然，张轨只是面子工程做得很足，毕竟凉州地处偏远，他无力挽救京都洛阳和中原的动荡，只是一门心思地经营着自己的领地。

凉州东南，是担任秦州、雍州（包含关中地区）、梁州（三国时期的汉中）、益州四州都督的司马模（司马越四弟）。益州就不说了，一直在氐人李雄的掌控中，此时李雄已经称帝，建立了成汉帝国。而秦州、雍州、梁州也是起义叛乱不断，司马模根本无暇关注中原的动荡。另外，司马模虽然是司马越的胞弟，但他对哥哥也不是完全掏心掏肺，这段时间，司马越本打算调司马模回京，但司马模居然不奉诏，选择继续待在关西当土皇帝。

雍州往东是京畿地区所在的司隶州，司隶州往北的并州（今山西太原一带），是官拜平北大将军、并州刺史的刘琨，他是抵抗匈奴人刘渊最玩命的一股势力。不过，刘琨仅拥有并州北部，他和洛阳之间的并州南部已被匈奴人彻底切断，如果洛阳有什么麻烦，刘琨即便想派兵救援，也是心有余而力不足。刘琨为了避免南北两面受敌，只好与北方鲜卑拓跋氏结盟。

这里要说句题外话，匈奴人刘渊承袭"汉"这个国号，并且把蜀国后主刘禅抬出来当先祖，刘备、刘禅又自称汉朝中山靖王刘胜后裔，然而，跟刘渊势不两立的刘琨，刚好也是中山靖王刘胜的后裔。比起刘禅这个说不清道不明的后裔，刘琨是能拿得出家谱做证的。换句话说，匈奴人刘渊费了半天劲给自己找了个祖宗，没想到这个祖宗的真正后裔正跟自己死磕，其中错综复杂的关系实在微妙。

并州往东的幽州、冀州（今河北石家庄一带），是官拜司空、幽州刺史、冀州刺史、河北都督的王浚（"文籍先生"王沈的儿子，太原王氏成员）。王浚一方面与南边的匈奴人开战，另一方面与北边的鲜卑段氏结盟，并数度向鲜卑段氏借兵参与中原争斗。此前，司马颖逃离邺城后，王浚攻破邺城，屠杀八千名平民。后来在东西大乱战中，王浚派兵支援司马越攻破长安，又屠杀两万名平民。这些暴行，皆出自鲜卑人之手。

王浚与刘琨这两个晋室藩镇大员毗邻而居，但二人处得并不融洽。原来，刘琨为了抵御匈奴人，曾向北方鲜卑拓跋氏求助。拓跋氏首领拓跋猗卢派兵两万人援助刘琨，事后，刘琨与拓跋猗卢结拜为兄弟。要知道，在这个一切看利益的乱世，光结拜根本一钱不值，再怎么说也得给拓跋猗卢些好处，无奈刘琨自己一穷二白（连他的并州都只有一半领土在自己手里），实在没什么好送的。于是，他上奏朝廷将附近的代郡（今河北省蔚县）送给了拓跋猗卢。刘琨抖了个机灵，因为代郡属于幽州，实为幽州刺史王浚的领土。王浚得知后火冒三丈，从此与刘琨结下不共戴天之仇。

幽州、冀州往东的青州（今山东半岛一带），是官拜征东大将军、青州刺史、青州都督的苟晞。苟晞与朝廷首辅司马越从结拜兄弟变成了仇敌，后面还会讲到他的故事，这里就不多说了。

并州、冀州往南，囊括黄河流域的整个中原，基本全部被匈奴人刘渊建立的汉赵帝国摧残得一塌糊涂。

就在这一片匈奴势力范围内，京都洛阳，犹如沧海中的一叶孤舟，在狂风暴雨中摇曳，随时都有覆灭的危险。

纵然司马越再怎么目无君上、擅权自重，但他身为朝廷首辅，还是希望挽救晋室江山。目前，他能想到唯一有实力帮忙的，也只有自己一手提拔起来的江东势力了。

永嘉四年（310）初，司马越命驻守在江东的建武将军钱璯和扬州刺史王敦率军勤王。可是，钱璯看到匈奴人强大，根本不想去送死。在朝廷连番诏书催促之下，钱璯索性举起反旗，自称平西大将军、八州都督，又把吴国末代皇帝孙皓的儿子孙充抬出来立为吴王。王敦本有意勤王，但眼见钱璯谋反，遂又逃回建邺，回归司马睿的庇护之下。

钱璯在扬州都督司马睿眼皮子底下谋反，司马睿自然不能坐视不理，他派出部将宋典（当初帮司马睿逃出邺城的故吏）等人讨伐钱璯。可是，宋典畏惧钱璯兵力强大，不敢出击。

这给了江东名士周玘第三次露脸的机会。周玘凭借声望征募乡里义勇兵，身先士卒，进攻钱璯。宋典看周玘出动，才敢进攻。随后众人联手剿灭钱璯。这件事即是周玘"三定江南"中的第三定。周玘在江东拥有非凡的影响力，其家族势力相当强大，不过，这最终把他引向了一个悲惨的结局。

回过头说，司马越本想倚仗江东，没想到激起江东一场叛乱，他彻底没辙了。

风满楼

公元310年（永嘉四年）8月，汉赵王朝的创建者，深受汉人文化熏陶的匈奴皇帝刘渊病亡，其长子刘和继位。没过几天，一直在外南征北战、手握汉赵最强兵力的刘聪（刘渊第四子）发动政变，杀了刘和，取而代之成为汉赵皇帝。

与此同时，荆州北部的流民首领王如，聚集了五万名流民，与荆州都督山简开战。山简是西晋名臣山涛的儿子，他上任荆州都督后，整天干的事就是去"习家池"（羊祜游岘山时提到过）饮酒作乐，也是个不务正业的主。山简被王如打得惨败，随后南撤到江夏。

原本与洛阳紧邻的荆州北部宣告沦陷，如此一来，洛阳北、东、南三面完全被敌方势力包围。

永嘉四年（310）冬天，刘聪派儿子刘粲、同族兄弟刘曜、将领王弥率军四万扫荡京畿地区，石勒率军二万攻破洛阳以东七十公里处的重要关隘——氾水关。

一时间，洛阳城内人心惶惶，不少人提出迁都以躲避敌军。

太尉王衍见状，在洛阳集市出售自家牛车，以示不迁都的决心。王衍展现了所谓"气节"，虽然其一生所作所为与"气节"这个词沾不上边儿。但不可否认的是，他这番表演确实稳定了洛阳的人心，同时也把无数人推向了死路。

迁不迁都尚可再议，但眼下的局势又该如何应对呢？

东海王司马越上奏："为今之计，只有向全国各地的藩镇重臣发出诏书，请他们派兵勤王。"

"请藩镇来勤王吗？"皇帝司马炽叹了一口气，可怜兮兮地又补了一句道，"你就跟那些藩镇说，他们马上发兵或许还有救，再晚就彻底没指望了。"

勤王诏书发到了各个藩镇重臣手中。

荆州都督山简和荆州刺史王澄打算救援洛阳，但这两个只会饮酒作乐的草包在北上的路上均被流民首领王如击败。王如这支流民军后来投靠了石勒。

并州刺史刘琨与洛阳之间的通路完全被匈奴人切断，他最多只能牵制匈奴人后方，起到的作用无异于隔靴搔痒。河北都督王浚、青州都督苟晞、扬州都督司马睿更是远水难救近火，实际上，他们基本上对勤王充耳不闻。连司马越的四弟，手握雍、秦、梁、益四州兵权的司马模也没有任何动作。

最后，还是距离洛阳最远的凉州刺史张轨派了五千名义兵增援京师。除了他，再无其他藩镇勤王。

眼见固守洛阳就是死路一条，司马越决定主动出击。

永嘉四年（310）底，司马越上奏："社稷摇摇欲坠，那些藩镇怕是指望不上了。臣决定率军出征，然后集合兖州和豫州的驻军救援京师。"

司马炽虽然恨司马越，但听到司马越要舍自己而去，却是怕了。他哀求道："您是朝廷支柱，怎能离开京城？"

"与其坐以待毙，不如拼死一搏。臣若能获胜，国运还有望再兴。臣若一味固守京城，敌人越来越强大，往后就再没办法扭转乾坤了。"

司马炽挽留不住，只好同意让司马越出征。可几天后，他一看到司马越出征的架势，立刻傻眼了。原来，司马越不仅带走了洛阳几乎全部兵力总计四万大军，更是连同大部分公卿，包括太尉王衍在内，全都带走了。更甚者，司马越在军中组建行台（随军尚书台），俨然成了独立于洛阳的真正朝廷。而留在洛阳的守卫已很少。

很多人分析说，司马越此举是舍弃洛阳自己跑路。事实上并非如此，好歹司马越把妻子裴妃和世子司马毗留在了洛阳，可见他绝非想舍弃都城。东海王司马越此番出征，可谓孤注一掷。平心而论，虽然他和司马炽有那么多的矛盾，虽然他完全算不上一位忠臣，但相比"八王之乱"中的其他几位藩王要强得多。

如果真能挽救国家，完事后我必废了司马炽！或许在司马越心里是这么想的。但不管怎么说，他毕竟怀着满腔热血，倾尽所能，希望挽救国家于水深火热之中。

司马越离开洛阳后，任命右卫将军何伦监视皇帝，又任命潘滔为河南尹，主持洛阳政务。二人都是司马越的亲信。

不过，无论司马越怀着多么崇高的理想，他这一走，可以说是把洛阳掏了个空。如今，这座昔日繁华的都城已是饿殍遍地，盗贼横行。皇帝司马炽把司马越恨到骨子里。他不在乎司马越是否真为复兴皇室拼搏，他看不见洛阳城之外的惨状，他能见到的唯有眼前残破的洛阳城、残破的皇宫，以及时刻监控自己的何伦。

何伦也不是省油的灯，司马越前脚一走，他就强奸了司马炽的两个姐姐（司马炎的女儿）——广平公主和武安公主。司马炽恨得咬牙切齿。

这个时候，竟陵王司马楙（司马孚的孙子，司马望第四子）还嫌不够乱，向司马炽谏言道："臣打算暗中纠合侍卫讨伐何伦。"

司马楙早在杨骏掌权时阿附杨骏。杨骏倒台后，他仗着和司马繇（司马伷第三子，司马睿的三叔）的私交免受牵连。司马囧掌权时，司马楙受命担任徐州都督。荡阴之战，司马越战败，逃到徐州，司马楙拒不接纳司马越，把司马越轰回青州东海国老家。到了司马越与司马颙展开大乱战时，司马楙首尾两端，摇摆不定。司马越胜利后，司马楙向司马越低头认错。他没被司马越杀掉已经很幸运了。不要认为司马楙替皇帝出头就是忠于皇室，他的目的是搞死司马越。其实，以当下的局势来看，唯有皇帝和司马越不计前嫌，携手共进退，才能勉强赢得喘息之机。司马楙这么火上浇油地添乱，无异于把晋王朝往火坑边凿实地踹了一脚。

洛阳城中所剩无几的留守兵力都忠于司马越，司马楙讨伐何伦以失败告终。

何伦一脚踹开皇宫的大门，逼问司马炽："陛下是否授命司马楙行刺臣？"

司马炽吓得要死："我根本不知道这事。"

何伦懒得再跟皇帝理论。他率军围剿司马楙，把司马楙打得抱头鼠窜。

再说司马炽被司马楙这么一挑拨，反而激起了心中的斗志。就算在洛阳等死，也要让司马越陪我一起死！

这位皇帝彻彻底底被愤怒冲昏了头，他气疯了。

项城故事

晋帝国分崩离析，危在旦夕，皇帝司马炽唯一能指望的就只有东海王司马越。然而，司马炽对司马越只有恨。恰在这时，他发现还有一个人对司马越恨之入骨。

就在不久前，青州都督苟晞怨气满腹地上了一封奏表："潘滔屡次三番在朝廷里诋毁臣，臣实在忍无可忍，请太傅主持公道，杀掉这个搬弄是非的小人。另外，希望太傅能割爱，让刘洽（司马越的幕僚）来青州协助臣。"潘滔、刘洽都是司马越的左膀右臂，司马越一概拒绝。这事终于让苟晞与司马越这对结拜兄弟公开决裂。随后，苟晞列数司马越的罪状，写成檄文发往各州郡。

当时，苟晞的处境并不怎么样，他刚刚在青州被汉赵将领曹嶷打得惨败，逃到兖州，好不容易重新征募了几千人，算缓了一口气。如果皇帝司马炽理智一些，就该劝苟晞放下私人恩怨，全力对付匈奴人，可是，司马炽自己被仇恨蒙蔽了双眼，反而给苟晞下达密诏，授命苟晞讨伐司马越。

无论怎么说，太傅司马越是去对付匈奴人的，而司马炽身为皇帝，居然撺掇苟晞放下匈奴人不管，去对付手握四万大军的司马越，不折腾到死绝不罢休。

再说司马越这边，他离开洛阳后进驻豫州项城，自任豫州牧，同时又给各州发送檄文，请求藩镇大员勤王。结果，没有一个人响应。

不只没人勤王，还有人拆他的台。

公元 311 年（永嘉五年）2 月，司马越一连截获了两封密信。一封是司马炽让苟晞讨伐自己的密诏，另一封是驻守淮南的镇东将军周馥上呈给朝廷的奏疏。这两封密信都足够让司马越堵心。

前文讲过，司马越在军中组建行台，也就是说，他这里才是真正的朝廷，可周馥还是认死理，直接跟洛阳沟通，视司马越的行台如无物。

如果这算司马越小心眼，那么请再看这封奏疏的内容："臣与僚属华谭（江东陈敏谋反时曾写信骂过顾荣）等人计划请陛下迁都到淮南寿春城。寿春城北有涂山，南有灵岳，地势险要，且漕运四通八达。臣甄选三万名精兵奉迎陛下，另准备了十五万斛米、十四万匹布绢，以供皇室开销。黄河以北可交给王浚、苟晞，黄河以南则可交给臣。"

司马越看着周馥的奏疏，气得浑身发颤。前些日子他发檄文召周馥勤王，周馥推托说手里没兵不来，这下凭空冒出三万名精兵、十五万斛米、十四万匹布绢，全都要送给皇帝卖人情。还说黄河以北交给王浚、苟晞，黄河以南交给周馥，明摆着是没拿自己当回事。

司马越火冒三丈，当即下令淮南太守裴硕攻打周馥。

裴硕干不过周馥，向驻守在江东建邺的司马睿求救。司马睿本来就属于司马越派系，纵然他无意插手中原纷争，但看在司马越和裴氏的面子上，还是派出甘卓帮忙。不过十来天，甘卓打败了周馥，周馥逃到豫州，被司马越的军队捕获。没几天，周馥气愤而死。

周馥上呈给朝廷的奏疏中宣称自己有三万名精兵，而甘卓这么快就击败周馥，可见江东司马睿的实力之强。然而，甘卓扫清了淮南这个属于江东自家门口的麻烦后，没有去跟司马越会合，而是又回到了司马睿身边。很显然，司马睿虽然是司马越的人，但根本不想过多参与中原那些乱七八糟的事，只想专心致志地经营江东。在他心里，无论是司马越还是朝廷，都跟自己没太大关系，唯有江东才是未来。

几年后，中原越来越乱，曾跟周馥混过的华谭也逃到了江东。

司马睿质问华谭："你当年跟周馥有过交情，你说说周馥为什么要谋反。"

华谭回答："周馥提议迁都是想挽救晋室，只因那些藩镇大员各怀心思，才导致失败，给他扣上谋反的罪名，实在不妥。"这话隐隐有指摘司马睿的意思。

司马睿又追问："周馥身为一方重镇，朝廷宣召他都不去，又没起到匡扶社稷的责任，难道还不是罪人吗？"

"周馥的确没能匡扶社稷，但要这么说，所有跟他一样的藩镇重臣都该受到谴责！"

华谭堪称敢于直言的义士，他这番话让司马睿听了很不舒服。另外，由于他早年辱骂顾荣屈膝于陈敏，跟顾荣结下私怨，导致顾荣时常排挤华谭。后来，华谭在江东过得很不得志，晚年又被司马睿罢免，郁郁而终。

总而言之，司马睿帮司马越铲除了周馥，但充其量是扫清自家门前雪，并没有帮忙到底的意思。

东海王司马越算是众叛亲离了。

3月，苟晞派五千名士兵进驻洛阳，抄了司马越的后院。司马越留在洛阳主持政务的河南尹潘滔被苟晞通缉。潘滔逃亡，后不知所终。

皇帝司马炽跟苟晞一开始只是偷偷摸摸地沟通，有了苟晞的军队撑腰，他的腰杆也硬了起来。4月，司马炽正式下诏，任命苟晞为大将军，同时昭告天下，讨伐司马越。

没过两天，太傅司马越获悉了这封讨伐自己的诏书。司马越彻底寒了心。再怎么说，他一直努力地对抗汉赵帝国，可如今他最大的敌人，除了汉赵帝国，还有他亲手拥立的皇帝和他提拔起来的结拜兄弟，准确地说，是打了个折扣提拔起来的结拜兄弟。

一切都变得没意义了，等死吧！

司马越觉得嗓子眼像堵了一块石头，他拼命干呕，想把石头吐出来，他尝到嘴里充满了又腥又咸的味道。哇的一声，他喷出一大口鲜血，旋即昏倒在地。

几天后，司马越迷迷糊糊地醒了过来，映入眼帘的是一脸哀伤的王衍。

"我要上朝！我要诛杀逆贼苟晞！"司马越奋力用拳头捶着床沿。

"太傅，您忘了吗？这里是豫州项城，不是洛阳啊……"

"豫州……项城……"豫州项城……司马越落下了眼泪。这里难道不是天命之地吗？想当初，他的伯祖父司马懿，堂伯司马师、司马昭都曾驾临项城，平定了淮南三起叛乱，从此奠定了晋室的根基。今天，身为晋室最强藩王的自己，也来到了项城，却是无奈地目睹晋室走向穷途末路。

我要死了，死在祖辈开创基业的地方……

"夷甫（王衍字夷甫）……"司马越突然紧紧地握住王衍的手，"我原本希望跟你一起安定天下啊！"

司马氏与琅邪王氏的天下。其实，不消司马越说，王衍心里又何尝没有过这样的构想？一个听起来无比振奋人心的构想。但如今，这个构想即将幻灭了。

"我死后，你替我统领全军，要怎么办，你自己决定吧……"

"太傅……"王衍心里想说所托非人，自己不是这块料，可他实在不忍说出口，只是一个劲儿地痛哭流涕。

公元311年（永嘉五年）4月23日，东海王司马越获悉皇帝下诏讨伐自己十几天后，在豫州项城忧愤而死。

这位司马炎的族弟——东海王司马越是"八王之乱"中的最后一位藩王，他的死，意味着"八王之乱"正式宣告结束。客观地说，司马越跟之前那几个和白痴没两样的藩王比起来，算是有追求、有理想、有作为的。他擅权自重、诛杀异己，但的确蛮拼的，或许也是因为国家濒临崩溃，容不得他再视而不见了。司马越掌权期间有两个最大的败笔：其一，他没有维系好跟皇帝司马炽的关系，既然拥立了成年皇帝，就该保持应有的尊重，如果做不到，那还不如拥立一个孩子来得省事；其二，他没有笼络住结拜兄弟苟晞，既然许诺了就要给，给了就别打折扣，这是人际关系的基本常识。结果，司马炽和苟晞最终令司马越后院失火。

没过两天，留守洛阳的何伦率先获悉主子司马越的死讯，没敢声张，因为朝廷一旦知道司马越已死，肯定会向自己和司马越的家人下黑手。于是，他带着司马越的遗孀裴妃、世子司马毗以及大批忠于司马越的宗室藩王逃出洛阳。这帮人往东南方向跑了一百多公里，在洧仓一带被石勒截住。包括司马毗在内的三十六个藩王全部被杀，只有何伦、裴妃少数几人侥幸脱险。后来，何伦跑到徐州藏匿起来，裴妃颠沛流离，最后沦为奴婢，被人卖来卖去。又过了十来年，裴妃辗转逃到江东，投奔司马睿。司马睿感念当年裴妃帮忙说好话让自己顺利下江东的恩情，好生安顿了裴妃。他又得知裴妃的儿子全都死于战乱，遂把儿子司马冲过继给了裴妃。

司马越死了，司马炽和苟晞就能高兴得起来吗？当然不会。很快，他们也将迎来自己的末日。

二十万尸骨

"东海王薨，现在唯有靠王太尉主持局面了。"驻扎在豫州项城的官员群龙无首，眼巴巴地看着王衍。

眼见这阵势，王衍吓得面无血色，连连摆手："我年轻时就没有做官的意愿，无奈这些年身不由己升到三公高位。统率全军的重任，怎能交给我这样一个没有才能的人？"到了危急存亡的关头，这位当朝宰辅、太尉王衍，居然说自己没有做官的意愿，着实令人汗颜。

众人无奈，又推举司马范（司马玮的儿子）担任全军统帅，司马范也不敢接受。这下，所有人都没辙了。无论如何，几万人不能就这么在项城干耗着，最后，王衍等公卿一合计，决定先带着司马越的棺椁去青州东海（司马越的藩国）下葬。如果天下太平，他千里迢迢给司马越送丧还能说有情有义。可当时天下大乱，整个中原都被汉赵帝国的势力肆虐，其中汉赵帝国实力最强的石勒就驻扎在豫州项城附近，王衍不去迎敌打仗，反而带着一大票人远赴青州给司马越送丧，对于他这个决策，实在没法评价。

公元 311 年（永嘉五年）5 月，王衍偕同大批公卿官员，率领四万大军离开豫州项城，往青州东海国行进。他们向东北走了六十多公里，抵达宁平城（今河南省郸城县东北）时被石勒的羯人骑兵追上了。

按说石勒的军队数量并不及王衍，但四万晋军毫无战心，又没统一指挥，纷纷掉头逃跑。羯人骑兵四下包抄，将晋军团团围住。晋军部分士卒和将领弃甲投降，可石勒不理那一套。

"放箭！"

羯人拉弓张弩，铺天盖地的箭雨射向晋军。顷刻间，成批成批的士兵中箭倒地，尸体堆积如山。晋室最强大的一支生力军，就因王衍的不作为毁于一旦。

史书讲，宁平城之役共战死十几万人。司马越从洛阳带走了四万中央军，就算他在豫州项城又聚集了当地驻军，总数也不可能高达十几万。那么，十几万这个数字从何而来？《晋书》明确解释，这十几万人包含了"王、公、士、庶"，也就是说，大批平民、官吏、贵族死于这场屠杀。

石勒获胜后，又在当地屠杀了数万百姓，更令人发指的是，他将所有俘虏尽数烧死，并将烤熟的人肉充当军粮，供羯人食用。

一场仗下来，石勒总计杀了二十万人。

这里介绍一下羯人。羯人的长相与汉人有很大不同，深眼窝、高鼻梁、多须发，据考证，他们是汉朝时随匈奴人迁居中原北方的中亚人种。前文说过石勒出身奴隶，其实不光石勒，当时绝大部分羯人都是匈奴人和汉人的奴隶，常年被奴役的生活让羯人心中积压了海量的仇恨。宁平城的屠杀惨案绝非个例，石勒在行军打仗时拿汉人充当军粮几成惯例，被俘获的汉人女子有个专门的称呼——"两脚羊"，想奸就奸，想吃就吃。

八年后，公元319年，石勒的势力越来越强，遂脱离汉赵，自称赵王。又过了几年，石勒灭掉汉赵。公元330年，石勒称帝，创建的王朝史称为"后赵"，这是为了和匈奴人建立的"汉赵"相区分。后赵势力最强的时候，完全囊括了整个长江以北，与长江以南的东晋南北对峙。石勒死后，侄子石虎发动政变，杀了石勒所有的儿子并夺取皇位。后赵的皇帝一代比一代凶残，不打仗的时候也经常吃人，虐杀汉人更是家常便饭。在长江以北，汉人几乎到了被灭族的地步。

君子不立危墙之下

宁平城之战结束后，王衍和大批公卿、皇室藩王都被石勒俘获。

"启禀将军，我们捡到了司马越的棺材。"

"哦？"

石勒转了转眼珠，决定在那些晋朝俘虏面前作一场秀："把司马越的尸体拖过来，浇上油，再给我拿个火把。"

羯人依令照办。少顷，司马越的尸体被拖到石勒和晋朝的俘虏面前。

石勒高举火把，言道："你们看看，就是这个人祸害世间，今天我要烧了他的尸骨，告谢天地！"说罢，他将司马越的尸体点燃。伴随着滋滋声，一股恶臭的浓烟升起，王衍等人吓得哆哆嗦嗦，大气都不敢出，更不敢抬眼去看石勒。

石勒扫视着俘虏，咧嘴一笑："怕什么？我不是还没杀你们吗？现在，我想听你们讲讲，强大的晋国为什么会变成今天这副德行。"

王衍听到这话，意识到自己表现的机会来了，他谨慎地抬起头，这才总算看到石勒的相貌。石勒鼻梁高高隆起，眼窝很深，满脸卷曲的胡须，尽管浑身脏兮兮的，但还是能看出肤色比汉人白得多。王衍并非第一次见到羯人，但对他来说，所有羯人大抵长得都是一个样子。

"既然石公想听，就由臣来说好了……"王衍侃侃而谈，越说越来精神，他从晋朝开国之初讲到司马炎硬扶司马衷上位，又讲到贾南风专权，然后历经"八王之乱"，列数每场动乱的缘由始末，把晋室衰败的过程分析得头头是道。其间，他反复强调自己无心出仕，且不参与朝廷政务。总而言之一句话，晋室衰败跟自己没半点关系。

王衍一边说，一边察言观色。他从石勒举手投足之间，看出石勒对自己口才的欣赏，同时也看出石勒暗藏野心，绝不是个甘愿屈居人下的人。于是，他鼓足勇气，说了一句话："石公您有经天纬地之才，当世无人能及，可您为匈奴人卖命，这难道不是屈才吗？依我看，您完全可以称王称帝，建立一番伟业啊！"

石勒本来听着王衍这番天花乱坠的讲述，正觉得意犹未尽，直到听到最后这句话，他猛地警醒过来："放肆，休要胡言乱语！"

这些年，石勒南征北战，凭战功官拜汉赵帝国并州刺史、镇东大将军、汲郡公。一方面，他已到了功高震主的地步；另一方面，他也的确有自立为王的想法。当时，石勒的势力遍布北荆州和豫州，他想过独立，但最终还是听了谋臣的话，以时机不成熟作罢。处在这样的立场，他极担心遭到汉赵皇帝刘聪的怀疑。而今，王衍居然劝他独立，这话要是传出去，岂不是给自己惹麻烦吗？

他当场翻脸，指着王衍骂道："你名冠天下，大半辈子游走于仕途，现在头发都白了，怎么敢说自己无心参政？祸害天下的就是你这种人！"

说罢，他让手下将王衍推了出去。

待王衍离开后，石勒问幕僚："我闯荡天下多年，从没见过像王衍这么能说会道的，你说，我该不该留着他？"

幕僚回答："王衍位居晋朝三公，一定不会为我们所用，杀他不足为惜。"

"说得是。"石勒点点头，"不过，王衍这些人毕竟是大名士，不宜刀剑加身。"

当晚，石勒命人将王衍等公卿逼到一堵高高的危墙之下。

"你、你们要干什么？"王衍吓呆了。

"石公开恩，不用刀剑杀你，你该知足了！"随即，墙后的羯人士兵奋力推墙。只听得轰隆隆一声巨响，危墙坍塌，巨石滚滚而落，砸得王衍头破血流。王衍踉跄跌倒在地上，口吐鲜血，他头顶的星空很快被巨石盖得严严实实了。

被压在巨石下的王衍，想起孔子说过"君子不立于危墙之下"，或许……自己本来就不算个君子吧。他卓绝的口才再无人能倾听，临死之际，他只对自己说了一句话："这一切，的的确确是我的责任啊……"

王衍死时五十六岁。

几十年后，东晋重臣庾翼这样评价王衍："王衍号称前朝风流名士，但他追求虚名的行为实在令我鄙薄。如果他认为当今世道衰败，那么一开始就该选择隐居避世，可他一再谋求高位。既然名位显赫了，就该专心治理天下，可他又空谈误国。等到晚年，又贪图安逸，专谋自保。但凡贤明君子，都不该赞同他的行为。"

东晋权臣桓温北伐时，目睹中原一片萧瑟残破，愤慨言道："国家沦丧，中原变成废墟，王衍这帮人脱不了干系！"

袁宏试图为王衍开脱，辩解说："国运自有兴衰，这也不一定就是他们的错。"

桓温听罢，脸色骤变，言道："我听过一个故事。东汉末年，荆州牧刘表养了一头千斤大牛，吃的饲料比普通牛要多十倍，但负重行远，还不如一头羸弱的母牛。你猜后来怎么着？"他怒目瞪着袁宏，"曹操攻破荆州后，就把这头千斤大牛给杀了！"桓温用这故事吓唬袁宏，警告他不要当千斤大牛。其实，王衍不正是西晋的千斤大牛吗？

曾经，司马氏与琅邪王氏联手的政治格局，就这样随着司马越和王衍相继死去而告终。可是，无论是司马越还是王衍，他们绝想不到，自己仅仅是这一构想的引路人，而真正的"王与马"，此刻还在江东耐心蛰伏着呢。

非正规迁都计划

晋室最强的一股势力在宁平城被石勒歼灭，而早在之前，青州都督苟晞也被汉赵将领曹嶷打败，逃到了兖州。苟晞眼见洛阳撑不了几天，遂建议司马炽放弃洛阳，迁都到兖州仓垣（今河南省开封市南，距离洛阳一百六十公里）。

司马炽早就想离开洛阳了，之前司马越还活着的时候，他受制于河南尹潘滔，自己做不了主，如今司马越已死，潘滔也不知道逃到哪儿去了，朝廷终于把迁都这个事提上了议程。经过商量后，大家打算从水路走，司徒傅祗先去洛阳城北二十五公里处的河阴县（黄河南岸）筹备行船。

几天后，司马炽估计傅祗准备得差不多了，决定动身启程。

河阴县离洛阳很近，但这段行程对于司马炽来说无比凶险。因为此时，别说是洛阳城外，就连洛阳城内，也是流寇横行，没一处安宁，而朝廷已经穷到连一辆马车都找不出来，更别提调兵护卫了。

公元 311 年（永嘉五年）6 月，在一个月黑风高的深夜，司马炽与几十名朝臣匆匆收拾好行装。他们没有一兵一卒保护，自然不敢大张旗鼓地走皇宫正门，而是从皇宫正南门旁边的掖门偷偷潜了出来。掖门外面对的是一条南北走向，长约一千六百米的笔直街道，在这条街道最北端，也就是靠近皇宫掖门的地方，矗立着两个汉朝时铸造的铜骆驼，铜驼街由此而得名。二十年前，尚书郎索靖曾摸着铜骆驼叹道："恐怕这里将要荆棘丛生了……"那时节，铜驼街是洛阳最繁华的一条主干道，现在，一如索靖预料的那样，到处是破屋烂瓦，杂草丛生。

铜驼街最南端直通洛阳城南的宣阳门，众人便是打算顺着铜驼街从宣阳门逃出洛阳城。司马炽有日子没出皇宫了，眼前这触目惊心的破败景象让他不禁打了个寒战。

"陛下，快走吧！"从人拽着司马炽的衣袖，匆匆向宣阳门跑去。

一片乌云遮住月光，不远处传来杀人抢劫的叫嚣声和凄惨的呼救声，给这本来就萧瑟残破的城池添上一股厚重的杀气。

司马炽一路小跑，一个没留神，差点撞在前头开路臣子的后背上。

"怎么突然站住了？快走啊！"司马炽一边抱怨，一边推搡。

"陛……陛下，咱们走不了了。"

后面的众人，包括司马炽在内，才发现前面几十米开外的黑暗中站着一伙人。

头顶的乌云渐渐飘走了，月亮重新露了出来，月光挥洒在铜驼街上，照亮了刚刚黑暗的角落。出现在司马炽面前的这伙人，个个饿得骨瘦如柴，他们曾经是安分守己的京城市民，如今则是为了活命不得不杀人放火的强盗。强盗纷纷举着刀剑，瞪着血红的双眼，向司马炽等人冲了过来。

"跑！"

往哪儿跑？还能往哪儿跑？只能往皇宫跑。

司马炽一票人吓得魂飞魄散，拔腿就往回狂奔。掖门守卫远远望见这阵势，赶紧打开宫门，放皇帝和朝臣进了宫，然后又关闭宫门，将强盗挡在宫外。

很不正规的迁都计划就这样告吹了。司马炽再也不敢迈出皇宫半步，他背靠着皇宫城墙，捶胸顿足。这算什么世道？身为皇帝，居然在皇宫门口被强盗打劫，连出城都不行。

世道的确乱得一塌糊涂，事实上，并非只有百姓沦为盗贼，朝廷也是一样。驻守在河阴的度支校尉魏浚率领一伙民兵，四处打家劫舍。魏浚把抢来的粮食供奉皇室，司马炽的生活才得以为继。总之，在那个混乱的年代，官民与强盗是随时可以调换身份的。他们这么辛苦，无非为了活下去。

永嘉丧乱

洛阳城里的百姓和朝廷靠着互相抢来抢去苟延残喘，与此同时，汉赵皇帝刘聪也向他的几个主要将领呼延晏、王弥、刘曜、石勒下达了总攻洛阳的命令。前面讲过出身羯人奴隶的汉赵镇东大将军石勒，这里顺便介绍其他三位。

王弥是汉人，祖上是魏朝官吏，但到了他这一代，因为实在混不下去，沦为流民叛军的头领。两年前，王弥投奔汉赵帝国后，官拜征东大将军，常年浪迹中原抢东抢西，并一度攻破过许昌，进逼洛阳。

呼延晏是匈奴人，不像石勒和王弥那样常年在外征伐，而是一直待在汉赵帝国的大本营并州平阳（今山西省临汾市西北）担任卫尉。这一次，他临时受拜汉赵前锋大都督、前军大将军，亲率二万七千中央军从并州南下洛阳，作为代表刘聪协调各支军队的朝廷势力。

最后说刘曜，他也是匈奴人，且属于刘氏皇族。刘曜小时父母双亡，被刘渊抚养长大，与绝大部分匈奴刘氏皇族一样，自幼饱受汉学文化熏陶。《晋书》记载，刘曜工草书、隶书，博览经史，兵法倒背如流，膂力过人，能一箭射穿厚达一寸的铁板，绝对是能文能武。另外，他的志向也不小，经常把自己比作古代名相乐毅、萧何、曹参。不过，汉赵皇帝刘聪却不这么想，他竟把刘曜比作曹操、曹丕父子，可见，在刘聪眼里，刘曜是个有枭雄气概的人。此时，刘曜还只是初出茅庐，官拜汉赵建威将军。

公元 311 年（永嘉五年）6 月，呼延晏横扫河南郡，与京畿地区零星散落的晋军民兵进行了大大小小十二场战斗，屠杀三万多汉人。该月底，呼延晏兵临洛阳城下，不出两天就攻破了平昌门（洛阳正南门）。他进城后放火烧毁东阳门（洛阳正东门）、宣阳门（洛阳偏南门）以及各处官署，又在城内抢劫了三天，劫持了两百多名贵族女眷。随后，呼延晏大概觉得自己没等同僚到齐就先占便宜有点说不过去（实则是害怕得罪那几个强势同僚），于是，从被烧成废墟的东阳门撤出，驻扎在洛阳城外，等待刘曜、王弥、石勒的到来。趁这时候，他又将洛水沿岸的船只烧得一干二净，以防晋朝皇帝逃脱。

没几天，王弥和刘曜相继抵达洛阳城下。王弥驻守在城南，刘曜驻守在城西。

这里要注意，驻军在城南的王弥捡了个大便宜，因为早在他抵达洛阳之前，呼延晏就先行攻破了正南平昌门，又烧了偏南宣阳门，也就是说，王弥面前的洛阳城门根本就是完全敞开的。这些天，要不是等石勒，王弥随时都能进城。

很显然，石勒迟到了。准确地说，他根本就没打算来洛阳。这个曾屠灭晋室最强势力的羯人担心自己功高震主，眼见汉赵主要将领齐聚洛阳城下，并不想去蹚这趟浑水，一直在洛阳城东几十里开外晃荡来晃荡去。

7月13日，大家决定不等石勒了，汉赵大军开始攻城。

王弥面前的南城门早被呼延晏攻破过，他根本不用攻就第一个冲进城去，玩命奔向财富的聚集地——皇宫。驻守在洛阳东门外的呼延晏也无须攻城，几天前，他就把洛阳东门烧了。不过，呼延晏并不着急，因为洛阳城已被他洗劫过一轮，如今，他要做的就是保持低调，不显山不露水，跟在王弥屁股后头捡漏就行。

而驻军在洛阳城西的刘曜就不太走运了。他面前的西明门（洛阳正西门）基本完好无损，要攻破不得不花些时间。等他进入洛阳城的时候，王弥已躺在皇宫的财宝堆里打滚了。如果刘曜现在去皇宫，显而易见，王弥和呼延晏连渣都不会给他剩下。于是，他另辟蹊径，直接冲到洛阳城东北角的武库，捡了些军备物资，也算得了个安慰奖。

恰在此时，刘曜突然得到一个消息，王弥虽然第一个进皇宫，却没逮到晋朝皇帝司马炽。此刻，司马炽正潜入皇宫北部的华林园，企图从皇宫北门逃出去。俗话说，来得早不如来得巧。要知道，洛阳城东北角的武库距离皇宫北门那可是相当近。刘曜当机立断，火速从皇宫北门冲进华林园，把司马炽逮了个正着。

刘曜近水楼台先得月，俘获晋朝皇帝，随后也进入皇宫。虽然他早有心理准备，知道王弥不会给自己留下什么，但看到眼前一片狼藉的景象仍怒从心头起。

到处都是王弥的人。

"你！过来！"刘曜随手揪住一个王弥的士卒，"去跟王弥说，让他适可而止！"言外之意，给我也留点儿。

士卒去传话了，但过了半天，什么回应都没有，王弥的人继续打砸抢。

刘曜压不住火，砍死了一名王弥的部将。王弥也不受这窝囊气，当即与刘曜开战。汉赵军队攻破洛阳城几乎毫发无伤，可这场私斗死了一千多人。眼看局面闹得不可收拾，同僚出面劝和，二人才勉强压住火气，气氛暂时和缓。

第二天，皇宫早被王弥和呼延晏搜刮了个干净，什么都没给刘曜剩下。刘曜只好大开杀戒来泄愤，他一天就屠杀了三万多人，并在洛水河畔构筑"京观"。太子司马诠、司马晏（司马炎第二十三子）、司马楙等宗室藩王全死于此难。

这里，讲讲王衍的小女儿、昔日司马遹的太子妃——王惠风的结局。先前，当司马越、王衍前往豫州项城时，王惠风和大部分官员家眷一样留在了洛阳。洛阳沦陷时，刘曜俘获王惠风，并将她赏赐给部将乔属。乔属想纳王惠风。王惠风誓死不从，指着乔属骂道："我是太尉的女儿、皇太子的妃子，就算死也不能被你这胡人侮辱！"乔属一怒之下将王惠风砍死。

王衍与王惠风，这父女二人在临死前的表现可谓反差鲜明。

再说刘曜。他在皇宫里见人就杀，把对王弥的怨气肆无忌惮地发泄在晋室贵胄和朝廷公卿身上。这天，他漫无目的地四处转悠，不知不觉来到弘训宫门前。刘曜迈步进宫，只见一个蓬头垢面的女人蜷缩在墙角瑟瑟发抖。

"抬起头，让我看看。"刘曜拨开她脸上脏兮兮的头发，寻思如果相貌差，就一剑刺死。可当他仔细端详这女人，不禁呆住了，他从没见过这么美的女人。

"你是谁？"

"惠皇后，羊献容。"这是一位被人五废五立的传奇皇后，她原本就生得风姿卓绝，又因经历过太多事，更散发出一股超越寻常女人的韵味和气场。

刘曜看得神魂颠倒。

羊献容也目不转睛地盯着刘曜看。她很清楚这个以汉人文化装点外表，骨子里却透着野性的匈奴人是个十恶不赦的浑蛋，不过，这浑蛋与司马颖、司马颙、张方那些欺负过自己的人不太一样。羊献容从刘曜的眼神中看出对方内心的渴望，她有种预感，自己能驾驭这浑蛋，而自己的命运也将因此发生改变。

刘曜缓缓收起剑，只说了一句话："往后，你就跟着我。"

羊献容点点头，用袖子擦了擦脸上的污垢，将过往的晦气都擦了去，瞬间显得光彩夺目，随后，她站起身，紧紧跟在刘曜后面，头也不回地走出了弘训宫。

没几天，洛阳城里的东西都被抢光了，人也被杀光了。刘曜下令火烧洛阳城。

王弥一听急了，心想：洛阳是历经汉魏晋三朝的国都，如今好不容易搞到手，难道就是为了烧着玩吗？真是暴殄天物。这些匈奴人号称深受汉人文化熏染，但骨子里依旧不改游牧族群那一套低俗气。他劝刘曜道："洛阳是天下的中心，宫室完备，我建议上奏陛下，请陛下把国都从平阳迁到洛阳来。"

刘曜言道："洛阳四面平原，无险可守，哪里能做得了都城？"他不听王弥的话，一把火将洛阳烧成了灰烬，然后把晋室皇帝司马炽押送到汉赵国都并州平阳。

这场发生在永嘉五年的大劫难，史称"永嘉之乱"。其实，早在元康年间，也即是贾南风掌权时代，司马遹的幕僚江统就预料到会发生这样的惨剧。江统认为胡人"非我族类，其心必异"，大批胡人散布在中原各州与汉人杂居，势必对国家稳定造成威胁，他提出将胡人赶到塞北之外，但朝廷没有采纳。

另外，司马炎为强化中央实力，同时也为全力发展民生，下诏削减各州郡驻军数量，这也导致了胡人南犯时，中原各地难有还手之力。

紧跟着"永嘉之乱"而来的是另一起历史大事件——"永嘉南渡"。中原人眼见国都沦陷，纷纷携家带口南迁到江东，这是一场规模空前、史无前例的民族大迁徙。南迁人数高达百万人，其中不乏太原王氏、颍川陈氏、颍川庾氏、琅邪诸葛氏等世家高门。他们把中原的文化、技术、财富都带到了江东。

到此时，司马睿的首席重臣王导彻底看清了形势，中原复兴再无希望，江东必将崛起。他劝司马睿抓住这个千载难逢的机遇，大规模延揽江北士人。按照规定，州都督本无权自己任命僚属，但现在连皇帝都被俘了，自然可以把规定当成耳旁风。没多久，司马睿的幕僚团就扩充到一百多人，时人号称"百六掾"。

永嘉离骚

按说国都沦陷，皇帝被俘，晋王朝应该就算玩完了，但百足之虫死而不僵，全国各地残存着几支晋室势力，这些势力依旧代表晋王朝与匈奴人顽强地抗争着。

首先说之前被司马炽派到河阴准备船只的司徒傅祗。早在魏朝时，傅祗的父亲傅嘏在司马师死后将十二万魏军交到司马昭手里，帮司马昭立下"定都"大功，如今，傅祗要再续父辈的丰功伟绩。他在河阴组建行台（临时尚书台），传檄各州郡，试图征募义军营救皇帝司马炽。一年后，河阴政权遭到刘粲（刘聪的儿子）的攻击，傅祗突发急病去世，享年六十九岁。河阴政权宣告瓦解。此前不久，坐镇关中的司马模也为刘粲所杀，汉赵帝国的势力范围一度扩张到了关中地区。

驻扎在兖州仓垣的青州都督苟晞同样组建行台，并把逃到自己领地的司马端（司马炎的孙子，司马遐之子）奉为皇太子。苟晞曾多次与匈奴人开战，其中不乏胜绩，也算当时屈指可数的名将，但他性格残暴，杀人成瘾，领地内的人稍有犯法就被他斩首，治下百姓称他"屠伯"。苟晞政权仅存在两个月即被石勒攻破。苟晞为石勒所杀。同时，石勒又刺杀同僚王弥，兼并对方的军队，实力大盛。

就连远在北方的幽冀二州刺史、河北都督王浚（"文籍先生"王沈之子，太原王氏成员）都组建了行台，立了一位"莫须有"的不知姓名的皇太子。王浚和苟晞一样，执政苛刻残暴，致使大批百姓北逃到鲜卑人的势力范围。王浚也有自己称帝的想法。石勒摸清王浚的心思，假意支持王浚称帝以博得信任。三年后，公元314年，王浚主动邀请石勒进入幽州蓟城。石勒一进城就把王浚灭了。

司空荀藩（西晋重臣荀勖次子）、光禄大夫荀组（荀勖三子）、中护军荀崧（汉末名臣荀彧玄孙，西晋重臣荀颙侄孙）等人在豫州组建行台，奉时年十二岁的司马邺（司马炎的孙子，司马衷和司马炽的侄子）为皇太子，并推举琅邪王司马睿为勤王盟主。一年后，司马邺逃奔关中。雍州刺史贾疋（魏朝谋略家贾诩的曾孙）率领两万氐、羌、汉人联军大破刘曜的匈奴军，重新夺回长安城，将司马邺保护起来，以期延续晋室社稷。而荀藩、荀组等人不想远离故土，留在豫州开封继续苦撑着荀氏行台。

在所有势力中最强大的，自然非江东霸主司马睿莫属。由于宁平城和洧仓两场屠杀中总共死了五十多名藩王，洛阳陷落后藩王又死亡不计其数，原以为怎么杀都杀不光的司马皇室成员终于成了稀缺资源，而司马睿，他本来作为皇室疏亲没几个人搭理，如今却成了藩王中的代表。不过，司马睿无心关注中原祸乱，他把目光正瞄向长江以南、扬州以西的江州，做好了扫荡整个江南的准备。

回过头来说被匈奴人俘获的西晋皇帝司马炽，他被刘曜送到了汉赵帝国的国都并州平阳城，并没有被汉赵皇帝刘聪处死。刘聪到底受过汉式教育，他把司马炽封为会稽公，养了起来。

刘聪跟司马炽可说是老相识，他回忆起往昔的经历，对司马炽言道："几年前，你还是藩王的时候，我和王济曾拜会过你。你说久闻我大名，还把你写的乐府歌拿给我看，接着又跟我比试箭术，我射中十二筹，你和王济射中九筹，这些往事，你可还记得？"那时节，刘聪能跟司马炽搭上关系算是攀高枝，而今，刘聪当上皇帝，司马炽却成了阶下囚。

司马炽战战兢兢地答道："臣怎敢忘记？只恨臣当初有眼无珠，看不透您才是真命天子。"

刘聪又问："你们家骨肉相残，怎么能到如此地步？"

"唉……"司马炽无奈地叹了一口气，"上天属意大汉（指匈奴汉赵王朝），所以帮陛下摧毁晋室，如果我家族能像武皇帝（司马炎）时那么和睦，恐怕陛下就得不了天下了！"

刘聪开怀大笑，当下把自己的贵人赐给司马炽做夫人。

然而好景不长。时隔仅半年，一次酒宴中，刘聪不改匈奴人的乖张劣习，竟让这位前朝皇帝穿着仆人的衣服为群僚斟酒。在座晋室遗臣见司马炽当众受辱，无不哀痛。刘聪心生忌恨，当即把那些哭天抹泪的臣子处死，没几天又赐毒酒毒死了司马炽。

司马炽死于永嘉七年（313），时年三十岁。他是西晋第三代皇帝，当初他刚刚登基时，很多人满怀希望地感慨道："往后能重现武帝（司马炎）盛世了。"他死后，荀崧叹息道："司马炽天资不错，如果赶上太平盛世，绝对能成为一个守成明君，可他偏偏赶在惠帝（司马衷）之后登基，也没犯什么过错，却横遭大祸。"所谓造化弄人，司马炽实在是无力改变的。司马炽死后的谥号是"孝怀皇帝"。这是一个褒贬参半的谥号，"怀"有失位而死的意思。

公元313年5月，司马炽被刘聪毒杀的噩耗传到了长安城。6月7日，被荀氏行台和关中势力支持的皇太子司马邺承袭帝位，无奈地当上了西晋第四代皇帝。悲惨的永嘉年终于过去，晋王朝的都城也从洛阳西迁长安，这个昔日庞大的帝国如今已是支离破碎。

我是传奇

虽说在那个艰难的年代，个人无法改变时局，但有些人凭着超凡的坚韧最终把握住了自己的命运。

下面，我们讲讲那位命运多舛，被人五废五立的传奇皇后——羊献容。

在"永嘉之乱"中，羊献容被汉赵皇室重臣刘曜俘虏。可事实上，毋宁说是羊献容俘虏了刘曜更为恰当。

距"永嘉之乱"七年后，公元318年，汉赵皇帝刘聪死，刘曜趁着内乱当上了皇帝。刘曜登基的次年便册封羊献容为皇后。这是羊献容第六次被立为皇后，只是，从今往后，她再没有被人废掉。算起来，羊献容已跟了刘曜整整七年，按说她年过三十，姿色日衰，刘曜后宫又美女如云，可刘曜对她的宠爱就是丝毫不减。我们不知道羊献容究竟在刘曜身上花了多少心思，但不言而喻，她一定是呕心沥血，把自己的后半辈子都赌了进去。

有一次，刘曜问羊献容："你说说，我跟司马衷那小子比起来怎么样？"

一提起司马衷，羊献容不禁回忆起往昔的坎坷岁月。她言道："哪里能相提并论？陛下是开创基业的圣主，他可是个亡国之君哪。再说，虽然他表面上是皇帝，但他连自己都保护不了，更别提保护妻儿。"她越说越动情，直至声音都有些哽咽。"那些年我被人立了废，废了立，受尽屈辱，朝不保夕，真想一死了之。我曾觉得天底下男人都差不多，直到侍奉了陛下，我才知这世上还是有大丈夫的。"

羊献容这番话不仅是恭维，更是肺腑之言。刘曜堪称枭雄，跟司马衷比起来，自然是天差地别。更重要的是，在这个乱世中，司马衷带给羊献容的只有苦难，而刘曜带给她的则是安全。

就这样，出身泰山羊氏的晋室皇后羊献容成了匈奴人的皇后。有人说羊献容叛国，到底有没有必要给她扣这么大一顶帽子？事实上，自汉朝时，胡人就已融入汉人社会，严格地讲，匈奴人也算朝廷子民，绝不算国外势力。而羊献容，把一生中最好的年华献给了一个傻子，又被那些浑蛋藩王折腾得死去活来。她早已想通，既然生在这样一个惨无人道的乱世，自己唯一能做的，也只有竭尽全力把握住命运。

如今，她做到了。

又过了些年，公元 322 年，汉赵皇后羊献容去世，结束了她跌宕起伏的一生。那时候恰逢凉州割据势力——张氏政权（十六国中的前凉，凉州刺史张轨建立的政权）正式向汉赵帝国请降，刘曜大喜过望，他干的第一件事就是下令将羊献容的陵墓再度增高九十尺，足见羊献容在刘曜心中的分量。

羊献容的故事到这里就结束了。

后世很多人拿王惠风的壮烈赴死与羊献容的忍辱偷生做比较，对羊献容大肆贬低。其实，她只是一个在磨难中变得越来越坚强的女人，毕竟很多时候，比起一死了之，活着才是更难的。

侨寄法

接下来，让我们看看江东的局势。近两年，大批江北士人南迁为司马睿提供了取之不竭的人才，但同时给司马睿带来了不小的麻烦。

三国时期，吴国皇帝孙权为巩固皇权，力挺诸葛瑾、步骘这些江北士人，同时压制江东士人，到了如今，江东士人再次面临同样的窘况。虽然像顾荣、纪瞻这类江东顶尖名士在司马睿麾下地位极高，但他们毕竟属于个例，且充其量算是司马睿安抚江东士人的旗帜，而更多的江东中低层士人则被排斥在权力核心外。

由此，江东士族与司马睿政权的矛盾也就没法避免了。

这段日子，"三定江南"的江东周氏豪族大佬周玘心里很不是滋味。周氏的社会地位和政治影响力比顾氏、陆氏那些江东老牌名门稍有逊色，但周氏的军事实力（私人部曲兵力）在江东无人能出其右，是故，周氏受到司马睿忌惮不足为奇。周玘地位尴尬，官只做到个吴兴太守，吴兴郡既非政治中心，又非军事重镇。这相当于把周玘架空了。

周玘过得郁郁不得志，终于决定棋行险着。公元 313 年夏，周玘密谋发动政变。不过，他也明白天下大势，江东需要有司马睿这样一个宗室贵胄撑台面，所以，他并非想彻底推翻司马睿，而是要诛杀北方士人，给江东士人腾出政治空间。

不料，政变还未实施，司马睿和王导便听到风声。王导顾忌周氏家族势力庞大，建议司马睿秘而不宣，低调处理。

几天后，周玘接到司马睿的委任书，来建邺当军司。周玘忐忑不安地起程了。可还没等他走到建邺，又被司马睿调到南郡当太守。周玘掉头往南。走了没多远，他三度接到司马睿的命令，"别去南郡了，你还是来建邺做我的幕僚吧"。

几天里，周玘的官职被连续调动三次，且一次比一次低，他疲于奔命的同时，也嗅出了司马睿和王导的意思。没两天，他就因为忧惧交加，一病不起。

周玘临死前，给儿子周勰（xié）留下了一句遗言："是那些北方佬害了我，你要是我的儿子，就别忘了给我报仇雪恨！"两年后，周勰联合堂弟周续，假称奉叔父周札（继周玘之后的周氏宗主，周续的父亲）之命，在吴兴郡聚众数千人，发起叛乱。

司马睿急召王导商议对策。

王导一贯喜欢大事化小，小事化了，又考虑到建邺兵力不充裕，便提议说："周家的乱子还是让周家人自己去解决为好。时下周筵（周勰、周续的同族兄弟）正在建邺为官，这人明事理，对我们很忠诚，可以全权委托给他摆平。"

周筵受命前往吴兴郡劝说周续放弃武装。谈判席上几句话没谈拢，周筵当场斩杀周续。随后，周筵劝周札出面平息动乱。周札痛失爱子，唯想保住侄子周勰一命。最后，他们把叛乱的罪名扣到人缘不太好的同族周邵头上，并将周邵杀死谢罪。

江东周氏的叛乱就这样收场了。周筵为稳固江东政权做出手刃同族的事，自觉愧对祖宗，连老母都不敢见上一面，就匆匆返回建邺。

事后，朝廷没再追究周氏。王导为修复跟周氏的关系，更居中斡旋，让周氏一门五人都封了侯爵。

江东最强硬的周氏一服软，其他士族再不敢公然反抗司马睿。然而，江东人和江北人的矛盾仍然存在，这无疑会影响司马睿的统治。

王导一方面要安抚江东士族的情绪，另一方面又要妥善安顿南迁的江北难民。

当时，北方难民多集中在长江南北沿岸——江北的淮南（扬州北部）、广陵（徐州南部，今江苏扬州），以及江南的丹阳（今江苏丹阳）、晋陵（今江苏常州）一带。补充一句，司马睿的势力范围并非完全限制在江南，江北沿岸的淮南、广陵等地是江东政权与北方政权之间的缓冲层。

这些难民组织松散，时不时就跟当地人发生武力冲突。而且，古人对祖籍看得极重，世家高门更标榜郡望（祖籍所在郡的名望），这是他们维系政治社交的重要纽带，即便是背井离乡，一打招呼还是不忘先问对方哪里人。王导为了管理难民，同时也为保护其重视祖籍的价值观，想出了一个办法。

他在淮南、广陵、丹阳、晋陵等难民聚集地，按照难民原籍的分布情况，设立与北方各州、郡、县同名的侨州、侨郡、侨县，专供北方难民定居。难民分布本来就乱七八糟，自然，各侨州、侨郡、侨县的位置也犬牙交错。我们只需要简单记住，在长江沿岸一带，出现了无数北方州、郡、县的微缩版即可。

这点相当重要。后文如果看到某位江东重臣出仕幽州刺史，不要惊讶，这不是虚衔，更不是司马睿把他派到北方政权的领地送死，而是让他管理临近长江沿岸的侨幽州，其管辖范围可能仅几个县而已。

王导这项政策史称"侨寄法"，其目的是把北方人和南方人从行政区域上分开，尽最大可能避免双方摩擦。另外，"侨寄法"对待北方人的政策相当优厚，在侨州内的江北人不纳入江东户籍，而是保留其原籍，且不承担赋税和徭役，这很大程度上保障了难民的生存问题。

凡事有利就有弊，到东晋中后期，侨州士族利用"侨寄法"兼并土地、私藏人口的现象屡有发生，但在此时，"侨寄法"的确是稳定江东政权的重要基础。

浮华名士

昔日，王衍苦心钻营的"狡兔三窟"——自己居朝廷，王敦居青州，王澄居荆州这一策略，随着王衍之死，王敦下江东辅佐司马睿，到如今也只剩下荆州刺史王澄这一窟了。

王澄临去荆州前，口若悬河，锋芒毕露，把王敦压得暗淡无光，又在出发当日上演了一出爬树掏鹊窝的滑稽剧以表现自己的特立独行，等他到了荆州后，却整天喝得烂醉如泥，不务正业。这些年，荆州境内会集了大批从雍凉、巴蜀逃难至此的流民，这些外州流民很多都聚众起义，形成了独立势力，前面提过的占据荆州北部的王如（归顺了汉赵帝国）即是雍州流民首领。

王澄曾自谓算无遗策，可一到真刀真枪的实战中就废了，他被王如打得惨败后，不敢再跟王如叫板，转而去捏软柿子。他的目标，是散布在荆州南部的群龙无首的巴蜀流民。

早在公元 311 年，王澄出兵讨伐聚集在乐乡的巴蜀流民，流民见官军声势浩大，很快弃甲投降。王澄打了平生第一场胜仗，但同时干出了平生最大的一个昏招。他居然下令将已投降的八千名流民全部扔到长江里喂鱼。俗话说，杀降不祥。即便是两国交锋，办出这种事也相当过分，更何况这帮人全是逃难来的百姓。

王澄犯了众怒，一时间，散布在荆州南部的五万户巴蜀流民全部揭竿而起。更严重的是，他们推举出一个首领。这人名叫杜弢（tāo），出身巴蜀士族，自幼才学出众。杜弢自称湘州刺史，并以长沙为据点，不断扩张势力。

三国时期，吴国主要割据在长江以南的扬州和荆州。西晋时，朝廷为了便于管理，遂把这两个大州重新切割。荆州只保留长江以北的部分（今湖北省一带），长江以南的部分，西部命名为湘州（今湖南省一带），东部与扬州西部合并成江州（今江西省一带）。

经杜弢这么一折腾，王澄彻底吓傻了，他决定放弃荆州，转而向江东司马睿寻求庇护。

前段时间，司马睿刚刚在王导、王敦的辅佐下歼灭了不服从自己的江州刺史华轶（魏朝名臣华歆曾孙），江东集团的势力范围从扬州一下扩张到了江州。

江州包含重要都市武昌，纵观中国历史上历朝江南政权，凡定都建邺（今南京）的，必须把长江上游重镇武昌（今武汉）握在手里，如此根基才能稳固。司马睿既拿下江州，下一个目标无疑是荆、湘二州。正好荆、湘叛乱群起，司马睿和王导意识到，这又是一个让己方势力进一步向西延伸的良机。于是，司马睿接纳王澄，并派周颛（yǐ）（平定吴国战役中的王浑麾下周浚的儿子）接替王澄做了荆州刺史。

与此同时，王敦也进驻到了江州豫章郡（今江西省南昌市），随时准备应付荆州和湘州的叛乱。

再说王澄受到司马睿的接纳，心里总算踏实下来。他一路向东，前往建邺，路过豫章时顺道去拜访了族弟王敦。按说大家都属于琅邪王氏一族，本是同根生，但王澄没想到王敦对自己动了杀心。

长久以来，王澄因为性格傲慢、目中无人，把王敦得罪不浅。不仅如此，王衍死后，王澄成了琅邪王氏一族中声望最响亮的名士，他在家族中的地位，甚至连王导都自愧弗如。

此时此刻，王敦伏在烛光下，反复看着堂弟王导给自己送来的一封密函。密函很简短，只有一句话："别让这羌子来建邺。"羌子即是王澄，他因为长相酷似羌人，故有此外号。王敦心知肚明，王导是担心王澄去了建邺会影响其地位。他暗暗冷笑，心想：既然这事交到自己手里，就按照自己的方式来解决吧！

须臾，侍卫禀报："王澄大人已经在门外恭候多时了。"

"给他安排个房间。"

侍卫显得有点为难，踌躇道："一个房间恐怕不够……"

"怎么？"

"王澄大人还带了二十名随从。"

"哼，我出去看看。"

王澄虽是个流亡来的败军之将，但依旧没改狂妄的本色。他一见到王敦，就指着对方的鼻子大呼小叫："处仲（王敦字处仲），没想到你小子今天混得还不错，以后若有需要为兄帮忙的，尽管来找我讨教。"

王敦脸色越来越难看，然而，他的目光很快被王澄身后那二十名贴身随从吸引住了。这些人个个虎背熊腰，手持铁马鞭，一看就知道不好惹。王敦勉强挤出一丝笑容，客气地将王澄引进寝室。

当晚，王敦先让手下把王澄的随从灌得酩酊大醉，而后推开王澄的房门，迈步走了进去。

"什么事？"王澄正要就寝。

"没事，我来看看族兄。"王敦知道王澄功夫了得，他满脸堆笑，谨慎打量着对方，最后，他的目光落到王澄的枕头上。"你这枕头很奇怪啊？"原来，王澄的枕头竟是用一整块玉石打造的。

王澄傲慢地笑道："你不知道，这玉枕可是我防身的武器。"

王敦听了一惊，又不禁鄙夷。真是死到临头都不忘故弄玄虚，竟拿个玉枕当武器："能不能借我看看？"

王澄毫无戒心，随手将玉枕递给王敦。

王敦一接过玉枕，转眼就翻了脸："我听说你跟叛贼杜弢暗中勾结！"

"没这回事！"

王敦也不搭理王澄，拿着玉枕就往屋外走。等他一出屋，大批卫士蜂拥闯入，将王澄围困在当中。王澄明白了，王敦是要置自己于死地，他一跃而起，跳上房梁，指着王敦咒骂："你干出这么卑鄙的事，早晚不得好死！"

纵然王澄身手矫捷，但终究寡不敌众，很快被王敦的侍卫杀死了。

后来，并州刺史刘琨获悉王澄的死讯。他想起昔日王澄爬树掏鹊窝时的自以为是，无奈地叹了一口气："没什么可说的，咎由自取罢了。"

王澄居然死于家族内部恩怨，这意味着王衍的"狡兔三窟"策略彻底覆灭，可王衍没料到的是，无心插柳的江东，反而成了琅邪王氏一族最大也是最稳固的庇护所。

湘州攻略

近段时期，杜弢的起义军以湘州长沙为据点，逐渐向东蔓延到江州境内。

公元313年，司马睿派去的荆州刺史周顗还没来得及进入荆州地界，就被杜弢围困在江州浔水城中。司马睿眼见插手荆、湘受挫，现在甚至江州都有危险，自然不能坐视不理。他马上派武昌太守陶侃、浔阳太守周访等人讨伐杜弢，扬州刺史王敦则坐镇江州豫章郡，担任这场战役的总指挥和后援。

这位陶侃，即是先前陈敏作乱时，率军击溃占据江州的陈敏弟弟陈恢之人，此时，他已经投靠了司马睿的江东集团，坐镇江南重镇武昌。

陶侃很快解救出被困的周颧。首战告捷后，陶侃判断杜弢一定会偷袭自己的根据地武昌，于是又从浔水城急行三天三夜，回防武昌，再度将杜弢击败。

可不料，就在陶侃打得顺风顺水之际，长江北岸荆州竟陵太守杜曾突然横插一脚，向陶侃发起进攻。这个杜曾与杜弢并无关系，他还是晋朝正牌官员，他攻打陶侃，一是因为受人蛊惑，二是因为当时几个晋朝势力各自为政，其间难免滋生矛盾。

陶侃不敌战败。

先前，陶侃曾帮司马睿打下了大片领土，由此不可避免遭到王敦的忌惮。眼下王敦正好借这场败仗罢免陶侃的官位，不过陶侃武略出众，王敦还用得上，便让陶侃以平民身份继续率兵打仗，以期将功赎罪。其后一年多，陶侃回避长江以北的杜曾，继续猛攻长江以南的杜弢。

公元 315 年初，司马睿急于想让自己的势力延伸到湘州（南荆州），遂授命王敦担任总指挥，率领陶侃、周访、甘卓等将领联合讨伐杜弢。

王敦从豫章向北进军到江州湓口，坐镇在主战场的后方。陶侃、周访一路向西，推进至江州夏口，在这里，江东集团与杜弢展开了决战。

陶侃和周访都是久经沙场的名将，数十战下来，杜弢大军死的死，逃的逃。最终，杜弢扛不住了，他通过旧相识、南平太守应詹出面，向司马睿转达自己打算归降的想法。应詹出身名门，为人厚道，很有人缘。司马睿决定卖应詹一个面子，遂接受了杜弢的投降。

司马睿没有想到，这事自己竟然做不了主。王敦、陶侃、周访等人心想：自己费了九牛二虎之力，眼看就要大获全胜，杜弢这一投降，功劳岂不全成了应詹的？于是，前线将领不管诏命，还是一个劲儿地猛攻杜弢。结果，司马睿派去受降的使者前脚刚迈进杜弢军营，后脚就被恼羞成怒的杜弢杀了。

随后，杜弢派部将杜弘率军绕到后方偷袭王敦的大本营豫章。周访回救，将杜弘围困在庐陵城中。杜弘不得不向王敦投降，之后成了王敦的部下。

再回到夏口的主战场，这个时候，陶侃与杜弢也在进行着殊死大战。

杜弢派人截断陶侃的军粮。陶侃索性豁出去了，不管军粮，奇袭杜弢主力军。在这场战争中，双方奇招迭出，陶侃始终技压杜弢一筹。随着战事进展，陶侃打得杜弢节节败退，主战场也从最初的夏口一直推进到杜弢的大本营湘州长沙郡。

公元 315 年夏天，陶侃终于攻克长沙。后来，杜弢逃亡，不知所终。这场最初由王澄激起的湘州叛乱就这样被江东集团彻底平定了。司马睿总算如愿以偿，把手伸进了湘州，至此，他的势力范围完全等同于三国时期吴国的疆域。

战后，立下大功的周访官拜豫章太守，陶侃官拜荆州刺史。不过，荆州并不在江东集团势力范围内，陶侃这个荆州刺史即算是侨荆州，屯驻长江以南的江陵。

补充一句，自新皇帝司马邺继位后，建邺避皇帝讳，改名建康。为减少不必要的困扰，后文中依旧沿用"建邺"这一称呼。

作为这场战役的总指挥——王敦官拜镇东大将军、江州刺史，兼江、扬、荆、湘、交、广六州都督，也就是说，他不仅手握江州政权，更独揽江东集团辖区内所有州的军权，成了司马睿麾下名副其实的最高军事统帅。王敦有了大得超乎想象的军权，行事也越来越嚣张跋扈。原本地方官的任命需要建邺的司马睿委派，但在王敦的辖区内，各级官吏任免全凭王敦一句话，这远远超出了他的权力范围。

风雨荆州

陶侃当上了荆州刺史，却只能暂驻长江以南的江陵，近来，位于长江以北的荆州局势错综复杂，尤其是驻扎在长江北岸的竟陵太守杜曾（前番湘州之战时横插一脚，攻打过陶侃），与陶侃更是势同水火。

很快，陶侃挥师渡过长江，将杜曾围困在石城。

杜曾的军队大多是骑兵，陶侃则是步兵。交战之际，杜曾对陶侃发起突袭，他凭借骑兵卓越的机动力，像一柄利剑一样直接贯穿到陶侃军阵后方，紧接着，杜曾开始从后方反攻陶侃。陶侃又被杜曾打得惨败。

杜曾虽然首战告捷，但并不想跟江东集团死磕到底，遂见好就收。他遥望着败退中的陶侃，跳下战马，向陶侃揖手而拜。

"陶君，恕在下无礼。既然咱们都是朝廷的人，也就没必要以死相逼。后会有期！"他暗想：既然你江东集团容不得我，那我只好去投效真正的朝廷势力——

晋室皇帝司马邺了。于是，他摆脱了陶侃，继续向荆州北方而去。

荆州，自三国时期就是兵家必争之地。

早在一年前，江东集团与杜弢在湘州胶着的那段时间，坐镇长安的晋皇帝司马邺委派了一名荆州刺史——第五猗（第五是姓氏）。

第五猗进入荆州地界，眼见荆州乱局，心里相当忐忑。

在荆州北部，也就是南阳郡宛城一带，是荀氏行台的势力范围。荀氏行台于"永嘉之乱"发生后由荀藩组建，本部设在豫州，荀藩死后，这个行台并没有沦丧，继续由其弟荀组支撑。早先，荀氏兄弟庇护司马邺并奉其为皇太子，后来司马邺逃往长安，荀氏兄弟留恋故土不愿西去，故选择留守豫州。按理说，荀氏行台与司马邺关系不错，而且荀氏行台在司马邺登基后也承认了坐落于长安城的朝廷。但实际上，荀氏行台始终保持着半独立性质。

后来，荀氏行台委派荀崧（荀组族侄）担任江北都督，就近驻扎在荆州北部的宛城，由此，荀氏行台算是把手插进了荆州北部。

此时，第五猗途经荀氏行台的势力范围宛城时，丝毫不敢停歇，因为他明白，荀氏行台虽然表面上属于晋室势力，但与朝廷关系相当微妙。第五猗继续南下，越走心里越发虚，这时，江东司马睿委派的荆州刺史陶侃正驻扎在长江以南的江陵城，随时准备北伐拿下荆州。

第五猗心里跟明镜似的，荀氏行台和江东司马睿都不曾宣布独立，可一旦出现利益冲突，这两股势力谁都不会对自己心慈手软。他最后在荆州襄阳郡屯驻下来，无奈地被挤在荀氏行台和江东集团的夹缝中委曲求全。

恰在这时，第五猗遇到了杜曾。二人都是朝廷正牌官员，杜曾不被江东集团所容，第五猗的荆州刺史更摆明了是跟江东集团争夺荆州控制权，真可谓一对难兄难弟。二人一拍即合，结成军事同盟，占据了位于长江北岸的荆州南部。

杜曾不想再跟江东集团产生摩擦，便把目标瞄向北方荀氏行台的势力范围。

公元315年秋，杜曾率二千人将荀崧围困在宛城。宛城仅有数百名守军，荀崧若想突出重围，并非全无可能，但守城的责任感让他不能弃城而去。眼看宛城不保，他唯一的希望就是向外界的盟友求援。

派什么人去求援并不是问题，可荀崧根本不知道自己到底能否撑到援军到来之日，甚至能否请来援军都不确定。他不仅担心宛城的安危，更担心一家老小的性命。此刻，他怜爱地望着女儿荀灌，不敢去想城破之日女儿的结局。

荀灌时年十三岁，性格聪明早熟。她像是能猜透荀崧的心思，操着稚嫩的声音说道："如果父亲信得过女儿，就让女儿出城求援吧！"

"你说什么？"荀崧吃惊地望着荀灌。

"不出城迟早是个死，如果能成功突围求得援军，宛城还有救。"

荀崧没想到一个小女孩儿居然能说出这种话。他表情痛苦，心里盘算着女儿安全逃出宛城的存活率有多高。可是，如果把女儿强留在身边，暂时看着安全，一旦到了城破之日，女儿也是必死无疑。

荀崧紧盯荀灌清澈而冷静的双眼，问道："你以为这城是想出就能出的吗？"

"女儿自幼习武，此番出城求援，不成功便成仁，绝不会辱没咱们荀氏的名声！"小女孩儿自幼习武，可荀氏数百年来一直是文化世家，可见当时的局势有多么惨烈。

颍川名族荀氏……家族的荣耀感瞬间涌满荀崧的内心。或许，让荀灌出城的确是他能为女儿做的一切了。

"好，我让你出城。你若能安全脱身，就去找豫州守将石览和豫章太守周访（隶属江东集团）帮忙。"二人都跟荀崧私交不错。说着，荀崧便给二人写了两封信，交到女儿手中。

让我们借这件事分析一下占据荆州的三方势力长安朝廷、江东集团、荀氏行台之间的关系。围攻荀崧的是跟朝廷正牌荆州刺史第五猗结盟的杜曾，荀崧全没打算找长安朝廷居中协调，反而是向江东集团求援，可见荀氏行台呈现出向江东集团靠拢的迹象。

荀灌郑重地接过信，揣入怀中，眼神中流露出超越其年龄的坚毅。

荀崧为确保荀灌安全，特意挑选了几十名精兵护卫。一个深夜，宛城城门洞开，荀灌手持利剑，亲率数十名勇士冲入了杜曾的包围阵……

城头上，荀崧紧攥双拳，揪心地观察城外战况。他看到敌军守备最薄弱的方位掀起一阵骚动，但距离太远，他根本看不清战事如何。他只听到撕心裂肺的喊杀声，隐约间，他仿佛还听到了女儿的呼喊。

时间一分一秒地过去，骚动逐渐向敌阵外围蔓延。喊杀声变得越来越小，荀崧使劲地听，试图从微弱的嘈杂声中分辨出女儿的声音，可他什么都没听到。片刻后，他望见一票人脱离军阵，向着远方疾驰而去。荀崧意识到，肯定有人已经成功逃了出去，但幸存者中有没有荀灌？他不知道，他希望有。

这天夜里，荀崧做了一个梦，他梦到荀灌的人头被扔到了城门口……

再说荀灌，这个小女孩儿的确成功冲出了敌阵。杜曾追击，荀灌且战且退，一直逃出很远才甩掉追兵。

荀灌被喻为中国古代年纪最轻的女英雄。在那个悲惨的年代，人的求生欲被激发出来，往往能突破自己的极限。倘若她仅仅是勉强逃生，肯定无缘被载入史册。她逃出去后，没有辜负父亲的寄托，火速找到石览求助。

石览兵力也不太多。

荀灌说道："家父临行前还说，可以找豫章太守周访帮忙，我随身携带着家父写给周访的亲笔信，希望石伯伯能派人把信送给周访。"

石览应允。

周访接到了荀崧的求援信。无论是于私——考虑到中原名族荀氏的面子，还是于公——荀氏行台与江东集团的关系，他自然都不会放弃这个主动抛向己方势力的橄榄枝。随即，周访和石览均不负荀崧所望，率军奔赴宛城。

杜曾不仅看到了来自荀氏行台的石览，更看到了来自江东集团的周访。他明白了，荀氏行台为了生存已经与江东集团联手，晋室朝廷根本是名存实亡。然而，他把陶侃得罪得不浅，无论如何都不能再进入江东集团了。

不幸之万幸

在荀氏行台和江东集团的联合攻势下，杜曾不得不撤退。临走前，他给荀崧写了一封信示好，主动提出帮荀崧镇压荆州其他地方的流民起义。

自然，杜曾只是随口一说，因为很快他就挥师南下，攻向他的宿敌陶侃的大本营——江陵城。

这段时间，陶侃没在江陵，而是驻扎在王敦的大本营江州豫章郡。他听说杜曾剑指江陵的消息，准备回江陵防守。按照礼数，他出发前跟顶头上司王敦辞行。

陶侃的僚属听闻此事，劝陶侃道："您履立战功，一直深受王敦忌惮。下臣建议您直接回江陵，别去见王敦。否则，王敦很可能趁机将您扣押。"

陶侃认为此举于礼不合，径自去拜辞王敦。果不其然，王敦软禁了陶侃，几天后，王敦改派陶侃为广州刺史，又让堂弟王廙（yì）取代陶侃成为荆州刺史。广州即是今天的广西、广东地区，在当时还是不毛之地，那里既非军事重镇，更远离政治核心。这相当于把陶侃架空了。

这项任命一宣布，留在江陵的陶侃旧部全都火冒三丈，一气之下，他们居然跟杜曾达成和解，然后与杜曾联手阻止王廙来江陵赴任。原本，陶侃是唯一有望击败杜曾夺回荆州的人，这下，江东集团的荆州战略就因为王敦的私心告吹了。

此时，陶侃正准备去广州赴任，却见王敦率军将自己的府邸团团包围。

陶侃大惊失色，隔着府门问道："王君，您这是什么意思？"

王敦喝问："你的旧部在江陵谋反，勾结杜曾，你知不知道？"

"下臣对此毫不知情。"

王敦本来就想借这个机会彻底除掉陶侃。他冷哼一声，当即就要下令攻进陶侃府邸。这时，王敦的幕僚低声劝道："将军万万不可！豫章太守周访跟陶侃亲如兄弟，您若杀了陶侃，周访断不会坐视不理！"

王敦听到这话，不禁犹豫起来。

陶侃见王敦徘徊不决，遂强作镇定，言道："王君您是能裁断天下的英雄，今天这事，希望您也能明察秋毫。"

王敦暗自盘算：杀陶侃容易，但很可能会激起更大的军界震荡。思来想去，他最终放弃了杀陶侃的行动。事后，王敦放陶侃去了广州，并把陶侃的儿子留在身边，算作挟制陶侃的人质。

陶侃躲过死劫后，特地去拜见了虽未出面，却保住自己性命的恩人周访。

周访到这时还对陶侃被贬一事毫不知情，大惑不解，问道："你屡立战功，怎么被派到广州？"

陶侃百感交集，泪如雨下："老兄你是不知道啊！去广州已是不幸中的万幸。

如果没有你，我现在已经死无葬身之地了……"

江东集团首屈一指的名将陶侃，就这样被雪藏到了广州。他当然无法预知自己会在这蛮荒之地待多久，更无法预知将来自己会对国家社稷产生多大的作用。现在，他所能做的唯有隐忍。

王敦如此飞扬跋扈，不仅让皇帝和同僚心有戚戚，也引起了部分族人的担忧。王敦的堂弟王棱与王敦理念不合，常常劝其安守本分。

王敦受不了王棱处处掣肘，便暗中挑唆部下将王棱刺杀了。

江东 CEO

王敦位居江东集团最高军事统帅，甚至能随意任命不属于自己管辖范围的其他州刺史，只手遮天。而他能拥有这么大权势，其实还要仰赖堂弟王导在内支持。用现在的话说，司马睿是江东集团董事长兼法人，王导则是大股东兼 CEO。

就在司马睿坐镇建邺、王敦在外征伐的这些年，身为江东首席重臣的王导都干了些什么呢？后世有些史家形容说，王导毕生只做过一件事，就是竭尽全力协调江北士族和江东士族的关系。这话虽然夸张，但从中不难看出王导执政的重心。

"永嘉南渡"时，江东政权逐渐被北方士人掌控。王导要做的即是尽可能照顾江东人的面子，平复他们的情绪。在这方面，王导花尽了心思。

某日，徐州名士刘惔前去拜访王导。时值酷暑，刘惔迈步进了王导府邸，只见王导正裸着上身，肚皮贴在石棋盘上纳凉。

王导抬头看到刘惔，嬉皮笑脸地说了一句话："何乃渹！"这是一句纯正的吴语，意思是：好凉快啊！

这副滑稽的模样令刘惔哑然失笑。

辞别王导后，有人问刘惔："王导这人什么样儿？"

刘惔答道："别的不清楚，我只听他一个劲儿地跟我讲吴语。"要知道，当时全国都以说洛阳话为荣，但身为江东首席重臣的王导竟说吴语，这一下拉近了他与江东人的关系。

王导派遣下属巡察扬州各地政务。下属回来后一一向王导禀报，唯独顾和一句话都不说。

王导问顾和："别人都说完了，你有什么要禀报的吗？"

顾和板着脸答道："我觉得您应该推行网漏吞舟的政策，而不是去苛察那些细枝末节的事。"

这位顾和属于"吴郡四姓"中的顾氏家族的成员。他既是江东名士，自然要为江东人的利益着想。江东政权中的大部分官吏本来就被江北士人垄断，就是说，眼下局势是江北人管着江东人，顾和当然不希望政策太严。这句话点醒了王导。

王导马上满脸堆笑，道："顾君说得对，说得对！是我错啦！"

网漏吞舟，从此成为王导毕生奉行的准则。

一次，余姚县令山遐（山涛的孙子，山简的儿子）查出县里豪族虞喜藏匿人口避税。山遐依照律法要处死虞喜。判决一出，顿时激起余姚县其他豪族的联合抗议。本来是虞喜犯法，可众多豪族反而向王导状告山遐判决不公。

王导下令释放虞喜，将依法办事的山遐撤职查办。会稽太守何充为山遐申冤，王导索性连何充也罢免了。

面对江东错综复杂的局势，王导这样做自是为了避免激化矛盾。虽然到后来，他在这条路上越走越远，发展到纵容不法、姑息养奸的地步，但在政权草创初期，的确有利于江东稳定。

说王导毕生只做一件事是夸张，如果真这样，他最多也就是个无足轻重的和事佬罢了。基本上，自司马睿初到江东站稳脚跟，再到把势力范围向西扩张到江州、湘州、荆州，这一系列战略布局，无不是听凭王导定夺。

王导身为江东首席重臣，他的一言一行也都关乎政权的稳定。

桓彝（yí）刚到江东时，对周颛说："我因为中原丧乱跑到这里，没想到这里也是一片萧条，恐怕真没指望了！"

可当桓彝去拜访过王导，听完王导的战略规划，态度来了个一百八十度大转弯，他又对周颛说："我先前听人说王导不平凡，今日一见，果然如此。王导真乃管仲再世，江东无忧啊！"

不只桓彝如此，温峤也把王导比作管仲，司马睿更把王导比作萧何，足见其在江东的分量。

王导不仅是江东首席重臣，更是天下首屈一指的大名士。

有一年，财政入不敷出，国库眼看就要见底，只剩下几千匹粗布。可这些粗布根本值不了几个钱。王导心生一计。他拿出几匹布，裁剪成风格独特的单衣分发给同僚。随后一连几天，以王导为首的几个大名士频频穿着粗布单衣招摇过市。

名士这个身份放到今天，还有另外一个称呼——时尚领袖。一时间，江东人无不跟风效仿，这种粗布单衣成了江东最时尚的款式。由此，粗布价格飙升，到最后竟然涨到每匹一两黄金。不消说，国库中的几千匹粗布全部以高价售出，财政危机得以缓解。

这天，众多江北名士齐聚长江岸边新亭饮酒。周颉望着眼前滚滚江水，心情陡然惆怅，他叹息道："若看不到这江水，我还以为自己身在中原……"

话一说出口，立刻勾起在座众人的乡愁。

王导见同僚士气萎靡，朗声说道："光叹息有什么用？我们应当奋发图强，收复中原才对！"

收复中原，在未来几十年都是江东集团高举的口号。不过，纵然王导嘴上这么说，但他心里明白，江东集团凭借长江天险自保相当安全。但如果北伐中原，即便成功，也仅仅是收复一片被战火蹂躏的焦土，短期内并没实际利益。而且，这会让江东集团在无险可守的平原地带与北方政权领地接壤，以江东目前的实力绝对没法应付这种局面。所以，王导的构想仅是辅佐琅邪王司马睿割据江南，至于那个无可救药的皇室，根本不值得匡扶，收复中原也不在他的考虑范畴之内。

有段时间，长安皇帝司马邺征召王导任朝廷吏部郎，想把王导笼络到自己身边。王导果断回绝。他当然不会放弃自己一手经营的江东政权，去跟那个朝不保夕的落魄皇帝混。

正是由于王导的辅佐，以及他的堂兄——江东集团最高军事统帅王敦不断对外扩张，司马睿的势力范围越来越大，位子也坐得越来越稳，以至于当时朝野间广泛流传着一句话——"王与马，共天下"。这个王，指的是王导、王敦兄弟；马，指的是司马睿。

只是，王在前，马在后……

一个王朝的陨落

这些年，李雄割据巴蜀，建立成汉李氏帝国，他一直两耳不闻窗外事，踏踏实实做着土皇帝。基本上，也没人有工夫搭理他。

中原以北，曾幻想独立称帝的河北都督王浚，于公元 314 年被汉赵将领石勒打败；大将军、并州都督刘琨跟北方鲜卑人结盟，联手抗击汉赵帝国，依然坚持不懈地死撑着。在汉赵帝国内部，石勒的分量越来越重，逐渐演变成能跟汉赵朝廷分庭抗礼的权臣和半独立军阀。

中原以南，长江以北的荆州纷乱不堪，同时存在着三股势力，由北至南依次是：荀氏行台派到宛城的江北都督荀崧；只能蜗居在襄阳，跟杜曾结盟的朝廷正牌荆州刺史第五猗；暂居长江以南，随时窥探荆州的江东集团伪荆州刺史王廙。

坐落于雍州关中地区的长安成了晋朝国都，晋室第四代皇帝司马邺像风中残烛一样，象征性地维系着皇室的存在。

而原本流落到江东的琅邪王司马睿，如今的势力范围已经横跨扬州、江州、湘州，他也从江东霸主变成了江南霸主。随着实力越来越强，他的官位也越坐越高。我们来回顾一下司马睿的履历。

公元 307 年，司马睿初到江东时，官拜安东将军、扬州都督。

公元 308 年，司马睿在江东站稳脚跟，官拜镇东大将军、扬州都督、开府。

公元 311 年，"永嘉之乱"后，司马睿被荀氏行台推举为勤王盟主。

公元 313 年 6 月，司马睿被长安朝廷任命为左丞相、大都督、陕东都督。顺带提一句，同时被朝廷册封的另一位重臣名叫司马保（司马懿四弟司马馗的曾孙、司马越的侄子、司马模的儿子），他在贾疋死后占据秦州一带，官拜右丞相、大司马、陕西都督。这位司马保，据史书记载，是个体重数百斤的巨胖，头脑糊涂，性格懦弱，并无什么作为。

司马睿从扬州都督坐到了陕东都督，这意味着朝廷将整个中国大陆以陕（位于洛阳和长安中间）为界一分为二，无论是江北，还是江南，整个东边都是司马睿的，想怎么玩就怎么玩吧。朝廷这么干，可谓用心良苦，旨在激发司马睿的北伐热情，鼓励其光复中原。然而，皇帝司马邺很快就失望了，司马睿虽然官拜陕东都督，但他的目标始终盯着长江以南，根本无意北伐中原。

同年 8 月，司马邺无奈地派出一名使者来到江东，正式要求司马睿北伐中原。司马睿的回答也直截了当："江东才刚稳定，我没工夫。"

公元 315 年 4 月，司马邺继续给司马睿升官——丞相、大都督、都督中外诸军事。司马邺都快哭了。我让你当陕东都督，你不搭理我，现在我让你统领中央军，看在这个面子上，还是来救救我吧！都督中外诸军事这个职务，要是搁在太平盛世，肯定令所有人垂涎三尺，可如今洛阳城早都被烧成废墟瓦砾，长安城也是有今天没明天，所谓都督中外诸军事，哪有江东霸主坐得舒服？

不用想也知道，司马睿还是没搭理皇帝。他专心地把自己的势力范围进一步扩张到了湘州，同时又委派王廙担任荆州刺史，随时准备跟朝廷争夺荆州控制权。

就这么一直耗到公元 316 年。9 月，汉赵帝国大司马刘曜（这些年他的官位也是一路飙升，且很快就要篡位称帝）逼近长安城。

司马邺悲痛欲绝。他哭得很凄惨，很绝望："都到了这个地步，还没有外援，没指望了！朕决定开城投降，只盼望能给长安城的百姓一条活路……"

公元 316 年 12 月 11 日，司马邺打开长安城的东门，向汉赵帝国投降。司马邺成了匈奴人的俘虏。至此，晋朝历经四代皇帝，总共存在五十一年后宣告灭亡。

一个王朝就这样结束了。

晋朝亡了吗？在历史上，这五十一年寿命的晋朝被称为西晋。不言而喻，有西就有东，接下来，我们即将看到东晋的崛起。

晋朝并不算亡。

作　秀

公元 317 年初，长安沦陷、皇帝司马邺被俘的噩耗传到了江东建邺。

几乎所有人都在痛哭流涕。几乎所有人也都在暗自窃喜。

在这些人中，琅邪王司马睿哭得最是荡气回肠。他看上去比所有人都悲伤，心里却比所有人都高兴。

"皇室遭此大难，我不能置之不理！拿我甲胄来！"言罢，他披挂甲胄，写下一篇勤王檄文传到各州郡，"我身为晋室丞相、大都督、都督中外诸军事，不能坐视社稷沦丧不闻不问！现号令全军，即刻北伐中原！"

司马睿激昂壮烈。那么接下来呢？接下来就没什么了。

"先去筹集粮草吧。"司马睿随口打发淳于伯去准备漕运事宜。

到了临出征那天，司马睿怒了："漕运延误时期，这让我怎么北伐！"

漕运主管淳于伯牢骚满腹：就给我这么几天，明摆着是不可能的事。再说，你军队根本都没准备，就算粮草齐备了，难道你自己一个人吃着上路吗？

司马睿没跟淳于伯多废话，当即下令将他斩首示众。

刽子手举起刀，瞄准淳于伯的脖子猛地砍去。咔嚓一声，淳于伯头颅落地，鲜血飞溅。血溅得很高，很远，溅了围观的百姓一身，甚至溅到了司马睿和王导的脚边。

刑场顿时骚乱起来，围观的人群纷纷后退："血喷得这么远，淳于伯是冤死的！老天都为他鸣不平呀！"

这事越传越邪乎。没两天工夫，街头巷尾便交头接耳：淳于伯的血竟然顺着柱子逆流而上，直蹿两丈多高。

"淳于伯冤哪！"

司马睿的幕僚刘隗（wěi）上奏："淳于伯罪不至死！漕运误期首先应该追究从事中郎周筵等人的责任。"

周筵即是先前帮司马睿解决了周氏叛乱的人。刘隗为何要把矛头指向周筵？原来，这位刘隗崇尚法家，他极反感王导纵容江东士族的政策，而且，他知道给周筵撑腰的正是王导。他的如意算盘即是希望通过此事引出后面的王导。

王导把刘隗的心思摸得一清二楚，他以退为进："此事跟周筵无关，是臣的责任，臣请求引咎辞职！"他一点都不害怕，他知道司马睿绝对不会也不敢罢免自己。

局面相当复杂，对于司马睿来说，他根本就没想北伐，所谓漕运延误只是一个终止北伐的借口而已。可刘隗是自己心腹，王导又是自己最仰仗，也是最忌惮的重臣。司马睿无奈地叹了口气："算了，这事赖不到周筵，更没王导的责任，是我自己的错。"

最后，除了淳于伯被杀，谁都没事。曾经信誓旦旦北伐中原的大计，经这么一折腾，也就不了了之，没人再提了。

长安沦陷后，全国各地零零散散的晋室官吏纷纷逃亡，急于找到新的主子。

公元317年3月，司马睿等到了一位贵人。这人名叫宋哲，此前在司隶州担任弘农郡太守。他千里迢迢投奔司马睿，自然不能两手空空，他给司马睿带来了一件礼物。这件礼物很简单，只是一句话，但对于司马睿来说，足够昂贵了。

"就在国都沦陷的头一天，陛下给臣发来一封密诏！"说着，宋哲掏出了一张揉得烂糟糟的纸，煞有介事地朗声念道："朕寡德少恩，导致皇室不振，现诏令丞相司马睿全权统领天下事务，以期光复社稷！"

实话实说，在皇帝司马邺心里，如果可能，他估计都想拉着司马睿跟自己一块陪葬，他肯定把司马睿恨到了骨子里，又怎会在国破家亡后给司马睿奉上这么一份厚礼？退一步说，就算他想，也不可能把这么重要的事委托给一个既非重臣也非亲信的弘农太守去办。

然而，这些都不重要了。此时，司马邺正被软禁在汉赵国都平阳，天底下任何人都能言之凿凿地说自己受了皇帝遗诏，且死无对证。

司马睿听完这封诏书就哭了，他是激动得喜极而泣。没了皇帝，换来这封把自己的地位又抬高一个层次的诏书，晋室势力中他就是名副其实的老大。接下来会发生什么，谁都心知肚明。

4月，以王导、纪瞻为首的江东群臣纷纷上奏，请求司马睿称帝。

类似这种事在前文多次描述，是要经过特定流程的。

司马睿是个本分人，他必须按照流程走。

"孤王是罪人哪！你们再逼我称帝，我就回徐州琅邪！"他哭得感天动地。

群臣不依不饶，坚持让司马睿称帝。

司马睿怒了："准备车驾，送我回琅邪！"这几乎跟玩笑没区别，因为徐州琅邪早就沦入匈奴汉赵帝国的掌控。司马睿要回老家，岂不等于投奔汉赵？他还不如以自杀相威胁来得更真实。

群臣就这么由着司马睿折腾了一通，然后劝谏道："回琅邪万万不可！臣明白您效忠社稷之心，不称帝可以，但请您务必称晋王！"司马睿先前的爵位琅邪王与晋王都是王，但本质上大不一样。晋，是晋室最初的封国，当初，司马昭便是从被魏朝册封为晋王，才奠定了晋朝的根基。

要想称帝，先得称王，这是流程。司马睿哭了一会儿，擦干眼泪，领首应允。

公元 317 年 4 月 6 日，江南霸主——琅邪王司马睿改称晋王。

群臣这么苦口婆心地劝司马睿承袭大统，自是为了获取更多政治利益。到了这里，有必要介绍一下江东集团几位重要臣子的官位。

首先自然非王导莫属。他官拜骠骑将军、都督中外诸军事（建邺中央军最高统帅）、中书监（中书省最高统领）、录尚书事（监管尚书台政务）、扬州刺史、散骑常侍、假节。

下面详细解释一下这一连串令人眼花缭乱的官位。骠骑将军仅次于大将军，位阶二品，拥有自己的直属军队，这并不算什么。重要的是后面几项——都督中外诸军事、中书监、录尚书事、扬州刺史，也即是说，王导一人总揽尚书台、中书省两大行政机构，同时手握建邺中央军军权，兼管江东集团政治中心扬州政务。这实在是夸张得离谱。

接下来是王导的堂兄王敦。他官拜大将军，江、扬、荆、湘、交、广六州都督，侍中。如果说王导独揽政权，那么王敦毫无疑问手握江南全境军权。

可以说，这对琅邪王氏兄弟就是江东集团真正意义上的主人。

王导觉得树大招风，便将都督中外诸军事婉言回绝，说白了，他不在乎，因为王敦的军事实力已足够强悍。他还知道稍加收敛，主要是因为有政敌的存在。

前面讲过，王敦忌惮的人无非广州刺史陶侃和豫章太守周访这些常年南征北战的宿将。而王导的政敌则是司马睿的亲信——御史中丞刘隗和尚书左仆射刁协。

司马睿不傻，早就意识到王导权势过大，所以才一直假手刘隗和刁协压制王导。之前刘隗弹劾周筵，企图引出王导，就是一个例子。只不过那件事本来是司马睿为终止北伐随便找了个碴儿，而刘隗这个人性子太直，事情办得倒有点让司马睿尴尬。刘隗和刁协此处一笔带过，在后面的故事里，我们将看到二人与琅邪王氏家族之间的殊死搏斗。

名　将

司马睿称晋王时，他的势力范围已经囊括了整个江南，更渗透到长江以北的荆州部分地区。前面讲荆州时，曾提到隶属朝廷势力的第五猗和杜曾。这个时候，晋王朝已经玩完了，二人像断了线的风筝，既不能投奔司马睿，也不愿做亡国奴投奔汉赵。他们只能蜗居荆州南部（长江北岸），算作一支独立势力苟延残喘。

第五猗在可悲地等死，或许还在等一个恰当的时机去投奔司马睿。

杜曾跟江东集团撕破过脸，以他的个性绝不会投奔司马睿，他唯一能做的，就是舍身一搏。司马睿称晋王的这年秋天，杜曾突然挥师攻向扬口（今湖北省潜江市），赶跑了江东集团派来的荆州刺史王廙，紧接着又在女观湖一战中斩杀王敦部下赵诱，继而进逼夏口（今湖北省武汉市）。一时间，杜曾的威名响彻江南。

当时陶侃已赴任广州，能对付杜曾的唯有周访。

周访手里只有八千人，兵力远逊杜曾，要想打赢，只能出奇制胜。开战之日，他把军队分成左、中、右三组，自己坐镇中军，然后吸引杜曾攻击两翼。

战前，周访下令："一翼败，鸣鼓三声。两翼败，鸣鼓六声。我下令前，中军不许妄动！"他很清楚，即便把兵力集中起来也不可能打赢杜曾，更何况还把本来就不多的兵力一分为三，不过，两翼所担负的使命也并非击败杜曾，而是尽可能地拖延时间。

上午时分，战斗开始。

中午，左翼将领向周访告急："左翼快撑不住了，请将军赶紧增援！"

"回去死战！守不住就提头来见！"周访狠心拒绝。

两翼只能继续跟杜曾鏖战，就这样一直打到下午，两翼再也顶不住了。

战鼓鸣了六声，周访知道，左右两翼已全部崩溃。而杜曾的大军也开始围攻周访的中军。

中军外围与杜曾陷入苦战，但周访依旧纹丝不动，在他的中军大营周围，环绕着全军最精锐的八百名壮士。这八百人像周访一样，完全不被外围战况干扰，每个人只是紧绷着神经，静静地等候着周访的命令。

时机未到，须不动如山。周访继续忍耐着。

眼看中军也行将崩溃，杜曾率军冲到周访大营三十米开外的地方。这时候，周访一挥手，军营中顿时响起震天般的鼓声。这是出击的命令！八百名壮士一鼓作气猛冲敌军。这场仗整整打了一天，杜曾军无不人困马乏，可这八百名壮士都是养精蓄锐，隐忍待发。转瞬间，战局出现逆转，杜曾被打得全军溃败。

这是一场惨烈的战争，周访拿自己的大半军队生生耗垮了敌军体力，然后发起了一场突如其来的反击。倘若杜曾没有先攻打周访两翼，而是直接攻打中军呢？倘若杜曾击败周访两翼后，撤军休整呢？战争，说白了就是在赌命。

当夜，周访没有休息，继续率军追击，一直把杜曾赶回长江以北的武当（今湖北省丹江口市武当山镇）。

长江以南安宁了，周访乘胜进驻荆州襄阳郡。

拿下了襄阳，荆州刺史王廙总算能真正上任了。可是，王廙本着不作不死的态度，到任后将陶侃昔日的故吏诛杀殆尽，闹得民怨鼎沸。没多久，他就被罢免了荆州刺史的官位，调回建邺担任左卫将军（隶属中领军，中层禁军将领）。

王敦对周访许诺："你如果能彻底剿灭杜曾，我就让你做荆州刺史！"

周访大喜过望，满怀期待开始筹备对付杜曾的战略。

过了两年，公元319年，周访突然发动奇袭，成功俘获了杜曾和第五猗。战后，赵胤（其父赵诱在女观湖一战被杜曾杀死）将杜曾开肠破肚，生吃了心肝，第五猗交由王敦发落，后被王敦处死。至此，周访彻底灭了杜曾和第五猗，准确地说是灭了西晋王朝残余势力。江东集团的势力范围得以渗透到半个荆州（荆州最北部属于汉赵势力）。史书中将杜曾和第五猗归于叛贼之列，但实际上，这两个人都是西晋朝廷实打实的正牌官员，可谓成者王败者寇的典范。

我就要当上荆州刺史了！周访没有忘记王敦之前的许诺。

然而，等待他的不是荆州刺史，而是梁州刺史。梁州即益州北部的汉中，当时属于成汉帝国李雄的势力范围。毫无疑问，周访这个梁州是为侨州，管辖区域大不了。那么，荆州刺史又归谁了呢？王敦自己当了荆州刺史。事后，他为安抚周访，派人给周访送去了一大堆玉器。

周访气得暴跳如雷："王敦把我当成商贾来贿赂吗？"他举起玉器摔得粉碎。

后来，周访依旧驻扎在江北襄阳郡，他梦想光复中原，全力整军备战，同时，他还肩负着司马睿私下委派给他的重要任务，在军事上制约王敦。

一个王朝的崛起

司马睿不敢草率当皇帝，一是要走必经流程，二是因为真正的皇帝司马邺还没死。这个时候，司马邺依旧被软禁在汉赵国都平阳城。

司马睿等得很揪心。幸运的是，汉赵皇帝刘聪"很体贴"，他也不想让司马睿等太久。

公元 318 年 2 月，刘聪像当初耍司马炽那样，耍了司马邺一番。酒席宴上，刘聪一会儿吩咐司马邺给群臣行酒，一会儿又令司马邺洗刷酒具。那些晋室遗臣见皇帝受到如此屈辱，情不自禁地流下了眼泪。辛宾更是不顾一切地跑向司马邺，抱着司马邺号啕痛哭。

刘聪当众砍了辛宾的头。辛宾的族兄辛勉也是个硬骨头，拒不接受汉赵朝廷的任命，大义凛然地道："大丈夫岂能为了苟活几年就玷污自己的气节？那样的话，我死后有何脸面去见武皇帝（司马炎）！"

刘聪对辛勉倒很是钦佩，没再强逼，反而每月都给辛勉送去钱粮，但辛勉一直到老死也没有接受。

这事过去没两天，刘聪就杀了司马邺。司马邺是西晋最后一个皇帝，死时年仅十八岁。他死后被东晋追谥为"孝愍皇帝"。

不久，司马邺的死讯传到江东。这次，司马睿哭得惊天地泣鬼神。他趁着抽噎的间歇，长长地松了一口气。终于死了……

就在这段时间，一位江北士人来到了江东建邺。这人名叫温峤，祖籍太原，属于一个非常庞大的豪门望族，他在镇守并州的大都督刘琨麾下效力多年，在与石勒的战争中屡建功勋。他来到江东，乃是受刘琨之托，给司马睿献上一份厚礼。

"刘公让下臣给晋王带句话，他说晋室虽然衰落，但天命不亡，刘公继续在河北抵抗胡人，只盼晋王能在江南延续晋室社稷。下臣也希望晋王能念及天下人的期待，登基称帝。"

司马睿感激地道："太真（温峤字太真），你们的盛情我心领了，这事先缓缓再说。不过，我很希望你能留在江东。"

温峤明白，虽然刘琨死命苦战，但北方彻底没救了，自己留在江东不失为一个安身立命的良策。他点点头，答应了司马睿的邀请。

公元 318 年 4 月，江东群臣请司马睿称帝。

司马睿连连摆手："不行，我不能接受。"这依旧是流程。

江东名士纪瞻劝谏："晋室断绝迄今已有二年，您理应继承大业。倘若违背天意，大势一去再不能复得。刘聪早已称帝，陛下反而对称帝一事连连谦让，这跟对着火灾拱手作揖有什么区别？"

在群臣劝司马睿称帝这件事上，纪瞻表现得最积极，这是为什么呢？

因为称帝必须符合民意，纵使司马睿麾下那些手握重权的江北士族再怎么支持，没有江东本地人的支持也是行不通的。在这种情况下，必须有能代表江东人的大名士站出来说话。当初，江东名声最显赫的几大名士，首推顾荣、贺循、纪瞻、周玘。如今，顾荣已经病逝，周玘曾企图反抗江东政权，事后被气死。活着的只剩下贺循和纪瞻。贺循为人低调，曾多次回绝司马睿的任命，一门心思要辞职，这种消极态度让司马睿相当无奈。由此，代表江东人劝司马睿称帝的使命自然而然地落到了纪瞻头上。

司马睿仍然不同意。他看了看群臣为自己准备好的御座，对身旁侍卫下令："把御座撤掉！"侍卫左右为难。纪瞻开始配合地飙演技，他厉声怒叱："敢动御座者斩！"司马睿感动得稀里哗啦。

恰在这时，却闹出了一个笑话。周嵩上奏道："古代圣明的王者，主张先成全大义然后取之，先谦恭退让然后得之，这样才能保证社稷永世长存。臣建议先为社稷报仇雪恨，然后再考虑登基称帝。"

在场所有人顿时彻底无语。

司马睿只好装没听见。他生怕再拖下去又冒出个像周嵩一样不识时务的蠢蛋，当即表示："既然群臣执意坚持，我只好勉为其难了。"后来，周嵩因为忤了司马睿的意，被排挤出朝廷，担任新安太守。

这位周嵩是周颛的弟弟，绝对是个恃才傲物、口无遮拦的主。他的哥哥周颛则性格宽厚，兄弟二人留下了很多有趣的逸事。

一次，周嵩喝多了，随手抄起烛台照着周颛脑袋砸过去，嘴里还骂骂咧咧："你才气不如我，名声怎么反倒比我还高？"

周颛也不生气，慢慢悠悠地说了一句话，差点没把周嵩笑死："你对我用火攻，此乃下策。"

周嵩出任新安太守前还不知收敛，满腹牢骚地抨击朝廷。

司马睿警告周嵩说："你桀骜不驯，轻视朝廷，这都怪我无德，管教不严！"

周嵩毫不服软，借着司马睿的话茬儿回道："尧舜时代，朝廷里尚有凶臣。陛下不如尧舜，哪能缺了我这种庸碌之臣！"

司马睿顿时火冒三丈，将周嵩押赴廷尉受审。廷尉判决将周嵩处死。后来，司马睿顾及周颛的面子才将周嵩赦免。

几天后，司马睿举办登基大典。就在这场空前庄严华丽的典礼上又闹出了件唐突事。

司马睿缓缓坐到梦寐以求多年的御座上，扫视跪拜在自己面前的群臣，心里五味杂陈。这批人中有几个是自己的亲信？又有多少人唯王导马首是瞻？那些琅邪王氏成员以及与琅邪王氏联姻、结成政治同盟的豪门望族，再加上被王导一手提携的官吏，究竟有多少？司马睿数不过来，也不敢去数。

突然，他冲着位列百官之首的王导说了一句耐人寻味的话："王公，你过来，坐在我旁边吧！"司马睿坐在御座正中央，向王导缓缓招手，但屁股丝毫没动窝，显然，他没想真的给王导腾出位置。世人都说"王与马，共天下"，可是，你知道这话在我听来有多刺耳吗？纵然你琅邪王氏权倾天下，但今天，我希望你向世人表个态，证明这天下是我司马氏的，而不是你琅邪王氏的。

王导闻言，汗流浃背："陛下万万不可！如果天上的太阳下落尘世，那尘世的苍生又该仰赖谁呢？"

司马睿点点头，总算露出了些笑容。

公元 318 年 4 月 26 日，四十三岁的晋王司马睿正式登基称帝，延续了晋朝，因为他定都建邺，为了区别于之前的晋朝，史称东晋。

顶尖世家

东晋开国皇帝司马睿，是魏朝初代名将夏侯渊的玄外孙（四世孙），曾经反抗过司马昭的"淮南三叛"中诸葛诞的曾外孙，且很可能非司马觐亲生，而是夏侯光姬和一名牛姓小吏通奸所生。开国皇帝按常理都该追尊先父帝号，但司马睿称帝后并未追尊司马觐帝号，这或许可以视为司马睿非司马觐亲生的旁门佐证。明朝思想家李贽把东晋称作"晋牛氏"，后世很多人更是直呼司马睿为"牛睿"。倘若传闻属实，有这样一个背景的人继承了晋室社稷，实在很耐人寻味。

另外，此前渡江的司马家族成员并非只有司马睿一人。东晋流传一句民谣："五马浮渡江，一马化为龙。"化为龙的"一马"自然是指司马睿，那么其余"四马"又是谁呢？

《晋书》中记载，其余"四马"分别是西阳王司马羕（yàng）、南顿王司马宗、汝南王司马祐和彭城王四人。其中，司马羕、司马宗、司马祐都是老实巴交的司马亮（被二愣子司马玮所杀）的后代，司马羕和司马宗算是司马睿的族叔，司马祐算是司马睿的族兄弟。再说彭城王，史书中没有明确记载他的名字，有人说是司马雄，也有人说是司马纮，莫衷一是。不过无论是谁，二人都属于司马懿四弟司马馗的玄孙辈（东海王司马越这一支），也就是说，彭城王肯定是司马睿的族侄。

另外，《晋书》中还记载了一件事。就在司马睿称帝前，王敦认为司马睿贤明，怕将来难控制，便私下劝王导挑其他司马氏成员当皇帝。王导跟司马睿交情匪浅，他多年辅佐司马睿图的是什么？再说王导虽是江东第一重臣，甚至说是权臣都不过分，但他毕竟还算本分，无论是政治理念还是性格都跟王敦不一样。如果要立其他人为帝，司马睿怎么办？唯一的手段就是把司马睿杀了。王导做不出来。

可想而知，王导拒绝了王敦的提议。王敦心目中适合当皇帝又好控制的人选是谁呢？兴许就是史书中那位没有记下姓名、辈分最低、年纪最轻的彭城王吧？

所谓"五马浮渡江"，说明至少有五位司马氏成员南渡长江。为什么说至少？其实，史书中记载渡江的司马氏成员不止这五位，在东晋开国前后，还有部分幸存的司马氏成员逃到江东，后来他们大多承袭了祖辈的爵位。

这年夏秋之际，固守豫州的荀氏行台彻底撑不下去了，荀组、荀崧等人带领整个家族渡过长江投奔东晋。荀组后来官拜司徒，荀崧官拜尚书仆射，荀阖（荀藩的儿子，荀组的侄子）与诸葛恢（"淮南三叛"中诸葛诞的孙子）、蔡谟一起合称为"中兴三明"。自汉末至魏晋，荀氏家族中走出的重臣、名臣不计其数，有"六世九公"（六代人中出过九位上公）之称。此后，这一显赫家族在长江以南继续延续着繁荣。

南朝时，荀伯子（汉末名臣荀彧七世孙）说过一句话："天下最高贵的家族，没有哪个能超得过琅邪王氏和颍川荀氏。"这话虽是自诩，但琅邪王氏和颍川荀氏的确堪称中国历史上长期占据顶峰的名门望族。

再来说琅邪王氏。东晋开国时，王家的地位无人能出其右，这一切，都是因为王导和王敦的经营。司马睿称帝没多久，便授命王导开府。而后，又让王敦担任江州牧、荆州牧。王敦只接受江州牧，却把荆州牧推掉了。司马睿只好改任王敦为荆州刺史。用脚后跟都能想得出来，无论是江州牧，还是荆州牧，都是王敦仗着权势要来的。王敦推掉州牧，当了刺史也无非逢场作戏。整个江南地区，但凡出了建邺就是王敦的天下，他连其他州刺史都敢自己任命，有没有这个荆州牧自然是无所谓了。

前面讲王敦曾许诺让周访当荆州刺史，但事后食言，自己当了荆州刺史，指的正是这件事。按理说，周访是平衡王敦的重要军事力量，司马睿当然想让周访当荆州刺史。面对王敦的推辞，他何不顺水推舟把荆州刺史让给周访？

答案是司马睿不敢。他怕王敦，更拧不过王导。

当时，司马睿因为没有传国玉玺，被北方人讥讽为"白板天子"。按说玉玺只是个象征，如果司马睿真有实权，也不会得这么个外号，但遗憾的是，军政实权完全垄断在琅邪王氏手中。

司马睿为制约王敦，只能见缝插针。就在王敦官拜江州牧、荆州刺史的同时，司马睿趁机给广州刺史陶侃加授了一个官职——交州都督。交州即是今天的越南，按照晋朝时的行政划分在广州以西。如此一来，陶侃有了交州的兵权，他虽然仍身处不毛之地，但也勉强能对王敦形成些掣肘了。

废土之上

中原，曾经是整个中国大陆的经济文化中心，可经过连年战乱，这里早已是一片荒芜，大量破败的城池里，除了死尸，什么都没有剩下。但就在这片废土之上，零零散散，遍布很多大大小小、形状不一的堡垒。

堡垒外围无一不是一圈密不透风的围墙，好一些的堡垒用砖砌墙，差一些的用石块堆砌，或者干脆只有层层竖起的木栅栏。在围墙之外，还横七竖八地支着无数木头棍子，木棍的顶端全都削成尖刺，刺锋朝外。远远望去，这些小堡垒犹如刺猬一样趴在荒芜之地。堡垒都建造得无比简陋，与那些宏伟壮丽的城池根本不可同日而语，不过，它们虽不美观，却能够在战争时最大限度地保护生活于其中的人们的安全。

围墙的四周往往还高耸着一些塔楼，塔楼上配备了弓、弩等长距离攻击武器，无论白天黑夜总有卫兵驻守。这些卫兵的神经永远处于高度紧绷状态，他们警惕地瞭望着堡垒之外的危险世界。

堡垒建造的地点相当讲究，没有一个堡垒建立在广阔且道路畅通的平原上，基本上都是依山傍水，有些更是隐藏在树林中。堡垒外的地面往往被人为弄得坑坑洼洼，壕沟纵横。

堡垒或大或小，大的可容纳几千家在里面生活，小的则仅能容纳几十家，大部分堡垒里的人并非一出生就在这里，他们有些是附近的农民，更有些是习惯了大城市生活的市民。然而，由于战火蹂躏，这些人不得不背井离乡，逃到堡垒中苟且偷生。

堡垒内人声鼎沸，大家基本像以往一样按部就班地生活，相比那些庞大却沦陷的城池，这里反倒显得更有生气。略有不同的是，堡垒内的人几乎全民皆兵，操练演武声不绝于耳，而且，晋朝的很多法律在这里都不适用，几乎每个堡垒都有属于他们自己的法律。

距离堡垒不远往往还有农田，一定程度上填饱了堡垒内人们的肚子。不过，毕竟当时天灾人祸不断，农田又在堡垒之外难以保护，仅凭农田肯定不靠谱。于是，居住在堡垒中的人们为了生活，不得不发展出第二职业——抢劫，这是比耕种更靠谱的生活来源。

这样的堡垒，在历史上有个专属名词——坞堡。

坞堡是一种民间防卫性建筑，其历史相当悠远，大约在汉朝初期就存在了。汉光武帝时代，朝廷因为忌惮坞堡的军事性和半独立性，曾经下令将之全部摧毁。东汉末年，黄巾起义蜂起，紧接着又到了群雄割据的乱世，坞堡再度出现，成了很多人的避风港。到了如今，坞堡文化又开始兴盛，在其庇佑下，无数濒临死亡威胁的人得以生存。总之，每逢战乱时代，坞堡的价值就得到最大化的发挥。

明明城池更加坚固，为什么人们会选择在坞堡中求生？这说起来很简单，也很可悲，因为人都快死光了。城池太大，人少根本守不住。

坞堡的最高头领也有个专门的称呼——坞主。坞主多是地方豪族的领袖，当然，在"永嘉之乱"期间，也有很多晋朝官吏甚至是山贼草寇凭着自己的实力抢占坞堡，成为坞主。在坞堡内，没人敢反抗坞主的命令，否则就会被驱逐出坞堡，只有死路一条。

大多数坞堡都保持着独立性，不归属任何官方势力，但凡出现在坞堡面前的军队，无论是汉人、匈奴人、鲜卑人、羯人……坞主多倾向于诉诸武力解决问题。不过也有些坞主为了自保采取外交手段，或投靠江东集团，或投靠汉赵帝国……

英　雄

在司马睿的众多臣子中，祖逖应该算个异类。他的同僚和主子一门心思想着如何在江南立稳脚跟，却唯有他怀揣伟大梦想——光复中原大地！

早在公元313年时，司马睿还未称帝，祖逖就主动请缨北伐。

司马睿没什么兴趣，那时节，他的注意力全在荆、湘，更委派自己的荆州刺史跟西晋朝廷争夺荆州控制权，不过，他表面还是必须维护自己的形象。面对祖逖请战，司马睿自然不好意思直接拒绝。

"我任命你为豫州刺史，即刻北渡长江。"一个官衔就是一句话的事，司马睿无须吝啬，但北伐需要兵，需要粮，轮到这些实打实的，他却一样拿不出手了。磨了半天，司马睿总算拨给祖逖一千人的军粮和三千匹布。兵？你自己去解决吧。武器装备？更是什么都没有。

好，我就自己解决。祖逖毫不退缩，带着司马睿甩给他的这点儿家当和一百户宗族部曲，毅然决然地踏上了北伐的征途。渡过长江时，祖逖高举手中佩剑，猛击船楫，立下誓言："我若不能扫清中原，就如这滔滔江水一样永不回头！"

北渡长江后，祖逖自己打造兵器，并会集了两千多名义兵，利用坞堡作为据点，与匈奴汉赵帝国展开正面硬刚。

公元 315 年，司马睿将其势力范围扩张到湘州的同年。祖逖一步一个脚印，北上三百多公里，已经打到了黄河以南的兖州。

祖逖在中原可谓孤军奋战，但他的心并不孤独，在遥远的北方，和他秉持同样信念的挚友——并州都督刘琨，也一直在跟匈奴人死磕。

刘琨年轻时是个只知道吟诗作赋的纨绔子弟，后来却像变了个人，主动投身战场，坚持不懈地与匈奴人、羯人抗争，至今已有十二年。

祖逖和刘琨二人恰如黑夜中璀璨的星光。

然而，就在公元 316 年，祖逖得到一个噩耗，刘琨被石勒打得全军溃败，并州完全沦陷。两年后，落难的刘琨被附近的鲜卑人杀死。

刘琨死的同年，汉赵皇帝刘聪也魂归西天，其堂弟——手握重权的刘曜（羊献容的丈夫）趁机发动政变，夺取皇位。公元 319 年，刘曜定都长安，把国号由"汉"改为"赵"，这即是"汉赵"这一称呼的来历。同年，汉赵帝国的最大军阀石勒宣布独立，国号也是"赵"，史称"后赵"。当时，刘曜的汉赵帝国占据雍州，石勒的后赵帝国则囊括整个中原及黄河以北，成为中国最强势力。

此时，石勒得知祖逖只有几千人却能把手伸到兖州，意识到此人不可小觑，遂派堂侄石虎率五万大军将祖逖围困于兖州谯城。祖逖顽强奋战，石虎久攻不下，随后撤退，并留下部将桃豹驻守于蓬陂坞堡，继续扼制祖逖。

公元 320 年，祖逖回击桃豹，两军打了一个多月，不分胜负。一旦陷入僵持，拼的就是粮食了。然而，祖逖根本没有后勤补给，可桃豹有。

过了段日子，石勒给桃豹送去大批军粮。

桃豹很高兴。祖逖更高兴。他在途中设下埋伏，将军粮全都抢了过来。

又苦撑了一段日子，祖逖的军粮再次见底，不过他知道，桃豹的军粮也所剩无几。祖逖心生一计，秘密派遣一千多人潜伏于谯城外，然后扛着满满的沙土袋，大张旗鼓地又开进谯城。

蓬陂坞堡中的桃豹见此情景，大惊失色。打仗打不过对方，补给也拼不过对方，他果断选择了撤退。随后，祖逖将黄河以南的石勒势力一个接一个地吞并。渐渐地，大批坞主投奔到祖逖麾下。

有些坞主彼此敌对，整天打来打去，祖逖出面调停，让这些坞主全部遵从自己的号令。有些坞主，起初因形势所迫把亲眷送给石勒做了人质。祖逖便与这些坞主秘密达成协议，常常假装派兵攻打，避免让坞主为难。受过祖逖恩惠的坞主越来越多，从此，只要石勒军一有风吹草动，坞主都会提前通报祖逖。由此，祖逖在攻打石勒时总能占尽先机。黄河以南的豫州、兖州、徐州终于摆脱了奴役。

祖逖真的收复了中原！

祖逖能征惯战，擅用奇谋外交，但这并不是他与其他名将的最大区别。他真正超越众多名将、被后世称为英雄的原因在于，他懂得一个道理，战争的目的是拯救，而不是灭亡。祖逖收复中原后，开始大力发展农业，无数荒废的农田呈现勃勃生机，再加上他性格平易近人、礼贤下士，深得下属与百姓爱戴。

不容易啊！祖逖回想这些年的经历，其中的凄苦只有他自己知道。

石勒怕了，派人修缮祖逖的祖坟以求讨好对方，又给祖逖写信希望握手言和。

祖逖绝不可能与这个屠杀几十万汉人的刽子手和解，他没给石勒回信，不过允许治下百姓与北方游牧族群通商。这项举措让他获得了丰厚的税收利益。祖逖的实力越来越强。

身在江东的司马睿绝想不到，当初一兵一卒都没拨给祖逖，仅支出一千人的粮食和三千匹布就换来了如此巨大的成绩。

祖逖几乎实现了自己昔日的誓言，但他没有返回江东，因为在黄河以北和洛阳以西，匈奴人和羯人依然在摧残着汉人的生命和文明。

算起来，自公元313年至今，祖逖已经抗争了整整八年。然而造化弄人，有些事是祖逖无力改变的。就比如，他在司马睿不想北伐的时候执意北伐，忤了主君的意。要知道，祖逖渡江北伐的时候，西晋皇帝司马邺还活着。司马睿不免生出这样的疑问：祖逖难道想重振西晋社稷？那自己这个朝廷又往哪儿摆？虽说现在司马邺死了，但在司马睿心里，祖逖不属于值得信任的人。

公元 321 年，司马睿派戴渊担任司隶、兖、豫、冀、雍、并六州都督。兖州和豫州都是祖逖呕心沥血豁出命才打下来的，可戴渊犹如空降兵，一下子坐享了祖逖多年的成果。这算什么事？先提一句，司马睿让戴渊统领六州兵权，这里面其实大有文章。

祖逖心里积压多年的痛苦一下子涌了出来。

纵然痛苦，但北伐大业不能停！祖逖继续修缮武牢城。这里北临黄河，视野辽阔，乃是震慑后赵石勒的桥头堡。

这天，祖逖突然对侍奉自己多年的羯人奴仆王安言道："你和石勒是同族，还是回北方另谋生路吧。你跟了我这么久，这些盘缠你带着，路上用。"

王安闻言，泪如泉涌："祖大人之恩情，在下永世难忘，日后如有机会，定当报答！"后来，王安出仕后赵任左卫将军，又过了很多年，他果然不负誓言，报答了祖逖的恩情。

秋天的一个夜晚，祖逖独坐在武牢城的城头上，思念着故友刘琨。

我们年轻时，半夜被鸡鸣惊醒，总是相约着一起练武。你说你要枕戈待旦（头枕兵器睡觉），志枭逆虏（立志消灭敌人），怕我抢在你前面建功立业。不料你先我而去，如今，我也要追随你的脚步了。

他仰望夜空，看着头顶上一颗忽明忽暗的星星摇摇欲坠，仿佛预示着他自己的命运。祖逖不觉落下眼泪，而后仰天长叹："眼看就能平定黄河以北，可上天要杀我，上天不佑我晋室江山哪！"

公元 321 年晚秋，那个时代最伟大或许也是唯一的英雄——祖逖病逝于兖州雍丘（今河南省杞县），享年五十六岁。

很多年前，祖逖曾跟刘琨说过一句话："真希望赶上天下大乱，那时候豪杰群起，我们一定能携手纵横中原！"

《晋书》中，史家这样评价二人：刘琨年轻时声色犬马，阿附贾谧，想来就是个轻佻之徒；祖逖闻鸡起舞，盼望世事多难，也无非出于趁乱取功的狂妄心理。

可真没想到，国家沦亡之际，二人竟能一改往日浮华，挺身而出，只手擎天，驱除鞑虏，终成一代名将，成就千秋万世的英名！

祖逖死后，弟弟祖约继承其军队的统治权。不过祖约能力不济，仅仅一年光景，他就被石勒赶回到长江以北的淮南。由此，兖州、豫州再度沦丧。

祖逖毕生的努力真就这样付诸东流了吗？当然没有，他给后人讲述了一段波澜壮阔、荡气回肠的故事，讲述了一个痴狂妄想是如何变成伟大信念的故事，讲述了一个轻浮少年是如何成长为英雄的故事。

英雄，懂得战争的目的是拯救，而非灭亡。

矛盾升级

早年，祖逖听说王敦仗着声势威压皇室的时候曾放过豪言："阿黑（王敦小名）若敢对朝廷不恭，我必讨伐之！"

如今，祖逖死了。这段时间，驻军江南重镇武昌，山高皇帝远的东晋最高军事统帅——大将军兼江、扬、荆、湘、交、广六州都督王敦，可以算是整个江南真正意义上的土皇帝。近来，他对司马睿很有意见。

他不是为自己，而是替堂弟王导抱不平。原来，他得知司马睿一直不遗余力地提拔心腹臣子来扼制王导的权力。

司马睿的心腹臣子即是前文提到的那两个王导的政敌——刘隗和刁协。司马睿登基后，任命刘隗为丹阳尹，刁协为尚书令。尚书令就不用多解释了，我们主要讲讲丹阳尹。东晋国都建邺所在的郡是丹阳郡，其地位等同于西晋国都洛阳所在的河南郡。不管是河南郡还是丹阳郡，其最高行政长官都叫尹而不叫太守，这是为了凸显京畿郡的重要性。丹阳尹刘隗一手控制京畿地区政务，刁协则控制尚书台政务，二人是响当当的实权派。

刘隗和刁协跟王导闹翻的原因也很简单。二人均崇尚法家，主张严刑峻法；王导则号称江东最有分量的和事佬，主张宽松政治，宁可网漏吞舟，也不能苛察执政，他平常干得最多的事，就是法外开恩各种送人情。这两种截然相反的政治理念，注定双方不会和睦相处。

刘隗和刁协既然没法抱王导的大腿，摆在他们面前的路也就差不多绝了，还能找谁当靠山？唯一的选择就只有想压制王导的司马睿。当然，也可能二人是在王导权力飞速膨胀的过程中，对受压迫的司马睿泛起了同情心。总之，他们成了江东集团数一数二的保皇派臣子。

不过，历史上那些推崇法家者大多性格苛刻狭隘，最有名的就是春秋战国时帮助秦国变法的商鞅，他由于得罪太多人，失势后惨遭车裂之刑。而刘隗和刁协也同样有这个性格缺陷，凡事以法为先，不讲人情。与其说这是他们超前的法治理念，莫如说这更符合他们的性格好恶——管你皇亲国戚还是豪强权贵，谁犯法就治谁，毫不姑息。正因为如此，绝大多数同僚都恨不得把他们生吞活剥，更何况，二人跟王导为敌，同僚就算是为了讨好王导，也断不会给二人好脸色看。

荀藩的儿子荀邃跟刁协是亲家，刁协想让荀邃做吏部尚书，可荀邃为了跟刁协撇清干系，死都不肯答应。

周顗在尚书台突发急病，刁协连夜救治，照顾得无微不至，总算把周顗救活了。翌日黎明，周顗的弟弟周嵩闻讯赶到尚书台，他一见到周顗就破口大骂："你怎么跟刁协这佞臣有来往！"

江东集团的大小官吏多属士族豪门，平日里少不了欺男霸女。他们无一不是对主张法外开恩的王导感恩戴德，同时也给刘隗和刁协瓷瓷实实扣了顶佞臣的大帽子。凭良心说，二位"佞臣"绝对不会干出中饱私囊、以权谋私这类事。不过，二人能成为司马睿的亲信也并非因为司马睿崇尚法家，而是因为他们与王导对立的政治立场。

王导在江东人气越足，也就越不招司马睿待见。王导心里也很不爽，但依他的性格，绝对不会跟司马睿产生正面冲突，他一向喜欢低调处理棘手事务——继续在私底下跟同僚拉帮结派。他很清楚，只要同僚挺自己，司马睿肯定拿自己没辙。但这种局面让王敦忍不下去了。王敦得势，全因为有王导在朝廷里撑腰，他绝不能坐视王导被皇帝挤对而不闻不问。

老弟为人太软弱，还得靠我出马，才能解决这糟心事。

于是，王敦上了一封言辞激烈的奏疏，为王导申冤。奏疏大意如下："我记得陛下您说过，'咱们三个（指司马睿、王导、王敦三人）应该成为像管仲和鲍叔牙那样的挚友'，这话我一直铭记于心，也相信昔日的恩情不会随着时间消磨……如今世道荒弊，人心躁动。王导又担负着辅弼重任，难免被佞臣诋毁，如果您听信谗言，肯定会引起臣子疑虑，到那时候可就不好办了……"

这话毫无疑问是在警告司马睿，如果你敢再挤对王导，有可能激发政变。这封具有威胁性质的奏疏，在送达皇宫前先传到了王导手里。

王导很愁。这些年，王导和王敦一个主内一个主外，彼此做后盾，联手控制东晋军政大权。然而，王导和王敦虽说都算权臣，但他们并不属于一类人。王敦性格嚣张跋扈，什么都豁得出去，什么都干得出来。王导则认为人不能什么都豁得出去，什么都干得出来。

《世说新语》中记载了这对兄弟的故事。一次，王导和王敦到石崇家赴宴。石崇有个规矩，婢女劝客人喝酒，若客人不喝就要把婢女杀掉。王导为保住婢女的命，把自己灌了个酩酊大醉。王敦则坚持不喝，直至石崇杀了三个婢女都无动于衷。事后王导责备王敦，王敦却道："他杀自己家人，关咱们什么事？"

前文讲过这故事在《晋书》中的另一个版本，只是石崇变成了王恺。无论石崇（或王恺）劝酒杀婢女是否属实，从中不难看出王导和王敦两兄弟迥异的性格。

王导只想当一个温和的权臣，凡事都尽量避免采用过激手段。

"王敦添什么乱？再这么闹，指不定会惹出多大麻烦。"他把王敦的奏疏原封不动地退了回去，希望息事宁人。

然而王敦不依不饶，二度上奏。最终，这封奏疏还是送到了司马睿手里。

司马睿看毕，脸色煞白，冷汗直流，他不只是生气，更多的是害怕。他心知王敦绝非虚张声势，再跟王导斗气意义不大，如何克制王敦才是当务之急。

插手湘州

丹阳尹刘隗给司马睿出了个主意："陛下得挑选些心腹臣子出镇各地，对王敦形成掣肘。"

司马睿当然也想，可是，基本上整个江南，包括江州、湘州、荆州早都被王敦控制得死死的，要想插手谈何容易？司马睿只能等待机会。

同时，王敦也意识到司马睿对自己的敌意，开始加大力度往各地渗透势力。

公元 320 年夏天，梁州（侨州）刺史周访死了。王敦上奏朝廷，让湘州刺史甘卓转任梁州刺史。甘卓出身江东豪族，这些年历经战阵功勋卓著，但并非王敦嫡系。王敦此举一石二鸟：一是要削弱甘卓的实力；二是要把真正有价值的湘州刺史之位腾出空，好借机转手给自己人。

甘卓转任梁州刺史的委任状很快获得朝廷的首肯。他屯驻到荆州襄阳郡，管理临近几个县的梁州侨民。

湘州刺史的职位一空，王敦的机会就来了，同样，司马睿的机会也来了。

紧接着，王敦向朝廷推荐自己的心腹幕僚沈充担任湘州刺史。按以往的惯例，这事再简单不过，因为朝廷里有王导撑腰，但凡是王敦推荐的人没有通不过的。可这一次，王敦失算了。

让沈充担任湘州刺史的委任状久久没有批下来。因为湘州刺史正是司马睿唯一的救命稻草，任凭王导怎么说，他愣是把这事压了下来。他已经有了自己心目中理想的湘州刺史人选。

深夜，司马睿召见谯王司马承。这位司马承是司马懿六弟司马进的孙子，论辈分算是司马睿的族叔，官任左军将军（皇宫禁军中层将领）、散骑常侍。

司马睿开诚布公道："王敦有叛乱的苗头，我想让叔父担任湘州刺史制衡他。"

司马承想了想，答道："臣临危受命，不敢推辞！不过，湘州曾因杜弢聚众起义，搞得民生凋敝，臣屈指算来，需要三年整顿军务，如果时间仓促，臣就算拼了老命，恐怕也起不到什么作用。"

司马睿同意，遂顶着群臣的压力，正式任命司马承为湘州刺史。不仅如此，他又给司马承加了一磅，让司马承兼任湘州都督。也就是说，司马承一手包揽了湘州军政大权。

司马承去湘州的路上途经武昌，出于礼节，得去拜访王敦。

此时，王敦正因为亲信沈充没当上湘州刺史耿耿于怀。他见到司马承就奚落道："您是位风雅文士，却非将帅之才。"

司马承回道："王公这话可就不对了。须知铅制的刀也能切割呀。"原文"铅刀一割"是个古代成语，源自东汉名将班超的话，意喻才能平庸的人偶尔也能派上用场。

王敦懒得搭理他。待司马承走后，他鄙夷地道："谯王只会学古人豪言壮语，肯定没什么作为。"

不想，司马承来到湘州后，勤勤恳恳，秣马厉兵，成绩斐然。

不过，司马承毕竟说过重振湘州需要三年光景。司马睿当然不敢把宝押在他一个人身上。

布局江北

公元 321 年，司马睿等来了又一个机会。

祖逖历经多年艰辛，基本平定了长江以北、黄河以南的兖州、豫州、徐州大片地区。司马睿的机会，就是建立在牺牲祖逖利益的代价之上。

他委派戴渊担任司隶、兖、豫、冀、雍、并六州都督。毋庸置疑，他把戴渊抬到江北军事统帅的位子上，是为了制衡王敦，可阴错阳差，这最终竟导致祖逖内心不平，郁郁而终。戴渊本出身士族，但到他这一代时家道中落。戴渊沦为江洋大盗，一个偶然的机会，他绑架了江东名士陆机，结果却因为陆机的一句话痛改前非，当即放下屠刀，立地成佛。

同时，司马睿又委派刘隗担任青、徐、幽、平四州都督。刘隗的官职是丹阳尹，手握京畿郡政权，司马睿连刘隗这么重要的角色都派出去，说明他能用的人的确少之又少，说白了，他为了换来地方军权，放弃了京畿郡的政权。

戴渊任六州都督，刘隗任四州都督，乍一听牛气冲天，但实际上，戴渊、刘隗治下只有半个徐州是实实在在的，兖州、豫州在祖逖死后又被石勒夺取，另外七个州（司隶、幽、冀、雍、并、青、平）都是侨州。侨州即是微缩版的州，辖区不过几个县。而即便是那些名副其实的州，经过连年战乱，再加上不受朝廷管辖的坞堡势力，实力也强不到哪儿去。可想而知，这二位军事统帅压力重大。话说回来，这的确也是司马睿所能争取的极限了。

刘隗给司马睿出了个主意：限定豪族奴客数量，超过规定数量的奴客一律裁撤。奴客本身没有户籍，不能侍奉豪族就变成流民，如此再把这些流民征募为兵。

刘隗的计策一石二鸟，既削弱了豪族势力，又扩充了军队。不过，这是一把双刃剑，其弊端就是让刘隗更不得人心。

司马睿照此实施，征募了二万名流民（都是强行遣散的豪族奴客），并把这批军队尽数移交到刘隗和戴渊手中。

王敦得知后，给刘隗写了一封警告信："陛下对你宠信有加，我也打算和你携手匡扶社稷，平定海内。如果你能接受我的好意则帝业兴隆，否则，就别指望天下安宁！"

刘隗也给王敦回了一封信："鱼相忘于江湖，人相忘于道术（引自《庄子》，指人在道义面前分道扬镳）。我的志向只有尽股肱之力，为社稷效忠。"

王敦看信后火冒三丈，他知道刘隗是要跟自己作对到底了。

司马睿把司马承、戴渊、刘隗都派出去担任藩镇大员，而他的另一个亲信——尚书令刁协则依旧坐镇尚书台，毕竟，尚书台政务是重中之重，绝不能放手。可是，紧邻建邺城西的防御重镇石头城还没人驻守，司马睿只好从矬子里拔将军，遂委派江东豪族周氏宗主周札统领石头城的驻军。

周札明白这意味着自己将成为王敦的眼中钉，死活不上任。司马睿连利诱带恐吓，跟周札扯了半天皮，最后周札才勉强答应。

司马睿手里的牌差不多打光了。尚书纪瞻给司马睿提了个醒："如果真到了社稷动荡之际，臣认为江北的流民帅也能派上用场。"

纪瞻是最早支持司马睿政权的江东名士，而今，随着顾荣、贺循的相继去世，他成了江东名士中资望最高的重臣。那么，纪瞻所说的流民帅又是些什么人呢？

先前讲过，祖逖北伐一度将后赵石勒逼退到黄河以北，而黄河以南和长江以北的区域，包括徐州、兖州、豫州以及扬州淮南郡，则零零散散遍布着大批流民军。流民军的统帅多是坞主，接受朝廷的官爵，名义上隶属东晋，实质上却保持半独立性。朝廷对这帮泥腿子从来都没好感，严令禁止他们渡过长江，一来避免扰乱江东稳定，二来让他们充当东晋和后赵之间的缓冲层。

"那帮人能靠得住吗？"司马睿这么前怕狼后怕虎不是没有道理。事实上，流民帅为了生存，杀人越货、打家劫舍纯属家常便饭。

"流民帅的确鱼龙混杂，不过也有心系社稷的忠直义士。郗鉴就是其中翘楚。"

江北流民帅多如牛毛，为何纪瞻独独看重这个叫郗鉴的人？原来，流民帅多出身寒门，就算有出身士族的，名声也不大响亮。也即是说，流民帅群体与江东朝廷根本不搭调。在这群土包子堆里，名士郗鉴绝对算凤毛麟角。

早在几年前，郗鉴就因为声势浩大被司马睿任命为兖州都督。说到这里，不得不提戴渊的官职六州都督，其管辖的兖州和郗鉴可是有冲突的。出现这种情况并不稀奇，那些流民帅的官职本来就乱七八糟，有的保留着先前西晋朝廷和荀氏行台封的官，有的接受东晋朝廷封的官，还有的甚至接受石勒封的官。这些势力像白送一样地给流民帅封官授爵，无非开一张空头支票，因为流民帅整天把脑袋系在裤腰带上，指不定哪天就被灭了。司马睿让戴渊担任司隶、兖、豫、冀、雍、并六州都督的时候，大概早忘了先前还任命过郗鉴这个兖州都督吧。

"纪公的意思是？"

"召郗鉴入朝，让他把部下带到建邺以增加朝廷军力。"这是一着险棋，姑且不提郗鉴本人是否如纪瞻形容得那么靠谱，光是想到建邺充斥着大批流民军就足够让司马睿心里发毛。但纪瞻的确是一心帮司马睿对付王敦。

司马睿犹犹豫豫地道："明天上朝，你把这事提出来，跟公卿商量商量吧。"

翌日，纪瞻正式上疏。他先是夸了郗鉴一番，末了又不忘补了一句："这事臣难免有考虑不周的地方，还得请王导大人定夺。"大半生混迹政坛的纪瞻无疑是个老油条，他这么一说，两头都不得罪。

可是，这事一到王导那自然也就进展不下去了。王导比司马睿更怕流民帅，他除了担心流民帅扰乱建邺秩序，更担心流民帅个个手握重兵，肯定要削弱自家权力。最后，召郗鉴入朝的事只好暂且搁置。

公元 321 年，司马睿布完所有的棋子，终于把手伸向王敦的后盾——王导。他晋升王导为司空，顺便剥夺了王导骠骑将军的官位。这显然是明升暗降，王导在建邺没了兵权。

司马睿稍稍松了一口气。可是，他这口气也没能松太久。

老骥伏枥，志在千里

江州武昌是江南军事重镇，同时也是东晋权臣——大将军王敦的驻地。

这天，王敦像往常一样在正厅宴请宾客。酒宴毕，幕僚宾客却无一人起身告辞，他们依旧安坐在席位上静静地等着。因为按照惯例，王敦总要在酒宴后表演他最擅长的助兴节目。

咣当一声，王敦将酒樽重重拍到面前的案几上。他手劲很大，案几上的其他物件几乎被震飞了起来。随后，他扬起手，身旁仆役赶忙将早已准备好的玉如意（古代搔痒的器具，顶端如人手形状，故名如意）递到他手里。王敦凝视远方，手持玉如意，开始极有韵律地敲打起脚边一个瓷壶。细心的宾客能很清楚地观察到，这瓷壶因为长期被敲打，边缘已经残缺，变得坑坑洼洼。伴随着清脆悦耳的敲击声，王敦唱起了一首乐府诗：

> 神龟虽寿，犹有竟时。
>
> 腾蛇乘雾，终为土灰。
>
> 老骥伏枥，志在千里。
>
> 烈士暮年，壮心不已。
>
> 盈缩之期，不但在天。
>
> 养怡之福，可得永年。
>
> 幸甚至哉，歌以咏志。

这首乐府诗乃曹操五十三岁时所写，名为"龟虽寿"。这年，王敦年已五十七岁了。王敦唱完《龟虽寿》，右手却还在敲着瓷壶，似意犹未尽，继而，他左手摸了摸自己花白的胡须，眼神中流露出少见的彷徨和沧桑。

五十七年，弹指一挥间，走到今天这步，不容易啊！渐渐地，他的眼神又变得跟以往一样神采飞扬，随之加大敲击力度，并再次高唱了其中两句："老骥伏枥，志在千里。烈士暮年，壮心不已。"

大半生积累的权势，绝不能一朝尽毁！我志在千里！

哗啦一声，瓷壶被击得粉碎。王敦怔怔地盯着满地的碎片，他做了一个决定，一个相当危险又无所畏惧的决定。他扬起头，口中重重言道："刘隗奸佞蛊惑君心，我要兵谏清君侧！"

满座鸦雀无声。隔了一会儿，幕僚谢鲲颤声说道："刘隗虽然可恶，但投鼠忌器啊！"他乃是劝王敦顾及皇帝司马睿的安危，不要冲动行事。

王敦虽然嘴上说的是刘隗，但剑锋所指的正是司马睿。他闻言，勃然大怒，指着谢鲲的鼻子骂道："你个庸才懂什么？"

谢鲲见王敦发火，不敢再吱声。他是位大名士，且平时跟王敦清谈很合拍，事后并没被王敦惩处。

没两天，王敦的亲信陈述病故。就在送丧的队伍里，陈述生前的好友郭璞号啕大哭："嗣祖（陈述字嗣祖），你死得早是你的福气啊！"

旁人听闻，不明所以。郭璞心里却很清楚，倘若陈述不死，势必卷入王敦即将发起的叛乱。一旦王敦失败，陈述满门都会受到株连。

随后几天，王敦果真开始准备兵谏司马睿了。不消说，所谓兵谏，即是要发动军事政变，攻向国都建邺，以武力迫使皇帝就范！

三步棋

兵谏基本等同于叛乱谋反，没有比这更危险的事了。王敦需要制订周详的计划，一步步走。毋庸置疑，他的目的当然是要维护自己以及琅邪王氏家族的权力，纵然江州军是他的嫡系，但要鼓动部下跟自己造反可没那么简单，总得花些心思才行。

第一步棋，王敦要撺掇江州军跟自己同仇敌忾。他上奏朝廷："江州将士的家属大多留在扬州，希望朝廷准许他们把家人接到江州来。"历朝历代，驻守边境的军队家属基本都留在内地，这是防止军队叛变投敌最有效的手段。王敦提出这样一个不合情理的要求，明摆着是给司马睿出难题。

司马睿急忙跟徐州都督刘隗商量。刘隗也有点发怵。如果不答应，王敦肯定会借此煽动江州将士的情绪，然后把矛头引向朝廷；如果答应，一旦王敦发动叛乱，江州将士则会无所忌惮。想了很久，最后，他断定王敦叛乱已是板上钉钉的事，没必要再试图讨好、安抚江州将士，遂劝司马睿拒绝王敦的要求。

司马睿照办。王敦早料到朝廷不会答应，当即把这事公布于众，江州将士群情激愤，怒火直指建邺。

第二步棋，王敦要判断江州以外其他藩镇重臣的立场，并据此做出应对措施。

让我们跟着王敦的思路，把东晋帝国各州势力部署逐个捋一遍。

首先说长江以南。最东头的扬州是国都建邺所在，也是王敦剑锋所指的方向。扬州除了建邺外，最重要的地方就是位于扬州腹地的吴郡一带，幸运的是，王敦的亲信沈充正是吴郡豪族。沈家势力到底强到什么地步？说出来吓人，当时人盛传一句顺口溜"江东之豪，莫强周沈"，周氏即是"三定江南"的周玘一族，当年，周玘凭借着江东实力最强的私家部曲扫平了一波又一波的叛乱，甚至到后来，周氏一族也发起叛乱，搞得司马睿焦头烂额。而沈充的沈氏家族，其私家部曲数量与周氏旗鼓相当。

王敦把沈充派回吴郡，秘密动员家族势力，随时准备起兵响应自己。

扬州往西是江州，这里是王敦的大本营，自不必多说。

江州往西是湘州，湘州刺史兼湘州都督司马承正是司马睿派来对付王敦的，铁定没法策反。不过，湘州经过杜弢一通折腾，民力凋零。司马承才上任一年多，就算他起早贪黑地干，实力也强不到哪儿去。

整个中国大陆最南端的广州和交州由陶侃镇守，陶侃对王敦恨之入骨，也没法策反。但广州、交州是不毛之地，王敦屈指估算陶侃的兵力，完全不以为意。

其次说长江以北。扬州北部的徐州由刘隗镇守，兖州和豫州由戴渊镇守，这两个人同样是司马睿的亲信。不过二人才刚刚上任半年，料想没什么准备，真到开战之际，唯有兵戎相见。

最后就是湘州北部的荆州了。王敦自己兼任荆州刺史，不过，在荆州襄阳郡，还盘踞着一个颇具实力的宿将——梁州刺史甘卓。虽说梁州是侨州，地界不大，但甘卓征战多年，手里到底攒了不少兵。而且，甘卓既非王敦嫡系，也非司马睿亲信，而是一个边缘人物。因此，他成了王敦必须笼络的对象。

公元 322 年初春，王敦给甘卓写了一封信，劝甘卓跟自己联手兵谏皇帝司马睿，理由自然是为了剿除刘隗、刁协两个"奸臣"。

甘卓看完王敦的信，手不由自主地哆嗦起来，他吓得魂都出来了。王敦名义上是"清君侧"，但谁不知道他是为自家利益压制皇权，这还算好的，一旦王敦真打赢了，弑君篡位都有可能。如果甘卓接受王敦的邀请，就意味着加入反叛行列，可一旦拒绝，王敦随时都能出兵先灭了甘卓。甘卓急得团团转，思来想去，决定先不管那么多，保命要紧。于是，他马上给王敦回了一封信："王公举兵清君侧，在下义不容辞，到时必与王公携手发兵建邺！"

王敦异常顺利地争取到甘卓的支持，又在扬州腹地埋下沈充这枚棋子，他的第二步棋下完了。

第三步棋，王敦上奏朝廷："佞臣刘隗祸乱朝纲。臣身为辅弼之臣，不能坐视不理，现决定兴兵讨伐逆臣。假如陛下斩刘隗首级，臣即罢兵，希望陛下三思！"在这封奏疏中，王敦没提刁协的事，他想，事才刚开始，还是尽量把打击面缩到最小为佳。

这封奏疏，也就相当于谋反宣言了。

公元 322 年 2 月 16 日，王敦走完他的三步棋，正式举起了反叛的旗帜。

临场变卦

在司马睿将势力范围从扬州扩张到江州、湘州、荆州的过程中，几乎每场战役都有甘卓活跃的身影。另外，甘卓在其辖区梁州（侨州）的政绩相当不错，人望颇高。甘卓大概算东晋初期准一流将领，这也是王敦要拉拢他的重要原因。

但人总会变老，有些人越老越贼，有些人却越老越糊涂。

这些天，甘卓过得心惊肉跳。自己当初为什么要答应王敦？当然是吓的。如果再让他选一次，恐怕他还是会答应王敦。可他没想到王敦居然真敢举兵谋反，而且来得这么快。说实话，甘卓打心眼里钦佩王敦，这么大的事，一不做二不休地就干了，虽说类似的事自己十几年前也干过（举兵反攻陈敏），可经过这些年，这份胆量早就不知不觉被消磨得一干二净。

眼看快到约定举兵的日期，甘卓越发踌躇起来。有多少人帮王敦？又有多少人帮司马睿？王敦的胜算究竟几何？他在等。终于，他等到了答复。

一名僚属疾步跑进甘卓的府邸。

甘卓着急忙慌地问道："快点告诉我。魏该是什么态度？"魏该官任顺阳（今湖北省荆门市）太守，这人手里有点兵，距离甘卓所在的襄阳很近。就在昨天，甘卓派人把王敦谋反的事告知魏该，他想先探知魏该的态度，再决定自己的立场。

僚属回禀："魏该说，他这么多年拼了命抵抗胡人，为的就是效忠皇室，如果王敦攻打建邺，他绝不跟王敦同流合污！"

"哦，他是这么说的啊……"这么一来，甘卓对王敦没底了。

既然魏该不帮王敦，那我也不帮了。于是，甘卓就这么缩在襄阳城里，谁都不搭理，装作什么都没发生过。这位三国时期吴国猛将甘宁的后代，身为一方藩镇大员，上了年纪就变得畏手畏脚。

随后几天，王敦频频派出使者催甘卓出兵："甘将军，大将军暴跳如雷。他说绝不会加害陛下，此番发兵建邺只为扫除奸臣。大功告成后，让您做三公！"

"你回去跟大将军说，我正在整军备战，请他再等几天。"

使者把甘卓的话带回武昌。王敦气疯了。"还等个屁！甘卓当初是怎么说的？哪有事到临头变卦的？"他恨不得把甘卓生吞活剥了，要不是对方当初信誓旦旦地答应自己，自己也不会那么快就公布兵谏（反叛）计划。对甘卓这种没谱的人，他彻底无语了。

王敦只好暂且搁置攻打建邺的计划，他必须先解决自己的后方。再怎么说，甘卓还有策反的可能。于是，他一边继续派使者利诱甘卓，一边把对付谯王司马承的事提上日程。

王敦派人给司马承传话，让司马承卸任湘州刺史，来武昌担任军司。武昌军司是王敦的直属部下，这意思很直白——要么跟我，要么去死。

司马承闻讯，冷汗直冒。他知道王敦不是吓唬人，王敦真的反了！

一年前，他曾对司马睿说湘州需要三年休养生息，可王敦到底没给他这个时间。他预感到王敦的大军马上就要兵临城下，叹息道："我死期不远了。但臣子为忠义而死，夫复何求！"司马承下定了决心，就算豁出命，也要跟王敦死磕到底。

不过，湘州兵力薄弱，要抵挡王敦，唯有仰仗当地豪族的支持。老天爷给了司马承一个绝好的机会，湘州最大豪族虞悝的老母恰在这个当口死了。

司马承屈尊前往虞悝的府上亲自为虞母吊唁。虞府上下诚惶诚恐，堂堂藩镇大员、皇室长辈，居然不请自来参加葬礼，这让他们甚是感动。吊唁完毕，司马承谦恭地向虞悝讨教："我打算讨伐逆贼王敦，怎奈实力不济。您是湘州豪俊，希望您能帮我一把。"

虞悝明白这意味着什么，但士为知己者死，他二话不说，表示愿意帮这个忙。

谯王司马承成功招揽虞氏兄弟做了幕僚，这等于赢得了虞氏整个家族的支持，当然，更重要的是他得到了虞氏的私家军队。旋即，司马承传檄湘州各郡，举兵讨伐王敦。

湘东太守郑澹是王敦的姐夫，他是王敦插进湘州的一颗钉子，司马承派虞氏族人讨伐郑澹。郑澹不敌，战败身亡。

不过，司马承的实力终归远不及王敦，他要想成功必须争取外援，而他唯一可能的外援，就是驻守荆州襄阳郡的甘卓。

司马承没得可选，只能派幕僚邓骞前往襄阳，劝说甘卓帮自己勤王。

骑墙派重臣

连日来，甘卓已经被王敦催得焦头烂额，现在，他又不得不应付司马承。说实话，国内出了反叛这么大的事，甘卓身为藩镇大员，必须选择加入其中一方，这就是一场豪赌。然而，甘卓谁都不想帮，更准确地说，他是谁都不敢帮，他生怕判断失误，进错了阵营。

邓骞来到襄阳后，劝甘卓道："刘隗虽然不得人心，但他绝不是个祸害天下的佞臣。王敦声讨刘隗，其实是公报私仇！您位居藩镇大员，奉戴朝廷，讨伐王敦，这是建立齐桓公、晋文公那种丰功伟绩的机会！"

甘卓连连摆手："我是有心奉戴朝廷不假，但齐桓公、晋文公我可不敢想。"

一旁，甘卓的幕僚时不时插嘴帮腔："甘将军就该按兵不动。无论王敦赢还是朝廷赢，他们都会顾忌甘将军的实力，谁也不敢碰甘将军一根毫毛，这事闹翻了天都跟我们没关系！"

邓骞强压住心头火气，继续耐着性子苦劝："您拒绝帮王敦，这就已经把王敦得罪了。如果王敦成功，您的命攥在他手里，难道还指望平安无事？您妄想坐观成败，这是自取其祸呀！"

"从长计议！从长计议！"甘卓的态度模棱两可。

恰在这时，王敦的使者也到了。使者名叫乐道融，毫无疑问，他是奉王敦之命前来催促甘卓举兵攻打建邺的。

还嫌不够乱吗？甘卓觉得自己都快被双方逼疯了。

乐道融迈步进甘卓府邸，他扫视一圈，看了看纠结的甘卓，又看了看焦躁的邓骞，心下了然。果然不出所料，甘卓还在左右徘徊。乐道融虽然是王敦的使者，但他从武昌到襄阳这一路上一直琢磨：自己真要助纣为虐吗？他做出了一个极大胆的决定，而且，他相信自己有把握结束这场争论。

乐道融一开口，登时震惊了在场所有人："琅邪王氏擅权自重，有政见不合者便诬蔑为佞臣，王敦背弃朝廷，兵逼建邺，这是人臣该干的事吗？甘将军您深受国恩，如果跟王敦搅在一起，生为逆臣，死为愚鬼，难道不觉得耻辱吗？"

转瞬间，局面出现了逆转，本该是双方使者各执一词拉拢甘卓，现在居然是一边倒劝甘卓对付王敦。甘卓目瞪口呆，望着乐道融，想不通这事究竟是变简单了，还是变复杂了。

乐道融又说："我帮您出个主意，您假装应承王敦，等王敦离开武昌，逼近建邺时再趁其不备，从后方攻打武昌，如此一来，王敦军队一定崩溃，您的功劳没人能比！"

甘卓觉得自己被这两名使者推到了绝路上，他暗暗思量：连王敦的使者都劝自己讨伐王敦，没准王敦真会失败吧？踌躇良久，他总算是鼓足了勇气："乐道融说出了我的心里话！"

众人无语。说出了你的心里话？早干吗去啦？

不过即便如此，甘卓还是本性难改，他寻思：先传檄各州郡声讨王敦，看看其他人的反应再决定自己出不出兵。于是，他不仅给襄阳周边郡县，更给远离自己的其他州都发送了讨伐王敦的檄文。镇守广州、交州的陶侃当即派出一支军队响应勤王号召。王敦的大本营武昌的军心开始动摇。甘卓这才真正决定出兵，过了些日子，他率领襄阳军，慢慢悠悠地走到了长江北岸的沔口。

可时间不等人，此时，王敦部下魏乂已经率二万大军把司马承围困在长沙城中。局势危急万分。司马承很清楚自己撑不了多久，目前唯有依靠甘卓的援军。他向甘卓连连派出使者求援，但甘卓的答复把司马承气了个半死。

"我出兵沔口，意图截断王敦的退路。希望您能继续坚守些日子。"所谓出兵沔口，说白了，甘卓就是换了个地方按兵不动。

司马承给甘卓写信："您如果能火速救援长沙，我或许还有活路，您如果再狐疑不决，我必死无疑！"

遗憾的是，司马承根本没摸清甘卓的心思，甘卓绝不会怜惜自己，那人唯有看到己方胜券在握才会行动。司马承这封求援信反而让甘卓更加动摇了。

乐道融等人也苦劝甘卓火速出兵。

没想到甘卓竟说："当初陈敏作乱，我先帮他，后又灭他。旁人说我首尾两端，我一直心怀愧疚。如果再干出这种事，我还要不要脸？"

旁人听罢，心里皆在暗骂：这么畏畏缩缩，早把祖宗的脸都丢尽了。

甘卓就这样在沔口停驻了一个来月，他与武昌隔江相望，却始终按兵不动。司马承则固守长沙城，与魏乂进行着惨烈的战争，他预感到，自己的命是过一天少一天了。

清君侧

起初，王敦因为甘卓的摇摆不定，一直待在武昌没敢动窝。耗了一个多月，他看清了局势。最坚决的保皇派藩王司马承被魏乂围困孤城，破城指日可待；甘卓虽驻军沔口，但根本不敢跟自己交战；陶侃的实力更弱，他从广州派出一支军队北上勤王，半路上就被人截住，完全成不了气候。

不能再等了，越等司马睿的准备就越充分，自己将从优势转为劣势。

4月，王敦亲自率军向建邺进发。他抵达芜湖时，再度给司马睿呈上一封奏疏，列数尚书令刁协罪状，逼司马睿处死刁协。与此同时，王敦安插在扬州腹地的沈充也率领族人举兵响应自己了。

我们来看看国都建邺方面的反应。司马睿当然不会把对自己忠心耿耿的刘隗、刁协处死。这一个多月他也没闲着，已征调司隶、兖、豫、冀、雍、并六州都督戴渊，青、徐、幽、平四州都督刘隗回建邺勤王。不仅如此，他终于下定决心向江北流民帅求助，更任命流民帅中名头最大的郗鉴入朝担任中领军。这时候，郗鉴迫于石勒的压力退守到淮南合肥，他接到诏书后一路南下。其他流民帅则根本懒得管朝廷里的糟心事，个个作壁上观。

实事求是地讲，王敦"清君侧"这手牌打得相当漂亮。因为刘隗、刁协都是刻薄人，得罪的同僚数都数不清。是故，身处建邺的那帮公卿的心态，也就变得复杂难测了。一方面，王敦名义上是"清君侧"，把矛头指向刘隗、刁协两个朝廷公敌，士大夫又都跟琅邪王氏关系很好；另一方面，王敦确实属于犯上作乱。不言而喻，这让江东众臣甚是纠结，他们在忠君道义和盼望刘隗、刁协被灭这两种矛盾的心理状态下左右徘徊着。

太子中庶子温峤就属于这类典型。他对尚书仆射周颉（yǐ）道："大将军要清君侧看似也有些道理，应该不算过分吧？"

周颉的价值观是忠君道义高于一切，他回道："陛下非尧舜，哪能没过失？如果陛下有了过失，臣子就发兵犯上，这不是叛乱是什么？"

这段对话充分展现了江东臣子的复杂心态。相信大部分人都和温峤一样，因为不爽刘隗和刁协，故有心支持王敦。也有些像周颉这样的人，当国难临头，维护皇权就是唯一的选择。不过，从周颉的回答中可以看出，他也认为这事是司马睿不对，因为包括他自己在内的绝大部分同僚都被刘隗和刁协咬过。

请　罪

再看看跟王敦有直接关联、立场更加尴尬的王导以及琅邪王氏一族的情况。按理说，王敦发起叛乱，相关亲属是要被族诛的。事实上，就在刘隗从驻地返回建邺的途中，他已给司马睿连发密函，建议杀掉王导。看得出来，崇尚严刑峻法的刘隗性子确实很刚。但司马睿没动手，纵然是王敦先跟自己撕破脸，可自己不敢跟整个琅邪王氏撕破脸。

王导明白自己正处于生死关头，他得知王敦发兵的消息，火速召集建邺所有族人，嘱咐道："在朝为官者全部脱去朝服，大家闭门谢客，无论陛下做出什么决定，都不准反抗。"接着，他又指名道姓点出了二十几个在朝廷担当要职的族人："中领军王邃、左卫将军王廙（yì）、侍中王侃、侍中王彬……你们几个从明天开始，每天一大早都要跟我去皇宫门口跪地谢罪！"

话音落地，一片哗然。

"我琅邪王氏一族，执掌兵权者大有人在，这么干，不是等死吗？"

"闭嘴！按我说的办！"王导从没这么生气过。

继而，他沉吟道："只有这个办法，才能让我们全族躲过大劫啊……"

王导很了解自己，他不是个能豁得出去的人。他也很了解司马睿，他知道司马睿同样不是个能豁得出去的人。以琅邪王氏的实力，在建邺发动兵变不是不行，但如果那样做，不知道会死多少族人。而且，史书中又会对琅邪王氏做何评价呢？琅邪王氏的未来又该往何处走呢？

我绝不做司马懿！我要用自己的方式解决问题。

就在王导做出这个决定的当天，族人王含不想束手待毙，逃出建邺，投奔了王敦。这位王含是王敦的胞兄，他跟王敦最亲，在后面还有故事。

王导正如他说的那样，从此不再上朝，每天带着几十个族人齐刷刷地跪在皇宫门口谢罪。司马睿漠然无视，同僚也漠然无视，不是他们不想搭理王导，而是在眼前的局势下，他们根本就不知道该如何处理王导。

4 月中旬，戴渊和刘隗相继率兵抵达建邺。刘隗经过皇宫门口时，看见趴在地上的王导，大吃一惊。他暗想：陛下怎么还没杀王导？就算不杀，至少也该把王导软禁起来。

刘隗恶狠狠地瞪了王导一眼，然后大步流星地迈进皇宫。

"陛下，王敦谋反，您怎么还放任王导这一大家子不管？他们随时能当王敦的内应。臣建议现在就把他们处死！"

"我一直在考虑这事，不过，我得问问其他重臣的意见。"

"都火烧眉毛了，陛下须马上做决断！"

司马睿摆摆手，打断了刘隗的话。他下不了决心杀王导：一方面是顾忌琅邪王氏的势力盘根错节，担心会因此引发更大的内乱；另一方面也是对这场仗能否打赢心里没底。一旦杀了王导，就意味着完全没有回旋余地，如果战败，王敦绝饶不了自己。

刘隗见到司马睿的态度，心彻底凉了，他这才知道司马睿并无背水一战的信念。他心灰意懒地想：这仗大概是打不赢了。

司马睿屏退了刘隗，随后又召周颐入宫。周颐是江北大名士，跟王导私交很好，曾出任江东集团第一届荆州刺史，适逢杜弢起义未能到任，后返回建邺任尚书仆射兼吏部尚书、中护军，不仅手握政权，更手握皇宫禁卫军兵权。

周颐经过皇宫门口时，不可避免地跟王导碰面了。

王导见老友进宫，知道对方肯定会跟司马睿商量如何处理自己，便冲着周颐喊道："伯仁（周颐字伯仁），我把宗族几百口人都托付给你了！"

周颐自然知道司马睿要问自己什么，他也早想好该如何作答，但不管怎样，在这个敏感时期自己不能跟王导有任何瓜葛，避嫌才是最明智的选择。于是，他躲开王导的目光，径直入宫。王导不知周颐的心思，心里没着没落。

周颐一进宫，司马睿果然张口就问："刘隗劝我诛灭王氏全族，你怎么看？"

周颐想了很久才开口道："陛下，王敦谋反与王导无关。王导是社稷忠臣。您如果把王导一族都杀了，除了解恨，于事无补。试问，江东士族有多少人受过王导的恩惠？往后您还怎么在江东立足？"

司马睿心里咯噔一下。王导是不是忠臣无关紧要，重要的是周颐代表了绝大部分士族的态度——王导杀不得啊！

就在这场关乎琅邪王氏全族生死的谈话中，周颉犯了一个天大的错误。他跟司马睿一边聊，一边喝起大酒。按说这个错误也在意料之中，周颉本就是个酒腻子，无论到哪儿都少不了狂饮。更严重的是，每次他喝醉都会做出荒唐事。这回也不例外，等周颉跟司马睿说完王导的处理方案，走出皇宫时已不省人事了。

在皇宫门口，王导再度见到周颉。

"伯仁，伯仁，陛下怎么说？"

如果说周颉尚存一丝理智，那就是他仍然记得要避嫌，他还是没搭理王导。然而，仅存的理智也就到此为止了。醉醺醺的周颉借着酒劲做出了一个极不理智的举动。他经过王导身边时，瞟了对方一眼，然后对搀扶自己的侍从大声说道："等杀了王敦那伙贼人，我让你们个个都封官授爵！"

王导闻言，恨得咬牙切齿，他并不知道周颉在司马睿面前为自己求情，他只知道在自己危难之际，这个曾经跟自己关系不错的人幸灾乐祸，落井下石。

周颉回到家，倒头就睡。酒醒后，他马上又写了一封为王导求情的奏疏，并将之呈递给司马睿。然而，他把自己刺激王导的事忘得一干二净。

次日，司马睿赦免王导全族。王导跪在司马睿面前，泣不成声地道："乱臣贼子哪个朝代都有，不料今天竟然出自臣家，这是臣家的耻辱啊！"

司马睿扶起了王导："王敦的事跟你没关系。而且，为了让天下人明白你的忠义，我要任命你为前锋大都督，由你亲自率军讨伐王敦！"

王导明白了：司马睿到底是不敢杀我，让我对付王敦，乃是让我们兄弟兵戎相见哪……

无论如何，王导是戴罪之身，司马睿趁机剥夺了其中书监、录尚书事、侍中、假节等官职，保留的只有司空和扬州刺史。随后，司马睿正式下诏，让王导担任讨伐王敦的前锋统帅，戴渊驻守秦淮河朱雀桥，刘隗驻守金城，周札驻守石头城。

朱雀桥、金城、石头城都紧邻建邺，相距不过几里。

司马睿把自己一手提拔的亲信（姑且把周札也算作司马睿的亲信）全安置在自己眼皮子底下，最信任的嫡系军队变成了贴身护卫，却让王导去打前锋。从这样的战略布局不难看出司马睿的苦衷。他很清楚，大部分朝廷公卿和江东豪族正幸灾乐祸地等着看刘隗、刁协完蛋这出好戏，而刘隗、刁协完蛋，就意味着自己完蛋。处在这样的情况下，建邺保不齐会爆发内乱，让亲信离自己近点儿，正是出于安全考虑。那么，他为何又让王导打前锋呢？一来，他必须借助王导的号召力鼓动江东人参战。二来，他把王导、王敦推向对立的立场，也是希望王导能以家族中的影响力化解这场战争。

接着，司马睿派王廙担任使者，劝王敦退兵。结果王廙一到王敦军中，就把朝廷的战略布局悉数告知，并留在王敦身边，不回朝廷了。

定　局

司马睿一厢情愿地希望王敦能顾及兄弟情分主动退兵，但王敦绝不会退兵，因为他比司马睿更了解王导，他知道王导跟自己肯定打不起来。

正如王敦预料的那样，王导不会跟自家兄弟真刀真枪地干，与其说他是对抗王敦的前锋统帅，毋宁说他是帮王敦开路更为恰当。王导不想做司马懿，但他更不想死，他知道如果王敦一旦战败，自己的命也就算走到头了。在史书中，没有只言片语记载王导这支前锋军的战绩，只是直截了当地讲述王敦一路势如破竹，直逼向建邺。总而言之，这盘棋司马睿算是输得彻彻底底。

前文说过，历史上的江南政权，但凡定都建邺（南京）必须把上游重镇武昌握在手里。如今，王敦恰恰控制了武昌，并从武昌顺流而下攻向建邺。

地理优势再加上王导的不作为，结果不言自明。王敦只用了一个月，就进军至距离建邺不足十公里远的地方，映入他眼帘的是金城和石头城这两座守护建邺的最后障碍。

王敦部将杜弘（湘州起义军首领杜弢的部下，战败后投降王敦）指着两座城池分析说："金城守将是刘隗，他招揽了不少死士，军心稳固不好打。石头城守将是周札，此人贪财好利，军队凝聚力低。依属下之见，不如先攻克石头城。石头城一破，金城独力难支。"

王敦采纳了杜弘的建议。果然不出杜弘所料，周札见势头不妙，没怎么打就开城投降了。与此同时，忠于司马睿的周筵（当年只身化解周氏叛乱的人）正打算率三千水军讨伐扬州腹地的沈充，他获悉周札开城投降的消息后，心知大势已去，无奈终止了行动。跟王敦遥相呼应的沈充杀了吴郡太守张茂，成功夺取吴郡。扬州腹地其他郡太守大多保持中立，持袖手旁观的态度。由此可见，王敦叛乱打出扫除"奸臣"刘隗、刁协的名义，确实很奏效。

王敦大军顺利进驻石头城，这座城池坐落于今南京清凉山峭壁旁，城下环绕秦淮河，又扼守长江险要，是建邺西侧的最后一道门户。

司马睿慌了神，下令让刘隗、刁协、戴渊、王导、周颢等夺回石头城。在这些人中，主力自然是刘隗和戴渊，麾下共有两万军队。然而，这两万人都是先前司马睿按照刘隗的策略强行征召的豪族奴客，战斗力低得一塌糊涂。一战下来，刘隗、戴渊等人全被王敦打得惨不忍睹。

这时，在皇宫东宫，太子司马绍听说全军溃败的消息，气得脸红脖子粗："备车，我要去前线，亲自统率大军讨伐逆臣！"

他一个箭步蹿上马车，向宫外狂奔而去，眼看就要到宫门，却被一个熟悉的身影挡住了去路。太子幕僚温峤手持宝剑，横在东宫门口。

"太子殿下是国家储君，绝不能轻身赴险！"言罢，温峤一剑斩断驾车的缰绳。

司马绍握着手里断成两截的缰绳，看着犹如门神一般的温峤，涌上头顶的热血渐渐退了下去。他脑海中想起了魏朝那个冲动的皇帝曹髦。温峤说得没错，我不能轻身赴险，说不定将来还有机会，还有属于自己的机会！

温峤这一剑无疑是救了司马绍的命，日后，他还会再度挽救司马绍。

王敦登上石头城的城楼，望着近在咫尺的建邺，悠然感慨："我攻下石头城，今后也就别想在世间留下什么好名声了！"

谢鲲在旁道："时间能让人忘记很多该忘记的事。您的名声取决于您今后的作为……"这仿佛是一句双关语，可以做两种解释。其一，是建议王敦杀了刘隗、刁协后把政权还给朝廷，如此仍然有希望博个好名声；其二，是暗示王敦就此称帝，而史书向来是由胜利者撰写的。

王敦沉思不语。这两种选择，无论哪种对他来说，都是异常艰难的一步。

说句题外话，谢鲲于一年后病逝，他的家族即陈郡谢氏，在东晋相当兴盛，子嗣后代中名臣、重臣不计其数。四十年后，还将有一位谢氏族人大放异彩。

忠臣末路

公元 322 年 5 月，矗立在建邺城西的最后一道屏障石头城沦陷，驻守金城的刘隗和驻守朱雀桥的戴渊连连战败，而在扬州腹地，沈充又占据吴郡。司马睿再也无力回天了。

刘隗、刁协仓皇逃回皇宫，跌跌撞撞地跑进太极殿，跪在司马睿面前。

"陛下，臣无能，国都守不住啦！"

"我知道二位爱卿最忠于社稷，可眼下这局面谁都无法扭转了。"司马睿握着二人的手，止不住泪水狂流，"王敦不会饶了你们，你们趁现在快逃吧！"说着，他将二人一把推到太极殿外。

只听到几声马匹嘶鸣，二人抬眼一看，两匹骏马和几名侍卫已经在殿门外恭候。顿时，刘隗和刁协老泪纵横。原本，刘隗和刁协心里都有过一丝怀疑，司马睿会不会把自己当作替罪羊送给王敦，可当他们看到司马睿真要放自己跑的那一刻，心底的防线彻底崩塌了。

"臣不跑！臣以性命守护陛下！"

"臣要是跑了，陛下可怎么办？"

"你们不用想这些！快跑！"司马睿不由分说，把二人强拉上马，"我已经吩咐这几名侍卫保护你们去江北。记住，以后再也别回江东了！"言罢，他朝马屁股上狂抽两鞭，两匹骏马带着刘隗和刁协绝尘而去。

后来，刘隗成功逃到江北，投奔了后赵石勒。刁协则因为性格刻薄，得罪太多人，在长江渡口被左右侍卫杀死。

司马睿得知这一噩耗，无比痛心。他查到了凶手的名字，秘密派刺客将之暗杀，为刁协报了仇。

此时此刻，王敦驻扎石头城，只要再往前走一步，他就能攻破都城建邺。怎么办才好？一旦攻破建邺，就等于把脸皮彻底撕破，到时候唯一的选择就是杀了司马睿，自己称帝。眼下，王敦还不愿意走到那一步。于是，他在石头城停住了脚步，只等着司马睿主动低头。

司马睿龟缩在建邺皇宫，明白大势已去，只好派王导、戴渊、周颛、荀崧等一众公卿前往石头城会见王敦。

群臣来到石头城，转达了司马睿的意思："陛下说了，如果王公想占领建邺，陛下可以主动让出皇位，没必要搞得生灵涂炭。如果王公心里还有朝廷，希望能就此息兵，陛下可以与您共安天下……"那句曾经令司马睿听得最刺耳的话——"王与马共天下"，现在终于从司马睿嘴里主动说了出来。他知道，能"共天下"已是最好的结局了。

继而，朝廷拜王敦为丞相、都督中外诸军事、录尚书事、江州牧，授爵武昌公。

这意味着司马睿正式向王敦投降。

王敦开始打出的口号是"清君侧"，既然佞臣（刘隗、刁协）已被清，司马睿又服了软，王敦也不想把事做绝，遂推掉丞相官位，并颁布大赦令。

战争后，尤其是内战后颁布大赦令基本是惯例，王敦虽打赢了这场仗，但他毕竟不能把所有跟自己作对的朝廷公卿都处死。

就在司马睿宣布投降的时候，远在湘州，谯王司马承依然顽强抵抗王敦部下魏乂的猛攻。他以极少兵力牵制王敦两万人马，死守长沙三个月，然而，他等来的是朝廷的败讯。长沙守军士气一落千丈，城池最终沦陷，司马承兵败被杀。

司马睿获悉司马承的死讯，下诏任命陶侃为湘州刺史，希望陶侃能成为下一个制约王敦的藩镇大员。王敦果断截住诏书，改派亲信魏乂做了湘州刺史。

二名士

戴渊和周颛，这两个在战场上与王敦真刀真枪干仗的大名士，都在战后被王敦召到了石头城。

王敦瞟了一眼戴渊，奚落道："前些天你被我打得惨败，是不是没尽力啊？"

"岂敢不尽力，只恨力有未逮。"

王敦冷哼一声，又问："最近朝廷里都怎么评价我？"

戴渊想了想，说出一句颇有技术含量又不卑不亢的话："只看您表面的人会说是叛逆，体察您真心的人会说是忠义！"这话把王敦噎住了。一方面，他直言王敦叛逆；另一方面，又说王敦忠义，旨在把王敦的野心堵死。

王敦嘀咕道："世人皆称戴君善辩，今日一见，果然名不虚传。"

接着，他又转头指责周颉："伯仁，你跟我兵戎相见，这算不算是有负于我？"

周颉理直气壮道："你兴兵犯上作乱，我没能打败你，的确算有负于你！"

王敦明显觉察到二人对自己的敌意，不禁起了杀念，但考虑刚刚颁布大赦令，周颉和戴渊声望又高，是杀是留，还得征询王导的建议。

王敦不确定王导是怎么想的，私底下小心试探："周颉和戴渊是大名士，你觉得拜他们为三公，合不合适？"

王敦不想把话挑明，但王导也不想做这个坏人，遂板着脸不说话。

王敦又试探道："如果他们做三公不合适，那让他们做尚书可否？"

以周颉和戴渊的声望，做尚书已经是最低标准，再低就没法安排了。王导还是沉默不语。

王敦明白了王导的意思，不再遮遮掩掩，便把话挑明："如果连尚书都做不成，那唯有把他们杀了！"

此刻，王导回忆起先前周颉刺激自己的情景，心中暗想：那天你没救我，今天我也不必救你！他默默地背过身，到最后还是一句话都没说。这等于默许了王敦的处理方案。

王敦当即下令，将周颉和戴渊斩首于石头城南门外。

二人被处死后，王彬（王敦堂弟，王廙的弟弟）跑到石头城南门为周颉哭丧吊唁。他和周颉素来交厚，并且，他也不认同王敦的做法。

王敦得知此事很不高兴，指着王彬怒叱："你知不知道伯仁是我杀的，你为什么给他哭丧？"

王彬回道："伯仁并非刘隗同党，更是我至交好友，我凭什么不能给他哭丧？"说罢，他指着王敦怒骂，"你抗旨不遵，杀戮忠良，只怕要给琅邪王氏带来灭门大祸！"

王敦气急败坏，拳脚相向。王导见状，赶忙把二人劝开。事后，王敦觉得王彬实在碍眼，便外派王彬做了豫章太守。

后来，王导翻阅他在辞官谢罪期间的朝廷文书，无意中看到周颢为自己求情的奏疏，这才明白周颢原来救过自己的命。他内心无限悔恨，连声哀叹："我虽未亲手杀伯仁，伯仁却因我而死。我愧对于他啊！"

骑墙者的结局

谯王司马承至死没盼来甘卓的援军。这个时候，甘卓仍在沔口晃荡着。

甘卓有个侄子名叫甘卬，任王敦麾下幕僚。王敦派甘卬劝甘卓退兵："你就跟甘卓讲，我理解他出兵是为尽忠臣之节，我也是箭在弦上，不得不发。如果他退回襄阳，我保证既往不咎。"接着，王敦又从朝廷要来驺虞幡，让甘卬带给甘卓看。驺虞幡前文多次提到，是朝廷敕令军队解除战备的旗帜。

甘卓一见驺虞幡，立时猜到王敦已控制了朝廷。他回想几个月前，自己在王敦和司马睿两边摇摆不定，没想到选来选去最后还是选错了。实际上，他原本能够左右战局，结果什么都不敢做，这终于让他陷入困境。

甘卓决定撤回襄阳，但这么灰溜溜地走，又觉得没面子，便找补了一句话："皇室无恙已是不幸中的大幸。我驻守长江上游，料想王敦不敢做出非分之举。"

乐道融先前把命都赌在甘卓身上，他明白，甘卓一旦撤军，自己必死无疑，遂苦苦央求甘卓不要放弃抵抗。但甘卓铁了心要回襄阳。乐道融当日竟被气死。

现在，甘卓脑子里只有一个念头——怎么才能保住命。虽然他嘴上大义凛然说自己驻守长江上游是为牵制王敦，但说实话，就算打死他，他也不敢再跟王敦作对了。他前思后想，终于想出了一个对策，一个他自认高明的对策。

甘卓一回到襄阳，就变得疯疯癫癫。更夸张的是，他居然将部下全部遣散去屯田。这样一来，原本拥有强大军事实力的甘卓等于主动放弃了武装。他究竟是出于什么心理才会办出这么荒唐的事？

不消说，他企图以装疯卖傻逃过王敦的毒手。

事实上，在王敦起兵之初，王导正是通过主动弃权的低姿态才逃过死劫。而且，历史上也不乏采用类似策略躲过政治劫难的案例。然而，甘卓没想透彻，包括王导在内，凡是用这种手段死里逃生的臣子多具有以下特点：一、就算放弃权力，仍在政坛保留强大的影响力，主君投鼠忌器不方便杀；二、平常跟主君交情深，出了事，主君也不会太绝情。

遗憾的是，甘卓并不具备多大政治影响力，而王敦心狠手辣更是出了名。所以，甘卓这么干结果只有一个——死得更快。

果然，王敦得知甘卓主动遣散军队的消息后喜出望外，当即指使襄阳太守周虑干掉甘卓。周虑轻松支开了甘卓仅有的几名侍卫，只派了一名刺客就砍下了甘卓的脑袋。无论怎么说，甘卓死得一点都不冤。

郗鉴的本钱

像戴渊、周颛、司马承、甘卓这几个握有兵权，且在战场上直接跟王敦作对的人，王敦杀起来绝不手软，但朝廷里有个人让王敦有些摸不准、猜不透。

流民帅郗鉴受任中领军后即把大批军队留在江北，只身渡江，结果他前脚刚迈进建邺城门，司马睿后脚就宣布投降了。这人到底是个不要命的官迷，还是个把生死置之度外的勤王义士？王敦百思不得其解。

不管郗鉴是官迷还是义士，他选择这个时候来建邺，显然是一步错棋。可郗鉴并不蠢，不仅不蠢，反而很聪明。我们可以通过他的性格试着分析一下他走出这步"错棋"的来龙去脉和真正意图。

郗鉴是东汉末年御史大夫郗虑的玄孙，他的家族称作高平郗氏。"永嘉之乱"发生后，大部分中原士人逃亡江东，少部分则西奔长安跟着皇帝司马邺混，郗鉴哪儿都没去，毅然决然地留在了战火纷飞的中原。郗鉴不去长安可以理解，谁都知道西晋撑不了几天，但江东是士人最安稳的避难所，当时还未称帝的司马睿更是正统皇室的潜力股，他不去江东又是图什么呢？

那时候，江东政权已被琅邪王氏垄断，高平郗氏则属二等士族之列，完全无法跟琅邪王氏相提并论。郗鉴考虑到自己一没兵，二没功，三没名，如果就这么跑去投奔司马睿，充其量只能算个高级难民，难有出头之日。鉴于此，他决定先招兵买马，积蓄实力，等手里有了本钱，去哪儿都吃不了亏。显而易见，他选择了高风险高回报这条路。

中原遍布大批流民，不愁招不到兵。随后几年里，郗鉴在兖州一带坐拥数万大军，成了颇具实力的流民帅。而且郗鉴为人仗义，又是士大夫，这让他在那些土包子流民帅堆里拥有很强的号召力。然而，等他好不容易攒足本钱，却遇到了政策阻碍——司马睿严禁流民帅下江东。前文讲过，江东集团根本信不过流民帅，让他们留在江北，恰恰可以充当东晋和北方势力之间的缓冲层。

郗鉴只好继续等待时机，就这样，他一直等到了王敦叛乱。司马睿情急之下邀请郗鉴入京勤王，并给了个相当不错的实权官职——中领军。当时被司马睿要求勤王的流民帅不在少数，但除了郗鉴，其余流民帅均按兵不动，这是因为流民帅与东晋朝廷长久互不信任的结果。但郗鉴不一样，他本来就是士大夫，出仕朝廷天经地义，他可不想这辈子只混成个流民帅。

郗鉴多年的经营和等待总算有了结果，土鸡一下变凤凰。不过，在王敦风头正盛之际去建邺，也意味着风险极大。但凡是赌桌上的高手，绝不会让自己陷入倾家荡产的窘境，总会备下充足的赌本。郗鉴好赌，是高手中的高手，他敢在危难关头只身入建邺，就是因为他在江北留下了足够多的本钱。郗鉴的本钱包含有形资产和无形资产两部分，有形资产即是他留在江北淮南的流民军，无形资产则是他在流民帅中的影响力。

郗鉴的本钱，更准确地说也是他给自己上了一份人身保险。如果王敦敢杀他，就意味着王敦将从此与流民帅势力为敌。

王敦果然不敢杀郗鉴，否则极易激起江北骚动。他也不想杀郗鉴，虽然司马睿召郗鉴入朝的意图是勤王，但从郗鉴的角度来说，他来建邺做官名正言顺，更何况他一没带兵，二没跟王敦干仗，其性质与刘隗、戴渊有本质上的区别。不过，王敦也不敢疏忽，他不能坐视郗鉴手握皇宫禁军兵权，便改派郗鉴做了尚书。

郗鉴一看没了兵权，索性辞官卸任。他有些失落，高风险没能换来期待中的高回报，但他不急，因为本钱还在，他还能接着玩。而且，他心里还藏着一个更大的计划。

一个憋了二十多年的计划。

新希望

王敦自攻下石头城后，始终没有踏进建邺半步。一来，让他直接面对司马睿的确有些尴尬；二来，他担心遭到刺杀。不过，他不能放手朝政不管，便只好假手他人。在这方面他唯一信得过的就是王导。虽然兄弟二人在某些政治立场上存在分歧，但毕竟是自家人，本着求同存异、顾全大局（家族利益）的基础，王敦让王导当上了尚书令，执掌尚书台政务。

王导明白自己该扮演的角色——魏朝的司马孚，晋室的忠臣。

随后，王敦又罢免改任了数以百计的官吏，并任命堂弟王廙为荆州刺史，堂弟王邃为青、徐、幽、平四州都督。然而，他暂时拿司马睿无可奈何，并不是他不想取司马睿而代之，只因有心无力。如果他动了司马睿，别说满朝公卿反对，就连包括王导在内的众多族人也不会支持。幸好历史上有无数权臣给王敦提供了大量教材范本。扳不动司马睿，还可以打下届皇帝的主意。王敦决定等司马睿死后，皇权进一步衰落再伺机而动。

不过，司马睿早就册立长子司马绍为皇太子，司马绍年已二十四岁，年轻力壮，不用说，他绝非王敦心目中理想的太子人选。王敦想废掉司马绍，换个年幼的皇子当继承人。可凡事都得讲个名正言顺，废司马绍也得有合适的理由才行。

秉承魏晋的社会风气，身为人子最重要的品德是孝。要想把司马绍拉下皇太子的宝座，最致命的指控就是不孝。

这天，王敦把太子中庶子温峤叫到石头城训话，并声色俱厉地喝问道："我听说司马绍不孝，有没有这回事！"

温峤明白，一旦自己屈服于王敦的压力，哪怕以沉默应对，太子司马绍都铁定玩完。于是，他仗义执言，道："太子格局深远，非器量短浅者所能衡量。从礼法来看，他绝对是一位孝子！"

温峤这番话博得朝野一片喝彩。王敦不敢犯众怒，没再坚持。这是温峤第二次救司马绍，不夸张地说，他也挽救了东晋社稷。

王敦只好将废立太子的事暂时搁置，以待更好的时机。于是，他在石头城住了一个来月，见局势基本稳定，遂班师返回武昌。

人算不如天算，老天不给王敦机会。没过几个月，司马睿因忧愤交加得了病，眼看就要咽气了。此时，司马绍依然是皇太子，王敦还没来得及换人。

在建邺皇宫的寝宫内，司马睿默默望着在旁侍候的司马绍，想到要给儿子留下这么个烂摊子，心底无比忧虑，哀叹道："我快不行了，你今后可怎么办呢？"

"除掉王敦，为父皇报仇雪恨！"

司马睿听到这话有些意外。这是在安慰自己吗？他盯着儿子看了半天，最后，他从儿子的眼神中看到了坚毅和刚强："你凭什么认为自己能战胜王敦？"

"单凭儿臣自己肯定不行，但儿臣会用人！"

司马睿想起那几位制约王敦的藩镇重臣，司马承、戴渊、刘隗、刁协……如今死的死，逃的逃。

"你想用谁？"

"温峤、庾亮。他们跟儿臣交情深厚，且都是心系皇室的栋梁。"温峤两度救过司马绍。庾亮属颍川庾氏，妹妹庾文君是司马绍的妃子。

"话是没错，不过……"司马睿顿住了。他记得昔日自己也曾那么信任王导和王敦，可如今……他没想好该不该提醒司马绍这一点。

司马绍仿佛洞穿了父亲的心思。没等司马睿把话说完，他接着说道："儿臣明白，那些世家豪门个个都打着自己的小算盘，他们表面上都跟琅邪王氏关系好，但各个家族又彼此制衡。儿臣完全能加以利用。"

司马睿微微一怔，没想到儿子竟能说出这番话，而这道理，他只恨自己明白得太晚了。"说得好！"几个月来，司马睿饱受战败的屈辱，此刻，他几乎被儿子带动着重新恢复了斗志，"你记着，你要想战胜王敦，还得争取江东人的支持，要争取江东人的支持，就必须争取到纪瞻。这人是关键。另外，我还给你留下了一个棋子。"

"什么棋子？"

"流民帅，郗鉴！"司马睿重重地说道，"当初纪瞻向我力荐此人，可我没下定决心，直到临开战才召他入京勤王，但为时已晚。如今朝廷兵力薄弱，以后你得依靠流民军的力量才行，郗鉴正好能帮你打通这条线，他在江北很有影响力。

那些流民帅不听朝廷的，却都听他的。"

司马绍认真地点了点头。

"还有件事，我打算召王导托孤辅政。你知道这是为什么吗？"

"分化王氏兄弟。"

"对！"司马睿为儿子的悟性深感欣慰，"王导名义上辅政，但大事你得自己拿主意。你记住，无论是王敦还是王导，他们的目的都是让琅邪王氏坐大坐强，不过，王导和王敦不一样，只要你不侵害王家的根本，王导就可以为你所用。"

"儿臣明白。"

司马睿注视着儿子坚毅的眼神，不禁想起多年前的一件往事："你记不记得前些年皇宫西苑那座积满淤泥的废弃池塘？当时你一门心思想把池塘修好，我没答应。本以为你会就此作罢，没想你半夜带人去挖泥，只用了一个晚上就修完了。我还奇怪你哪来那么多人手？后来才知道，你用自己的俸禄养了好多门客……"

司马绍微微低垂下头。

"当时我责骂了你。可是现在，我要跟你说，你做得对，做得好！往后，就算有天大的障碍，只要你自己心里有主意，就放手去干吧！"言罢，司马睿张开双臂紧紧搂住了儿子。老天有眼，让我这么快就死了，快得让王敦来不及废掉司马绍。想到这个，司马睿嘴角微微上扬，露出了一丝宽慰的笑容。

公元323年1月3日，东晋王朝的开国皇帝司马睿就这样满怀着屈辱和希望驾崩了，卒年四十七岁，谥号"元皇帝"。前文讲过，凡有大功大德的皇帝，尤其是开国皇帝、中兴皇帝，死后不只会被授予谥号，更会被授予庙号。按道理，司马睿作为东晋王朝的开国皇帝，绝对有立庙号的资格。

正当群臣商议司马睿庙号的时候，王敦派来使者传达口谕："如今世道衰败，庙号这事就先缓缓再说。"显然，王敦憎恨司马睿，甚至认为自己或者自己的后辈迟早会取代司马氏，所以，他不愿意给司马睿过高的尊崇。

尚书仆射荀崧大义凛然地道："礼法规定，祖有功，宗有德。元皇帝是中兴国君，不能不授庙号！臣等依据前朝旧典，决定赠元皇帝庙号为中宗。"旋即，他不等使者回禀王敦，直接就把这事敲定了。王敦很窝火，但顾忌荀崧的名声，只好听之任之。

二十四岁的司马绍继位了，他成为东晋第二届皇帝。他没有一丝兴奋，只觉泰山压顶，眼下王敦驻军武昌，正虎视眈眈地盯着自己，而朝廷里更遍布着无数王敦眼线。他明白，在这个危急关头，唯有谨慎应对才有活路。

"王公，"司马绍双眼饱含感情地注视着王导，内心却是上下翻腾，悠悠说道："您博古通今，朕想听您讲讲，朕的列祖列宗是如何赢得天下的。"

烈士暮年，壮心不已

江州武昌城中，王敦府邸又传出一阵慷慨激昂的歌声。王敦像往常一样敲打着瓷壶，口中喃喃唱起曹操那首《龟虽寿》。可在场宾客发现，王敦敲击的力度似不如以往那么有力，而他的唱词也多了几分悲凉。

近来，王敦明显感到体力不支，他有种预感，自己活不了多久了。他不怕死，只怕后继无人。原来，王敦没有亲生儿子，只有从胞兄王含（开战前夕逃出建邺投奔王敦的那位仁兄）那里过继来的养子——王应。可王应年轻，才略又平庸。王敦想当司马懿，遗憾的是，他没有像司马师那样能扛住事的后继者。

随着《龟虽寿》唱至尾声，王敦逐渐加大了敲击的力度。

"烈士暮年，壮心不已！"上次那把瓷壶已被敲碎，这次换成了一把新壶，如意还是那块陈年老玉。

忽听叮当一声，瓷壶这回倒是完好无损，玉如意却折成了两截。王敦直愣愣地看着手中的半截玉如意，然后抬眼遥望建邺的方向，心里暗自思忖：王应大概是靠不住的，恐怕自己有生之年还得再跟朝廷拼一次，把那些麻烦事彻底解决掉。

经过一番筹划，王敦提出要入朝，并向朝廷索要假节钺、班剑武贲、奏事不名、入朝不趋、剑履上殿的权力。假节钺就不用多说了。班剑武贲、奏事不名、入朝不趋、剑履上殿，指臣子入朝时可带侍卫且无须先行通报姓名，无须趋步小跑，无须解剑脱鞋。以上都是皇帝赐给最高重臣（基本都是权臣）的殊荣，王敦索要这些，除了强化权威，也是出于安全考虑。

司马绍不敢违抗，只好乖乖照办。

公元 323 年 5 月，接到朝廷宣召的王敦率领大军向扬州进发，不过，他没敢草率进京，而是移师到距建邺五十多公里处的扬州姑孰（今安徽省马鞍山市南），随后自任扬州牧。整个朝廷震惊了，谁都能猜得出王敦下一步想干什么。

王允之事件

琅邪王氏家族成员众多，他们中一部分人聚集在王敦麾下，更多的则在朝廷里任职。那些身处建邺的王氏族人，虽然可以视作王敦插手政务，监视皇帝的棋子，但从另一个角度看，一旦真的爆发战争，他们极可能沦为人质，甚至免不了落得个玉石俱焚的惨剧。包括王导在内的绝大部分族人正因为有这层顾虑，所以对王敦激进的作风相当抵触。

王敦有个在朝为官的堂弟名叫王舒。王舒的儿子王允之则常年跟随王敦左右。近来，王敦频繁与钱凤商议对付司马绍的策略，王允之对此多有耳闻。

这天，王舒晋升廷尉。王允之从姑孰来到建邺为父亲庆祝。

族人在王舒府邸欢聚一堂。然而，就在这一片欢声笑语的气氛中，身为琅邪王氏宗主的王导和当事人王舒却显得心事重重。他们一边忙着应酬，一边时不时瞅一眼王允之，好像生怕对方跑了似的。

当晚，亲戚悉数告辞，房中只剩下王导、王舒、王允之三人。

王导目视着王允之，道："我有事要问你。"

王允之正襟危坐，恭敬聆听。

"这段时间，你一直跟在你堂伯身边，你跟我们说说他最近的情况。"

王允之遂将他所听到的情况一五一十讲了出来。

王导听罢，点了点头："处仲（王敦字处仲）是怕自己死后王应撑不住局面，所以才想采取强硬手段解决问题。可他大概不知道，陛下也不是善茬儿，绝不会坐视不理……"

王舒一拳狠狠地捶在案几上："处仲办事不计后果，不弄个鱼死网破就不算完！万一有个闪失，王家怕是要大祸临头了。"

"咱们不能背着处仲帮外人，但也不能束手待毙。"王导沉思良久，对王允之言道，"明天，你觐见陛下，就跟陛下这么说……"

翌日，王允之谨遵王导安排，入宫觐见。

司马绍对王允之表现得异常热情，王允之的神态则甚是紧张。寒暄过后，王允之言道："臣在姑孰时听闻一件要紧事，不敢向陛下隐瞒。"

"哦？你说，什么事？"

"有天深夜，臣偶经王敦屋外，隐约听到王敦和钱凤密谈，话语中似有不轨的企图。臣躲在屋外，也听不大真切。隔了一会儿，王敦可能察觉屋外有动静，便出来巡查。臣情急之下装作喝醉，吐得满脸满身都是，这才躲过王敦的猜忌。臣昨天一到建邺，就把这事告诉了家父王舒、伯父王导，他们忧心社稷，一个劲儿督促臣向您禀报。"

司马绍暗想：王敦图谋不轨，还用得着你说？他心里虽这么想，但仍是满脸堆笑道："王家都是忠臣栋梁，王敦虽然有时候办事莽撞了些，但说他图谋不轨，我是断不会相信的。你也别太往心里去，什么事都没有。"

君臣二人又闲扯了几句，王允之告退。

总之，这件事无非王导忧虑家族安危，借机与王敦划清界限，并向司马绍聊表忠心。不过他这么干也不算出卖王敦，即便他不说，是个人都能看出王敦图谋不轨，更别提聪明的司马绍了。

实习皇帝

皇帝司马绍和权臣王敦之间好似隔着一层薄薄的窗户纸，随着王敦进驻姑孰自任扬州牧，司马绍越来越确信这层窗户纸就要捅破了。

这位天资聪慧、性格刚强的年轻人，虽然登基没多长时间，却以最快的速度学会了如何当皇帝。该来的总会来，躲是躲不掉的。从好的方面看，至少现在的朝廷还保留着一定自主权。

公卿正为王敦自任扬州牧一事议论纷纷，司马绍却镇定地说了一句话："大将军是忠臣，他这么做应该是为社稷着想，这事诸位就没必要再讨论了。不过……"他话锋一转，和颜悦色地看着王导："一个州不能既有牧又有刺史，王公，您这个扬州刺史也只好卸任了。"皇帝是个相当有技术含量的职业，聪明的皇帝得懂得以柔克刚，借力打力。

王导无言以对，只能认裁。

此时，摆在司马绍眼前的问题依旧严峻——他随时有性命之忧。而守卫皇宫的禁军兵权在谁手里，便是他能否活命的关键。

江东士族是支撑东晋政权的重要力量，虽说他们跟王导关系不错，但对王敦只有反感。毕竟，谁都讨厌别人在自家门里惹是生非。

江东名士中资格最老的重臣非纪瞻莫属。这天，司马绍秘密召见纪瞻。他和纪瞻闲谈了几句，忽然谨慎地试探道："朝廷里真正忠于社稷的臣子屈指可数，朕一想到这些，就觉得心痛。"

纪瞻听罢，认同地叹了一口气，却没接话茬儿，他心里很紧张，不知道司马绍接下来要说什么。

司马绍看着纪瞻的反应，遂向对方兜了底："朕知道您是最忠于社稷的，所以，朕想让您担任中领军。"

纪瞻明白这意味着什么，他有点拿不定主意。一方面，司马睿是当初自己和顾荣那些江东名士一手扶持起来的，而且朝廷政策对江东人还算优待，他并不希望这个政权出现变数。另一方面，倘若他接受中领军的职位，一旦有战事，他就会身不由己地被推往前线，那将是一个极危险的处境。

"臣老了，又经常生病，恐怕担不起这差事啊……"

司马绍理解纪瞻的担心，郑重言道："纪公放心，我不需要您领兵打仗，只要您能坐在这个位置上，就够了。"

纪瞻不再推辞，接受了中领军的官职。

王敦并没反对这项任命：一来是考虑到江东士族跟王导的关系；二来他自己也想笼络江东士族，不能为这事就得罪纪瞻。

司马绍看着身边的禁军侍卫尽归纪瞻之手，心底暗暗松了一口气。接下来，他将与王敦展开真正的博弈。

公元 323 年 7 月，司马绍册立妃子庾文君为皇后。刚登基就册立皇后的情况在皇帝中并不多见，司马绍如此心急，并不是因为他有多爱庾文君，而是因为他必须尽快争取庾文君的哥哥庾亮以及整个颖川庾氏家族的支持。补充一句，西晋名臣贾充的政敌庾纯，乃是庾亮的长辈，庾氏家族的势力相当强大。

同月，司马绍让外戚庾亮当上中书监，又让两度救过自己的温峤当上中书令，由此，他算控制了中书省。

但王敦有所警觉，勒令司马绍把温峤派到姑孰来，他想摸清温峤的底细。

司马绍不敢跟王敦来硬的，让温峤去了姑孰，更主动把庾亮也派过去好言安抚，唯求让王敦放松警惕。

庾亮和温峤都是聪明人，一到姑孰就主动跟王敦套近乎，甚至假惺惺地帮王敦出谋划策，教王敦怎么对付司马绍。渐渐地，王敦对二人消除了戒心。庾亮、温峤能这么顺利跟王敦拉近关系，并不单单是凭借天花乱坠的嘴皮子功夫，实事求是地讲，他们的政治立场其实与王敦有很多共通之处。譬如，二人都把刘隗、刁协视为佞臣，都反感法家理念，再有就是都跟王导关系不错。温峤初到江东时曾恭维王导是管仲再世，庾亮更说：“依托在王家屋檐下，不惧寒暑。”若说二人与王敦的不同，唯有一点，他们把司马绍视为自己最大的后台。当然，关于这一点分歧，他们就算死都不会流露半分。

与此同时，司马绍开始把手伸向外州。纵观整个江南，除了广州、交州两个不毛之地，扬州、江州、湘州、荆州全被王敦攥在手里，司马绍只能见缝插针，他想到司马睿临终前给他留下的棋子——郗鉴，以及其背后的流民军势力。

这年年底，司马绍任命郗鉴为江西（扬州西部诸郡，并非今江西省）都督，就近驻扎在江北淮南郡。

王敦对皇帝在朝廷里折腾睁一只眼闭一只眼，但皇帝想把手伸向外州军权，是无论如何都不能忍的。结果，郗鉴在上任淮南的途中就被王敦劫持到了姑孰。

同时，王敦又委派胞兄王含任江西都督，堂弟王舒任荆州都督兼荆州刺史（上任荆州刺史王廙刚死），就连一直跟他作对的堂弟王彬也做了江州刺史。再加上先前任命的青、徐、幽、平四州都督——堂弟王邃，以及湘州刺史——亲信魏义，王敦基本控制了东晋国境内绝大部分州的军权。

再说司马绍，他最仰仗的三个重要亲信——庾亮、温峤、郗鉴，全部身陷王敦虎穴，这是他最艰难的时刻。

但是，司马绍全无任何反抗能力，他只能信任这三个人，信任他们对皇室的忠心，信任他们能凭借自己的能力虎口脱险。

虎口脱险

温峤和庾亮都是见人说人话，见鬼说鬼话的主，二人自打来到姑孰就玩命向王敦表忠心。不仅如此，温峤更凭借出色的情商赢得了王敦首席谋主钱凤的认可。

这天，王敦因为诸葛恢大发雷霆。原来，他任命诸葛恢做丹阳尹（京畿郡太守），可诸葛恢不想跟王敦搅和太近，一直死赖着不上任。

诸葛恢是魏朝"淮南三叛"中诸葛诞的孙子。其父即是终生不向洛阳方向坐卧，与司马炎势不两立的诸葛靓。不过，祖辈的仇恨不可能这么无休止地延续，否则，琅邪诸葛氏必将没落。在"永嘉南渡"的移民大潮中，诸葛恢逃到江东，出仕司马睿。他颇具才干，任会稽太守时被评为天下政绩第一，与荀闿、蔡谟合称"中兴三明"，当时有句顺口溜："京都三明各有名，蔡氏儒雅荀葛清。"

琅邪诸葛氏与琅邪王氏是同乡，再加上王导也对诸葛恢青眼有加，王敦自然有意拉拢，但没想到诸葛恢不识抬举。一气之下，他索性罢了诸葛恢的官。

那么问题来了，丹阳尹这个位子让谁坐好呢？

温峤看到了脱身的机会，能当上丹阳尹就能回建邺。他对王敦说："丹阳尹职位重要，您务必派自己人去，如果让朝廷任命，将来恐怕难以控制。"

王敦反问："你觉得谁合适？"

温峤当然想做丹阳尹，但如果毛遂自荐，肯定会引起王敦的怀疑，便答道："钱凤最合适。"他知道钱凤是王敦最信任的谋主，二人如胶似漆，谁都离不开谁。

钱凤的确不想离开王敦，看温峤推荐自己，一方面出于感激，另一方面礼尚往来，便反过来推荐温峤："在下哪里担得起这重任，还是温君合适。"

王敦警觉地盯着温峤，问道："你想做丹阳尹吗？"

温峤连连摆手："我不行，还是钱凤合适。"

王敦见温峤一个劲儿地推辞，这才放心让温峤做了丹阳尹。

不过，温峤揣测钱凤只是仓促间出于礼貌推荐自己，事后很可能醒过味来，劝王敦收回成命，因此，他必须比钱凤棋先一着。

趁着一次酒会，温峤假装喝得醉醺醺的，撒起酒疯跟钱凤吵架。这场争端被王敦看在眼里。

酒席散去，钱凤越想越觉得不对劲，果然劝王敦把温峤留在姑孰。正如温峤预想的那样，王敦认为钱凤小心眼，不以为意地道："温峤喝多了，你别太记仇。"

就这样，温峤顺利返回建邺。没两天，庾亮也被王敦放了。

再说郗鉴这边。

钱凤向王敦提议杀掉郗鉴以绝后患。王敦一来担心这么干会激怒江北流民军，二来觉得可以将郗鉴拉到自己阵营，就如他之前"成功"笼络庾亮和温峤一样。于是，他决定给郗鉴一个没有兵权的高官位。先前王敦让郗鉴当尚书，对方拒不接受，这回，他抛出了一个更大的饵——尚书令，随后把郗鉴送回建邺。由此，郗鉴也从姑孰虎口脱险。

郗鉴挂着尚书令的官职回到了建邺。但别忘了，之前的尚书令原本是王导。可想而知，王敦为笼络郗鉴，又把王导坑了。王导先是丢了扬州刺史，这回又丢了尚书令，更不用提早在王敦起兵前，他还是江东一人之下万人之上的首席重臣，一朝权尽失，归根结底都是被王敦坑的。王导烦透了，但不管心里有多大火，也只能憋着。无论怎么说，王敦是自家人，他不能让外人看出自家人不和气。

王导忍气吞声，什么都没说。

王敦并不认为纪瞻、温峤、庾亮、郗鉴是司马绍的人，至少不那么确定。

在公元 323 年这段时间，庾亮和纪瞻都装模作样地提出辞职，但司马绍不同意。他们这副被司马绍赶鸭子上架的姿态（实事求是地说，他们确实是被司马绍赶鸭子上架的）再一次麻痹了王敦。

然而，这四位重臣的的确确是站在司马绍一边的。一年来，司马绍不知疲倦地搞着小动作，先后把中书省、尚书台以及皇宫禁军兵权全部揽到自己手里。他没有就此松懈，因为他明白，真正的战斗才刚刚打响，未来的处境将更凶险莫测。

蓄势待发

公元 324 年初，王敦派兵深入扬州吴郡，把江东最大的豪族周氏满门屠灭。"江东之豪，莫强周沈"成了历史，王敦的亲信沈充得以一家独大。然而，他这么干，又一次把王导惹毛了。

这些年，王导在维系自己与江东士族的关系上费尽心机，自周玘周勰父子叛乱平息后，他从中斡旋，让周氏一门五人封了侯爵，周札、周筵全都官居要职。王家出了这么多事，可王导的地位依然矗立不倒，很大程度上是因为有江东士族的拥戴。但是，王敦的做法跟王导背道而驰，最终把他苦心经营的成果毁于一旦。

"处仲真是疯了！"王导气得浑身哆嗦。

这年夏天，天气酷热难耐，王敦憋得简直喘不上来气。

这辈子大概是快走到头了……

他心急如焚，只希望能赶在自己死前把权力稳固好。于是，他任命养子王应为武卫将军、胞兄王含为骠骑将军，又责令朝廷削减三分之二的禁军兵力，并处死了两个深受司马绍信任的低级禁军将领。

钱凤也看出王敦命不长久，问道："万一您有个三长两短，咱们商量的大计是不是交给王应来办？"

王敦叹了口气："这事不是一般人能干得了的。王应年纪轻，应付不来。"他想了很久，言道："我有三个主意，你听好了。上策，我死后你们辅佐王应向朝廷宣誓效忠，但求保全门户；中策，我死后你们退回武昌拥兵自守，但也不要跟朝廷为敌；下策，趁我没死，再跟朝廷拼一把……"

钱凤点着头，心里却想：他王家有王导撑着，想保全门户不在话下，可自己身为王敦亲信，早成朝廷的眼中钉、肉中刺，到时候断没活路。旋即，他暗中与沈充约定，就算王敦死了，也要举兵攻打建邺！

与此同时，司马绍正聚精会神地听着一名近臣的禀报："你说王敦病啦？"

近臣道："传闻他病得不轻。"

司马绍还是不太相信，又吩咐道："你去给王敦送点儿药，就说朕挂念他的身体，一定要仔细观察他的病情。"

近臣前往姑孰，翌日返回建邺："这回臣看仔细了，王敦脸色黯淡，跟臣说话也是强打精神，完全下不了床。"

司马绍长长吁了一口气，此时此刻，他意识到决战之日终于要到了。他完全没有恐惧，反而抑制不住地兴奋。当即，他冒出了一个极大胆的念头，我一定要亲眼看看王敦的军营。

7月初的一天，司马绍换上一身轻装便服，悄悄出了皇宫。宫门外早有侍卫给他准备好了骏马，司马绍飞身跨马，狂抽两鞭，带着几名亲信侍卫便向着建邺西南方向的姑孰疾驰而去。跑了大半日，王敦的营寨依稀映在眼前。司马绍又跑近了些，直抵军营外围，然后绕着军营转了一圈，将王敦的部署尽收于眼底。

军营守卫很快发现了这位不速之客，慌忙向王敦禀报。

王敦惊问："那帮人什么来头？"

"只注意到领头的是个二十来岁的年轻人，长着黄胡须。"司马绍的长相颇与众不同，他的胡子和头发呈金黄色，肤色比一般人白。原来，他母亲是鲜卑人（当时绝大多数鲜卑人均有白种人特征），故司马绍具有鲜卑血统。

是他，一定是他！那个黄须鲜卑小儿！王敦火速下令："快去追！不要问他身份，追上就直接杀了！"

一队骑兵冲出军营，但司马绍早已绝尘而去。

司马绍一回到建邺，马上派郗鉴秘密联络江北流民帅。往昔，朝廷和流民帅之间隔阂甚深，谁都信不过谁，如今，司马绍总算依靠郗鉴打通了这条线。

江北的祖约（祖逖的弟弟）、苏峻、刘遐等流民帅收到郗鉴发出的勤王邀请信，纷纷拔营南下。

一夜之间，江北骚动起来。

然而，江北不只有流民帅，还有王敦部署的势力——青、徐、幽、平四州都督王邃。王邃见流民帅一哄而起，完全摸不着头绪。是王敦搞的吗？应该不会，这么大的事，王敦不会不通知自己。要不就是朝廷有动作？可王导也没知会自己，到底怎么回事？他没有想到其实王导毫不知情。司马绍和郗鉴从头到尾没有泄露出半点风声。

王邃不敢疏忽，这关乎自己家族的存亡，他当即给王导写了封信询问此事。随后也率本部军队向建邺进发。他名义上是勤王，可真实目的却是见机行事，助王敦一臂之力。

活人葬礼

7月30日，王导收到王邃的来信，看毕，惊出一身冷汗。要不是王邃告诉他，他还一直蒙在鼓里。此刻，王导算是真正见识到了司马绍的厉害，他从没像现在这般恐惧过。料想王敦也不知道此事。

王导提笔刚要给王敦写信，突然，府中侍卫慌慌张张地跑进屋。

"大人，陛下召您入宫。"还没等侍卫把话说完，几名朝廷敕使也紧跟着进了屋，站在王导面前。

王导强令自己镇定："容我准备准备就去。"他想拖延些时间，好把信写完。

朝廷敕使面无表情，加重语气道："司空大人，陛下有急事，召您现在就去。"

"知道了。"王导撂下了笔，跟着敕使进了皇宫。

这天，皇宫禁军戒备森严，禁军数量明显比往常多了许多。

王导惴惴不安地进了皇宫大殿，只见司马绍端坐在皇位正中，一旁，郗鉴、温峤、庾亮等人俱在，他们已无须再回避了。

"不知陛下召臣何事？"时已盛夏，王导却浑身冒着冷汗，手脚冰凉。

司马绍的表情像往日一样和善："王公不必紧张。先前王敦自任扬州牧，您这个扬州刺史只好卸任，今天，朕想重新起用您为扬州刺史。"

"这……王敦那边怎么说？"

"朕刚刚得到消息，王敦死了！"

王导当场愣住了："啊！陛下，王敦他……"他第一反应是王敦没死，否则自己肯定会先一步得到消息。他想说王敦没死，可话到嘴边又咽了回去。

"他……真的死啦？"

刹那间，司马绍的表情变得异常冷峻："王敦死了！而且，朕想让您马上在建邺给他发丧！"

王导全都明白了。他确信王敦没死，也确信司马绍是真的打算跟王敦开战，说王敦已死正是为鼓舞朝廷军士气，并逼自己跟王敦反目。

如今，王导命悬一线，毫无反抗余力："臣懂了，臣这就回家给王敦发丧。"

"好！还有件事……"司马绍目光如炬，"这些年，王敦受奸人钱凤的蛊惑误入歧途。现在王敦已死，朕决定讨伐钱凤，到时候想让您亲自担任大都督。上次，先帝让您担任前锋都督，打输了。这回，朕希望您能好好打这场仗。"大都督即是全军最高统帅。司马绍吸取了教训，他不再让王导打头阵，因为他料定王导绝对出工不出力，但王导的名声依然有利用价值，他只让王导挂个最高统帅的名，当然仅仅是名义上的，真到了战场上，也轮不到王导来指手画脚。

"臣，一定不负陛下重托。"王导趴在地上，只觉天旋地转。

当日，王导返回府邸，只见府邸四周早布满了皇宫禁军。

族人个个胆战心惊，一见王导，便蜂拥围了上去："茂弘（王导字茂弘），到底怎么回事？"

"不用多问，准备丧葬物品。"

"给谁办丧礼？"

王导缓了好久，终于咬着牙说出了那个他极不愿说出的名字："王敦。"

顷刻间，府邸里炸开了锅。王导转过身，偷偷抹去眼角的泪水，然后默默地走进屋，把自己关在了里面。他要把那封信继续写完。

王敦当然还活着，可他的葬礼轰动了整个建邺。那些曾经委身王敦麾下的大小官吏纷纷转变立场，投向司马绍这边，而那些准备跟钱凤开战（实则是跟王敦开战）的朝廷将领和士兵，则个个充满了信心。

箭在弦上

中领军纪瞻已七十二岁高龄。几十年的政治生涯让他明白一个道理，凡事都得给自己留个后手。他再次以生病为由向司马绍提出辞职。

只有纪瞻才能镇得住江东将士。司马绍当然不会答应，他微微一笑，按住了纪瞻的肩膀："朕原本也没打算让您亲临战阵。到时候把军队交给庾亮、温峤他们指挥，您就踏踏实实地躺在床上当这个中领军。"说罢，又赏赐给纪瞻一千匹布。

纪瞻也笑了。他并不是真想辞职，只为有这句话，万一战败，他就可以推脱说自己是被司马绍强推上位的，这理由能保他全家性命。

该说的话说到了，该做的事则照旧。纪瞻把一千匹布全分给将士以鼓舞士气。

8 月 3 日，司马绍正式下诏，公布王敦死讯，并宣称举九万大军讨伐钱凤。不用想也知道，王敦到时候肯定跳着脚说自己没死。于是，司马绍又补了一封诏书，提前打好预防针，声言如有人自称王敦，即是冒名顶替。这招很绝，王敦明明还活着，却被官方定性成了冒牌货。

颁布诏书的同时，司马绍把纪瞻麾下的皇宫禁军全拨给了几个亲信指挥。对付王敦的军事部署就此展开。

温峤任中垒将军进驻石头城，与原先驻扎在此的卞敦协同守城。卞敦本是被王敦提拔的人，司马绍显然对这人不太放心。不过等温峤一到，卞敦看出大势所趋，立刻转变了立场支持司马绍。

应詹任中护军镇守朱雀桥南。此人前文提过一次，早在王敦、周访、陶侃平定湘州时，应詹居中斡旋，请朝廷招降杜弢，却遭到诸将抵制，自那时起他就跟王敦有了矛盾。司马绍继位后，他多次鼓励司马绍对抗王敦，由此得到了司马绍的信任。

以上三人构成了建邺外围防线。郗鉴任卫将军，庾亮任左卫将军、卞壸（kǔn）任中军将军，三人协同指挥皇帝身边的近卫军。卞壸是卞敦的堂弟，他早年当过司马绍的老师，对皇室极忠心。卞敦能向朝廷投诚，卞壸起到了重要作用。顺便提一句，卞壸还是西晋名臣张华的外孙。

在以上诸人中，郗鉴官阶三品，应詹四品，温峤、庾亮、卞壸五品。郗鉴之所以跃居众人之上，一是因为他成功调动了江北流民帅南下勤王，二是因为他早先留在江北的老部下这段时间已陆陆续续重新会集到他麾下，军事实力相当强劲。

然而，郗鉴这个卫将军做得并不心安理得，他暗想：自己来江东才一年多，跟司马绍的交情远比不上温峤、庾亮那些人。论家族名声，高平郗氏也不及太原温氏、颍川庾氏。眼下朝廷用得着流民帅才拔高自己的地位，一旦仗打完了，自己势必成为其他人的眼中钉，与其到那时候遭人忌惮，不如现在保持低调。于是，他坚决辞掉卫将军的官位，仍以尚书令这个文职身份领兵。

还有纪瞻，正如先前司马绍许诺的那样，他只是空挂着中领军的头衔，踏踏实实地躺在床上等待战争结束，并没有被委派任何具体的军事任务。

另外，王导任大都督即全军最高统帅，和纪瞻一样，他也无非是挂个虚名，充当一面鲜明的旗帜。

从以上部署可以看出，司马绍的亲信就那么几个人，而他能动用的全部家当也只有皇宫禁军和江北流民军（此时流民军尚在南下途中，还没抵达建邺），实在很不容易。那么，司马绍的兵力究竟有多少呢？在司马绍颁布的诏书中宣称有九万人，毫无疑问，但凡诏书中的说法都是夸大成分。关于司马绍的真实兵力，后面会牵扯一起悬案，且直接关系到郗鉴深藏在心底二十多年的计划。这里留下伏笔，我们马上将会看到。

讨伐钱凤的诏书颁布不出一天，驻军姑孰的王敦就得到了消息，同时，他也收到了王导发来的密函。

王敦火冒三丈："老夫竟被温峤这小子忽悠了！等我抓住他，誓要拔了他的舌头！"先前王敦给钱凤提出三条策略，攻打建邺是下策，可他万没料到司马绍先发制人。事已至此，开战是免不掉了。

主意已定，王敦向擅长卜卦的郭璞问道："你算算，我还能再活多久？"

郭璞从怀里掏出三枚铜钱，往地上扔了六次，每次都记下铜钱落地后的正反面。就这么算了好一会儿，他言道："您若举兵起事，祸患不远。如果现在回武昌，则寿不可测。"

照目前的局势看，出兵势在必行，但在这个当口，郭璞居然说出这种打击士气的话。王敦勃然大怒："你再算算自己能活到什么时候！"

"下臣早已算过，今日命丧黄泉。"

王敦当即将郭璞斩首。

8月，司马绍坐镇建邺，率领郗鉴、温峤、庾亮、应詹等人已做好迎战王敦的准备。江北，苏峻、刘遐等流民帅正陆续南下勤王。建邺西南的姑孰，王敦箭在弦上，随时准备出击。而在扬州腹地吴兴郡，沈充举兵响应王敦。双方均不约而同地试图策反对方。

王敦派苏峻的哥哥劝说苏峻："你只要老老实实地待在江北就能坐享富贵，别来建邺送死。"在上次战争中，苏峻完全不理司马睿的号召。可这次，由于郗鉴出面，苏峻勤王态度坚决，他根本不理王敦，仍马不停蹄地向建邺疾奔。

另一边，司马绍也派沈桢（沈充的同族）劝说沈充。沈桢对沈充说："陛下承诺，只要你不帮王敦，不但既往不咎，还让你做三公。"

沈充是个硬骨头，他回道："三公我是高攀不起。自古以来，贤人志士都把重金厚禄和甜言蜜语视为祸根，况且大丈夫处世应该从一而终，若中途背叛，还有什么脸面立足于世？"他毅然决定北上，援助王敦。

简言之，江北的流民帅和扬州腹地的沈充都没接受策反，依旧固守原本阵营。

此刻，王敦强撑着从床上坐起来，准备出征。可还没等发出号令，他就虚弱得又昏倒了。他不得不让胞弟王含担任全军统帅，与钱凤、周抚、邓岳等人率总计五万人北上攻向建邺。顺带提一句，周抚是名将周访的儿子，当年周访跟王敦的关系不善，但周访死后，他两个儿子周抚和周光全都依附了王敦。

钱凤临行前，问王敦道："如果攻克建邺，该怎么处置天子？"

王敦想了想，说："他都没去南郊行过祭拜典礼，算不上天子。你只须关照东海王和裴妃的安危就够了。"东海王是司马睿第三子，名叫司马冲，时年十四岁。当初东海王司马越全家死于战乱，裴妃历尽艰辛逃到江东，司马睿便将司马冲过继给裴妃，并继承东海王爵位。王敦特别叮嘱钱凤要保护好司马冲和裴妃，显然是准备废掉司马绍，改立司马冲为帝。

另外，王敦觉得上次"清君侧"是个成功案例，这回依然打出同样的旗号，要清的"佞臣"即是他恨到骨子里的温峤。不过，刘隗和刁协是朝廷公敌，可温峤的人缘和名声很好，自然，这回"清君侧"的口号远达不到上次的效果。

腾蛇乘雾，终为土灰

公元 324 年 8 月 8 日，王含、钱凤等人风驰电掣地逼近秦淮河南岸。镇守在秦淮河南岸的应詹为避敌军锋芒退守到北岸。王含正打算乘胜追击，却见横跨秦淮河的朱雀桥已被烧成了灰。朱雀桥是被温峤烧掉的。

比王含更失望的人是司马绍，他怒叱温峤："朕正打算给叛军来个迎头痛击，你怎么就把桥给烧啦？"

温峤答道："皇宫禁军羸弱，而那些增援的流民帅又尚未赶到。如果此时敌军对我们展开突袭，局势不容乐观。"

郗鉴也劝司马绍不要逞一时之气，做好打持久战的准备。他提出一个策略："战事拖久了，就会激发更多的义士同仇敌忾，这对咱们是有利的。"这话是什么意思呢？在王敦两次攻打建邺的战争中，江东人大多袖手旁观。可一旦战争旷日持久，百姓不可避免会生出反战情绪。说白了，郗鉴要迫使江东人做出选择，站在己方阵营，如此一来，这场战争的性质就不仅局限于司马绍和王敦之间的争权，而是朝廷和江东人联手对抗叛逆了。郗鉴相当有远见，他这么干，不仅对战局有利，更借这场战争把朝廷和江东人绑在一根绳上，对日后的政局稳定大有裨益。

温峤和郗鉴自是沉稳老到，但司马绍也不是空口说大话。

8 月 9 日深夜，司马绍募集到几千来人的敢死队，借着夜色的掩护偷偷渡过秦淮河。第二天黎明时分，这支敢死队奇袭王含大军，成功斩杀了前锋敌将何康，旗开得胜。

坐镇姑孰的王敦得知王含首战失利，气得破口大骂："王含打仗就跟个老娘们儿一样！家门要败在他手里了！"他忍着病痛从床上强坐起来，"不行，我得亲自去！"可话还没说完，他就又昏倒在床上。

王敦觉得自己是真不行了。"舅舅……舅舅在哪儿？"王敦呼唤道。他的舅舅即是泰山羊氏成员——少府羊鉴。

"处仲（王敦字处仲），我在呢。"羊鉴听到外甥叫自己，慌忙跑到床边。

"我撑不下去了。我死后，您让王应千万……千万别发丧，别跟外人公布我的死讯，一定要等……要等这仗打完再说……"

"处仲! 处仲! 还有什么要叮嘱的? "

"往后……让王应……回……回武昌，保全门户……"

羊鉴字字铭记于心。

王敦艰难说完，再度昏了过去。梦中，他意气风发地唱起曹操的《龟虽寿》。

神龟虽寿，犹有竟时。

腾蛇乘雾，终为土灰……

诗没唱完，王敦停止了心跳。这位两度剑指国都，威慑两代皇帝的东晋最强权臣，死时五十九岁。

王应遵从遗命，秘不发丧，他把王敦的尸体用蜡封上，草草埋在厅堂内。幕僚诸葛瑶叮嘱王应："你千万别表现出哀伤的情绪，否则会影响诸将士气。"于是，王应每天只管饮酒作乐，尽量不让人看出端倪。王敦的死讯成了最高机密，以至于史书中都没有记载具体日期。然而，纸包不住火，这秘密并没能守多久。

没两天，浔阳太守周光（周访次子，周抚的弟弟）带着部下一千多人从驻地赶去增援王含。他途经姑孰时想拜见王敦，王应死活不同意。府邸中，一股浓烈的尸臭味飘进周光的鼻腔。周光心里打鼓，王敦不会是死了吧? 他暗想：这么大的场面全靠王敦一人撑着，一旦王敦有闪失，大势将去啊……

一封家书

8 月中旬，沈充从吴兴郡带着一万多人北上与王含、钱凤会合。

与此同时，司马绍也盼来了那支令他朝思暮想的流民军。流民帅苏峻和刘遐昼夜兼程，率一万人抵达建邺，流民帅祖约则进驻淮南寿春，将王敦安置的淮南太守驱逐出境。在扬州腹地，王敦派系的义兴太守遭到刺杀。

局势对王含、钱凤、沈充等人越来越不利了。

就在这时，王含收到王导发来的书信。信的大意如下：

"近来听闻王敦病重，更有人说他已经过世，我心里很是悲伤。六月二十三日（公历 7 月 30 日）那天，我得到王邃书信，被告知流民帅苏峻、刘遐等人纷纷南下（从这里再次看出司马绍和郗鉴征调流民帅的保密工作滴水不漏）。近日，陛下又下诏，除钱凤外，其余人等皆既往不咎。希望你能迷途知返，撤回武昌以求保全门户。

"前些年，刘隗和刁协两个佞臣祸乱朝政，公卿对二人无不恨之入骨，就连我都希望能借助外力铲除他们。但现在局势跟早先不一样了。王敦自进驻姑孰，就渐渐失了人心，王应还小，做不了宰辅重臣。先帝是中兴明君，当今天子又贤明。咱们琅邪王氏受国家厚恩，兄弟个个显赫，你一旦成了逆臣，死后有何脸面复见九泉之下的列祖列宗？我不懂武略，心思全在安邦定国上。我劝你除掉钱凤，安定天下，这不单是为免祸，更可留名青史。"

王含心里不爽，这信通篇都在劝自己投降。他暗想：王导终究还是身不由己，做出这种胳膊肘往外拐的事来。他继续往下读，突然看出了蹊跷。信末一段写道：

"……朝廷大军势不可当，其中，温峤驻守石头城一万五千人，皇宫禁军有两万人，应詹驻守金城六千人，流民帅刘遐已抵达建邺，王邃昨天率一万五千人刚刚渡过长江。这事眼下还有挽回余地，一旦开战，我深为堂兄感到忧虑。"

要知道，司马绍为了震慑敌军，颁布诏书宣称有九万人，可王导居然把朝廷军的部署以及真实兵力——总计五万六千人，逐一向王含和盘托出。虽然语气仍是劝王含投降，可其中意图不言自明。

史书中没有一个字直接描写王导在王敦叛乱中的立场，可史官大概心有不甘，既想保全王导的正面形象，又想尽可能还原一个真实的王导，故把这封信一字不差地隐藏在了《晋书·王敦传》中，请注意，是记在《王敦传》，而非《王导传》中。

总之，根据王导信中的描述，朝廷军有五万六千人，然而，即便这个数字也不准确。首先，南下勤王的流民帅有祖约、苏峻、刘遐等人，可王导只提到刘遐，完全没写明其兵力。不是王导刻意隐瞒，而是王导对流民帅的情况知之甚少。其次，王导提到堂弟王邃率一万五千人渡江，从措辞逻辑上讲，王邃似乎也是南下勤王的，但王邃的立场显然没那么简单。想是王导担心书信有泄露的可能，故在文字中不便直接点破，只是简单地陈述事实，具体情况交给王含去分析。

减去王邃这一万五千人，朝廷军的已知兵力则是四万一千人，而那些南下的流民帅，以及化整为零稀稀拉拉赶赴建邺的都鉴旧部，具体兵力均未可知。

王含明白了。王导的确希望自己投降，但如果自己非要一战，王导也把所知道的情报悉数相告，尽可能帮自己打赢这场仗。是战是降，选择权留给了王含。

王含扳着手指头算了起来。如果朝廷军是四万一千人，刘遐最多不会超过一万人，自己有五万人，再加上沈充一万多人、王邃一万五千人……

这仗有得打！

被掩埋的历史

8 月 23 日，司马绍热情款待了风尘仆仆的苏峻和刘遐，又亲自把二人送到闲置的司徒府好生安顿。

按说流民帅如约而至，应该令司马绍备感踏实，可这天夜晚，他辗转反侧，睡不着觉。翻腾了一会儿，他从床上坐了起来，传召都鉴入见。

俄顷，都鉴匆匆赶到。

"朕心里一直悬着件事，想找你商量商量。"

"陛下想的是王邃过江这事吧？"

"没错！他也打着勤王的旗号刚刚渡过长江，现在正驻军长江南岸。"

"恐怕他不是来勤王的，陛下不能不防。"

司马绍冷哼一声："不用想也知道。毕竟，他可是王家人哪……"沉思了好一会儿，他缓缓言道，"朕想让你率军去盯着王邃……"

都鉴手里到底有多少兵？无从查证。但军事统帅的地位是靠实力说话的，从他在江北鼎盛时期曾招揽三万流民军，苏峻、刘遐等流民帅又都听他的话来分析，其兵力绝对在苏峻和刘遐之上，他麾下至少超过一万人，足以跟王邃抗衡。

都鉴闻言，额头重重地磕在地上，几乎能听到咚的一声。他对此求之不得。

为这一天，我已苦等了二十三年！

这里面到底有什么故事？二十三年前，公元 301 年，赵王司马伦篡位称帝，齐王司马冏传檄各州郡讨伐司马伦。当时的扬州刺史名叫郗隆，他也接到了勤王檄文。幕僚多劝郗隆支援司马冏，但郗隆举棋未定。这位郗隆正是郗鉴的叔叔，他不敢公然支持司马冏，全是因为顾忌身在洛阳的侄子郗鉴的安危。郗鉴自小父母双亡，被郗隆抚养长大，叔侄二人感情至深。然而，郗隆无意勤王，犯了众怒，其中反应最激烈的就是部将王邃。王邃当场发动兵变，砍了郗隆父子的头。几个月后，司马伦战败。郗鉴悲痛地为郗隆父子收尸入殓。他盯着叔父头颅上腐烂空洞的双眼，发誓要报仇雪恨，然而，以他当时的力量根本对付不了王邃，他只能把仇恨埋在心底，这一埋就埋了二十三年。

深夜，郗鉴带着直属流民军离开建邺，前往位于长江南岸的王邃军营。他自然不会提前告知王邃，等他抵达时，王邃仍在酣睡。

"将军！将军！"营中将校慌忙叫醒王邃，"尚书令大人领兵前来与您会合。"

王邃迷迷糊糊地睁开双眼，犹自嘀咕："战场在建邺西南，陛下派人来东北跟我会合？哼！想是对我不信任吧……"突然，他猛地警醒，"你说是谁来啦？"

"是尚书令，郗鉴大人。"

王邃听毕，大张着嘴。竟然是郗鉴……

营帐被掀开了。郗鉴带着大批侍卫走了进来："久仰王将军大名啊……"

"你就是郗鉴？"他注意到郗鉴的手握在佩剑剑柄上。

"正是在下。"我是郗隆的侄子，二十三年，我终于等到了这一刻……

接下来，郗鉴与王邃之间究竟发生了些什么呢？遗憾的是，史书完全没有任何记载，王邃从此人间蒸发，往后，再没有出现过。

解决掉王邃，郗鉴火速返回建邺主战场，继续与王含对阵。

雪耻之战

让我们回到建邺主战场。

8 月下旬，就在王敦病故没多久，周光赶到秦淮河南。他根本懒得搭理王含，径自跑去见哥哥周抚。

"王敦死了！你知不知道？"周光心急火燎地说道。

王敦的死讯是最高机密，除王应、王含、钱凤少数几个人知道，其他人一概不知情。周抚闻言，半晌说不出话来。

"没有王敦，这事成不了。你赶紧倒戈，还有活路。"

"你住嘴！就算大将军死了，倒戈这种事，我也做不出来！"周抚断然拒绝。

但经周光这么一嚷嚷，王敦的死讯在叛军中流传开来。钱凤和沈充清楚，再这么耗下去，士气会越来越低。二人决定跟朝廷军展开决战，这是最后的机会。

8月31日夜，钱凤与沈充偷偷渡到秦淮河北岸，出其不意地向朝廷军发起猛攻。应詹和赵胤（曾跟周访剿灭杜曾，并生吃了杜曾心肝）没有防备，慌忙退守到建邺城内。钱凤、沈充直逼建邺城南的宣阳门。

坐镇皇宫内的司马绍急了："流民帅呢！让他们出击，出击！"

苏峻、刘遐得到旨令，马上从南塘横向截击，应詹、赵胤趁势反攻。钱凤和沈充抵挡不住，连连败退回秦淮河畔。

"一鼓作气！把他们赶到河里去。"

朝廷军接连发起猛烈攻势，三千名叛军跌落秦淮河里淹死。

最终，钱凤、沈充仓皇逃回秦淮河南。

早在沈充北上与钱凤会合前，幕僚顾飏曾给沈充出过三条计策："上策，破坏玄武湖堤，水淹京师；中策，趁着锐气与王含、钱凤诸军兵分十路同时发起攻击；下策，刺杀钱凤，向朝廷投降。"史书记载，沈充蠢到一条计策都没有采纳，导致战败。这话说得有点扯淡。首先说顾飏的上策，玄武湖位于秦淮河北，在朝廷控制中，要破坏河堤岂不是纸上谈兵？再说下策，虽然沈充是叛臣，但为人相当仗义，刺杀盟友这种事干不出来也不奇怪。事实上，沈充正是采纳了顾飏的中策。然而，叛军没了王敦这个主心骨，根本拧不成一股绳，在这场决定命运的决战中，除了钱凤跟他同心协力外，其他人，包括最高统帅王含，根本毫无行动。史书对沈充没好话，不乏墙倒众人推的意味。

总之，这场败仗让原本就笼罩在王敦死亡阴影下的叛军士气完全崩溃。

第二天，王含、钱凤、沈充都明白大势已去，纷纷四散奔逃。事实再次证明，缺了王敦，这批人连逃亡都没个统一方向。其中，钱凤、沈充、周光逃往东南方向的吴郡；周抚、邓岳逃往西边的浔阳郡；王含、王应父子也往西逃，但他们没跟周抚、邓岳一路。关于这些人的归宿，后面马上会讲到。

9月2日，胜券在握的司马绍颁布大赦令，除了王敦几个亲信——王含、王应、钱凤、沈充、周抚、邓岳，其他人皆既往不咎。随后，司马绍传令诸将，分头追击王敦余党。

有人说战争比的就是双方谁犯错少。司马绍能打赢这场仗也绝非偶然。两年来，他以超人的冷静布着自己的局，其间从没走错一步。司马家族久违的睿智终于在他身上再度展现出来（虽然他很可能是牛姓后人）。

苟濟倒，勿相忘

沈充一路向老家吴兴郡狂奔，钱凤和周光紧随其后。就在逃亡途中，早就心怀二意的周光突然向钱凤发起进攻。钱凤毫无防备，当场死亡。

周光提着钱凤的人头返回建邺将功赎罪。朝廷赦免了周光，可周光并不满足，他还想再立一件大功以求封侯。随即，他乘快船溯江追上周抚和邓岳，名义上给二人运送物资，实则打算趁机杀了邓岳。

周抚和周光两船靠拢，却发现周光的船上根本没有物资。瞬间，周抚察觉出周光的意图，厉声喝道："我和邓岳同生共死，你要想杀他，就先杀了我！"

恰在这时，还蒙在鼓里的邓岳也乘船向周光靠近。周抚慌忙冲着邓岳高喊："现在连亲骨肉都不讲情分，你来干什么？快跑！"

邓岳闻言，掉头就跑。周光的计划没能得逞。

后来，周抚和邓岳逃到荆州西阳郡山里，被当地蛮夷保护了起来。

沈充逃回老家吴兴郡，可还没缓口气，苏峻也尾随而至。不仅如此，当地竟还有个女人带着私家部曲对沈充围追堵截。这女人乃是王敦第一次叛乱时被沈充杀掉的吴郡太守张茂的遗孀。她是吴郡陆氏族人，为报杀夫之仇，散尽家财，招揽军队，不愧是位女中豪杰。

走投无路的沈充逃到故将吴儒家门前。几声急促的敲门声过后，吴儒开了门。

"吴儒，救我！"

吴儒见是沈充，心里一惊。很快，他回过神来："快进来，别让人看见！"他把沈充拉进门，又领到一间暗室内，"你先在这儿避避风头。"

可沈充刚迈进门槛，吴儒便从外面反手锁上了门。

"你要干什么？"

屋外传来吴儒的狞笑："三千户侯到手啦！"当时，朝廷正以三千户侯悬赏沈充的人头。

"吴儒，你今天放我一命，我日后必报答你；你若杀我，我后代必灭你族！"

吴儒根本不搭理。不多时，他便纠集兵丁冲进屋，杀了沈充，将首级送往建邺邀功请赏。

沈充死后，儿子沈劲被钱凤族人藏匿，躲过了死劫。从这里可以看出，沈充当初对钱凤仗义绝对没错，这最终救了他儿子一条命。过了很多年，沈劲果然手刃吴儒，报了杀父之仇。而且，他为一雪父亲身为叛臣的耻辱，立誓报效朝廷，选择了一条无比悲壮的道路，这是后话。

再来说王敦的两位至亲——胞兄王含和养子王应。

父子二人没想好要逃到何处，只是盲目地沿着长江往西，唯求离建邺越远越好。可这么像没头苍蝇似的跑总不是个事。王含思来想去，遂带着儿子前去投靠荆州刺史王舒。二人乘船行水路，快到襄阳时跟王舒的船队碰面了。

王舒命人把王含、王应接到自己船上。

王含父子进了船舱，一看王舒的脸色，就知道要倒霉了。

果不其然，王舒指着二人的鼻子，跳着脚骂将起来："你们知不知道给咱家惹出多大麻烦，今天还有脸来找我？"

王含父子垂着头，默然不语。

王舒骂了半晌，手不由自主地握住了腰间佩剑的剑柄，他很想砍了这二人，如此一来，不光自己能封侯授爵，更能削减司马绍对琅邪王氏的仇视。

剑缓缓从剑鞘中抽出了半截。王含见王舒要杀自己，扑通跪在地上，泪水夺眶而出："处明（王舒字处明），看在同族的分儿上，饶了我们吧！"

一旁，王应也苦苦哀求："望叔叔手下留情！"

王舒的手抖个不停。就这么纠结了许久，他最终又把剑插回剑鞘："来人哪，给我拿两个麻袋！"

王含慌了神："处明，你、你要干吗？"

王舒不理。须臾，侍卫送上来两个麻袋。

"把他们俩装进麻袋，一会儿扔到长江里喂鱼！"

王含父子大惊失色。侍卫不由分说，将二人五花大绑装了进去，又将袋口勒得死死的。他们刚要背起麻袋，却被王舒喝止了。

"等等！毕竟是同族，我要跟他们做个诀别。你们先出去。"

侍卫转身出了船舱。王舒恨恨地盯着两个不停扭动的麻袋，走向近前，照着麻袋飞起两脚……

过了好一会儿，船舱中传来王舒的呼唤声："来人！"

侍卫进了船舱，只见装着王含、王应的两个麻袋依然安静地躺在地上。

"把这两个逆臣扔到江里！"

侍卫拖着麻袋走到船边，奋力朝江中抛去，咕咚两声，麻袋沉入了江底。

船上诸人目不转睛地盯着滔滔江水，唯独王舒偷眼瞟向长江岸边。雾气昭昭中，依稀可见两个人影弃船上了岸，向着远方渐行渐远。

往后，我琅邪王氏再没有王含、王应这两个人了……

史书记载，钱凤和沈充的人头都被当成价值连城的宝物送往建邺，可王含和王应则被王舒沉入长江，从此死无对证。

战后，王敦的舅舅羊鉴也投降了朝廷。

司马绍召羊鉴询问："王敦临死前都说了些什么？"

羊鉴将王敦的遗言一一交代："……他叮嘱王应回江州，不要再跟朝廷为敌。"

"就这些？"

"就、就这些。"

实事求是地讲，王敦是个犯上的权臣不假，但他自始至终并没给人落下谋朝篡位的口实，其死前遗言更印证了这一点。甚至，他上次以"清君侧"为名发兵建邺还颇得人心。然而，司马睿正因为咽不下这口恶气才忧愤而死，司马绍与王敦可谓有不共戴天之仇。

"就这些可不行啊……"司马绍目光冷若寒霜，死死盯着羊鉴的眼睛，"羊鉴，你活了一大把年纪，怎么还搞不明白事理？朕之所以讨伐王敦，是因为王敦他想谋朝篡位……"突然，啪的一声响，司马绍的手重重拍在案几上，口中咆哮道，"你到底懂不懂？"

羊鉴吓得几乎瘫在地上。

陛下这话什么意思？他想了半天，终于想明白了："臣愚钝，臣差点忘了。王敦还说，等他一死就让王应登基称帝，还要自行设立朝廷，任命官员……"

司马绍脸色才渐渐缓和："这就对了，王敦果然是个十恶不赦的叛臣贼子！"

几天后，王敦的尸体被挖出来，重新摆成跪着的姿势被砍下首级。他的头与钱凤、沈充的头一起悬挂在朱雀桥南示众。

司马绍看着三颗头颅，心潮澎湃，可同时又不免掠过一丝遗憾。

可惜啊，没有王含和王应的人头。他琅邪王氏可真有主意……

人情世故

王敦死后，司马绍开始着手规划朝廷及地方的权力架构。

首先，被王敦一手提拔的两个琅邪王氏藩镇大员——江州刺史王彬、荆州刺史兼荆州都督王舒，二人谁都跑不了。王彬被调回建邺任光禄勋（九卿）。他在江州只有政权没有兵权，自然不敢跟司马绍来硬的，只得老老实实回京。王舒被调任广州刺史。广州是不毛之地，这基本上跟发配流放没两样。不过，王舒仗着手握荆州兵权，死活不应召。最后，司马绍只好让王舒转任湘州刺史。王舒这才赴任。从这哥儿俩的待遇可以看出，手里有兵腰杆子就是硬气。

接下来，司马绍开始封赏功臣。

位列所有功臣之首者绝对让人意想不到——王导受赐食邑三千户。这位挂名最高统帅，实则暗藏小心思的琅邪王氏宗主在战争中不仅没出力，更将军事机密泄露给了王含，然而，由于大批王氏成员官居要职，以及数不清的江东士族为其撑腰，王导依旧稳居东晋第二大股东席位，其官位仍为司徒兼扬州刺史不变。

自王导之下，温峤、庾亮、郗鉴、卞壶等人或是手握京畿政权，或是手握皇宫禁卫军兵权。

两个流民帅苏峻和刘遐则是匪气不改，近段日子竟然在建邺闹出打家劫舍的丑闻，于是，司马绍打发苏峻做了历阳太守，刘遐做了淮北都督、徐州刺史。二人折腾了一通，又回到江北。不过，苏峻和刘遐也受不了朝廷里的束手束脚，封官授爵后再回江北做土皇帝，正乐得逍遥自在。

朝廷里大体如此，接下来是地方势力。

司马绍让应詹担任江州刺史兼江州都督，陶侃担任荆州刺史兼荆、雍、益、梁四州都督（雍、益、梁为侨州）。陶侃自被王敦排挤到广州，迄今已有九年，至此，他总算重新崛起。不过，这也意味着他越来越接近权力旋涡的核心，在不久的将来，他更会身涉其中。

从以上这份粗略的封赏名单不难发现，司马绍的“功臣”真没几个人。这是因为他自继位至今还不到一年，根本就没有时间培养、笼络更多嫡系亲信。说实话，他在如此短的时间里，仅用这么几号人就击败了王敦、王含，委实不易。

另外，从司马绍战后对王导的态度——仍让对方掌管扬州政务，可以看出，无论司马绍多么有才略，但他就是动不了王导。毕竟，这个人是整个江东集团的构建者，朝廷从上到下所有官僚体系都由王导一手维系着。不过，对于司马绍来说，让他略感幸运的是，王导不是像王敦那种一言不合就开打的愣头青。

《太平御览》中记载了一桩逸事。一次，司马绍给庾亮写了封信，却误打误撞寄给了王导。王导拆开一看，才发现信不是写给自己的，更尴尬的是，司马绍在信的末尾还特别写明“这事别让王导知道”。王导心里五味杂陈，最终，他以自己特有的幽默手段化解了此事。他给司马绍回了一封信，写道：“臣拜读陛下信函，好像不是写给臣的。臣将信封好，臣什么都没看见（伏读明诏，似不在臣，臣开臣闭，无有见者）。”司马绍见王导回信，也颇觉不好意思。

继续说司马绍在战胜后的处理方案。

司马绍打算罢黜王敦所有的僚属。这打击面很大，一棍子下去少说得有几百号名士沦为庶民。

温峤觉得不妥。仗打完了就该收揽人心，哪有把人赶尽杀绝的道理？他上疏道："王敦掌权时人人自危，连朝廷都拿他没办法。诸如陆玩、羊曼、刘胤、蔡谟等人都是迫于无奈才做了王敦僚属。臣觉得应该从宽处理他们。"

身为流民帅的郗鉴初来乍到，打算抱紧司马绍的大粗腿，他反驳道："王敦僚属虽多被逼迫，但他们没辞官逊位就是违背操守，必须加以责罚。"

结果，朝廷力挺温峤，没人搭理郗鉴，司马绍不得不采纳温峤的建议。不言而喻，温峤简简单单一句话卖了无数人情。而郗鉴毕竟跟流民帅混太久，在那帮泥腿子堆里他是智囊，可跟温峤这种老江湖一比还是嫩了。

不过郗鉴的脑子到底算转得快。他态度马上来了个一百八十度大转弯，又上疏道："钱凤老母年过八十，不宜株连，还望陛下开恩。"钱氏在吴郡很有势力，郗鉴也卖了钱氏一个人情。

通过这一回合的周旋，让郗鉴看透了形势，要想在朝廷立足，就不能在司马绍一棵树上吊死，相比起来，还是士族集团，尤其是琅邪王氏的腿更粗。

这段日子，琅邪王氏成员个个抬不起头。王敦的头颅像耻辱柱一样戳在朱雀桥南，没有皇帝的诏令，谁都不敢去收葬。

郗鉴上疏求情："俗话说，王法加于上，私义行于下。臣认为应该允许王敦的家人将其安葬，这样做更符合道义。"

司马绍应允。郗鉴由此迈出与琅邪王氏缓和矛盾的第一步。

总之，公元 323 年底，随着王敦一党覆灭，东晋帝国的局势基本稳定下来。

持续近二十年"王与马，共天下"的政治格局，也到这里画上了句号。

第六章　百年沉浮

权力的游戏

早在"八王之乱"，东海王司马越执政时期，为了增强自己幕府的实力，不遗余力地笼络名士，而且为了讨好士族，更下令废除夷三族之法。由此，自公元307年至今，再没有罪犯被夷灭三族。

对势力庞大的琅邪王氏来说，一来因为有王导撑腰，二来因为有法律支持，王敦、王含的直系亲属中更无一人被株连。不仅如此，王导更连连上疏请求朝廷赦免逃到荆州的王敦余党——周抚和邓岳，迫于朝廷里有大批公卿帮着王导，司马绍只能同意。而后，王导又暗中使劲，让周抚和邓岳重新步入仕途。王导出手保护王敦旧部并非一桩，往后，他为扩张势力，更笼络了无数战败失意的将领。

毫无疑问，司马绍相当不爽。于是，他为防范未来可能出现的第二个王敦，下诏恢复夷三族法律。

这封诏书对王导来说是个下马威。王导也不是省油的灯。他决定以牙还牙，不过他跟王敦不同，他要用自己的方式来解决问题。

机会就摆在眼前。连日来，朝廷正忙着追封那些被王敦杀害的功臣。司马承、戴渊、周颛、甘卓等人相继被授予谥号。王敦活着时没人敢替这些人说话，王敦死后，他们总算被正了名分。但就在这场大规模追谥功臣的事件中，一件令司马绍意想不到的事发生了。

王澄故吏、时任著作郎的桓稚上疏："十二年前，荆州刺史王澄被王敦谋杀，臣恳请朝廷为王澄正名，追封谥号！"王澄是王敦堂兄，因为性格乖张被王敦杀死。然而，此次被追谥者都是在战争中协助朝廷的功臣，王澄早都化成了灰，他的死与这场战争压根没关系。

再说司马绍，他追谥功臣的目的本是借机敲打琅邪王氏，万万没想到这里面居然能扯出王澄。如果王澄也算功臣，那么敲打琅邪王氏的效果将会大打折扣。

司马绍不好直接拒绝，便让公卿在朝堂上讨论。

结果，大伙一致裁定应该授予王澄谥号。司马绍只好同意。他隐约察觉到，这苗头有点不对劲。

更不对劲的还在后头。紧跟着，周札、周筵的故吏也冒头为旧主鸣冤。周氏一族都做了王敦的刀下鬼，周筵当年只身解决周氏叛乱还好说，但周札的立场相当微妙。在第一次建邺战役中，周札打开石头城向王敦投降，致使建邺屏障尽失，一年后，王敦为了挺沈充，灭了周札全族。也就是说，周札被杀应归结于王敦派系内部倾轧。按道理讲，追封功臣怎么都轮不到他头上。

吏部尚书卞壶毫不客气地说道："周筵可以追封，但周札投敌，没道理追封。"

"卞尚书言之有理！"司马绍颔首认同。但公卿仍议论个不停。

这时，司徒王导站了出来："臣觉得卞尚书所言不妥。"

顷刻间，整个朝堂鸦雀无声。所有人都目不转睛地看着王导。

王导道："在第一次建邺之战中，周札与臣以及朝中有识之士都相信王敦旨在扫除佞臣（刘隗、刁协），并无反心。后来王敦反情败露，但不能因此就把'清君侧'全盘否定。等我们发觉王敦图谋不轨后，周札即以身殉国，可见，周札绝非叛贼。臣认为周札的待遇应该与戴渊、周颚一样！"

王导这番话记载于《晋书·周札传》中，其暗含的信息量极大。

《晋书·王导传》对王导在王敦叛乱中的立场描写得相当含蓄，但在这里，王导亲口承认自己支持王敦"清君侧"。王导吃了熊心豹子胆敢这么说，是因为他知道"清君侧"符合绝大多数公卿的利益，司马绍绝对没法翻案。

可王敦的确是叛逆，这一点朝廷定了性，王导不能把自己撂进去，便又强调大家都没看透王敦的狼子野心。值得注意的是，王导这么玩命地帮一个死人说话，顺便还把满朝公卿捎了进去，是因为他意识到：这场针对周札的辩论直接关乎自己的地位。如果周札是叛臣，自己就是叛臣；如果周札是功臣，自己也就是功臣。

另外，王导还有两个目的：一是要告诉司马绍自己跟江东士族的关系有多铁，让司马绍投鼠忌器；二是要告诉江东士族，就算你全族都被灭了，只要有我王导在，朝廷就不会亏待你。言外之意，王导永远是江东士族的保护伞。

司马绍猜到王导的意图。他盯着尚书令郗鉴，示意郗鉴帮腔。

一边是司马绍，一边是王导，郗鉴相当尴尬。之前，他已成功迈出讨好琅邪王氏的第一步（帮王敦收尸），可眼下这局面逼得他必须表明立场。郗鉴左思右想，又考虑到卞壶是自己尚书台的同僚，最终，他决定站在司马绍一边。

郗鉴驳斥："戴渊、周颤以死守节，周札开城投降，二者不能相提并论。如果真如王司徒所言，往年有识之士都赞同王敦'清君侧'，那司马承、戴渊、周颤又算什么？既然今天褒奖了司马承、戴渊、周颤，就代表周札该受谴责。"

王导被郗鉴这番话驳得理屈词穷，遂矢口否认周札开城投降一事，他道："周札开城投降只是传闻，谁能证明确有其事？"还没等郗鉴反应过来，他马上又搬出了一套奇怪的逻辑，"拿传闻定褒贬，不如让我们来探究周札的本心。当时，论者认为刘隗、刁协祸乱朝纲，相信王敦是来铲除奸佞的，由此推断，就算周札开城投降也是出于义理。再说，因痛恨刘隗、刁协选择支持王敦者又绝非周札一人。周札与司马承、戴渊、周颤各以死殉国，虽然他们的想法略有出入，但都不愧为社稷忠臣。"

谁都听得出来，王导开始胡搅蛮缠了，而他所言的"论者"更是个莫须有的称谓。郗鉴越听越气："司徒大人一直强调王敦先前攻打建邺是正义的，那是不是要说先帝是昏君？"

这话颇让王导下不来台。气氛顿时僵住了。

司马绍打断了二人的争吵："这事还是交给公卿商议吧。"

公卿又开始讨论。吵吵嚷嚷大半天终于有了结果。

"臣等一致认为司徒大人言之在理，应该对周札予以褒奖。"

两年前，温峤问周颤对王敦的看法。周颤回答："陛下非尧舜，哪能没过失？如果陛下有了过失，臣子就发兵犯上，这不是叛乱是什么？"

这话相信很多公卿言犹在耳。但这已不重要了，因为周颤死了，王导活着。

司马绍彻底傻眼，只能同意追封周札。随后，他又想给刁协翻案，结果遭到公卿一致反对。

而郗鉴，这回他彻底通透了，他为刚才的据理力争后悔不迭，自己要想在政界立足，唯一的选择就是与琅邪王氏握手言和。

东床快婿

公元 325 年 8 月，郗鉴卸去尚书令一职，转任徐、兖、青三州都督兼兖州刺史，出镇徐州广陵郡。像苏峻和刘遐一样，他也再度回到了江北。不过，由于淮河以北全线被石勒攻陷，这几位江北藩镇大员便都屯驻在淮河以南，临近长江一带，他们依旧充当后赵与东晋之间的缓冲层。

郗鉴放眼望向满目疮痍的大地。曾经，他在这里苦心经营自己的流民军，唯盼有朝一日能成为朝廷正牌官员。此刻，他掂了掂手里的官印，多年来的经营总算有了结果。不过，以他的性格，是不会就此躺在这官印上睡大觉的。

从今往后，朝廷里的一切都跟他脱不开关系。

郗鉴远离朝廷，要想在政坛有个位置，就必须跟朝中重臣结盟。结盟的基础是优势互补，自己的优势是有兵权，劣势是没政权，且和江东士族没半点交情。那么，谁才是理想中的盟友？他把几个强势同僚在脑子里逐个儿将了一遍。

左卫将军司马宗和右卫将军虞胤都是皇亲国戚，禁卫军统领，有兵权没政权。另外，司马宗喜欢结交侠士，早在几个月前，他就跟流民帅苏峻过往甚密，也就是说，司马宗和苏峻一内一外，已经抢先结成政治同盟。

尚书令卞壸（继郗鉴后接任）有政权没兵权，按说可以跟郗鉴互补，但这人是个直肠子，誓死效忠皇室，整天被司马绍当枪使，敲打异己，被人卖了都不知。

丹阳尹温峤和中护军庾亮是从小玩到大的铁哥们儿，二人一个掌政权，一个掌兵权。而且庾亮身为外戚，更是司马绍身边的红人，近一年来，他与王导明争暗斗不断。

司徒兼扬州刺史王导，表面上看既没政权又没兵权，且被司马绍排斥。但实际上，琅邪王氏瘦死的骆驼比马大，再加上数不尽的世家豪门在其背后撑腰，让王导的政治话语权超乎所有人的想象，先前追封周札事件就足以说明一切。

郗鉴仔细梳理着错综复杂的关系，思路渐渐清晰起来。毫无疑问，跟自己搭配最合适的非王导莫属。话说回来，郗鉴曾是帮司马绍对付王敦的主谋，双方能否尽释前嫌？对这一点，郗鉴并没有顾虑，因为他明白未来才是一切，他相信王导同样明白这个道理。

这天，一位客人叩响了建邺琅邪王氏府邸的大门。

"去看看是什么人。"王导吩咐道。

不一会儿，仆役跑了回来："回禀大人，来客自称是郗鉴的门生。"

"郗鉴门生……来我这干吗？"这位江东首届CEO，虽然至今依然稳居江东第二大股东席位，但近两年备受皇帝疏远，他的权力正渐渐流入政敌庾亮囊中。此刻，王导琢磨着郗鉴门生的来意，忽然，一种强烈的预感萌生出来，或许郗鉴正是保障自己家族前途的关键。

"我要亲自出去接客！"

王导热情地把郗鉴门生请进府邸正厅："不知先生到此有何见教？"说着，竟向郗鉴门生深揖一礼。

门生见王导对自己这般客气有些诧异，连忙还礼，恭敬言道："在下不敢受王公大礼。冒昧打扰，乃是受郗公之托跟您商议件事。"

"请讲。"

"郗公视爱女郗璿（xuán）为掌上明珠，至今尚未婚嫁。听说王公子侄众多，所以想跟您结一门亲事，不知意下如何？"

"郗公与我真可谓心有灵犀！老夫也正有此意。我听说郗璿善工书法，可有此事？"王家与郗家都是书法世家。当年王导随司马睿下江东时，还将一本字帖缝在衬衣里，誓言"帖在人在，帖亡人亡"。郗鉴膝下长女郗璿、长子郗愔（yīn）、次子郗昙在书法界也有极高名气。

"王公见笑了。小姐确是喜欢书法，郗愔、郗昙两位公子还称小姐是'女中笔仙'，不过那都是自家人的笑谈罢了。"

"好！好！好！"王导连声赞叹，"我王氏子弟也个个喜欢书法，高平郗氏又系名族，这亲事门当户对！"门当户对自然是结亲的基础，不过，王导的真实意图却跟郗鉴一般无二。自己有政治影响力，郗鉴在外州掌兵权，郗、王两家政治联姻，乃是绝佳的优势互补。

言罢，王导吩咐仆役："你去通报还未成家的子侄辈，都去东厢房候着。"

王导与客人饮了两盏茶，随后，他拉着客人的手直奔东厢房。推开房门，只见王氏子弟早已恭候在此。

"他们全在这儿了，先生好好看看，回去后还望向郗公美言。"

王氏子弟或坐或站，郗鉴门生逐一观察，这时，他发现东墙脚床上竟还躺着一位。这人和其他人不同，他若无其事地袒露肚皮，手拿大饼，正吃得津津有味。

"王公，这位是？"

王导抿嘴一笑："他是我族侄，名叫羲之，字逸少。父亲王旷早已故去。"说着，他附耳向门生言道，"我王氏子侄辈众多，但若论书法造诣，没人比得上他！"

门生目不转睛地盯着王羲之，认真地点了点头。

当日，门生辞别王导，返回徐州广陵。

郗鉴迫不及待地问道："王导怎么说？"

"王公很中意这门亲事，又让在下见过所有王氏子弟，任凭挑选。"

"好！你给我讲讲王氏子弟的人品才貌。"

门生向郗鉴逐一描述："……王氏子弟个个一表人才，大多举止得体，不过唯独有一位，在下看他的时候，他旁若无人地躺在脚床上吃饼。经王公介绍，在下才知道那人叫王羲之。"

"王导特别对你介绍他啦？"

"是。王公还说他的书法在家族中无人能及。"

"我明白了。王导是有意让王羲之成为郗家女婿呀……"

就这样，两家挑了个良辰吉日，郗璿嫁给王羲之为妻。从此，高平郗氏与琅邪王氏正式结为盟友。

郗王联盟延续了很久，后来，王羲之与郗璿生的儿子王献之又娶了郗鉴的孙女郗道茂（也就是王献之的表姐）。不过，四十多年后，王献之二十九岁时，竟被迫和郗道茂离婚。这起风波又牵扯另一个历史疑点，后文将会讲到。

皇宫的主人

前文讲过，司马绍继位仅半年，就册封庾亮的妹妹庾文君为皇后，这自然是为对付王敦，争取庾氏家族的支持。那么，司马绍和庾文君感情如何呢？我们基本可以断言，二人毫无感情可言。至少在司马绍扫平王敦一党后，他的心思就不在庾文君身上了。

如今，后宫嫔妃中最得宠的是个叫宋祎的女人。宋祎很有故事。她幼年曾师从绿珠（石崇宠妾）学习笛艺，后来侍奉王敦。王敦死后，她被送进皇宫，成了司马绍的宠妃。宋祎生得天姿国色，司马绍一见到她，就把黄脸婆庾文君忘到九霄云外去了。庾文君有哥哥庾亮和一干朝臣为其撑腰。宋祎没半点家世背景，意识到仅仅靠司马绍是不够的，但她还能找谁做靠山呢？恰在这段时间，两个怀着同样想法的人，频频向宋祎抛出橄榄枝。

这两个主动靠拢宋祎的人正是手握皇宫禁军兵权的左卫将军司马宗和右卫将军虞胤。

司马宗是老实巴交的司马亮的儿子，也就是司马绍的堂叔爷。虞胤是司马睿正室虞氏的弟弟，虽然跟司马绍无血亲，但在法理层面司马绍得管他叫舅舅。二人是皇亲国戚，死抱司马绍大腿，也正因为这个背景，让他们一没法靠庾亮，二没法靠王导。这是因为，庾亮和王导虽明争暗斗，但两大家族内部依旧保持着千丝万缕的联系，并且，他们都代表士族利益，在臣权与皇权相互抗衡这个大立场下，他们与司马绍之间的矛盾是无论如何都不能消弭的。

总之，司马宗和虞胤不可避免地和宋祎越走越近。对于二人来说，宋祎是他们对付庾亮的有力支持。而对于宋祎来说，二人将来有可能帮自己夺得皇后宝座。

可想而知，因为宋祎整天吹枕边风，庾文君备受冷落，连带反应即是庾亮失宠，王导就更别提了。在这种局面下，庾亮和王导决定暂时搁置内部矛盾，一致对外。二人连番上疏，请求司马绍罢黜司马宗和虞胤。

司马绍读着两位重臣的奏疏，脑海中浮现的全是父皇临终前的情景。当时他亲口说过："……那些世家豪门，个个都打着自己的小算盘……"没错，即便是外戚庾亮，跟王导也是一丘之貉，如今，庾亮和王导联手更加印证了这一点。

他没搭理庾亮和王导，反而对司马宗和虞胤更加宠信。

不幸的是，没多久司马绍便开始卧病。他才二十七岁，却被御医宣判了绝症。

皇太子司马衍才五岁，自己死后，朝政会不会落入庾亮掌中？到那时庾亮会不会成为第二个王导？会不会再冒出第二个王敦？社稷能托付给谁？谁值得信任？司马绍满脑子都是这些疑问，思来想去，觉得还是宗室成员更靠谱一些。

司马绍郑重将皇宫大门的钥匙交给司马宗和虞胤。"从今日起，朝中重臣没有朕的同意，谁都不准迈进皇宫半步！"他准备临死前托孤司马宗和虞胤，但他知道这么干肯定会招致群臣反对，唯有躲着不见才能避免冲突。

可能有人会问，司马宗和虞胤的政治影响力远不及庾亮和王导，就算二人得到托孤辅政的遗诏，他们真能斗得过庾、王两大重臣吗？司马绍躲着不见，岂非自欺欺人？实事求是地讲，司马绍此举还是很有意义的。所谓政治，无论本质上多么不靠谱，暗地里多么龌龊，表面上必须讲究名正言顺。举个例子，西晋时，像杨骏那么弱智的人因在司马炎临终前争到托孤资格，就能堂而皇之地位居首辅地位，而好不到哪儿去的司马亮也因在托孤遗诏中被点名，政治呼声颇高，最后逼得贾南风必须靠政变来解决问题。总而言之，皇帝的一纸诏令是最有价值的凭据，无凭无据则只能靠实力说话，但政变毕竟风险极高，不到万不得已，谁都不想打这张牌。

中护军庾亮自然明白这番道理，他一连好几天见不到皇帝，危机感飙升。

这天深夜，庾亮写了一封奏表，派使者呈递司马绍。

使者来到皇宫门口，却见宫门紧闭："中护军大人有奏表要呈给陛下，赶紧把宫门打开！"

司马宗站在城楼上，叱道："你以为皇宫是你自己家，想进就进，想出就出？"他不管对方怎么软磨硬泡，硬是不开门，最后，竟把使者赶了回去。

庾亮再也忍不下去了。

强　谏

公元 325 年 9 月的一天，庾亮趁着皇宫开门的间隙，带着一票公卿硬闯皇宫，直奔司马绍而来。

司马绍正自昏睡，突然被群臣惊醒，抬眼见群臣蜂拥而至，心里不由得发虚。

"你、你们怎么进来啦？"

庾亮痛哭流涕："臣等多日不见陛下，心里挂念，这些日子朝中风言风语，说司马宗和虞胤密谋废黜重臣。臣等请陛下罢免二人，还朝廷一个清净。"事实上，想废黜庾亮的幕后主使正是司马绍。庾亮这么说，无非是要先堵住皇帝的嘴。

司马绍顶着多大压力才把司马宗和虞胤抬上位，岂能凭庾亮一句话说罢免就罢免？他严词拒绝："卿无须介意那些谣言，二人恪尽职守，没理由罢免！"

庾亮见司马绍态度坚决，又顾忌司马宗和虞胤手握兵权，在别人家地头没法硬碰硬，遂不再纠缠这个问题。他决定转移目标，先剪除司马宗和虞胤的辅翼再说。庾亮朝同僚偷偷使了个眼色，随即，群臣齐刷刷地奏道："宋祎蛊惑君心，臣等恳请陛下将她逐出皇宫！"

"你们说什么？"司马绍勃然大怒。

群臣再次异口同声："臣等恳请陛下将宋祎逐出皇宫！"

一看这阵势，司马绍有点怵了："容朕斟酌。"

群臣依旧不理："此事无须斟酌！"

这回，司马绍终于意识到自己拧不过群臣。最后，他不得不妥协："朕同意让宋祎出宫，但不许害她性命，给她找个好人家嫁了吧。"

就这样，宋祎被遣送出宫，赐给吏部尚书阮孚（"竹林七贤"之一阮咸的儿子）为妾。由此，皇后庾文君在后宫中的地位再无人能动摇。

庾亮见目的达成，态度有所缓和，接着稀里哗啦地哭了起来："陛下，皇太子年仅五岁，臣一想到这事，心里就悲痛啊！"

"你想说什么？"

"陛下应该知道，谁才是太子最亲的人，将来又有谁能真心实意辅佐太子！"

司马绍闻言，浑身一颤。就算他再信任司马宗和虞胤，对太子司马衍却不然，等自己一死，太子能依靠的唯有母亲庾文君和舅舅庾亮两个亲人。他闭眼许久，最终无奈地叹了口气："我明白了……这两天容我好好想想，你们先退下吧。"

庾亮这番带有威胁性质的话无疑对司马绍造成很大触动，他知道，将来必须得依靠庾亮，而要依靠庾亮，就必须有其他势力与之抗衡，这就意味着他还得把琅邪王氏抬出来。同时他也看到，司马宗和虞胤已成朝廷公敌，政权不可能再交给二人，否则，不仅庾亮和王导会拧成一股绳，将来更有政变的危险。

司马绍陷入深深的忧虑。他继位还不到三年，在这短短的时间里，他运筹帷幄，以弱势地位反戈一击，剿灭最强权臣王敦。胜利后，他并没有像大多数皇帝那样安枕而卧，而是再接再厉重新规划权力格局，他扼制了琅邪王氏，甚至连刚刚抬头的颍川庾氏都被一度打压下去。以前，他面对任何困难总有办法解决，可今天，他却感到从未有过的彷徨。

最后的布局

自庾亮带领群臣入宫强谏后，司马宗和虞胤便察觉出皇帝对自己的态度忽然转冷。二人心知情况不妙。

公元 325 年 10 月 12 日，司马绍预感死亡临近，火速传召太宰司马羕（yàng）、司徒王导、尚书令卞壶、车骑将军郗鉴、中护军庾亮、中领军陆晔、丹阳尹温峤共七位重臣入宫觐见。召他们来的目的，自然是要授予他们托孤辅政的重任。

下面，让我们梳理一下这七位重臣的背景。

王导是江东第二大股东，目前无兵无权，却拥有巨大的政治影响力。

庾亮和温峤是死党，庾亮性格激进，执掌皇宫外围禁军兵权，温峤性格温和，执掌京畿郡政务。

卞壶执掌尚书台政务，素以直臣著称，对皇室忠诚度极高，与王导关系不善。

陆晔是江东士族的代表，执掌皇宫内禁军兵权。

郗鉴是外州藩镇势力和江北流民帅的代表。不过司马绍并没有察觉，他其实已经与王导暗中结为政治同盟。

司马羕是司马宗的胞兄，司马绍不敢冒天下之大不韪强托司马宗上位，但为了强化宗室力量，还是把司马羕抬了出来。补充一句，这位司马羕，即"八王之乱"中司马亮的三子，时年四十二岁。在他八岁那年，二愣子司马玮屠杀司马亮全家，司马羕得到裴楷的保护，与四弟司马宗皆幸免。在永嘉年间逃到江东的司马宗室成员中，司马亮的子嗣成了皇室中势力最庞大的一支。

不言而喻，这七人堪称江东政权各方势力的代表。

通常情况下辅政重臣不过两三人，而司马绍破天荒地找了七个人辅政，也是为尽可能平衡各方势力，将一方独大的风险降到最低。

就在温峤赶赴皇宫的途中，还出了个小插曲。

温峤半路上遇到吏部尚书阮孚。"阮君，来，上我的车，咱们同行一段。"他说着，便把阮孚拉到车上。

等阮孚上了车，温峤才实言相告："江东安泰正需要群贤同心协力。您名重天下，我想请您跟我一起入宫接受辅政重任。"

阮孚一听，登时脸色煞白。这两天，他从宋祎口中得知宫中的是是非非，正有心远离权力旋涡，根本不想蹚这趟浑水。眼看快到皇宫门口，阮孚突然道："我要小便。"说罢，他跳下车，一溜烟逃回了家。

七位重臣进了皇宫，跪拜在司马绍床前，静静地听候遗训。

司马绍见人都到齐了，遂任命中护军庾亮兼中书令，中领军陆晔兼录尚书事，尚书令卞壸兼前将军，其余人官职不变。

安排完毕，他缓缓言道："人皆有一死，我没什么可难过的。只是想到中原沦丧，百姓生灵涂炭，祖宗大仇未雪，心里无限遗憾。我死后素服入殓，葬礼规格一切从简，切勿铺张浪费。太子尚年幼，继位后还有赖众卿扶持。你们都是当世名臣，自该明白同心协力其利断金的道理……另外，诸藩镇大员与朝廷互为唇齿，也应内外相继，共辅社稷……"

司马绍说完这番话，朝太宰司马羕招了招手："来，坐到朕的御床上来。"

司马羕半边屁股坐到了床沿上。

司马绍指着司马羕，对年幼的太子司马衍道："你看看这个人。他是朕的叔祖，以后你一定要听他的话，要在朝堂上为他专门设置帷帐床，像武皇帝（司马炎）尊敬平安献王（司马孚）那样尊敬他……"

言罢，他死死盯着其余六位辅政重臣，突然提高了声调："往后，文武百官都要听命于太宰，朝政由太宰裁断……"接着，他死死攥着司马羕的手，"你要让祖宗在天之灵安心，如此，朕就算死了，也无悔无憾了！"

众人个个听得痛哭流涕，但心境截然不同。司马羕如坐针毡，根本不知道自己该怎么坐这个首辅的位子。而王导、庾亮见司马羕受宠，内心更是妒意陡生。

一旁，中书省官员将司马绍的话一字一句记录下来，写成诏书。

10月17日，这封诏书，准确地讲应该算作遗诏，被正式颁布。

翌日，司马绍驾崩。他在位仅两年零十个月，终年二十七岁，死后谥号"明帝"，庙号"肃祖"。按照规矩，开创基业称祖，守成明君称宗。西晋把司马懿、司马昭、司马炎都奉为祖，而东晋开国皇帝司马睿仅称宗，一方面是由于当时王敦掌权，就连这个宗都还是荀崧先斩后奏争来的，若再称祖，王敦肯定死都不答应，另一方面，司马睿这个开国皇帝也确实当得有点窝囊。如今，司马绍被尊为祖，可谓实至名归，他的成绩无疑是超过了其父司马睿。

《晋书》对司马绍评价颇高，称其聪明机断，通达人情世故。他短暂的人生就像带着剿灭王敦这个单纯的目标而来，等目标达成，他便匆匆离去。有人怀疑司马绍是被人下了毒。这里要介绍一下，东晋总共有十一位皇帝，平均年龄仅三十三岁，其中三人明确记载被谋杀（不包括司马绍），另有七人在二十来岁时早夭。由此，出现司马绍被害一说也就不足为奇了。

言归正传。东晋自公元318年开国至今仅八年，皇位就传到第三代——时年五岁的司马衍手里了。

同心协力，其利断金

纵然司马绍临终前嘱咐众公卿同心协力，但谁都知道这是句空话。

前文说历阳太守苏峻与司马宗结成政治同盟，此时，苏峻得知司马宗失势，害怕会影响自己的地位，内心躁动不安。荆、雍、益、梁四州都督陶侃和驻守淮南寿春的祖约更自恃资历深厚，却未名列顾命大臣，故怀疑是庾亮暗中做了手脚，二人对庾亮恨之入骨。

外州尚且如此，朝廷里更是火药味十足。

庾亮左手一个中书令，右手一个中护军，他大权在握，头顶上却压着一个司马羕，自然咽不下这口气。

比庾亮更憋屈的是王导。再怎么说庾亮也算得了实惠，王导则依旧两手空空，只有个司徒虚衔。就在司马衍的登基大典上，王导告病不打算出席。

尊崇皇室的尚书令卞壶是个直肠子，他上疏奏道："先帝刚驾崩，王公就称病，这还算是社稷之臣吗？"

王导迫于舆论压力只好勉强出席登基大典。王导一边跟朝廷赌气，一边跟郗鉴打得火热。就在郗鉴返回驻地徐州广陵时，王导以私人名义将之恭送出建邺。朝臣结交藩镇历来属于敏感的问题，如果放在皇权强势的时代，搞不好连命都会丢掉。可如今皇帝只有五岁，王导毫无顾忌。

卞壶再次上疏弹劾王导。王导看明白了，卞壶一直跟自己过不去，先前被司马绍当枪使，今天幕后主使换成了庾亮。他意识到必须得跟庾亮合作才有出路。

虽说王导无兵无权，但他有足够的筹码跟庾亮谈判，以前，他的筹码只在政治影响力上，现在，他还有藩镇大员郗鉴做后盾。

很快，王导和庾亮达成共识——两家同时扩大权力，先联手搞掉司马羕再说。

那么接下来问题来了。司马羕可是先帝临终前托孤的首席辅政重臣，庾亮和王导再牛，充其量也只能算司马羕的副手，能压过司马羕的只有皇帝，但皇帝司马衍年仅五岁，庾亮和王导总不能直接撺掇这孩子下诏废掉司马羕。

办法总是有的。皇帝谁的话都可以不听，却唯独有一个人说话他必须听，这人便是皇帝的母亲，同时也是庾亮的妹妹——皇太后庾文君。

可还是有问题，庾文君地位虽高，可先帝临终托孤时根本没提她的事。

难不成要让皇太后进入辅政团跟司马羕死磕？不是不行，而是没必要，因为庾亮和王导找到了另一条捷径，比辅政更牛的权位——摄政。

顾名思义，辅政指辅佐国君治理政务，摄政则是代替国君治理政务，可以这么讲，摄政权基本等同于皇权。

经过庾王两家联手发力，公元325年11月2日，庾亮的妹妹——皇太后庾文君宣布临朝摄政。从此，公卿的奏疏都要称庾文君为"皇太后陛下"。

庾家权势熏天，王导自然不能白出力。庾文君一摄政即推翻司马绍临终前的安排，宣布多位重臣职位调动。

首先就是让王导任录尚书事，与中书令庾亮、尚书令卞壶组成新的辅政团体。

王导总算捞到了实惠。不过，司马绍临终前可是安排了七位辅政重臣，排除已经回徐州的郗鉴不提，另外三人又往哪儿摆？

中领军陆晔转任左光禄大夫、开府仪同三司（给予和三公同等的礼遇）。也就是说，他没了兵权，彻底沦为荣誉重臣。

丹阳尹温峤是庾亮的好哥儿们，他的职位不作变动。

再说被司马绍寄予厚望的首席辅政重臣——太宰司马羕连提都没提。说白了，别说是首席辅政，就连搭帮辅政今后也跟他再没有半毛钱关系了。司马羕心里把庾亮恨得要死，却只能窝窝囊囊地接受。左卫将军司马宗转任骠骑将军（二品高阶武官），右卫将军虞胤转任大宗正（九卿），二人被剥夺禁军兵权均在意料之中。

接下来，庾亮安排表亲褚翜（chǔ shà）任左卫将军。在"永嘉之乱"时，褚翜曾保护过多位庾氏族人的安全，他和庾氏交情笃深。王导则安排赵胤任右卫将军。早年间，赵胤相继做过王导幕僚和王敦部下，他无疑属于琅邪王氏派系。

如此，局势清晰了。庾亮和王导合伙把司马羕、司马宗打得全无还手之力，二人又进行利益交换，在各个重要岗位安插自己人。庾王联手取得了巨大成功，但二人有嫌隙在先，所以注定，他们接下来免不了要开始内斗了。

庾氏朝廷

由庾亮、王导、卞壶三人组成的辅政团中，庾亮因为有摄政的庾太后撑腰稳坐头把交椅，王导这个录尚书事得看庾亮脸色。而王导跟庾亮在政治理念上还存在不小的分歧。前面不止一次讲过，王导为政崇尚宽和。虽然庾亮早年也认可这一理念，但等他自己一上台，却一改旧章，推行法家政治。江东人多年来早已习惯宽松的政治环境，庾亮这么一搞，渐渐失了人心。

再说卞壶，这位直肠子忠臣总是在不自知的情况下充当庾亮的马前卒。但凡庾亮不方便出面——尤其是针对王导的时候，卞壶就会冲在前线。他看谁不顺眼就弹劾谁，大有昔日刘隗、刁协的风范。王导评价说："卞壶岩岩（意为严厉），刁协察察（意为苛察），戴渊峰岠（意为冷峻）。"他拿卞壶与刁协、戴渊相提并论，可见心里头早把卞壶归为政敌之列。

阮孚私下劝卞壶秉持中庸之道。补充一句,这位"竹林七贤"之一阮咸的儿子在当时可是位时尚达人,他除了继承阮咸嗜酒如命的特点外,还有个现代人见怪不怪的爱好——热衷于收藏鞋子。而且,阮孚有事没事就往鞋上涂蜡,呵护得无微不至。虽然晋朝没有"爱马仕""范思哲"这类国际大牌,但料想他收藏的鞋子肯定也价格不菲。

卞壶面对阮孚的好意劝告,却不以为意,道:"你们这些名士个个风流洒脱,脏活累活我不干谁干?"

阮孚见说不通,预感到朝廷会再起动荡,回到家便把族人都召到了一块。

他提议说:"庾亮肯定会惹出乱子,依我看,咱们不如各自申请出任外州地方官,以图家族延续。"

具体去哪儿呢?江北肯定不行,那里临近胡人领地,流民帅横行,过的是有今天没明天的日子,比朝廷还要危险。再列数江南各州——湘州被王舒占着,荆州被陶侃占着,江州被应詹占着,剩下的也只有广州和交州这两处蛮荒之地了。穷是穷了点,但毕竟安全。主意已定,阮孚遂向庾亮申请出任广州刺史,阮放(阮孚的叔爷)申请出任交州刺史,庾亮全都答应下来。

从此,阮氏家族与交、广二州结下了不解之缘。往后,相继又有多位阮氏族人出任这两个州的地方官。交州地处今天的越南,阮氏族人在此地开枝散叶,最终使阮姓发展成越南第一大姓。联想到越南人与魏晋"竹林七贤"中阮氏的关系,不能不令人感慨世态变迁的奇妙。

还是让我们回到惊心动魄的晋都建邺。公元 326 年,庾亮为压制王导,授意皇太后庾文君下诏,命令湘州刺史王舒入朝任尚书仆射。由此,王舒成了尚书令卞壶的手下,而湘州刺史则由卞壶的堂兄卞敦接手。原本王导这个录尚书事做得就不舒心,这下,哥俩同病相怜,得一块儿受庾亮、卞壶的窝囊气了。

祸不单行,王舒在尚书台屁股还没坐热,再度改任会稽太守。让我们看看王舒的履历。早在王敦掌权时代,他乃是堂堂荆州都督兼荆州刺史,等王敦一死,他就降到湘州刺史,庾亮掌权后,他回朝任尚书仆射,没两天又成了会稽太守。职业生涯可谓一路下坡。

王舒心里不痛快，他提出：会稽犯了他亡父王会的名讳，做儿子不能不孝，所以不能去会稽。

王导不想跟庾亮再起争端，调和道："反正你在朝廷也不如意，万一天下再乱起来，你在会稽做外援，还能有个帮衬。"

王舒犯起牛劲，死活不去。

庾亮看王舒跟自己较劲，气不打一处来，最后，他竟把会稽改名成郐稽。这下王舒没辙儿了，只好赴任。

王导开始频频称病不上朝。他除了赌气外，还有两个原因：一来，他要告诉那些不爽庾亮法家政治的同僚，自己跟这糟心事没关系；二来，他也预感到，庾亮马上就要掀起一波腥风血雨，这段时期，自己还是置身事外比较好。

公元 326 年夏，淮北都督兼徐州刺史刘遐病死。不出意外，江北实力最强的流民帅——徐、兖、青都督兼兖州刺史郗鉴势必吞掉刘遐的军队。庾亮不想让郗鉴独吞，马上委派郭默任淮北都督，接管刘遐军队。但若一点好处都不给郗鉴留也说不过去，庾亮就让郗鉴当了徐州刺史。就这样，庾亮和郗鉴瓜分了刘遐的遗产。

公元 326 年秋，江州刺史应詹病故，庾亮终于搬出了好哥儿们温峤，他让温峤当上江州都督兼江州刺史，同时修筑石头城以备不时之需。

宗室大劫

庾亮的权势盖过王导，又削了司马羕和司马宗的权，在朝廷里可谓只手遮天。不过，他一想到司马羕、司马宗有死灰复燃的可能，心里就不安生。

必须让他们永世不得翻身。

公元 326 年 11 月，御史中丞钟雅（颍川钟氏族人）突然举报司马宗谋反。

司马宗要兵权没兵权，要政权没政权，他能谋什么反？史书中对此事一笔带过，甚至连司马宗想怎么谋反都没写。其实，别说史官不知道，恐怕就连当事人钟雅都拿不出证据。毫无疑问，这又是一桩欲加之罪何患无辞的无头冤案。

不用想，钟雅的幕后主使正是庾亮。庾亮也不需要证据，他当即派右卫将军赵胤缉拿司马宗。这里要着重提一句，右卫将军赵胤是王导的人，左卫将军褚翜才是庾亮的人，庾亮不派褚翜反而派赵胤，绝对是想把屎盆子扣到王导脑袋上。

赵胤指挥数千禁军围攻司马宗。司马宗官拜二品骠骑将军，名头虽响，却不属于禁军将领，他手里只有百八十号贴身侍卫，结果三下五除二就被赵胤杀了。司马宗的三个儿子全部废为庶民，并免除宗籍改姓马氏。

庾亮进一步扩大打击面，顺手把司马宗的同党虞胤赶出朝廷，外派桂阳太守，又罢免了司马宗的胞兄司马羕和侄子司马统的官职。短短一年，受司马绍临终托孤，位列首席辅政重臣的太宰司马羕就沦为了平民。由此，江东势力最强的宗室力量——司马亮这一支系，遭受重创。

这事过去好几天，六岁的小皇帝司马衍才发觉朝堂上少了个人。

他懵懂地问道："怎么好几天没见到白头公啦？"司马宗死时四十来岁，但他头发斑白，故司马衍以"白头公"相称。

庾亮答道："他谋反，臣把他杀了。"

司马衍一听，哇哇大哭："舅舅说谁谋反就杀谁。要是有人说舅舅谋反，可怎么办啊……"

俗话说，童言无忌。小孩子一句话把庾亮问得当场愣住了。

皇太后庾文君抄起一柄象牙尺，照着司马衍头上就是一下："不许胡说！"

司马衍忍着抽噎，委屈地看着母亲和舅舅，完全想不明白自己为何挨打。

宁坐山头望廷尉

庾亮把政敌一个一个踩到脚下，自信心爆棚。他的下一个目标，就是先前一直跟司马宗勾勾搭搭的历阳太守苏峻。

公元 327 年，庾亮决定向苏峻下手。为此，他先咨询了王导的意见。

"最近我听说司马宗的故吏都跑到苏峻那里寻求庇护。苏峻狼子野心，留着早晚是个祸患，我想召他入朝，借机削了他的兵权，王公觉得可否？"

王导素来提倡以和为贵，又预感此举很可能会激苏峻谋反，他虽与庾亮互为政敌，但也不能坐视不理，遂劝道："苏峻肯定不会奉诏入朝。我劝你对他睁一只眼闭一只眼为好。"

王导给庾亮泼了一瓢冷水，但这并没能打消庾亮的念头。

翌日，庾亮在朝堂上正式提议要征召苏峻。

满朝公卿皆认为不妥，但谁都没敢吭声。这时，直肠子卞壶坐不住了。他不能由着庾亮胡来，言道："苏峻坐拥强兵，其驻地历阳离建邺近在咫尺，一旦有变，京都势必再度卷入战乱，望庾公三思！"

庾亮不听。

江州都督温峤获悉此事，一连给庾亮写了好几封信，劝其不要征召苏峻。

远在历阳的苏峻也听到风声，他不想把事闹僵，赶在朝廷正式下诏前便给庾亮写了封信，申明自己的态度。信中言道："在下肩负抗击胡人的重任，但凡朝廷有所差遣，必万死不辞。至于说让在下入朝为官，这实在有点勉为其难。"

纵然所有人都试图拦住庾亮，但庾亮一概不理，最后还是下诏让苏峻入朝任大司农（九卿）、散骑常侍。必须说庾亮小家子气，既然想夺人兵权，好歹也该给个三公坐坐，结果抠抠搜搜，只给了个九卿。

几天后，苏峻接到诏书。他上表言道："昔日明皇帝（司马绍）曾拉着臣的手，嘱咐臣北伐胡寇。如今中原未定，臣岂敢入朝以求苟安？哪怕朝廷把臣派到穷乡僻壤，让臣效犬马之劳，臣都毫无怨言。"

庾亮不依不饶，还是坚持让苏峻入朝。

苏峻的部下皆劝："您连去个穷乡僻壤都不被准许，可见庾亮忌惮您到了何种地步。您若入朝，断无生路，不如索性反了吧！"

苏峻意识到自己被庾亮逼上了绝路，连声叹道："朝廷说我谋反，我哪里还有活路？当初社稷危如累卵，如果没我，恐怕已经亡国了，不想今天还是免不了兔死狗烹……"

言罢，他一咬牙，一跺脚，抽出腰间佩剑，高举过头顶："我宁坐山头望廷尉，不坐廷尉望山头！反了！"

八百年后，南宋词人辛弃疾在《丙寅岁山间竞传诸将有下棘寺者》中引用了这一句典故：

去年骑鹤上扬州，意气平吞万户侯。

谁使匈奴来塞上，却从廷尉望山头。

荣华大抵有时歇，祸福无非自己求。

记取山西千古恨，李陵门下至今羞。

苏峻揭竿而起后，又拉拢驻守在淮南的祖约入伙。祖约本就对庾亮不满，当即派侄子祖涣（祖逖的儿子）增援苏峻，算正式加入苏峻叛军。

建邺是我的

苏峻驻地历阳位于长江西北岸边，距离建邺五十多公里。在都城这么近的地方闹叛乱，登时举国上下纷纷攘攘。

司徒王导气急败坏，但他的心思比脸上表现出来的要复杂得多。

看庾亮怎么收拾这烂摊子！他一边嘀咕着，一边给郗鉴写了封密信："苏峻在历阳谋反，保不准会发兵建邺，你可上奏朝廷，请求来建邺勤王。"

王导盘算，若苏峻只是窝在历阳，郗鉴大军入驻建邺，到时候郗王联盟的实力将完全压过庾亮。如果苏峻真的打到建邺，郗鉴勤王更加名正言顺、责无旁贷。待平叛之后，庾亮同样抬不起头。

郗鉴自然明白王导的意图，他当即上疏要求南下勤王，同时聘请褚裒（chǔ póu）做了僚属。褚裒是褚翜堂弟，褚翜是庾亮的人。郗鉴这么做是为了跟庾亮拉近关系，让庾亮对自己放心。

与此同时，位于扬州腹地的会稽太守王舒、吴兴太守虞潭等人也不失时机地请求率军来建邺勤王。

朝堂上，王导连番上疏，力挺这些人的勤王提议。

庾亮吓傻了。郗鉴是王导最强的政治盟友，虞潭出身江东士族，肯定也是王导的人，王舒就更别提了，前不久刚被庾亮赶到会稽。如果这帮人都带兵来建邺，那自己还怎么混？

想到这儿，庾亮再也按捺不住了。"王公所言不妥！"他当即止住王导的提议，言道："北方胡人肆虐，都鉴肩负重任，绝不能离开驻地！再说会稽、吴兴兵力不多，来建邺不仅于事无补，更会引起扬州腹地骚动。臣认为，以建邺的兵力足能应付苏峻叛乱。"

皇太后庾文君听罢，点了点头，下诏禁止藩镇入京。王导的如意算盘落空了。

并不只有王导的人想勤王，庾亮的好哥儿们——江州都督兼江州刺史温峤也打算率军入建邺护卫朝廷。以这二人的交情，温峤绝对是真心实意要来帮庾亮的。

庾亮很希望让温峤来建邺，但他不敢。当初，他委派温峤坐镇江州，很重要的一个原因即是让温峤制衡帝国西线最强藩镇——手握荆、雍、益、梁四州兵权的陶侃。自司马绍死后，陶侃就跟庾亮极不对付，他一直认定庾亮暗中使绊，让自己与辅政重臣的宝座失之交臂。如果陶侃趁机闹事，等于荆、湘两大州宣布独立，东晋帝国说翻船就翻船。

庾亮不得不对温峤道出实情："比起苏峻，我更忌惮的是陶侃，你还是待在江州，切不可越过雷池一步。"雷池位于江州和扬州的交界处。后来，"不敢越雷池一步"变成了一句成语。总之，庾亮认为藩镇对他的威胁远大于流民帅苏峻，他不敢让任何藩镇染指建邺。

话说回来，即便力主藩镇勤王的王导，无非想借机扳倒庾亮，自然，他也完全没料到苏峻会有那么大的破坏力。

建邺劫难

苏峻没有窝在历阳，他真的要率军攻打建邺了。

尚书左丞孔坦和司徒府僚属陶回提议守住江西渡口，阻止苏峻越过长江。但庾亮仗着刚修好石头城，决定把大军集结在石头城以逸待劳。

12月底，苏峻越过长江攻占姑孰。庾亮后悔不迭，马上派出先头部队迎击苏峻，但被苏峻击败。

陶回又劝庾亮："苏峻一定会从南边绕道小丹杨避开石头城，咱们最好在小丹杨设伏兵。"

可庾亮因首战失利,不敢再轻易出击。

公元 328 年 2 月,果如陶回所料,苏峻并没有顺长江攻向石头城,而是从扬州腹地的小丹杨直逼到建邺城南。近百年来,扬州腹地一直是建邺的后院,因而,在建邺城南根本没有像样的防御设施。

3 月 4 日,苏峻率军势如破竹,攻入建邺城内。卞壶死守尚书台,终因寡不敌众被杀。卞壶的两个儿子得知父亲殉国,奋不顾身冲进敌阵,也相继战死。自王敦之后,卞壶始终将王导视为威胁皇室的头号死敌,他虽没能限制庾亮,但也无愧晋室忠臣。时人赞叹卞氏父子"父死于君,子死于父,忠孝之道,萃于一门"。

此时,驻守在宣阳门内的庾亮军队闻听己方败绩连连,瞬间溃散。

庾亮准备逃命了。

钟雅拽住庾亮:"庾公,你要去哪儿?"

"苏峻只针对我,料想不会对你们怎么样,朝廷后事就先托付钟君你了。"

钟雅听罢,一肚子怨气:"今天这局面该由谁承担责任?"

"唉!再说什么都没用了。"庾亮甩开钟雅,带着庾氏子弟和赵胤乘小船仓皇逃出建邺。

王导见流民军蜂拥冲进皇宫,知道若不稳住局面,皇帝很可能会死于乱军之中,他赶紧对褚翜言道:"你快把陛下带到太极殿!"

褚翜飞奔入后宫,抱着司马衍跑进太极殿。司徒王导、左光禄大夫陆晔、右光禄大夫荀崧、御史中丞钟雅等一干重臣簇拥着司马衍,侍立在大殿之上。

没一会儿,几个流民军跑进太极殿。褚翜严声呵斥:"我听说苏将军是来觐见陛下的!你们不得放肆!"

流民军不敢冲撞皇帝,纷纷退出太极殿,冲向后宫……

至此,建邺城彻底沦陷。皇宫被洗劫一空,尚书台等官署也被烧成废墟。

王彬等公卿全部被俘,流民军鞭笞着他们,将一筐筐财物送往苏峻营中。

孔坦在民兵中奔走相告:"赶紧把军装脱下来,不要枉送性命!"

更惨的当然是老百姓。流民军在江北过的是朝不保夕、食不果腹的苦日子,本就憋着满肚子火,看到江东百姓个个衣着华丽,分外眼红,见人就把衣服扒光。

凡在大街上的百姓皆赤身裸体，有些人用草席遮盖，找不到草席的便用泥土涂抹身体。一时间，哀号声响彻京师。

强援难求

公元 328 年 3 月 5 日，苏峻杀也杀完了，抢也抢完了，便颁布大赦令——除了庾亮兄弟，其余人等皆不予追究。王导等重臣依旧维持原职。就在苏峻把建邺祸害得一塌糊涂后，被庾亮剥夺官职的司马羕居然跑出来为苏峻歌功颂德，由此官复原职。先前，朝中还多少有人同情他，可这事一出，所有人都恨不得将他生吞活剥了。

早在几天前，江州都督温峤得知建邺危急的消息，也顾不得"不敢越雷池一步"的禁令，火速率军东进。当他进至浔阳郡时，获悉建邺沦陷。没两天，他就遇到逃奔而来的庾亮。

"太真（温峤字太真），我带有太后诏书！"庾亮的兵几乎跑光了，这封诏书就是他仅有的家底，他相信诏书能说动温峤帮自己重整旗鼓。说着，庾亮从怀中掏出诏书，念道："拜温峤为骠骑将军、开府仪同三司……"

温峤看着眼前这位落难的好友，心情无比复杂。突然，他打断了庾亮："元规（庾亮字元规），眼下第一要务是讨伐叛贼！国难当头，无功授官，我们怎么跟天下人交代？"

此时此刻，温峤想起很多年前的一件往事。那时候他还年轻，好赌成性。一次，他输得血本无归，更欠了一屁股债还不起。庄家把他扣押在赌船上。可温峤一点儿都不慌，他知道庾亮正在岸边，绝不会抛下自己不管。温峤站在船头冲着庾亮喊道："你来赎我！"庾亮二话不说，马上送来钱，把温峤赎了出来。

"元规，你也不用慌。我把我的兵分给你，咱们一起夺回建邺！"

我帮你，不是因为官爵，而是因为咱们的交情，因为我心系社稷！

庾亮怔怔呆住了，直到今天他才发现，自己并不真的懂温峤。

随后，温峤、庾亮举起勤王的旗帜，并火速向各州郡发出了勤王檄文。苏峻得知庾亮打算跟自己死磕到底，遂勒令皇太后庾文君自裁。

此时，官任荆、雍、益、梁四州都督的陶侃无疑是藩镇中的最强势力，不过，陶侃却是庾亮的政敌。先前庾亮任命温峤为江州都督兼江州刺史，主要就是为了扼制陶侃的势力。

陶侃接到勤王檄文，给温峤回了一封信："我是个外臣，不敢管朝廷里的事！"他一直记恨庾亮，眼见庾亮遭殃，免不了幸灾乐祸。

温峤劝说无果，也失去耐心，赌气给陶侃写信，道："您就安守你的荆州吧！我自己去赴国难了！"

信发出的第二天，温峤僚属毛宝得知此事，慌忙劝道："勤王这样的大事，当与天下诸侯同心协力，凡事以和为贵。就算陶侃怀有二心，您都该包容忍让，怎能在这个时候出言顶撞？"

温峤幡然醒悟，马上派人追回信使，又重新给陶侃写了一封言辞诚恳的信，信中提议让陶侃担任勤王盟主。陶侃耐不住温峤软磨硬泡，勉强答应派兵援助。可没过两天，陶侃再度反悔，并将增援部队召回荆州。

温峤只好耐着性子又给陶侃写信："勤王檄文已发，宣布下月举兵，各州郡纷纷响应，就等陶公如期而至，不意陶公反悔。存亡成败，在陶公一念之间。在下才略平庸，不堪独自承担重任，全赖陶公扶持才能走到今天。试想，假如连在下的江州都守不住，到时候荆州西边受胡人侵扰，东边受逆贼威胁，陶公的处境会难上加难。陶公蒙受国恩，进当报效社稷，退也当顾念爱子被害之痛（苏峻攻破建邺时杀掉了陶侃留在京都的儿子）。苏峻、祖约凶残无道，百姓生离死别，天地为之痛心。望陶公三思，勿失三军将士之望！"

这回，陶侃终于被温峤说动了。

6月，陶侃亲自率两万大军前往浔阳。不过，陶侃此番前来，其实是打着自己的算盘——与其跟苏峻硬碰硬，不如杀了庾亮，劝苏峻退兵。他见到温峤后，说道："苏峻作乱因庾亮而起，不杀庾亮不足以告谢天下！"

温峤的兵力还不及陶侃的一半，如果陶侃要杀庾亮，他绝对拦不住。可是，他无论如何都要保住自己的朋友。

一番深谈后，温峤摸清了陶侃的心思。他找到庾亮，言道："陶侃出身江南寒门，你是个江北名士，只要对他足够恭敬，他肯定不会把你怎么样。"

当日，庾亮来到陶侃营中，远远朝着陶侃一揖到地。陶侃本来想辱骂庾亮，一言不合就直接杀掉，但见庾亮拜自己，话到嘴边，不由得咽了回去。随后，庾亮主动坐在末席的位置，一个劲儿地跟陶侃赔不是。

魏晋时期，门第观念极重，陶侃虽手握强兵，但毕竟出身低微，反观庾亮则出身中原名门，其本人更是大名士。此刻，庾亮的低姿态让陶侃的火气消了大半。

庾亮见陶侃脸色渐渐和缓，知道自己已无性命之虞，决定再演一出戏，以彻底改变自己在陶侃心中的形象。他指着桌上的一盘韭菜，说道："陶公下次做韭菜时，可以让厨师先把韭菜根切掉，因为韭菜根还可以再种。如今世道衰败，民不聊生，凡事都须节俭。"

原来，庾亮深知陶侃性格节俭，故而投其所好。

这番作秀的效果立竿见影。陶侃对庾亮的看法有了翻天覆地的改变。

总而言之，温峤和庾亮终于争取到了陶侃的支持。

勤　王

公元 328 年 6 月 11 日，苏峻留部将匡术守卫建邺，自己则进驻石头城，并把皇帝司马衍及一众公卿强行挟持到石头城做人质。

第二天，陶侃、温峤、庾亮率总计四万水军进驻蔡洲（今南京市江心洲，位于长江中的小岛），逼近石头城。

与此同时，郗鉴固守京口（今江苏省镇江市，距建邺六十五公里，位于扬州最东北部），在建邺东部构建防御工事，并派郭默驻守大业垒（今江苏省句容市）。在扬州腹地，会稽太守王舒、吴兴太守虞潭、吴郡太守蔡谟、前吴郡太守庾冰、义兴太守顾众、宣城太守桓彝共举五郡起兵，响应勤王联军。

勤王联军三面包围苏峻，兵力更是苏峻的几倍。局面看起来相当乐观。

温峤主张马上发起决战，可联军盟主——手握四州兵力的陶侃不同意。因为决战就意味着大伙都要投入全部兵力，其中最主要还得靠陶侃。陶侃当然不希望自己损兵折将。他命令各军固守战略要地，寄希望于苏峻能迫于形势投降，以求保存实力。

然而，几场仗下来，苏峻在几个局部战场连战连胜。按理说勤王联军的兵力远多于苏峻，出现这种局面，除了流民军的战斗力不可小觑，更重要的原因是勤王联军各怀鬼胎，甚至互相拆台。

先说西线。陶侃虽表面上跟庾亮尽释前嫌，但涉及利益问题可一点都不含糊，要让他充当温峤、庾亮的炮灰，打死他也不干。

再说东线。郗鉴本就跟王导一派，与西线的庾亮互为政敌，而西线勤王盟主陶侃更是他最强大的潜在竞争对手。

接着说南线。这是最乱的一股势力。表面上看，王舒、蔡谟、庾冰、虞潭、顾众、桓彝等人个个义愤填膺，一副誓与社稷共存亡的架势，但实际远没这么单纯。首先说这六个人就隶属五个派别。王舒和庾冰自然分属琅邪王氏和颍川庾氏两大敌对家族；虞潭、顾众属于江东士族；桓彝形单影只，基本算自成一派；蔡谟更复杂，他竟是苏峻占据建邺后，为笼络江北士族提拔成吴郡太守取代庾冰的，这就是要称庾冰为前吴郡太守的原因。

蔡谟虽由苏峻提拔，但在所有人都举起勤王义旗的时候也不敢再拿自己的黑背景说事，马上知趣地把吴郡太守还给了庾冰。

王舒被陶侃举荐为浙东都督，一朝权在手，直接把庾冰当成下属使唤。等庾冰战场失利后，王舒更罢免了庾冰的官职，让其以平民身份继续作战，将功赎罪。

最后，自成一派，没人搭理的桓彝战死，宣城沦陷。

联军这么分帮分派肯定拧不成一股绳，再加上勤王盟主陶侃希望保存实力，一时间，战局陷入胶着。

就在勤王联军一筹莫展之际，有人冒出来搅局了。

7月，后赵石勒进攻淮南寿春，这里正是苏峻盟友祖约的驻地。

8月，祖约战败，逃到苏峻的大本营历阳。温峤的部将毛宝趁机攻克祖约部署在东关和合肥的驻军。祖约一蹶不振。

勤王联军虽在主战场失利，却在侧面战场剪断了苏峻的左膀右臂。

祖约战败的消息传到石头城，苏峻部将路永、匡术、贾宁抱着破罐子破摔的心态，劝苏峻杀掉王导等重臣。

苏峻可不想破罐子破摔。

路永也很搞笑，他见苏峻不听话，竟当即叛变，更保护王导逃出石头城投奔勤王联军。

不过，主战场依旧毫无进展。温峤一肚子不满，本来能速战速决，却因为陶侃执意固守拖了好几个月，他的军粮都快见底了。无奈，温峤只好找陶侃借粮。

陶侃不借，更放狠话说要回荆州去。

毛宝见联军要崩，赶紧向陶侃进言："在下请求出兵断敌粮道，如果失败，陶公再撤军不迟。"

陶侃同意。毛宝不负众望，放火焚烧苏峻两处屯粮，这场小胜总算是把陶侃稳住了。

竟陵太守李阳也劝陶侃："如果勤王失败，您就算有再多的粮食也没日子吃。"

陶侃这才拿出五万石粮食接济温峤。勤王联军得以勉强维系。

这时，苏峻的一支偏师正在强攻建邺东部的大业垒，守将郭默（郗鉴部将）弃军逃亡。

陶侃提议分兵救援大业垒。他想出这种战术，一方面仍是为保存实力，避免跟敌军主力交战，另一方面则是希望把手插进建邺以东。在这种情况下，就连陶侃的幕僚都看不下去了。众人劝道："万一大业垒救不下来，我军士气将一蹶不振。不如攻打石头城，大业垒之围自然可解。"

陶侃不得不同意。

11月，陶侃率军攻向石头城。不过，打前锋的还是温峤、庾亮、赵胤等人。

苏峻部将匡孝见联军阵营不稳，带着几十个骑兵发起突袭，一时间，赵胤阵脚大乱。

联军好不容易发起一场总攻，眼看又要功亏一篑。就在这时候，发生了一件谁都想不到的事。

苏峻喝了个酩酊大醉，他见匡孝得手，撒着酒疯喊道："匡孝那么点人都能破敌，老子也不是吃素的！"说罢，他甩下主力军，借着酒劲只率几名骑兵就往温峤军阵猛冲。温峤军阵稳固，苏峻没能得手，掉头往回跑，不料，他突然马失前蹄摔倒在地。李阳见机不可失，急忙命部下朝苏峻投矛，苏峻当场被戳成了刺猬。

这简直是戏剧性的一幕。一军之主竟因为醉酒战死了。

苏峻死后，叛军并没有立刻瓦解。苏峻的弟弟苏逸接掌兵权，固守石头城中，再也不敢出来应战。陶侃不想强攻，下令暂时休整。温峤组建行台，一时间，建邺官吏纷纷跑去投奔。

又耗了三个多月，到了公元329年2月，陆晔、陆玩兄弟成功策反镇守建邺的匡术。

3月，固守历阳的祖约被赵胤击败。祖约携宗族百余口人逃到北方归降石勒。

石勒对祖逖相当敬重，但对祖约很不待见。祖约在后赵提心吊胆住了一年后被石勒处死。就在祖氏全族被押赴刑场的途中，当初受过祖逖恩情，如今任后赵左卫将军的王安偷偷将祖逖唯一在世的儿子——时年十岁的祖道重劫出刑场藏到庙里。十几年后，后赵掀起一连串政变，祖道重才趁乱辗转逃回江南。

回到公元329年。3月底，勤王联军攻破石头城。苏逸南逃到溧阳时被王允之俘获斩首。历时一年零四个月的流民帅叛乱总算平息了。

曾向苏峻献媚的司马羕被朝廷处死，他的两个儿子、两个孙子同被株连。至此，原本东晋宗室中势力最强的一支——司马亮的后人，遭受灭顶之灾。

朝堂纠纷

陶侃惊讶地看着王导飞一般冲进石头城，不一会儿又从城里乐颠颠地走出来。

"王公，您这是干吗去？"

"我来取我的符节。"王导一边说着，一边朝陶侃晃了晃手里的符节。原来，他逃出石头城时太匆忙，把符节遗落在城中。

陶侃满脸鄙夷，道："您这符节看上去跟苏武那个可不太一样啊。"汉武帝时代，苏武持节出使匈奴，被匈奴人扣押十九年才释放回国。在他深陷囹圄的十九年中，从没向匈奴人屈服，也从没丢弃过符节。

王导尴尬得无言以对。

苏峻叛乱原本由庾亮挑起，如今，庾亮政治声望跌至低谷。他明白自己是无论如何都没法在朝廷里混了，便上奏请求辞官逊位。庾氏家族盘根错节，朝廷自然不会答应。庾亮竟跳上一艘小船，声称要隐居海外。

朝廷马上派人拦下庾亮。

庾亮过足戏瘾后，说出了真实想法："既然大家不让我出海，我又无颜待在朝廷，那请让我去外州效命。"东晋政治环境宽松，朝臣在建邺混不下去就去外州做藩镇，外州藩镇混不下去就回建邺，这种现象相当普遍。

朝廷经过一番讨论，决定让庾亮担任豫州江西都督兼豫州刺史。庾亮捅出这么大个娄子，结果从朝中权臣变成藩镇大员了事。

真刀真枪的仗打完了，接下来开始进入打嘴仗阶段。毫无疑问，这又是一轮权力的角逐。

首先，温峤考虑到建邺破败不堪，提议迁都到豫章。豫章是扬州最西部的郡，正处于庾亮辖区江西，且紧邻温峤所在的江州。温峤意图明显，第一希望朝廷离自己近点儿，第二希望借此巩固庾亮的权势。江东士大夫也同意迁都，不过与温峤不同的是，他们希望迁到江东士族的聚集地——位于三吴地区（吴郡、吴兴郡、会稽郡的统称）的会稽郡。

双方吵来吵去，谁都不让谁。

王导言道："当年刘备、孙权都说建邺有王者之气。帝都不取决于繁荣与否，唯求务实政务，否则，就算乐土也会变成废墟。况且胡人在北方肆虐，一旦我们把国都南迁，等于向胡人示弱，这绝非明智之举。"他不仅搬出三国时的陈年旧事，更说了一套冠冕堂皇的大道理，但他的真实想法，其实是担心迁都有可能形成新的权力格局，影响自己在朝中的地位。最后，迁都之议被否决。

不过，建邺被祸害得一塌糊涂，不迁都就得重建，这绝对是个能累死人的苦差事。王导、庾亮举荐孔坦做丹阳尹（京畿郡行政长官），打算把这烂摊子甩给他。孔坦坚决不干。王导、庾亮轮番苦劝，最后把人逼急眼了。

孔坦怒道："先帝临终前是你们接受遗诏，位居顾命重臣。如今有了麻烦，却把我推到前头，你们以为我是刀俎上的鱼肉，可以任人宰割不成？"

王导被噎得没话，只好改让褚翜做了丹阳尹。

连日来，朝廷忙于追谥死于苏峻之难的忠臣烈士。在这些人中，卞壶父子三人全部殉国，最受瞩目。可卞壶是王导的头号政敌，由于王导阻挠，卞壶只被追赠左光禄大夫、散骑常侍，连个谥号都没有。

尚书郎弘讷不服，争辩道："卞尚书令忠贞之节垂于青史。这种程度的追封实在无法让天下人心服口服。"

王导勉强给卞壶提了一级，追赠骠骑将军、侍中。

弘讷还是不依不饶，坚决要求按西晋忠臣嵇绍（嵇康之子，因保护司马衷战死沙场）的规格追赠卞壶。

王导无奈，最后加封卞壶开府仪同三司，谥号忠贞，以太牢之礼祭祀。

在这场战争中，卞壶为国捐躯，他的堂兄——湘州刺史卞敦却事不关己，高高挂起。只是碍于温峤和陶侃的面子，卞敦才抠抠搜搜派出几百名士兵随大溜，这几百号人连一粒米都没带，从头到尾就吃陶侃的。

陶侃痛斥卞敦不尊王室，要求廷尉将其收押问罪。其实，陶侃自己的勤王态度也没那么坚决，而他弹劾卞敦的真正目的，正是想趁机拿下湘州政权，从而把东晋帝国西部揽在自己的手里。

王导虽然跟卞壶是死敌，却跟卞敦关系不错，遂跳出来为其求情。

朝廷万般无奈，最后取了个折中方案——卞敦不予追究，但免除湘州刺史职务，召回朝廷做光禄大夫，同时将湘州并入荆州（从此湘州消失）。陶侃本来是荆州刺史兼荆州都督，把湘州并入荆州，就等于让他获得了原湘州的军政大权。王导也卖了卞敦一个人情。两全其美，双方都满意。

王导卖卞敦人情也就罢了，接下来，他又要把人情卖给苏峻旧部，请朝廷授予路永、匡术、贾宁这些降将官爵。

几个月前，陆永保护王导逃出石头城，匡术接受陆氏兄弟劝降，归顺了勤王联军。那么贾宁又是什么人呢？《晋阳秋》中记载，贾宁早年间和王敦养子王应交情不错，想必，王导正是看上了这一点。

王导这么随意地卖人情，最终让温峤忍无可忍。他驳斥道："这帮人都是苏峻心腹，是叛乱的罪魁祸首。即便投降都不足以抵罪，如今被赦免也该知足了，绝不能再给官爵赏赐！"

当时，身为勤王发起人的温峤声望如日中天，王导没敢跟他争，但事后，他把这几个人全都召进到自己的幕府。早先，王导笼络的目标多是江东士族，经过王敦、苏峻两起叛乱，他的政治影响力已不比当初，这才转而大肆延揽那些参与叛乱的降将。

可以看出，勤王战争中完全没有任何作为的王导，在战后闹腾得最欢，他的一系列举动皆是为稳住自己的地位。

打完了仗，吵完了架，最后论功行赏。

军事实力最强的陶侃官拜太尉、侍中，加授交、广、宁三州都督，晋爵长沙郡公。如此，陶侃手握荆、雍、益、梁、广、交、宁七州军权，兼荆州政权（包含原湘州）。在整个江南地区，除了扬州和江州，其他州全部划入陶侃的势力范围。

军事实力排第二的郗鉴官拜司空、侍中，晋爵南昌县公，仍兼任徐、兖、青三州都督，徐、兖二州刺史。他依旧是东晋帝国北线军事统帅。

军事实力排第三的温峤官拜骠骑将军（三公被陶侃、郗鉴、王导占齐了）、散骑常侍，晋爵始安郡公。但温峤毕竟是勤王发起人，又尽心尽力维系联盟，按说功劳最大，朝廷遂授予温峤等同于三公的待遇——开府仪同三司。温峤仍维持江州都督兼江州刺史不变。

陶侃可谓赚了个盆满钵满，但郗鉴和温峤并没能扩张地盘，不是朝廷不想给，而是确实没地方能给了。

不过，王导还是想办法让老盟友郗鉴吃了个小灶。他让郗鉴将驻地从江北的广陵迁到江南的京口。京口位于扬州最东北部，乃是建邺连接江东钱粮基地——三吴地区（吴郡、吴兴、会稽）的交通枢纽。一方面，郗鉴能就近保护朝廷；另一方面，郗鉴也算得到了扬州东北部的控制权。

郗鉴也一点儿没含糊，趁庾亮刚上任豫州江西，立足不稳之际，暗中鼓动庾亮治下大批流民迁居京口以扩充自己实力。在往后很多年里，京口在郗鉴的经营下，发展出帝国最强大的流民军势力，成为王导对抗西部藩镇——庾亮和陶侃的坚实后盾。

总的来说，陶侃、郗鉴、温峤，再加上新冒出来的庾亮，这四位基本包揽了东晋帝国除扬州外其他所有州的军政大权。而朝廷里，则是王导只手遮天。

让我们总结一下这场勤王战争的结果：勤王态度并不坚决的陶侃成了第一受益人，在东线牵制苏峻的郗鉴和无所作为的王导成了第二受益人，功劳最大的温峤几乎一无所得，惹出麻烦的庾亮换了个地方折腾。

此后不久，王导任命亲信赵胤做了中护军。赵胤人品很差，这让一些原本亲近王导的江东士大夫都看不过去了。

孔愉劝道："自中兴以来，能做中护军的都是像周𫖮、应詹这些名声和资望俱佳之人，就算现在缺乏贤才，也不能让赵胤来做啊！"

王导不听。

再说皇帝司马衍，这个八岁孩子的母亲被苏峻逼死，舅舅庾亮也跑到了外州，整天都被以王导为首的近臣围着转。他所受的教导，自然是要尊敬、亲近王导。而且司马衍也发自内心地认为这个慈眉善目的老头对自己很好。从此，皇帝见王导必下拜，给王导的手诏开头必写"惶恐言"，中书省诏书提到王导则写"敬问"。

渐渐地，王导在朝廷里的政治影响力再度崛起。

做回自己

温峤为勤王耗尽了精力，刚回到江州武昌没两天就一病不起了。他知道等自己一死，陶侃、庾亮、王导肯定会为争夺江州控制权打得头破血流，为避免再生纷乱，遂于临终之际向朝廷举荐部下刘胤代理江州都督兼江州刺史。同时，他又给陶侃写了一封情真意切的绝笔信，叮嘱陶侃一定要以社稷为重。

此时此刻，手握东晋帝国七州兵权的陶侃一双眼睛正死死地盯着江州局势。他的胃口越来越大，迫切渴望一举吞并江州。然而，王导肯定不想让陶侃或者庾亮把江州夺走，而他的政治盟友郗鉴，距离江州中间还隔着偌大的扬州，纵使王导想把江州送给郗鉴都给不出去。由此，王导唯有力挺温峤遗嘱，坚持让刘胤继承了江州控制权。

虽说温峤是社稷忠臣，但他看人的眼光不太准。刘胤不堪其任，很快就闹得民怨沸腾。

一时间，罢黜刘胤的呼声甚嚣尘上。

恰在这段时间，苏峻之战中弃大业垒于不顾、只身逃亡的流民帅郭默跑到江州刺杀了刘胤，随后把刘胤的人头送往建邺，自任江州刺史。

郭默此举与谋反无异。可笑的是，王导一改先前支持刘胤的立场，反而把刘胤的人头挂在朱雀桥当成逆贼处理，更下诏让郭默名正言顺当上江州刺史。毋庸置疑，他干出这么颠三倒四的事，唯一目的即是避免江州落入陶侃或庾亮囊中。

陶侃当然心知肚明，立刻上疏表示要讨伐郭默，同时给王导写了一封言辞犀利的信："郭默杀刺史就被任命为刺史；要是有人把你杀了，是不是也能做三公？"

王导见陶侃怒气冲天，连忙命人把挂在朱雀桥的刘胤人头取下，又给陶侃回信道："朝廷只是暂时韬光养晦。这一个月里，我们筹措军备，就等着到时候跟陶公您一起讨伐郭默。"

陶侃看毕，气不打一处来，骂道："这哪里是养晦，分明就是养贼！"

公元 330 年 4 月，陶侃将郭默围困于浔阳城。豫州江西都督庾亮不请自来，协助陶侃攻城。庾亮的驻地紧邻江州，显然，他也要分一杯羹。

6 月，陶侃攻破浔阳，将郭默处死。

江州的归属权依旧按实力说话。在陶侃长长的官衔后面，又加上了江州都督兼江州刺史两个职位。不过，王导还是在朝廷里使了把劲，愣是让陶侃放弃交州和广州的兵权。交、广二州地处穷乡僻壤，实力基本可以忽略不计。说白了，陶侃用两个贫瘠州换来一个肥州，也算是大赚特赚了。

交广都督职位空出后，朝廷让邓岳补了这个缺。这位邓岳即是王敦旧部，王敦死后，王导上下打点，不仅让朝廷赦免其死罪，更接二连三提拔。这么一来，江州这场乱子的分赃逻辑和先前苏峻之乱完全一样，军事实力最强的陶侃是第一受益人，王导是第二受益人。庾亮则白忙活一场，到头来什么都没捞着。

陶侃自得到江州后便将驻地转移到了武昌。这里曾是王敦的故居，很多地方仍残存着王敦昔日的痕迹。

"涂了！都涂干净！"陶侃指着一堵墙上的王敦画像，不爽地说道。

他憎恨王敦，要不是王敦，他不可能被赶到交、广，一待就是九年。然而，在他心底里，却连他自己都没有意识到，他敬畏王敦，憧憬王敦，他越来越怕自己也变成王敦。

公元 332 年，陶侃北伐后赵，并一举拿下荆州重镇襄阳。他认为，控制襄阳，即可阻止后赵沿汉水南下，又可供晋军北伐中原，其眼光可谓长远。很多年后，襄阳果然成为东晋北伐的重要根据地。

陶侃虽然取得如此卓越的战果，可他总觉得心绪烦乱，这些年，似乎有股巨大的力量一直在使劲拉扯着他。那是权力的欲望。

他想起当年王敦以"清君侧"为名发起的战争。

于是，他开始频频给郗鉴和庾亮写信痛斥王导弄权，并透露出要"清君侧"，废黜王导的意思。但二人的回信让他大失所望。郗鉴是王导的政治盟友，自不会答应。庾亮虽然恨王导，但本着平衡的原则，也不愿看到陶侃继续膨胀，同样出言劝阻。

陶侃愤愤地将二人的回信揉成一团，朝墙角丢去。继而，他低头盯着自己的左手手掌，不禁出神，脑海中回忆起几十年前的一桩往事。那年，一个相面者对他说："你左手中指有竖纹，这可是大富大贵之相，应该能坐到三公高位。只是可惜啊，这竖纹没能直达指尖，否则更加贵不可言！"

而今，陶侃已登三公之位，更兼任荆、江、雍、梁、益、宁六州都督，荆、江二州刺史。比三公还贵不可言的是什么？他不敢往深琢磨，却又总忍不住联想。

能不能再迈进一步？陶侃在案几上铺开纸，提笔开始撰写弹劾王导的奏疏。

"司徒王导枉居高位，目无君上，尸位素餐……请朝廷将其罢黜，否则，臣誓举六州大军兵谏朝廷，以清君侧！"

陶侃写毕，愣愣地看着奏疏，心里翻江倒海。

这奏疏到底发还是不发？……他不自觉地抬起左手，死死盯着手掌，恼恨掌纹为什么没有长到指尖。突然，他拿起一根针，沿着左手中指的竖纹使劲向上划去。一道血印从竖纹贯穿到指尖，血滴答滴答地流淌下来。

陶侃奋力一甩手，血洒在了墙上。不知是他老眼昏花还是心有所想，他居然觉得墙上的血印像一个字。

这分明像个"公"字……什么意思？是暗示自己三公做到头了吗？

陶侃不经意地望向案几，其上摆着两封信。说来也巧，两封信都是前两任江州刺史——应詹和温峤于临终前写给他的绝笔。信中反复叮嘱他要顾念社稷，勿生非分之想。两封信常年摆在案头，其中的内容他早已背得滚瓜烂熟。这些年，他每逢心绪杂乱，总忍不住拆开来看。

此刻，他努力让自己平静下来。他必须认真地想明白一件事，废黜王导，到底是出于公理，还是出于私心？是让天下太平，还是会生起祸乱？

陶侃不知道自己呆坐了多久，烛台上的蜡烛早已熄灭。他重新点上一根蜡烛，又看了看面前的弹劾奏疏。随即，他将奏疏举到烛火前，燃成了灰烬。

陶侃重新铺开一张纸，蘸饱了墨，开始写一封新的奏疏。

"臣出身寒门，才志有限，这些年承蒙朝廷恩宠才位极人臣。有始必有终，臣年近八十，回顾此生，无悔无憾。只是每每想到陛下年少，胡人肆虐，心里就不踏实。司徒王导、司空郗鉴、平西将军庾亮三位皆是国之良器，陛下虽天资英奇，国事也当仰仗他们。臣虽不知天命，但也明白该到归葬故乡的时候了，现将节钺，太尉印章，荆、江二州刺史印绶一并奉还朝廷。臣仰恋天恩，不胜感怀！"

翌日，陶侃将这封逊位奏疏送抵朝廷，并将军资装备、牛马舟船等全部登记造册，封存库府。干完这些事，陶侃体验到了此生中从未有过的坦然。

公元 334 年 7 月 29 日，无官无职的长沙郡公陶侃登上一艘小船。

"开船！我们回长沙去。"

幕僚王衍期苦苦挽留。

陶侃笑望着王衍期，道："我这糟老头子现在连站都站不稳了，你还想把老夫留在这儿不成？"江面上传来阵阵陶侃爽朗的笑声。

第二天，陶侃在船上去世，享年七十六岁。

陶侃年轻时仅是一介寒门，完全凭借自身才干踏上仕途。而后，他度过四十多年戎马生涯，为东晋帝国打下半壁江山，战绩遍布江南各州，且无论在哪儿，他都以治军严明、恪尽职守被人称道，算是东晋屈指可数的名将。

陶侃性格节俭，处理公务更是精打细算。造船时，他将木屑、竹头等废料全部收于府库。旁人都觉得他多此一举。等到来年冬天积雪，他将木屑铺在地面以方便路人行走。多年后，桓温伐蜀要修补战船，陶侃留下的竹头又全派上了用场。

陶侃常说："圣人大禹尚且珍惜光阴，普通人更该如此，绝不能荒废度日。若活着无益于世间，死后又没留下有用的东西，这无异于自毁人生。"他年轻时鄙视《老子》《庄子》，认为都是些浮夸之言。可到年老时，又常常思索月盈则亏的道家理论。他在讨伐苏峻一战中曾徘徊不前，差点沦为甘卓之流，得到江州后，他意气风发，又差点变成王敦。可最终，陶侃依旧是陶侃。他重新做回了自己。

陶侃有十七个儿子，但遗憾的是，大多不成器。就在陶侃的葬礼上，几个儿子竟发生内讧，终酿成兄弟阋墙的惨剧。不过，陶侃的曾孙在历史上相当著名，便是写出《桃花源记》的东晋著名诗人陶渊明。

反戈一击

诚然，陶侃是王导最强也是最危险的政敌，但因中间夹着庾亮，三方彼此制约还算平衡。随着陶侃离世，局面即将发生改变，而这种改变，对王导极为不利。

陶侃治下两个大州——荆州（包含原湘州）和江州，以及雍、梁、益、宁四个侨州瞬间成了无主之地，由此引发的结果必然是谁抢到就归谁。

距离荆、江二州最近的藩镇大员非庾亮莫属，庾亮完全有能力兼并陶侃领地，王导则在荆江没半点势力。

王导慌了神，他唯一的希望就是扶植陶侃的儿子上位，避免这几个州落入庾亮囊中。然而没两天，悲剧传到了建邺，陶侃最有实力的几个儿子居然各自带着数千名士兵展开火并，其中一个更当场被杀。闹出这样的丑闻，陶侃的儿子谁都别想再继承父业了。

与此同时，庾亮果然以迅雷不及掩耳之势出兵占据了荆江，同时又发动朝中势力，为自己继承陶侃地盘营造舆论基础。

王导不是不想拦，而是根本拦不住。最终，朝廷只能宣布，让庾亮任荆、江、豫、雍、梁、益六州及江西都督，兼荆、江、豫三州刺史。庾亮本来坐镇江西芜湖，随着地盘扩大，他也把驻地转移到了西边的江州重镇武昌。

如此一来，庾亮不仅将陶侃昔日的领土收入囊中，更在豫州和江西（扬州西部）保有一席之地，其势力范围与建邺朝廷近在咫尺。

王导如坐针毡。他必须反击，就算拿不下荆江，至少也要把庾亮从江西赶出去。为此，他需要等待一个合适的时机。

公元335年5月，机会来了。历阳太守袁耽突然上疏朝廷，声称后赵石虎大举进犯历阳，请朝廷火速派兵增援。

这里面可有故事了。先说这位石虎，他是石勒的堂侄。两年前，公元333年，石勒死，其子石弘继位，翌年，石虎杀石弘篡位。此时，石虎真是要攻打历阳吗？史书将石虎这次军事行动称为"南游"，说白了，石虎是来旅游的，他从淮南（祖约战败后，淮南沦入后赵势力）来到长江北岸，欣赏大江东去的美景后就返回北方，其间他压根没踏足历阳境内。不过，确实有十几个后赵骑兵来到历阳。或许他们只是开个小差抢钱抢女人，也或许是伺机观察敌情，但肯定没跟晋军开战。

再说袁耽。且不说他小题大做，即便他真觉得有危险，也该知会近在眼前且军事实力更强的庾亮出手援助。事实上，袁耽在奏疏中故意没写明闯进历阳郡的骑兵数量，倘若他写了，恐怕只会换来朝廷一句答复——这么点破事自己去解决。而庾亮那边，史书没有记载，但可以确定袁耽绝对不想让庾亮知道有这回事。

这位袁耽乃是王导的铁杆亲信。苏峻之战中，正是他游说路永做了"二五仔"，保护王导逃出石头城的。袁耽到底想干什么？让我们接着往下看。

此刻，朝臣听罢袁耽的奏疏，个个吓得慌了神。

王导很镇定。他上疏奏道："军情紧急，刻不容缓，臣请率军救援历阳。"

这回倒是没人吵架。朝廷火速拜王导为大司马、都督中外诸军事、假节钺，命其亲率中央军出战。郗鉴则派兵进驻建邺，帮王导稳定朝廷局势。

随后，王导分遣亲信赵胤、路永等人进驻慈湖（今安徽省马鞍山市北）、牛渚（今安徽省当涂县）、芜湖（今安徽省芜湖市）一带。大家看看地图就会知道，这些地方都位于长江东南岸，正是晋朝时的扬州江西。

旦夕之间，王导的势力遍布江西诸郡。紧跟着，王导顺势让侄子王允之做了江西都督。当时，庾亮任荆、江、豫、雍、梁、益六州及江西都督，王导这么干，等于把江西从庾亮手里生生抢了过来。政客无论干什么都得讲理，王导的理由是：你自己地盘出了这么大事还不知情，你守不好我帮你守。

可是，军情毕竟出现在长江西北岸的历阳郡，不往历阳派兵实在说不过去。

王导也装模作样地往历阳派了支军队。不用想，这支军队来到历阳后，见一切风平浪静，转了一圈就回去了。

没几天，这场名义上对付后赵，实则剑指庾亮的军事行动宣告结束。

王导回朝后，官拜丞相、都督中外诸军事，集朝廷军政大权于一身。到了现在，大家才醒过味来，原来所有的一切，都是袁耽与王导联手演的一出戏。

袁耽以误报军情罪遭到罢免，没两天，王导又提拔他做了从事中郎。不过，袁耽估计为这事承担了太大心理压力，没多久就病死了。

再说庾亮吃了个哑巴亏，只能眼睁睁地看着王导在朝廷里大行其道，内心的怨恨无以复加。他暗暗发誓：早晚有一天，我要夺回江西，废掉王导！

淮水不绝

自王导从庾亮手里夺过江西，转眼已过了三四年。

这天，庾亮派幕僚王羲之回建邺述职。你没看错，我也没写错。王羲之的的确确是庾亮的幕僚。众所周知，庾亮是王导的头号政敌，王羲之作为王导的侄子，还是郗鉴的东床快婿，缘何会投靠庾亮呢？

王羲之在给朋友的一封信中曾间接提及此事。信是这样写的："我向来不喜欢在朝中做官，当初王丞相（王导）想让我当他的幕僚，我誓死不从。"

王羲之拒绝王导到了誓死不从的地步，却加入庾亮幕府，这很耐人寻味。大概有以下几个原因。

王羲之从小有口吃的毛病，在家族中并不出众。他十三岁那年去拜访周顗，正赶上周顗家高朋满座。酒席上，众人还未来得及动筷子，周顗便将最名贵的主菜——烤牛心，亲手送到王羲之面前，请王羲之先尝。大家见这名不见经传的少年竟能得到周大名士如此青睐，不禁对他刮目相看。从此，王羲之声名鹊起。周顗对王羲之有知遇之恩，但周顗后来因王导而死。这事想必令王羲之耿耿于怀。

在王导的诸多幕僚中，有个名叫王述的。王述并非琅邪王氏族人，而属于太原王氏，他是魏朝名将王昶的曾孙、王济的堂侄。王述深得王导赏识，可他与王羲之私交极差。或许王羲之拒绝进入王导幕府，也有不想与王述同殿为臣的缘故。

另外，王导对想拉拢的人一向过度纵容，对朝中异己则一棍子打死，这点备受同僚非议。王导的小妾雷氏更因屡屡干涉政务被同僚戏称为"雷尚书"。王羲之对王导的所作所为也看不顺眼。

最后一点，王羲之的父亲，首倡司马睿渡江的王旷，最后生死不明，而族中，尤其是王导对此事一直讳莫如深，这始终是王羲之的一块心病。这其中的内情，下面马上会讲到。

王羲之既来建邺，出于晚辈的礼貌，自然要去拜见王导。

最近这段日子，王导身体颇感不适，已经连续好几天没上朝了。王羲之迈步走进王导的寝室，只见王导斜靠在床上，精神已大不如前。

"侄儿拜见伯父。"

"过来，过来，坐到我旁边来。"王导朝王羲之招了招手，示意他坐到近前。"跟我说说，你从武昌到建邺这一路上，有没有听到外人议论我。"

"大家还是念您的好，可确实也有些人对您某些做法颇有微词。"

"我就知道。他们说我办事糊涂，可我把话撂这儿，早晚有一天，世人会明白还是糊涂点儿好。最近庾亮怎么样？有没有消停些？"

王羲之没正面回答，婉转答道："庾公的情趣依旧幽深宏远，外人难以看透。"

"哼！你知道竺法深怎么评价他？"竺法深也是琅邪王氏族人，他十八岁出家，取法名竺法深。

王羲之摇了摇头。

"竺法深说他肚子里藏的荆棘有三斗多。你小心别被他骗了。他能干出什么好事来？还不是整天琢磨怎么对付咱王家？从他那儿刮来的风我都嫌脏。"

王羲之无语。

"先前我让你做我的幕僚，你死活不答应，反倒接受庾亮的延揽，这事真把我气个半死。你再看你那几个堂兄弟，彭之、彪之（王彬的两个儿子）就别提了，真是笨得跟猪一样！什么都指望不上！再说允之，我一直对他寄予厚望，当初我先是举荐他当义兴太守，后又举荐他做江西都督，可他跟他爸王舒一个德行，就是死赖在建邺不肯赴任。我费了半天口舌，才好不容易说服他。他还满脸不高兴，好像我要害他似的。我这么劳心费力图的什么？还不是怕万一朝廷再生变故，到时候咱王家能有个外援吗？"近两年，王导能仰仗的堂弟王彬、王舒等人均已去世，子侄中确实没几个能提得起来的。

王导发完一通牢骚，情绪稍稍平复了些："你做了庾亮的幕僚，一开始我是很生气，可转念一想，或许也不是坏事。咱王家总不能跟庾家一直这么斗下去吧……"此时，王导已经意识到，如果庾亮真要跟自己动刀动枪，以建邺那么点兵力是肯定没戏的。等他一死，琅邪王氏的前途将更加危险。而身兼三重身份——王氏族人、庾亮幕僚、郗鉴女婿的王羲之，将来才是维系庾、王、郗三家的关键。

王羲之听着王导的唠叨，内心却感到索然无味。

"算了，不提那些糟心事了。"王导换了个话题，"你字练得怎么样啦？"

王羲之听到王导提及书法，这才提起了兴致，他答道："侄儿一有闲暇就练字，最近观察鹅的动作颇有神韵，并从中领悟到了些笔法。而且，内人（郗璿）也时常提点侄儿的书法。"

"好啊……郗家真是帮了咱们不少忙。"王羲之说的是书法，但王导心里想的则是政治上的扶持。

"伯父，侄儿有件事，一直憋在心里……"王羲之语气惆怅，"侄儿想听伯父讲讲父亲的事……"

王导眼神复杂地凝视着王羲之，陷入沉默，过了好一会儿才终于开口。"提起他啊，真不知该从何说起……"他又沉思了一阵，缓缓言道："我记得那天，我们兄弟几个商量家族前途，没让他参与。他被关在门外，急得团团转，最后竟扯开嗓门喊着要报官。我们只好让他进屋。"想起那些陈年旧事，王导情不自禁地露出了淡淡的笑容，"结果他一进屋就提议下江东。自然谁都不同意。但我想了又想，觉得他说得有道理，现在回首往事，他的确是说对了……可后来……"王导的语气变得惆怅，进而径自止住了话语。

"后来怎样？"王羲之焦急催问。

王导缓了许久，"后来……他战死了！"

三十年前，公元309年，也就是司马睿及琅邪王氏一族下江东的第三年，王旷奉东海王司马越之命北伐胡人。他越过太行山后，遭遇到汉赵皇帝刘聪的大军。

王旷全军一万九千人全部阵亡，可王旷本人的结局却在史书中只字未提。

"我父亲……他真的死了吗？"

王导深深叹了口气。他知道内情，王旷乃是投降了匈奴啊！可是，琅邪王氏的族谱上绝不能有这样的记载。他死死盯着王羲之的双眼，一字一顿地说道："你记住，你父亲是战死了！"

王羲之已是泪流满面，他也曾有耳闻，父亲很可能还活着，可是，他只能选择相信王导的话。

或许正由于王旷投敌，让王导一直不太喜欢王羲之。此刻，他竟对王羲之露出难得一见的慈爱微笑："我给你讲个故事，这故事我从没跟旁人讲过。"

王羲之抹了抹眼泪："伯父请讲。"

"当年，纵然你父亲拍着胸脯保证下江东的利处，可莫说其他人，就连我也拿不准。后来，我偷偷去找郭璞算了一卦。"

"郭璞？就是被堂伯（王敦）杀掉的郭璞？"

"对，就是他，别提你堂伯。提起他我就来气。"王导伸手猛挥了挥，接着道："郭璞当场卜卦，我见郭璞一脸严肃的样子，心里别提多着急了。那时候我们兄弟几个已经开始为南渡各做准备，万一郭璞说不行，我真不知该怎么办才好。就在我纠结的时候，郭璞指着卦象对我说，'吉，无不利，淮水绝，王氏灭'。"

"淮水绝，王氏灭……"

"是啊……我这一听，心里顿时就踏实了，因为我知道，淮水，绝不了！"

三巨头

虽说王导自知斗不过庾亮，但他权倾朝野，已是骑虎难下了。

公元 339 年，庾亮和王导剑拔弩张，矛盾终于面临爆发。

庾亮试图拉拢郗鉴联手废黜王导，但被郗鉴断然拒绝。

这年 4 月，庾亮突然上疏请求北伐，还没等朝廷同意，他就开始大规模调整辖区内的军力部署。

几乎一夜之间，扬州以西整个军界发生了翻天覆地的变化。

庾亮任命三弟庾怿（yì）为雍、梁、秦三州都督，镇守魏兴；五弟庾翼为南郡太守，镇守江陵；桓宣为沔北都督，镇守襄阳；毛宝为江西都督，镇守邾城。值得注意的是，毛宝在此时直接取代了原江西都督王允之，而王导全无还手之力。显然，庾亮借口北伐，又把江西从王导手里夺了回来。紧接着，庾亮将依附王导的江夏太守陶称（陶侃的儿子）处死。

几天后，庾亮派出两支军队攻向成汉帝国（固守巴蜀的李氏王朝）的汉中、巴郡（今重庆市）、江阳（今四川省泸州市），一举擒获多名成汉地方高官。同时，原本驻守魏兴的庾怿突然挥师向东南，进驻距离建邺不远的姑孰。毫无疑问，庾怿是来盯着王导的。

不过，庾亮搞这么张扬也不单单是为对付王导，他是真想北伐，只要北伐成功，他的声望就会直冲云霄，到时候别说王导与郗鉴联手，就算满朝公卿都跟他对着干，他也不怕了。

5月，庾亮上疏请求亲率十万大军进驻江北。庾亮声称十万，但实际上，他辖区内能直接控制的兵力仅四万左右。通常情况下，只有给敌人看的讨伐檄文才会有意夸大兵力，但庾亮给朝廷的奏疏也夸大兵力，毫无疑问是为了吓唬王导。

王导已经看出来，如果再跟庾亮作对，这十万大军的目标很可能会指向自己，以目前的局势，他无论如何都干不过庾亮。

于是，王导一改常态力挺庾亮北伐，以转移庾亮对自己的注意力。

庾亮要北伐的消息传到京口，郗鉴大惊失色。他知道，庾亮根本不是这块料。

多年来，每逢陶侃或庾亮想跟王导作对，郗鉴总是坚定地站在王导一边。然而这次，他意识到事态的严重性。不管十万还是四万，庾亮肯定是把荆州和江州的家底都掏空了，他要跟后赵一战定乾坤。这是孤注一掷的疯狂举动，一旦战败，后果不堪设想。郗鉴是个生意场上的高手。早在王敦之乱时，他把人脉和流民军留在江北，只身来到建邺。等王敦之乱被平定后，他返回江北，又跟朝中重臣王导结盟。他明白，鸡蛋不能都放在一个篮子里，分散投资才能立于不败之地。

郗鉴一拳狠狠地捶在案几上。庾亮真是疯了！而王导，为了保全自身，居然不惜败光帝国的家底，撺掇庾亮北伐。

往昔，郗鉴的所作所为皆是为了家族利益，可若连国都亡了，家又何在？这回，他无论如何都不能再帮王导了，他要为了江山社稷劝阻庾亮北伐！

郗鉴上疏，坚决反对庾亮进驻江北。与此同时，以蔡谟（"中兴三明"之一）为首的朝臣也纷纷站出来劝阻庾亮。

并不是说北伐不对。夺回故土本来天经地义，可是，战争需要谋略，需要规划，正如《孙子兵法》所言，善战者能在开战之初就让己方立于不败之地，岂能把家底掏空，一场决战全赌进去？倘若战败，庾亮最多一死了事，东晋可就彻底玩完了。以往，群臣要么靠着庾亮对付王导，要么靠着王导对付庾亮，可这次，他们不能再这么混吃等死了。

局面出现了戏剧性的转变，庾亮和王导站在一边，郗鉴和群臣站在一边。

最后，朝廷下诏，禁止庾亮冒进。

此时，庾亮像个随时可能引爆的火药桶，他的三弟庾怿坐镇姑孰，虎视眈眈，威慑王导。王导再也承受不住这份压力了。

王导向朝廷上了最后一封奏疏："丹阳尹何充才略、器量出众，声望足以服人，必能总管朝政。老臣死后，希望陛下接纳何充，如此，社稷无忧。"这位何充也有多重身份，他是王导夫人姐姐的儿子，也即是王导的外甥，同时，他还是庾亮的妹夫。王导这么安排，无疑是希望让何充平衡庾、王两家的关系。

公元 339 年 9 月 7 日，王导去世，终年六十四岁。

《晋书》中对王导评价极高，毕竟，他是辅佐司马睿下江东，稳定江东政局，开创东晋王朝的股肱之臣。而后世史家却对王导有截然不同的两种评价。一种认可《晋书》中的说法，甚至把王导拔高到和诸葛亮、管仲、姜子牙这类名臣比肩的程度。另一种则对王导大加鄙夷，认为他是祸国殃民的罪臣。王导的确是个很复杂的人，他有极高的情商、智商和个人魅力，他干过不少好事，也干过不少坏事，对于皇权，他从不做非分之想，但同时，他也不会为了社稷牺牲自己，当国家利益和家族利益产生冲突的时候，他会采用相对柔和的手段维护家族利益。

王导死后追谥"文献公"。献的意思是聪明睿哲、知质有圣。这几乎是晋朝臣子能得到的最高谥号。西晋时，只有司马孚和司马攸死后被追谥为"献王"。很凑巧，在王敦活着的时候，王导扮演的角色正是魏朝的司马孚。或许，随着王敦死去，王导便渐渐找不到自己的定位了。

王导死后两个月，11 月 7 日，郗鉴也去世了，终年七十一岁。

郗鉴的一生可谓波澜壮阔。早年，他统领流民军转战于胡人肆虐的中原。王敦叛乱时，他力挽狂澜，拯救了濒临危亡的东晋王朝。后与王导结成最强联盟，并多次从庾亮和陶侃手里保护住王导。虽说他是为了家族利益，但若没有他，陶侃、庾亮、王导之间很可能会爆发内战，东晋也就撑不到现在了。在他生命的最后一年，他暂时放弃郗王联盟，选择顾全大局。

高平郗氏本是二流士族，经过郗鉴的经营，终成为东晋首屈一指的一等世家，其家族权势，也将贯穿整个东晋时代。另外，郗鉴坐镇京口十余载，培养出帝国东线最彪悍的一支流民军武装力量。往后很多年，这支流民军一直承担着拱卫朝廷、平衡西线藩镇势力的重要任务。四十年后，这支流民军将大放异彩，一举挽救东晋王朝。

随着王导和郗鉴相继故去，庾亮终于只手擎天，可就在这时，他安插在江北的钉子——邾城，被后赵攻陷，毛宝战死。庾亮的北伐大计彻底告吹。

三个月后，公元 340 年 2 月 14 日，庾亮紧随王导和郗鉴的脚步魂归西天，终年五十二岁。

这简直是历史的玩笑。正当庾亮准备跟王导做个了断时，这三个最具权势的重臣居然全在半年内死去。对于东晋王朝而言，这未尝不是一件好事，一场激烈的权力斗争，甚至很可能引发一场大规模内战，就随着三人的死消弭于无形了。

一坛毒酒与两条人命

随着王导、郗鉴、庾亮这三位风云人物相继死去，东晋帝国的权力结构也不可避免地发生了改变。

首先说朝廷里。庾冰（庾亮二弟）任中书监，兼扬、豫、兖三州都督，扬州刺史。何充任中书令兼中护军。二人联手操控朝政。

再说藩镇。庾翼（庾亮五弟）任荆、江、司、雍、益、梁六州都督，兼荆州刺史，基本算接替了庾亮的位置。庾怿（庾亮三弟）任豫州刺史。王允之任江州刺史。

居然还有个王允之？这多少有点令人费解。前文讲过，庾亮以强硬手段从王允之手里夺回江西兵权。如今庾氏大权在握，王允之究竟怎么当上的江州刺史？

我们还记得，何充作为王导钦点的继承人，担负着平衡庾、王两家的重任，他自然不能坐观庾氏膨胀、王氏沦落不闻不问。连日来，何充频繁奔走庾、王两家，通过一系列私下交易，这才把原先王导的官职——扬州刺史给了庾冰，换来了王允之这个江州刺史。

不管怎么说，庾氏已完全压过王氏。但是，庾、王两家的斗争并没有结束，这最终竟引发出一连串历史悬案。

公元342年2月，农历春节一过，王允之就收到庾怿送来的贺岁礼物。他拆开一看，原来是一坛酒。

王允之没敢喝，把酒拿去喂了狗。过了一会儿，狗竟口吐白沫，倒地而死。

果真有毒！王允之马上把这事呈报给皇帝司马衍。

司马衍时年二十一岁。他清楚地记得，在他八岁那年，苏峻叛乱攻破皇城，自己成了俘虏不说，母亲庾文君更被苏峻逼死。在他心里，所有这一切都是庾亮一手酿成的。他同样清楚地记得，当时正是王导护在他左右，让他免受流民军的迫害，而后他在王导的陪伴下享受了十几年的平静生活。司马衍不想去深究那些复杂的政治内幕，他只知道琅邪王氏让自己享福，颍川庾氏让自己遭难。如今庾氏掌权，王氏备受压迫，本就让他很不好受，得知庾怿要谋杀王允之，他气得破口骂："大舅（庾亮）已经祸害过一次天下，小舅难道还想再搞这么一出吗？"

后面发生了什么事，谁都不知道。但不出一个月，庾怿突然自杀了。

当时庾冰执掌中书省，负责撰写颁布诏书。司马衍显然不可能通过中书省下诏命庾怿自裁，料想肯定是私下相威胁。可庾氏兄弟几乎掌握着东晋全境兵权，司马衍究竟给庾怿施加了多大压力，才让他都没反抗就选择一死了之呢？这其中的内情实在让人难以捉摸。

总之，司马衍和王允之是解恨了，但这可把庾氏兄弟惹毛了。

仅仅过了两个多月，7月12日，司马衍突然生病到7月23日，短短十来天，司马衍病情骤然加重，眼看命悬一线。

司马衍正值年轻力壮，几个月前还刚刚生了两个皇子，料想他身体应该不错，所以，他若不是得了急性病就是中毒。时隔庾怿自杀仅三个月，有理由推断，中毒的可能性极高。倘若真是中毒，究竟是谁下的手？这一点都不难猜。基本可以断言就是整天自由出入皇宫的中书监庾冰。而后面发生的事更加印证了这一点。

在灯火摇曳的太极殿西堂，司马衍奄奄一息。在他床前，唯有中书令何充侍候在侧。

"朕要拜托你两件事，你听好了……"

何充屏息静听。

"一是，辅佐朕的儿子……继承皇位……"司马衍的两个儿子还是婴儿，这绝不明智，但此时此刻，他根本想不了太多。说完这句话，他不得不喘息很久才接上下半句。

"二是……这些天，你务必阻止庾冰入宫，朕不想让他接受遗诏辅政……"司马衍显然是怀疑庾冰给自己下了毒，虽没法证明，但他对庾冰的恨深入骨髓。

"臣……恐怕没有能力阻止庾冰啊……"中书省坐落于皇宫内，而庾冰官任中书监，他进出皇宫是再正常不过的事。

"朕不管……无论用什么办法，都要阻止他！听到没有！"

"臣想想办法……"何充退了出去。

半天后，尚书台传出一封政令——禁止任何重臣进入皇宫。

庾冰闻讯，瞬间意识到其中有诈。哪有尚书台阻止中书省大员进宫的道理？

他马上派人核查。尚书台僚属全都两眼一抹黑，谁也讲不清这政令究竟出自何人之手。政令显然是假的。但庾冰没工夫详查，眼下最要紧的是尽快入宫。当即，他就带领几位亲信重臣闯进皇宫。

庾冰迈进太极殿西堂，见到何充，恶狠狠地瞪了一眼，旋即跪拜在司马衍床前："臣听闻陛下病重，可有遗诏？"

何充搭茬儿："陛下已降遗诏，由皇子司马丕继位。"

"皇子尚在襁褓，岂能登基？臣请由皇弟司马岳继承皇位。"司马岳是司马衍的胞弟，时年十九岁。史书称庾冰想立司马岳为帝，只因他是司马岳的舅舅，有血缘关系好控制。这简直是无稽之谈。别说司马岳是庾冰外甥，就算是他亲儿子，

728

也不如一个婴儿更好控制。如果说庾冰谋杀司马衍是出于私怨，姑且不置可否，那他立司马岳为帝，却肯定有利于社稷稳定。

何充试图阻挠。但其他重臣全都力挺庾冰。司马衍奄奄一息，他知道自己拗不过了。

7月25日，中书省正式下诏，让皇帝的弟弟司马岳做皇储，并让庾冰、何充、司马晞（司马睿第四子，司马衍、司马岳的叔叔）、司马昱（yù）（司马睿第六子）、诸葛恢（"中兴三明"之一）五人辅政。

第二天，二十一岁的司马衍驾崩，谥号"成帝"。

千年名门

司马衍就这么不明不白地死了。

司马岳成为东晋第四代皇帝，他一登基，就对庾冰、何充两位重臣千恩万谢："朕能继承大业，真是要感谢庾公、何公二位了。"

何充甩了一句很不客气的话："这是庾亮的功劳。如果按我的主意，陛下是登不上皇位的！"

司马岳表情尴尬。

何充原是为平衡庾、王两家，经王导举荐才上位的，在他心里，本就偏袒琅邪王氏多些。司马衍临终前那一档子事，更让他和庾氏的关系跌入谷底。可现在这状况，他别说保护王氏，就连他自己都是泥菩萨过江自身难保。何充一不做，二不休，当即决定躲开朝廷这个是非之地。

司马岳登基的翌月，何充出镇京口，任徐州都督兼徐州刺史。

送走了何充，庾冰在朝中可谓一言九鼎。他的下一步，即是要彻底打垮琅邪王氏。

王导死前曾让儿子王恬驻守石头城，石头城离建邺近在咫尺，这对庾冰而言，不啻眼中钉、肉中刺。庾冰下诏让王恬转任吴郡太守。

江州刺史王允之闻讯大惊。他心道：如果王恬一走，庾冰在朝中再无忌惮，琅邪王氏全都得遭殃。眼下唯有舍卒保帅一途。帅，自然是镇守石头城的王恬；卒，则是他自己。王允之给庾冰写了一封信，央求庾冰放过王恬，条件是自己甘愿让出江州刺史之职。

王允之打算牺牲自己换取家族利益。他想得挺好，可目前这个局面，王氏已成砧板上的肉，哪有资格跟庾氏谈条件。王允之主动放弃江州刺史，反倒让庾冰省了麻烦。庾冰一边表面上答应不动王恬，一边顺水推舟接受了王允之的辞呈。

王允之刚卸任，庾冰即出尔反尔，把王恬从石头城赶到吴郡，同时，又让王允之去做会稽太守。王允之恍然大悟，自己这回彻底被庾冰耍了，气得死活不赴任。当初，王允之的父亲王舒以犯父讳为由，拒绝任会稽太守，庾亮虽硬逼着王舒赴任，但好歹算卖了王家一个面子，将会稽改名郐稽。如今，王家势力一落千丈，庾冰一点没给王允之留情面，索性连他的会稽太守都免了。

两个月后，王允之气愤而死。

琅邪王氏权柄不在，但地位还在。庾冰为避免舆论谴责，便委派跟庾家关系不错的王羲之接任江州刺史。可王羲之仅算个过渡人物，他没干几个月也走人了。

早年间，王羲之出于种种原因不爽王导，反加入庾亮幕府。而今，他被庾氏当成棋子摆弄，几个堂兄弟又被庾氏折腾得死去活来，内心凄苦可想而知。多年后，他在一封写给友人的信中道出了自己的心态："……我自离任江州后，便多次告知亲朋，自己不想再参与政治，一心只求隐居遁世……"从字里行间不难看出王羲之对仕途的心灰意懒，而他频频对旁人提及要隐居，也是出于避祸的考虑。

不过，王羲之并没能如愿离开仕途。多年后，他一度当上右军将军（中层皇宫禁军将领），后又任会稽太守。右军将军是王羲之仕途的顶峰，所以，王羲之也被称为王右军。

十年后，公元353年，王羲之与谢安等四十多位军政要员、社会名流在山阴（今浙江省绍兴市）兰亭集会。会上，众人逐一赋诗，王羲之更借着微微醉意，提笔如行云流水般写下了一篇名垂千古的《兰亭集序》。

该作被称为"天下第一行书"，每个字都极尽完美，堪称王羲之毕生书法作品的巅峰。王羲之写毕，对自己的作品很满意，便又照着写了几遍，但再也写不出第一遍的神韵，于是，他将这第一篇《兰亭集序》视为传家之宝。两百年后，这篇神作传到王羲之第七世孙——自幼出家的智永禅师手中。智永圆寂后，《兰亭集序》传给了他的弟子辩才禅师。当时正值大唐贞观年间，唐太宗李世民极推崇王羲之书法，甚至亲自撰写了《晋书·王羲之传》。补充一句，正因为李世民的好恶心，《晋书》作者房玄龄等人不敢对王导大肆贬低，故在《晋书·王导传》中运用了诸多春秋笔法。李世民四处搜罗王羲之真迹，最终从辩才禅师手中骗到《兰亭集序》的真本。辩才禅师因此心痛而死。更为可惜的是，李世民竟带着《兰亭集序》一起葬在昭陵。从此，这举世无双的书法瑰宝便埋没于黄土了。

公元 354 年，会稽太守王羲之迎来了一位新的顶头上司——扬州刺史王述（太原王氏族人）。王羲之因与王述常年交恶，一气之下辞官归隐。他总说自己有心远离仕途，可直到五十多岁才迫于无奈迈出了这一步。倘若王羲之仕途一帆风顺，或许一辈子都不可能得偿所愿吧。那么，究竟哪种生活是他真正向往的呢？

王羲之辞官后，与好友游遍扬州名山大川。此时此刻，他终于明白了此生的归宿。"这种生活才是我毕生所愿啊！"山谷间回响起王羲之的朗朗笑声。

公元 361 年，"书圣"王羲之病逝。他与儿子王献之合成"二王"，父子在中国书法界的地位无人能出其右。

王羲之有七个儿子，分别是王玄之、王凝之、王涣之、王肃之、王徽之、王操之、王献之。王舒尚且因会稽犯亡父名讳不去上任，可这些人为何不避讳其父名"之"字？这里，我们要解释一下。其实，不仅王羲之一家，算上王允之以及其他众多名门望族，包括颍川庾氏、太原温氏、太原王氏，甚至司马皇室中，都有很多人名中带"之"字。据说，这是因为他们同属于天师道成员，而"之"字，正是天师道的教徽标记。

再说琅邪王氏。在整个东晋时期，这一家族始终是地位最高、名声最响的一等世家，却再也没出现过像王导、王敦那样的强权人物。东晋之后，又经历长达一个半世纪的南北朝，琅邪王氏依旧是名门望族的代名词。隋唐时代，王氏有所衰落，但即便如此，其家族还是走出过四个宰相，而文坛巨擘、哲学家、思想家更是不胜枚举。到了明朝，琅邪王氏出了一位史上杰出的伟人，他名叫王守仁，其在哲学、军事、政治、文学、书法上皆有非凡成就，所开创的"心学"更是对人类哲学史影响至深。

总之，在长达千年的悠久岁月里，琅邪王氏的影响力可谓空前绝后。

让我们回到东晋时期，公元342年，王羲之卸任后，褚裒继任江州刺史。这位褚裒，即是前文提到和庾氏有姻亲关系的褚爽的堂弟。另外，褚裒的女儿褚蒜子刚刚嫁给皇帝司马岳，庾氏兄弟又是司马岳的舅舅，庾、褚两家便借着皇室关系亲上加亲了。

一切为了北伐

北伐中原、收复故土，无疑是责无旁贷。但前提还得看是什么时机提出来。处在东晋帝国的立场，庾、王两家争权争了十几年，总算有了结案。处在庾氏兄弟的立场，再没有人能拖他们的后腿了。

国家没了内斗，就可以把矛头一致对外。是到北伐的时候了！

荆、江、司、雍、梁、益六州都督庾翼正是这么想的。他是个颇有才干且胸怀大志的人。

前文讲过庾翼评价王衍的话，他说："王衍号称前朝风流名士，但他追求虚名的行为实在令我鄙薄。如果他认为当今世道衰败，那么一开始就该选择隐居避世，可他一再谋求高位。既然名位显赫了，就该专心治理天下，可他又空谈误国。等到晚年，又贪图安逸，专谋自保。但凡贤明君子都不该赞同他的行为。然而，时至今日，仍有很多人吹捧王衍，由此可知空谈浮华之恶习未除。"

当时，名士殷浩以擅清谈著称。庾翼评论道："像殷浩这类人，赶上乱世只能束之高阁，等天下太平了才能拿出来用用。"

时人将庾翼比作灾年之粮，谓其有济世之志。

公元343年初，也就是司马衍驾崩，司马岳继位的第二年，庾翼把北伐的想法透露给二哥庾冰。这让庾冰有点犯难。北伐需要江州支援，但江州目前掌握在褚裒手里，虽说褚裒是自家盟友，可盟友也没那么靠谱。庾冰想了又想，还是决定大力支持，于是，他向朝廷申请亲自去江州做弟弟的后援。

庾冰为此不惜牺牲自己在朝廷的权力，公卿都认为太冒失，纷纷反对。

到了这年 9 月，庾翼等不及了。他不管诏令，亲率四万大军进驻到江北襄阳。

遥想十年前，陶侃一举攻下襄阳，并断言此处必将成为北伐的重要根据地。如今，果如陶侃所料。

来到襄阳后，庾翼在军营外会集诸将，他抄起一张弓，瞄着远处的靶子搭箭上弦，口中言道："我北伐之志，犹如此箭！"言罢，嗖嗖嗖三箭射出，三箭皆中靶心，大有祖逖北伐投鞭断江的风采。

一时间，军营中呼声雷动，士气大振。

庾翼自是意气风发，可身在朝中的二哥庾冰心急火燎。他必须赶紧去江州，确保弟弟没有后顾之忧。这不是一件简单的事，几个月来，朝廷一直阻挠他去江州。庾冰非常清楚阻力来自何方，一个是他的重要盟友——江州刺史褚裒，另一个则是他的头号政敌——被赶到京口的何充。为此，他需要先摆平这两个人。

虽说庾、褚两家关系不错，但要让褚裒让出江州，毕竟是夺人饭碗的事。庾冰左右斡旋，最后送给褚裒一个中书令，总算说服了褚氏家族。

何充就没这么好打发了。

庾冰把中书监、扬州都督、扬州刺史全让给何充，作为自己去江州的条件。如果他硬着头皮走，何充又能把他怎么样？政客办事总得讲个理，倘若庾冰真的不顾同僚反对，去了江州，驻兵京口的何充转脸就能率军入建邺，把庾氏子弟一锅端了，这很可能又会引发一场内战，斗得两败俱伤。所以，庾冰不得不出此下策：我要去江州，你不同意，那好，我把中书省和扬州军政大权都送给你，总能让你闭嘴了吧？

何充果然闭嘴了。后面的事也就顺了。

何充入京，任中书监、扬豫二州都督、兼扬州刺史、录尚书事。

褚裒入京，任中书令。

庾冰出京，任荆、江、司、雍、益、梁六州都督，兼江州刺史，充当庾翼的后盾。

别以为庾冰赚了便宜，实际上，他为支持弟弟北伐可谓下足了血本。这六州都督的名头虽响，但除了江州，其他州原先都是庾翼的。对庾氏兄弟而言，这几州的兵权无非是从左手倒腾到右手，而庾翼则转任征讨大都督（战争时期临时统帅），他违抗诏命本就理亏，这也是没办法的事。

庾翼在襄阳调配各军部署，庾冰在江州整顿军备，如此足足用了大半年，眼看北伐在即。

不是意外的意外

虽然朝廷里仍有反对北伐的声音存在，但如果不出意外，无论谁都拦不住庾翼了。这话也可以反过来讲，只要有意外，还是能拦住庾翼的。

究竟什么意外能阻止北伐？答案是国丧。按照礼制，皇帝、皇后、太上皇、太后死称为国丧，国丧期间禁止对外用兵。

何充脑子里冒出了一个危险的念头：要是皇帝驾崩就好了。何充跟皇帝司马岳关系如何？可以肯定地说，绝对好不了。司马岳本就是庾冰拥立的，为此，何充还跟庾冰闹得很不愉快，等司马岳一继位，何充撂了句狠话，转脸拍屁股走人。不用想，就算没庾翼北伐这事，何充也恨不得司马岳赶紧死。

公元344年10月7日，中书令褚裒不知是不是嗅出了什么苗头，突然提出要辞职。朝廷只好派褚裒出任徐兖都督兼兖州刺史。

褚裒步出建邺城外，倒吸一口凉气。他心道：总算躲开了这个是非之地，后面的事，自己可真是担待不起啊……

一个月后，11月15日，司马岳突发急病，匆匆册立不足周岁的儿子司马聃（dān）为皇太子。

才过三天，到11月18日，司马岳驾崩，年仅二十三岁，谥号"康帝"。

国丧降临。庾翼不得不终止北伐计划。

司马岳到底是不是被何充谋杀的？这事死无对证，永远无从查证。

再说东晋的第五代皇帝司马聃一边吃着奶，一边被抱上皇位。两年前，何充就想立个婴儿当皇帝，无奈遭到庾冰阻挠，未遂，而今庾冰一走，再没人跟他争，他总算如愿以偿了。司马聃继位后，何充辅政，褚蒜子晋升皇太后。

要说这位何充，他面子功夫做得绝对是无懈可击。

当初司马衍继位时想任命何充为尚书令。何充言道："尚书台内外权力应彼此平衡，臣已经任录尚书事，不适宜再做尚书令。"朝廷同意，转任何充为中书令。

司马聃刚一即位，朝廷让何充做中书监。何充又说："臣已任录尚书事，不能既管尚书省又管中书省。"于是，他坚决辞掉了中书监，转任侍中。

那么说，这位毒杀皇帝的最大嫌疑人何充的政绩如何呢？用两个字形容，就是务实。一次，几个朋友约上高僧竺法深来找何充清谈，但何充只顾埋头工作，不搭理他们。朋友言道："你看看，竺法深都来了，就是希望跟你一起清谈，你怎么还干这些俗务？"何充回道："要是我不处理俗务，你们哪有工夫清谈？"

对于历史人物，我们通常很难简单地评价其忠奸善恶。有些人心狠手辣，但干的却是利国利民的好事；有些人心地善良，临到死却没留下任何有用的东西。他们的所作所为，往往私心中夹杂着道义，道义背后又暗藏私心，而他们私底下那些利益牵绊和见不得人的阴谋诡计，其中的是是非非，又哪里是一两句话能解释得清的？

不管怎么说，何充给人印象极好，他在史书中的评价也是颇高的。

再说抢在皇帝死前跑出建邺的皇太后褚蒜子的父亲褚裒。朝廷想让他入朝辅政，褚裒死活不敢回来。他到底怕什么呢？或许，他是怕夹在庾氏兄弟与何充之间进退两难，也或许是知道了什么不该知道的秘密，怕被杀人灭口吧。

庾冰当初费尽周折拥立的司马岳暴毙，何充趁他不在建邺，马上立了个不满周岁的婴儿当皇帝。要说庾氏兄弟为北伐可谓付出了极惨重的代价。那么，庾氏兄弟北伐到底是对是错？何充等朝臣阻止北伐又到底是对是错？毫无疑问，如果北伐胜了，庾氏兄弟是功臣，何充是罪臣；如果北伐败了，庾氏兄弟是罪臣，何充是功臣。但是，历史是没有如果的。

没过两个月，手握六州兵权兼江州政权的庾冰忧愤而死。

半年后，公元345年夏，征讨大都督庾翼壮志未酬，也病死了。庾氏兄弟北伐的对错，再无人能论断。

庾氏跟王氏斗了那么久，好不容易把王氏斗垮，如今，随着庾氏兄弟相继死去，多年积累的权势顷刻间灰飞烟灭。

逆水行舟

公元 345 年初秋，一艘小舟溯长江而上，正朝着荆州的方向行驶。

船头上昂首立着一个人。这人三十来岁，相貌很有特点。他瞳孔隐隐透着紫光，胡须根根硬挺，宛如嘴边插满了钢针，只看一眼都会觉得扎手。更引人注目的是他脸上长的七颗痣，小时候常以此被人取笑，他却总一本正经地回道："这七颗痣可不是随便长的，你仔细看看，像不像北斗七星？"旁人认真观瞧，果真有那么点儿意思。

不过，这些特点组合在一起并不别扭，相反透着一股雄伟英气，再加上他五官匀称，更显得颜值颇高。

这人姓桓名温，提起这名字，还有一段典故。

他刚一出生，还未来得及取名，恰巧温峤造访。温峤看着襁褓中的婴儿，连连称赞："这孩子骨格英奇，哭声雄壮，将来必有一番作为！"

家人见孩子得到温大名士夸奖，都很高兴，故用温峤的姓为他命名。

桓氏是个日趋没落的家族，而且，近一个世纪以来，桓氏族人心里头始终有个疙瘩。但凡旁人问及他们的先祖，他们总是支支吾吾地答道："祖上无名，也没留下什么事迹。"

事实果真如此吗？桓氏祖籍兖州谯郡，与曹氏、夏侯氏同乡，一个世纪前，桓氏可是仅次于曹氏、夏侯氏的望族。没错，魏朝正始年间曹爽的智囊——被司马懿诛杀的义士桓范，即属于这一家族。

谯郡桓氏最早可追溯到东汉初年的名儒桓荣，桓温便是桓荣第十世孙。根据《后汉书》和《世说新语·人名谱》中的记载，桓荣第二代（儿子）至第五代（玄孙）族谱详尽，但到第六、第七两代突然中断，记载全无。然后到第八、第九两代又再度出现（第九代即是桓温父亲）。考证时间节点，桓氏第六、第七两代所处的年代正是魏朝中期，以此推断，义士桓范是桓荣第六世孙确凿无疑。当时桓氏惨遭灭族之祸，桓范的兄弟和子侄大多被司马懿诛杀，只有极少数人侥幸逃脱。幸存者整天提着脑袋过日子，自然闭口不言家世。即便到了晋朝开国后，司马炎对前朝政治犯既往不咎，但毕竟高平陵政变搞得既不体面又过于惨烈，所以无论是司马氏，还是幸存下来的桓氏，均刻意避免触及往日的痛点。

再说桓温的父亲，也即是桓荣的九世孙桓彝。这人前文出现过，正是苏峻之乱中战死的宣城太守。桓彝被苏峻部将韩晃和江播合谋杀害，叛乱平息后，韩晃被处死，江播被赦免。那年桓温只有十五岁，一心想找江播报仇，却苦于没下手的机会。直到三年后，江播病死，桓温遂以吊唁为名手刃了江播的儿子。为报父仇而杀人在当时是被人称颂的，更何况所杀者是叛贼后代。这事不仅没让桓温吃官司，反而给他赢得了忠孝的名声。

桓温成年后，娶了皇帝司马衍的姐姐南康公主为妻，官拜琅邪太守。不过，桓温自幼胸怀大志，并不甘于当一个无所事事的皇族女婿，他把西晋名将刘琨视为偶像，又跟庾翼意气相投，受这两个人影响，他最大的追求即是驱逐鞑虏，收复中原。

庾翼曾向司马衍言道："桓温有雄才，希望陛下不要把他当作普通皇族女婿一般蓄养，若能委以藩镇重任，他必能建立丰功伟绩。"

于是，公元 343 年（司马岳在位期间），桓温升任徐、兖、青三州都督兼徐州刺史，成为帝国东战区最高统帅。

仅仅过了两年，西战区统帅庾翼病死，真正属于桓温的机会来了。

何充强烈推荐桓温接替庾翼的位置。这里面有什么名堂？原来，庾翼临死前，向朝廷提议让儿子庾爱之接掌荆州。而何充推荐桓温，正是为了遏制庾氏家族。另外，桓氏最多算个三流士族，没太大家底，就算真掌了权，对朝廷也构不成太大威胁。

由此，桓温从东战区调任西战区，当上了荆、司、雍、益、梁、宁六州都督兼荆州刺史。特别需要注意，桓温的辖区并不包含江州，朝廷为了各藩镇势力平衡，坐镇江州者另有他人。不过即便如此，单是荆州的实力也远超过桓温之前的徐州。

这天，桓温乘船西去，便是要到荆州赴任。

船逆水而行，走得甚是缓慢。

桓温端立船头，看着滔滔江水一波又一波向身后涌去，仿佛觉得自己毕生的追求唾手可得，心里有种说不出的畅快。

"快点划船！再快点！"他嘴里不住催促着船工，不知不觉间，船已驶入荆州地界。

与此同时，远在国都建邺的公卿对桓温的前景并不看好。众人认为：庾翼的两个儿子——庾方之和庾爱之都在荆州手握重兵，二人肯定不会屈服于桓温之下。

何充不以为然地说："以桓温的能力足能制服二人，诸君勿忧。"

正如何充所料，桓温到任后，果断缴下庾方之和庾爱之的兵权，并以强硬手段将二人外派到了豫章郡。

昔日，庾翼对桓温有知遇之恩，但桓温心里只秉承着一个理念——北伐中原，收复故土。无论是谁横在这条路上，神挡杀神，佛挡杀佛。

巴蜀王朝

当时，整个中国大陆分布着如下几个势力。让我们从北往南，从东到西逐个捋一遍。

东北方，今天的辽宁省一带，是鲜卑慕容氏建立的前燕。前燕往西，今河北省北部及内蒙古自治区一带，是鲜卑拓跋氏建立的代。再往西，当时的凉州，今甘肃省一带，是汉人张氏建立的前凉。

这三股势力以南的整个中原地区，是羯人石勒建立的后赵。早在十六年前，石勒就吞并了整个汉赵。如今，后赵皇帝是石勒的侄子石虎。

长江以南是我们的主角东晋，疆域基本等同于三国时期的吴国。

东晋往西的巴蜀则是氐人李氏建立的成汉，疆域基本等同于三国时期的蜀国。

处在东晋的立场，前燕、代、前凉地处最北，跟自己八竿子打不着，基本可以被忽视。后赵与东晋势如水火，但双方势均力敌，短期内谁也灭不了谁。

桓温想，北伐首先需要稳固后方，由此，与荆州西部接壤的李氏王朝——成汉，理所当然地被列入他的第一个目标。

关于成汉帝国，前文曾提过几次。下面，我们简单介绍一下这个国家。早在公元 304 年，氐族流民首领李雄攻占成都，一年半后，李雄称帝，国号"成"，是为十六国中第一个立国的胡人王朝。李雄在巴蜀踏踏实实地做了三十年土皇帝，完全不理会中原纷争。他死后，李氏家族为帝位掀起一连串内斗，最终，李雄的堂弟李寿胜出，改国号为"汉"，这即是"成汉"的来历。现如今，成汉皇帝是李寿的儿子李势。

公元 346 年，成汉国内爆发叛乱，虽然很快被镇压下去，但国力也因此大损。

桓温意识到伐蜀良机已到。

这年 12 月，桓温上疏请求伐蜀，还没等朝廷答复，他就亲自率领一万精兵向巴蜀进发了。

沿途经过西陵峡口时，桓温看着前方狭小的隘口，又抬头仰望两岸险峻的峭壁，口中不住感叹道："既为忠臣，不为孝子！"古人以不轻身赴险为孝。此时，桓温一心为国效命，早将生死置之度外。

一路上，晋军连战连胜，到来年 3 月已经顺利打到距成都仅十里的十里陌。桓温只带了一万人就能取得如此佳绩，不得不说他的运气实在很好。成汉派出去截击桓温的主力军由于判断错误走了冤枉路，等他们发觉桓温逼近成都才千里迢迢回去防守，赶到十里陌已累得气喘吁吁，结果还没怎么交锋就不战自溃了。

不过，成汉余威尚存。皇帝李势又迅速集合所有兵力，誓与桓温一决雌雄。

就在十里陌，桓温即将与成汉大军展开最后的对决。

强运在手

进击的鼓声隆隆响起，两军开始了冲锋。桓温还是第一次遇到这样惨烈的战争，成汉军孤注一掷，战斗力爆发，把晋军逼得节节后退。

桓温身旁的将士一个接一个倒下，箭雨从他耳畔边嗖嗖飞过。突然，他胯下坐骑一个趔趄，将他狠狠甩了出去。战马倒在地上，挣扎嘶鸣不止。在这马的额头上，插着一支流矢。

几名部将见桓温跌落马下，慌忙将其扶起，口中苦劝道："我军抵挡不住，请将军快下令撤军！"

桓温心知这一撤退，势必前功尽弃，但以目前的情况来看，谁都知道败局已定，如果再拖延，恐怕会全军覆没。他一拳狠狠捶在地上，无奈地下达了撤军的命令："鸣钲！收兵！"钲是一种乐器，在战场上用作撤退信号。

可出乎意料的是，钲声并未响起，反而传来隆隆鼓声。击鼓是进攻的号令。

"怎么回事？"桓温惊得面无血色。

"回禀将军，肯定是鼓吏听错军令，误击战鼓。"

两军交战居然能出现传错军令这种乌龙事，桓温万念俱灰，觉得自己必葬身于此了："让他们赶快鸣钲！快鸣钲！"恰在这时，他突然注意到，那些四散奔逃的士兵听到鼓声竟停住脚步，有几个人更折身向敌军反冲回去。

"等等！"他一把拽住要跑去传令的部将，眯缝着双眼，定睛观瞧战场局势，果然，军队渐渐稳住阵脚，纷纷掉头准备再战。

"传令！不要鸣钲，继续击鼓！"

部将还以为自己听错了，呆若木鸡地望着桓温："将军，您说什么？"

"击鼓！不要停！击鼓进攻！"桓温声嘶力竭地吼道。

震天的鼓声伴随着喊杀声，响彻云霄。晋军士气大振，皆怀着舍命一搏的决心向成汉军发起反扑。战况骤然逆转。

几轮冲杀过后，战线从十里陌一直推进到成都城下。

赢了！居然赢了！

"放火烧掉成都城门！"桓温高喊。他声音有些发颤，不只因为胜利的喜悦，更是因为后怕。他知道自己赢得实在侥幸，正是这份侥幸成就了他的丰功伟绩。像这样的运气，一生中能有几次？桓温不敢奢望。他暗暗告诫自己，往后再不能寄希望于运气，凡事都得慎重才能走得长远。

公元347年3月24日，李势逃出成都，成汉官员举城请降。4月13日，李势放弃逃亡，正式向桓温投降。至此，割据巴蜀四十三年的成汉王朝宣布灭亡。此时，东晋帝国的疆域基本等于三国时吴国与蜀国之和。

桓温在成都待了一个月，率军返回荆州。同时，他将亡国之君李势送往建邺。

这年5月，朝廷收到了两份厚礼，一份是俘虏李势，另一份则是巴蜀的土地。

两份厚礼都是桓温送来的。按说拿人手短，吃人嘴短，你拿了人家的，吃了人家的，自然该有所表示。然而，朝廷开始装聋作哑，一没给桓温升官，二没给桓温授爵，三没让桓温扩张地盘。

当时，摆在皇位上的吉祥物是五岁的司马聃（dān），首辅重臣何充已死，琅邪王氏、颍川庾氏又日渐沉沦，朝廷的新任掌权者是会稽王司马昱（yù）（司马睿的儿子，司马绍异母弟）。

这位司马昱热衷于清谈，眼下，他正忙着和众多名士胡吹海聊，而桓温一封又一封陈述伐蜀功勋的奏疏却搅了他的雅兴。"让他再等等，着什么急。"司马昱将奏疏随手甩在一旁。

几个月后，他没再收到桓温的奏疏，可取而代之的是其他荆州高级官员连番发来的邀功奏疏。要知道，连最高统帅都没封赏，那些为平定巴蜀抛头颅洒热血的将士更是什么都得不到。一时间，荆州军界频频向朝廷施压。

就这么耗了一年多，直到第二年 9 月，司马昱迫于压力，才不得不召集公卿讨论封赏事宜。

有人提议赐封桓温豫章郡公。

尚书左丞荀蕤（荀崧的儿子）言道："豫章郡太大了。万一他将来再拿下洛阳，朝廷还能给他什么？不如换个小点儿的郡以留个后手吧。"

最后，朝廷拜桓温征西大将军、开府仪同三司，封临贺郡公。

桓温盯着面前这枚拖了一年多才寄来的侯印，面露苦笑，他心道：以后再想要什么，看来不能等着朝廷给，还得自己去争啊……

仇　恨

要说羯人的残暴程度，在历史上绝对数一数二。而后赵皇帝——羯人石虎的治国手段则可以简单地归纳为一个字：杀。

谁犯法了，杀！

谁惹自己不高兴了，杀！

什么事都没有，自己心血来潮，还是杀！

石虎杀人的手段五花八门，只有你想不到的，没有他做不到的。请注意，不是一个一个地杀，而是成批成批地杀。

再说石虎的儿子们。长子石邃把尼姑肉和牛羊肉一锅煮着吃，边吃还边让宾客猜哪块是人肉。平常看到哪个宫女长得漂亮，顺手就把头割下来做成工艺品，邀宾客一起观赏。后来，石邃因为惹得石虎不高兴，被石虎一刀剁了。次子石宣由于嫉妒五弟石韬得宠，便将石韬砍断手脚，挖去双眼，开膛破肚。石虎很生气，他把石宣对石韬做的那一套如法炮制，又让石宣尝了一遍，最后把石宣烧死，并灭了石宣全家。石宣五岁的儿子拽着爷爷的衣襟求饶，石虎飞起一脚，把孙子踹向了刑场。

要说这一家子绝对有严重的心理疾病。

公元348年，石虎杀了石宣后，册立时年十岁的幼子石世为太子。有人劝石虎立个年长的儿子，石虎是这么解释的："二十来岁的孩子只要一当上太子就想弄死我，我立个十岁的孩子自己还能消停几年。"

石虎想得挺美，结果不出一年，公元349年5月，他就病死了。十一岁的石世继位。不用想也知道，他逃不掉兄弟的毒手。石世仅当了三十三天皇帝，还没明白怎么回事，就被九哥石遵杀了。

石遵篡位当了一百八十三天皇帝后，被石虎的养孙冉闵（mǐn）杀死。随后，冉闵拥立石虎第三子石鉴为傀儡皇帝。此时距石虎死才半年，后赵皇帝就像走马灯一样换了三个。石鉴知道冉闵有称帝的野心，自己迟早会被冉闵干掉，便派弟弟石苞刺杀冉闵。石苞刺杀未果。石鉴怕冉闵追查，又把石苞杀人灭口。总而言之，石氏家族对杀人这事一视同仁，面对亲戚毫不手软。

后赵权臣冉闵原是汉人，也明白羯人不会真心拥戴自己，遂于公元349年底一连颁布了三封诏令。第一封："胡人敢有持兵器者杀无赦。"一时间，整个后赵帝国内的羯人闻风丧胆，全都不敢再携带刀剑。第二封："与朝廷同心者可留在邺城，不同心者任凭去留。"同时，冉闵命令将邺城城门敞开，旨在让羯人主动离开邺城。谁都知道要出乱子了。这下，方圆百里之内的百姓（多是汉人）全都蜂拥向城里跑，而邺城内的羯人则全往城外跑。邺城城门顿时被挤得水泄不通。

紧跟着，第三封诏令来了，这是最要命的一封："凡斩胡人首级送至邺城凤阳门者，文官进位三等，武官拜牙门将。"这封诏令即是史上著名的"杀胡令"。汉人被胡人尤其是被羯人摧残了这么多年，心底积压的仇恨瞬间被煽动起来。几乎一夜之间，整个后赵帝国掀起诛杀胡人的浪潮。冉闵更是亲自率军屠杀邺城的羯人。短短几天内，单是邺城就有二十万羯人被杀，凤阳门堆的人头比山还高。

公元 350 年春，冉闵处死石鉴及石虎的三十八个孙子。到这个时候，石虎的儿子只剩身在襄国（今河北省邢台市）的石祗和石琨了。随后，冉闵称帝，国号"魏"，史称"冉魏"（十六国之一）。

公元 351 年 5 月，冉闵攻破襄国，杀了石祗。石琨携全家逃往东晋国都建邺。实在不知道他怎么想的，这完全就等于换个地方死。果不其然，东晋朝廷当即把石琨全家处斩。至此，石氏再无一人幸存。

随着"杀胡令"的颁布，羯人基本上濒临灭族边缘。之后，羯人又遭到鲜卑人屠杀，到两百年后的南北朝时期，仅存的羯人逃到江南，最终因为一场动乱被南梁屠灭。由此，这个背负着无数仇恨和血债的族群便从历史上彻底消失了。而同样背负着仇恨和血债的冉魏王朝仅存续了两年，就被鲜卑慕容氏灭掉了。

鲜卑慕容氏花了一年时间大体统一黄河以北。公元 352 年，慕容儁称帝，国号"燕"，史称"前燕"（十六国之一）。

我们再看黄河以南的情况。

这段时间，原本依附后赵的氐人趁乱占据雍州关中地区，同样在公元 352 年，氐族族长苻健在关中称帝，国号"秦"，史称"前秦"（十六国之一）。

黄河以南的中原一带，原后赵残余势力纷纷向前燕、前秦、东晋投诚。不过，这帮人只是名义上投诚，他们实际上仍保持半独立状态，由此，中原又回到了早期流民帅各占山头时错综复杂的局面。

攘外必先安内

自公元 349 年石虎死，至公元 352 年前燕、前秦建国，北方的局势乱得一塌糊涂。这对东晋帝国而言，绝对是天赐的北伐良机。那么，在这段时间，东晋都干了些什么呢？

在东晋帝国西线，实力最强且一心北伐的桓温完全没动静。

不是他不想动，而是朝廷不让他动。

早在公元 349 年（桓温灭蜀后第三年），后赵皇帝石虎刚死的时候，桓温就连番上疏请求北伐。几个月过去了，朝廷什么答复都没有。这意思很明显，朝廷禁止桓温北伐。

到底是什么人在阻挠桓温？

自东晋建国伊始，北伐的口号就从未间断过，但归根结底，北伐只是句口号。对于朝廷来说，北伐并不能给他们带来任何短期利益，反而会让藩镇势力坐大，脱离朝廷的控制。所以，阻挠桓温的，即是以会稽王司马昱和武陵王司马晞为首的全体朝廷公卿。

早在东晋第三代皇帝司马衍临终前，司马昱、司马晞和庾冰、何充、诸葛恢共同受遗诏辅政。而今，随着庾冰、何充、诸葛恢相继故去，司马昱、司马晞顺理成章地晋身前朝元老重臣。另外，司马昱和司马晞是开国皇帝司马睿仅存的两个儿子，年龄虽只有三十多岁，但在东晋历经五代皇帝的今天，这哥儿俩已算得上是宗室至亲长辈了。

司马晞是哥哥，官拜中书监。司马昱是弟弟，官拜抚军大将军、录尚书事。司马昱喜欢清谈，这让他在士大夫圈子里很吃得开，当时东晋一等名门——琅邪王氏、太原王氏、颍川荀氏、颍川庾氏、高平郗氏等全都唯司马昱马首是瞻。司马晞则是弟弟的辅翼。自司马睿下江东创建东晋，至今已有四十余年。其间，皇室一直被士族压得抬不起头。现在，由于司马昱上位，皇室力量好不容易才得以崛起。

然而，随着桓温平定巴蜀，一举蹿升为实力最强的藩镇重臣，司马昱不禁忧心忡忡。他预感到，桓温很可能会像以往那些西线统帅——王敦、庾亮等人一样，对朝廷构成新的威胁。

没错，司马昱正是桓温的头号政敌。他对付桓温的手段就一个字——拖。只要是桓温的奏疏，不管什么事，不拖个一年半载誓不罢休。

朝廷不准北伐桓温就真不动吗？他还真不能动。先前桓温伐蜀没等朝廷诏命就擅自出兵，为这事，他已经跟朝廷有了点不愉快，眼下这个节骨眼，他并不想也不敢跟朝廷闹得更僵。当时后赵实力还很强，北伐与伐蜀的难度绝对不是一个量级。桓温的职位是荆、司、雍、益、梁、宁六州都督兼荆州刺史，乍一听很猛，可实际上，这六州只有荆州是实实在在的，益州仍有残余反抗势力，别添乱就谢天谢地，另外四个州则属于侨州。先前庾翼想北伐，庾冰不惜放弃朝中政权，亲自坐镇江州充当弟弟的后盾。如今，富庶的江州并不在桓温手里。他要北伐，必须得有江州支援才行。

桓温请求北伐的奏疏就这样如泥牛入海，杳无音信了，看这架势至少还得等一年。等一年，黄花菜都凉了。

不过，司马昱也不是不想北伐，他只是不想让桓温北伐。除了西线统帅桓温之外，他还能指望谁呢？

答案自然是东线统帅。

东晋以国都建邺为分割线，有东、西两大战区。东战区主要包括半个徐州、半个豫州（北半部分在胡人势力范围）和东部各侨州；西战区主要包括荆、江二州和西部各侨州。数十年来，像王敦、陶侃、庾氏兄弟这些手握强兵的西线统帅，跺一跺脚都能让朝廷抖三抖，而像刘隗、戴渊、郗鉴这些东线统帅，其主要任务则是制衡西线，拱卫朝廷。

为什么西线多权臣，东线多忠臣？这主要是由于两线实力配比决定的。显而易见，荆、江二州的地盘远超半个徐州和半个豫州。东线统帅实力较弱，想闹闹不起来，只能跟朝廷联手对抗西线统帅，而西线统帅手握帝国大半壁江山，即便像陶侃这样的人都难免生出不臣之心。不信，你把郗鉴换到西线，一样有可能变成王敦，而把王敦换到东线，也一样有可能变成郗鉴。

公元 349 年 8 月，司马昱任命褚裒（皇太后褚蒜子的父亲）为徐、兖、青、扬、豫五州都督，由东线北伐后赵。

桓温只能坐冷板凳旁观。

褚裒率三万大军直抵徐州北部的彭城，一开始搞得相当张扬，不料，他的三千精锐很快碰上后赵两万主力军，被尽数剿灭。褚裒一蹶不振，只好撤回京口。

更惨的是，当时黄河以北二十万汉人听说褚裒北伐的消息，都携家带口跑去投奔，可此时褚裒已经撤军，无法接应，致使二十万人全部被胡人屠杀。几个月后，褚裒愧疚而死。

公元350年初，正值冉魏灭后赵时期，又一次北伐良机到来。

桓温把他的冷板凳搬到临近前线的江北安陆，随时准备出兵。

但司马昱还是不搭理他，又任命殷浩为徐、兖、青、扬、豫五州都督。对司马昱来说，北伐失败不算个事，在东线立个能跟桓温抗衡的人才是事。

桓温一直等到公元351年底，一年前发出的奏疏总算盼来了回音。

一句话：再等等吧。

还等个屁！桓温被逼急了。你不是怕我当权臣吗？不是怕我威胁朝廷吗？我这回还就真当权臣威胁朝廷了！

公元352年初，桓温率四万荆州军从安陆南下，顺长江东进，直接进驻到江州武昌。江州并非桓温辖区，但桓温不管那套，他要给朝廷点颜色看看。

这一下，举朝震惊。殷浩吓得想辞官归隐。司马昱赶紧给桓温写信道歉认错。

桓温见司马昱服软也不想把事闹大，遂率军返回荆州。他满以为朝廷这回能支持自己北伐。然而，他又错了。

这年2月，东线统帅殷浩上疏请求北伐，司马昱当即批准。可桓温，依旧没人搭理。

桓温终于明白了一个道理——攘外必先安内。要想北伐，必须得先除掉政敌。

你不是不让我北伐吗？

好！那我不北伐了，我就看着你们北伐，看着你们死。

隔岸观火

关于这位被司马昱硬扶上墙的东线统帅殷浩，庾翼曾有过这样的评价："赶上乱世只能束之高阁，等天下太平了才能拿出来用用。"

那么说，殷浩到底是个什么样的人呢？

他原本是个隐士，躲在深山老林，一住就是十来年，他并非沽名钓誉，而是真不爱当官。结果适得其反，越隐居越有神秘感，越有神秘感名气越大。司马昱觉得他是个人才，拿出刘备三顾茅庐的劲头，好说歹说磨了四个月才把他请出山。

殷浩起点很高，一上任就当上扬州刺史，时隔两年又成为东线统帅。

实事求是地讲，殷浩非常勤奋，非常努力，他在江西开垦出一千多顷农田储备军粮，又招兵买马，征募了七万大军，还试图策反前秦的高级官员。但遗憾的是，他智商不高，情商更低。

自石虎死后，原隶属后赵的大批中原地方官纷纷向东晋朝廷投诚。虽说投诚的象征性大于真实性，但好歹人家名义上算投诚了。由此，中原大片领地，包括重要都市许昌，名义上也算被东晋收复。

这对殷浩而言，无疑算捡了个大便宜。他最重要的工作应该是好生安抚降将，然后慢慢渗透，找机会真正控制这些地区。可是，殷浩的能力显然不足以应付这样复杂的局面。

公元352年3月，殷浩派部下谢尚（大名士谢鲲的儿子）向洛阳进发。那时洛阳基本是座空城，谢尚要去洛阳势必途经许昌，而驻守许昌的是原后赵将领——现已投降东晋的张遇。按理说，谢尚只要跟张遇说几句好话，借个路过去就行了。但没想到的是，谢尚居然跟张遇闹不痛快，又把张遇逼到了前秦阵营。而后，张遇据守许昌阻挡谢尚北进。谢尚惨败而归。几个月后，前秦皇帝苻健觉得许昌既难防守又没战略意义，便命令张遇带着当地五万户居民迁徙到关中，等于是放弃了许昌。

来年冬，殷浩决定亲率七万大军进驻洛阳。这时候，许昌和洛阳形同空城，殷浩可以轻轻松松捞个收复故都的大功，可没想到，他竟犯了和谢尚一样的错误。

殷浩任命姚襄为前锋。这位姚襄也是前两年从后赵投降来的。本来，姚襄只想踏踏实实地在江北做个土皇帝，可殷浩出于忌惮，想消耗姚襄的兵力，偏偏让这个人打头阵，更夸张的是，殷浩居然还屡次派刺客暗杀姚襄。结果刺杀没成功，反倒把姚襄惹毛了。

就在去洛阳的路上，前锋统帅姚襄突然倒戈，反攻殷浩。殷浩损兵折将一万多人，被姚襄打回淮南。

紧接着，姚襄募集七万流民军，又给朝廷写了封信，状告殷浩逼人太甚。一年后，他率军北上占据许昌，算是自立为王。

就这样，殷浩两次北伐，逼反了两个降将，自己损失惨重不说，更导致已经归附东晋名下的领土再度脱离东晋。

一直在西线看笑话的桓温趁机火上浇油，弹劾殷浩。

此刻，司马昱一手拿着姚襄的告状信，一手拿着桓温的弹劾状，他知道，殷浩是铁定保不住了。

公元 354 年 2 月，朝廷罢黜殷浩一切官职，贬为庶民。

殷浩败了，司马昱更是焦头烂额，短期内，他很难再提拔起能跟桓温抗衡的东线统帅了。

复见官军

从公元 349 年后赵皇帝石虎死，至公元 354 年殷浩被贬，在这五年中，桓温一直在等。现在，他终于等到头了。

殷浩被贬的第二个月，桓温决定不管朝廷诏书，直接率四万荆州军北伐前秦占据的关中。

前秦皇帝苻健派出五万大军阻击桓温。

仗一开打，桓温势如破竹，相继攻克上洛和青泥，桓温的弟弟桓冲则率偏军在白鹿原击败前秦丞相苻雄。与此同时，受桓温遥控指挥的梁州刺史司马勋也从汉中穿过子午谷，抢占了雍州陈仓。

公元 354 年 6 月初，桓温进驻灞上，这里距长安城仅三十公里。

前秦方面，苻健以六千老弱兵守卫长安，三万主力军隔着灞水抵抗桓温，另派出七千偏军奇袭陈仓的司马勋。

就在桓温驻军灞上期间，当地一位隐士来到桓温军营。

这人名叫王猛。他与桓温扪虱而谈，畅论天下大势。

何为扪虱而谈？

别想多了，扪虱并非闷骚，就是字面意思——用手一边捏着身上的虱子，一边聊天。

那时节，卫生条件跟现在没法比，虱子还很多，不知道从什么时候开始，或许是因为某大名士捏虱子的手法极优雅有范儿，让扪虱而谈在名士间广泛流行起来。不理解的朋友可以想象这样一幅画面，你最仰慕的一位明星用史上最帅的手法，一边拍着蚊子，一边跟你聊天，大概就是这样。

此刻，王猛对天下局势的见解让桓温赞叹不已。他忍不住感慨："整个江东都找不到你这样的人才。"继而，他向王猛请教："我率十万精兵（吹牛）拯救百姓于水火之中，可关中豪杰却无人投奔，这到底是为什么？"

王猛答道："您深入敌境，眼看长安近在咫尺，却不敢渡过灞水。关中豪杰猜不透您的心思，所以不敢来投。"

事实证明，牛皮吹大了没好处，你给对方提供假情报，对方给你的建议自然也没那么靠谱。而后世很多人，甚至包括史学家，也都对桓温裹足不前大加斥责，认为桓温北伐只是政治说辞，实则并没那么上心。在这里，我们可以详细分析一下双方的战力。

开战前，前秦军五万人，晋军四万人。首先说桓温为什么会在兵力不如敌军的情况下深入关中。

只有两种可能。其一，他情报有误；其二，他北伐心切。

无论如何，桓温能以少胜多打到长安已是战绩斐然。随着战争的消耗，前秦剩下四万三千人，晋军剩下三万多人。如果桓温渡过灞水，相当于背水一战，风险高不说，他与前秦的三万主力军更势均力敌，能不能打赢另当别论。就算打赢了，他下一步肯定要围攻长安，否则还是前功尽弃。但这个时候，他还能剩多少兵力？稍微有点常识的人都知道，攻城战中，攻方消耗远大于守方。兵法讲："十倍的兵力围之，五倍的兵力攻之。"所以，即便桓温和前秦兵力相当，也根本攻不下长安城。那么，当初伐蜀战役中桓温敢孤注一掷，为什么如今胆怯了呢？事实上，正是由于攻陷成都的侥幸，让桓温记住了那次教训，再也不会轻率用兵。

但所有这些都不是主要原因。最主要的原因是军粮出了问题。原本，桓温选择夏天出兵，是计划耗到秋天正好可以收割关中的麦子，不料，苻健采取坚壁清野的政策，赶在桓温到来前就把麦苗都割了个精光。当桓温看到田地间被割了一半的麦苗时，肠子都悔青了。他怪自己没能拿下江州就贸然北伐，这时候，晋军已经无法补充军粮，士气渐渐衰落。

鉴于此，桓温猛烈的势头也就走到头了。

6月底，前秦分出一部分主力攻向驻守在白鹿原的桓冲。桓冲战败，仅以身免，麾下一万多人几乎全军覆没。同时，驻守陈仓的司马勋也被打回汉中。这下，桓温彻底没戏唱了。

7月初，桓温带着关中三千户百姓向荆州撤军。临走前，他邀请王猛和自己同回荆州。

王猛提出要先问问老师的意见。老师言道："你与桓温恐怕难以并立于世间，留在这里富贵唾手可得，何必远去荆州。"王猛遵从师命留在了关中。

王猛在本书中只算个路人甲，不过，他人如其名，绝对是当时最猛的角色。下面简单介绍一下他的事迹。

两年后，王猛出山辅佐前秦皇帝苻坚（苻健的侄子），后官拜前秦丞相。他治国很有手段，兴水利、建学校、鼓励民族融合，一边推崇儒学，扭转胡人迷信武力的陋习，一边依法治国，对待贪污腐败的权贵毫不手软。王猛对官吏的任免颇有点像曹操的唯才是举，有才者录用，无才者罢免，完全打破了九品中正制的弊端。在他不懈的努力下，前秦逐渐成为北方实力最强的国家，同时也是胡人王朝中汉化程度最高的国家。

王猛不但会治国，更会打仗。自公元366年至公元376年，他花了十年时间南征北讨，相继降伏前凉，灭掉前燕和代，基本统一了整个北方。难能可贵的是，王猛并没走上权臣这条道路，他与苻坚以诚相待，君臣关系好得一塌糊涂。

王猛堪称是位不世出的奇才，料想，这样一个人也不会屈居于桓温之下。

再回过头来说桓温。就在他撤军的途中，前秦展开追击，晋军又战死一万多人，不过，前秦将领呼延毒率部下一万人来投，也算勉强弥补了些损失。

桓温北伐就这样结束了。

我们可以帮桓温算笔账。晋军总计战死约两万人，收获三千户关中百姓及呼延毒部下一万人，前后相抵，相当于损失了不到一万人。前秦总计战死两万人。

单从军力消耗上来讲，桓温略有胜出。不过，北伐还是功亏一篑，桓温并没能拿下关中。

以上是能实打实算出来的，但桓温赢得了一件没法计算的无形资产——关中父老的一句话："真没想到有生之年还能再度见到官军（不图今日复见官军）。"

关中老百姓究竟有没有讲过这话？就算讲过，那么桓温撤军后，老百姓的心情又是何等失落？这些不重要，重要的是，自打桓温回到荆州后，这句话就在整个东晋帝国内传得妇孺皆知。这给桓温赢得了巨大的政治声誉。换句话说，桓温此次北伐的政治意义远大于军事意义。

此时，这句话似乎让桓温开了窍。他开始不断向朝廷施压，最终迫使朝廷任命弟弟桓云为江州刺史。

桓温终于拿下了江州的政权。

梦中的故都

桓温返回荆州后，休养生息了一年多。到了公元356年2月，他开始跟朝廷找碴儿。半个月里，朝廷连续收到了桓温十多封奏疏，内容全都一样——请朝廷迁都洛阳。这绝对属于无理取闹。当时，洛阳被后赵残余势力周成占据，离洛阳不远的许昌更有手握重兵的叛将姚襄。

桓温也没指望朝廷真能迁都洛阳，他的目的就是要让朝廷下不来台。

你敢迁都吗？我不敢，但我不能直接说不敢。

司马昱给桓温踢了个皮球——任命桓温为征讨大都督，除了保留之前的六州（荆、司、雍、益、梁、宁）都督，又加授司隶、冀州都督。或许有人不明白，桓温的六州都督是包括司隶州的，现在为何又加了个司隶州？原来，桓温之前的司隶州属于侨州，而加授的司隶州和冀州则是指真正的司隶州和冀州。司隶州囊括故都洛阳，盘踞着大大小小的独立军阀，冀州更在黄河以北鲜卑前燕势力范围内。简单地说，司马昱的意思就是：现在司隶归你管，你先把洛阳拿下来再跟我提迁都，你要觉得自己牛，就算越过黄河去打冀州，我也不管了。

桓温等的就是这句话。公元 356 年 8 月，他得知许昌的姚襄正跟洛阳的周成火并，即刻挥师向洛阳进军，开始了第二次北伐。

司隶州是汉魏晋三朝京畿，可桓温所经之地，满目疮痍，皆成废墟瓦砾。正如曹操《蒿里行》那首诗中写的一样，"白骨露于野，千里无鸡鸣"。一路上，桓温心下悲愤，忍不住骂道："国家沦丧，中原变成废墟，王衍这帮人脱不了干系！"

9 月，桓温推进到洛阳附近的伊水河畔。

这时候，姚襄还在一门心思围攻洛阳城，桓温的到来，顿时让他陷入腹背受敌的窘境。

我们顺便再讲讲姚襄，他是个路人乙角色，但也算个名将，且口碑相当不错。

姚襄是羌人，自幼文武全才，性格豪爽磊落，很有人缘，当时人把他比作三国时期吴国的奠基人——江东小霸王孙策，这也是他能把前任东线统帅殷浩打得屁滚尿流，并在短期内招揽七万流民军的原因。

姚襄见桓温到来，马上停止围攻洛阳，将大批精锐隐藏在伊水北岸的树林中，然后向桓温派出了使节，声称愿意投降，但条件是希望桓温军队能稍稍后退以表明诚意。他的如意算盘，是要趁桓温移动军阵，让出伊水南岸之际渡过伊水，展开突袭。

桓温没上当，回道："我来洛阳跟你没关系，你要想投降就直接投降，哪来那么多废话！"

姚襄见计策失败，只好据守伊水北岸，与桓温开战。

桓温早有准备，指挥大军强渡伊水，猛攻姚襄，斩杀数千人，大获全胜。姚襄战败逃亡。

一年后，姚襄在并州东山再起，企图谋取关中，但被前秦苻坚斩杀。姚襄的弟弟姚苌归降前秦。二十八年后，前秦爆发内乱，姚苌反叛，杀死前秦皇帝苻坚，自立为帝，建立了十六国中的后秦王朝。

再说桓温，击败姚襄后，兵临洛阳城下。周成望风而降。

桓温居然真的收复了故都！东晋收复故都的口号喊了几十年，到今天终于得以成真。然而，很多东西没得到的时候是梦想，等得到了却发现梦想并不那么美好。此刻，桓温的心境正是如此。

洛阳处于平原地带，根本无险可守。桓温面临一个巨大的难题，他能打下洛阳，却守不住洛阳。为什么流民军能在这里生活，桓温却不能？要知道，流民军的生存准则第一靠抢，第二靠跑。而桓温的正牌荆州军，一不能靠抢劫过活（至少不能明目张胆地抢），二不能满世界乱跑。且不说动员荆州军长期远离家乡有多难，单说粮食就是个大问题。洛阳当地的农业和经济已遭破坏，大军驻守洛阳需要从荆州运输粮食，这基本等同于战争开支，守半年等于打半年仗，守三年等于打三年仗。桓温无论如何都负担不起。

洛阳眼看是没法守了。但正如朝廷不能明说自己不敢迁都一样，桓温也不能明说自己守不住洛阳。于是，他又提出要朝廷迁都。

朝廷自然不答应，这下，桓温也就有了话柄。

你不迁都，洛阳就白打了。大爷我不管守了。

随后，桓温把自己司隶都督的官职转送给谢尚，只留下两千人守卫洛阳，然后率大军返回荆州。

这位谢尚即是原先殷浩的旧部，也是司马昱的人。皮球等于又踢给了司马昱。

谢尚装病，死活不敢去洛阳上任。他这场病，一直装了大半年都没好，朝廷只能换人。这时候，琅邪王氏的社会地位虽然数一数二，但早已没什么权势，于是，烂摊子扣到了王胡之（王廙的儿子）脑袋上。王胡之也不想送死，有模有样地学着谢尚装病。眼看一个司隶都督把公卿吓成这副德行，朝廷没人可派了。往后很多年里，洛阳城只有桓温派去的两千人守卫。当时洛阳基本没什么住户，这批人的职责主要就是看护皇陵，说白了，就是看坟的。

昔日美好的梦想如今变成了累赘。

八年后，前燕大军围攻洛阳城。无论桓温还是朝廷都懒得出手援助。洛阳守将陈祐见势不妙，带着部下两千人逃亡。不过，还有一位守将率领仅存的五百人顽强抵抗，誓与城池共存亡。这守将名叫沈劲，前文曾出现过，正是王敦死党沈充的儿子。

沈劲并非像其他人那样，心不甘情不愿地被强派到洛阳，他是主动请缨到此的。这些年，他一直希望找机会报效朝廷，以洗刷父亲身为叛臣的耻辱。想必，他自提出来洛阳的那一刻，就已经怀着必死的决心了。

公元 365 年春，洛阳城被攻破，沈劲壮烈阵亡。在《晋书》中，沈充作为叛臣附在《王敦传》后，而沈劲则名列《忠义传》。

东线乱局

洛阳陷落毕竟是多年以后的事，此时，西线统帅桓温声势如日中天，我们来看看东线的情况。

东线有两位最高统帅，他们分别是徐、兖二州刺史，兼徐、兖、青、幽、扬五州都督郗昙以及豫州刺史、淮南太守，兼司、豫、冀、并四州都督谢万。

从这二人长长的官衔中不难发现，他们的辖区完全囊括了东晋帝国东部所有领土（包括侨州）。那么说，二人凭什么能坐镇东线统帅？这自然缘于他们的家世背景。

首先说郗昙，他是郗鉴次子，高平郗氏族人。早先，郗鉴稳坐在东线统帅位子上长达十几年，徐州和兖州早就成为郗氏雷打不动的地盘。虽说后来也有何充、殷浩短暂管理过徐、兖，但这里的人还是只认得郗家。所以，最终由郗昙接掌徐、兖也是顺理成章的事。

接着说谢万，他是陈郡谢氏族人。前文提到过的王敦幕僚——大名士谢鲲即是谢万的伯父。谢万的堂姐嫁给了褚裒，褚裒的女儿褚蒜子鲤鱼跳龙门，变成了皇太后。于是，陈郡谢氏就借着褚太后这层关系，社会地位扶摇直上。

公元 359 年，即桓温收复洛阳两年后，出事了。

这年冬天，两位东线统帅——谢万和郗昙兵分两路，联手北伐前燕。

联手讲究的是默契，但这两位可说是一点默契都没有。

仗打了一半，郗昙突然以生病为由撤军，更夸张的是他根本没跟谢万打招呼。谢万见郗昙跑了，竟误以为是前燕军把郗昙打败，便也跟着跑。郗昙是有准备地撤军，谢万却是仓促撤军，他这一仓促不要紧，结果导致全军溃散。

战后，许昌城以及大半个兖州和徐州全部落入前燕势力范围，刚刚收复的洛阳城四面楚歌，这也是后来洛阳沦陷的重要原因。

谢万很没面子，他是舍弃了大军，一个人狼狈逃回来的。

统帅做到这份儿上，不是丢人的问题，而是犯罪的问题。将士群情激奋，把谢万五花大绑："几万大军就因为你的无能被打得落花流水，你还有脸苟活于世吗？"刀架在了谢万的脖子上。

即便是谢万失职，但下级要斩上级也等同于哗变，一般来说没人敢捅这么大娄子。但谢万知道自己必死无疑。平日里，他对麾下将领恣意凌辱，全不给对方留一点面子，仇恨的种子早就种下了。

谢万感到脖子上的飕飕凉意，他闭上了眼睛。

这时，几名将领突然上前，搪开夹在谢万脖子上的刀锋："等等。尽管谢万这人不怎么样，但念在他哥哥的分儿上，还是饶他一条狗命吧！"

要斩谢万的将领听到这话，踌躇良久，最终还是把刀收了回来。

"好吧。就看在他哥哥的分儿上……"

鹤飞云霄

谢万的哥哥名叫谢安。长期以来，谢安的主要工作就是帮老弟擦屁股。

谢万刚骂完下属，谢安扭头就跑去给人送礼安抚。谢安是大名士，军营里的大老粗眼见谢大名士这么低声下气给自己赔罪，心里的气也算勉强消了。正是因为谢安往日的谦恭，才让谢万保住了一条命。但战败之责推卸不掉，谢万最终还是被贬为庶民。

谢安已四十多岁，一直未曾踏上仕途，并不是因为没人看得上他，而是他不想。无论谢安是真的追求隐居遁世，还是想靠隐居给自己博一个高深莫测的名声，以图将来在官场能有个高起点，总而言之，这些年他过得逍遥自在，整天就是跟各种文化人和社会名流交友清谈，诸如书圣王羲之就是他的座上宾。

这天，谢安邀至交好友出海游玩。

他的船很华丽，又配置众多美艳歌伎，一路上莺歌燕舞。不多时，海上起了风浪，船越来越颠簸，歌伎的弹奏开始走调，更不时传出几声惊叫。不过，船夫常年给谢安划船，知道谢安的秉性，不仅没控制船的颠簸，反而朝着大浪驶去。

船越颠，谢安就越高兴。

船舱内，以王羲之为首的几位名士正坐在谢安周围开怀畅饮，有人脸色煞白，胃里翻江倒海，每隔一会儿便要跑到船舱外呕吐，引得同伴捧腹大笑。

本来酒席上欢声笑语，但喝着喝着，谢安突然想起被贬的弟弟，以及家族惨淡的前途，不禁愁上眉梢。

"不知道这次万石（谢万字万石）会不会因被贬有所醒悟。"

王羲之耷拉着眼皮，摇摇头道："我早说过，万石可居庙堂，却无将帅之器。前两天他给我写了封信，言辞仍是一如既往地盛气凌人。你就别指望他能有什么改变了。"

谢安听罢，叹气无语。

谢安旁边除了一众名士，还有位僧人。这僧人面前摆着张茶案，他一直自顾自地饮茶，与周遭环境颇显得有些格格不入。他见谢安面露愁苦，不禁莞尔一笑。

"谢君，你觉得现在的生活可逍遥否？"僧人名叫支遁，字道林。支家世代信佛，支道林二十五岁即出家，不仅佛学造诣极深，更精通老庄哲学，乃是当世名僧。

谢安听支道林问他，竟不知该如何回答。想了片刻，他支支吾吾地答道："逍、逍遥。"

支道林品了一口茶，娓娓言道：《庄子》讲，遵循本性便是逍遥，逍遥是人情中最美好的部分。那请问桀（夏朝暴君）、盗跖（春秋大盗）这些人本性残暴，他们为祸天下，算逍遥吗？"

谢安摇了摇头："不算……"

"既然桀、盗跖不算逍遥，贫僧再请问，那些明明有能力扭转乾坤，却只求置身事外者算不算逍遥？"

谢安怔住了。

支道林目视谢安，娓娓道："所以说，逍遥因人而异，绝非拘泥于形式。有人隐居山林逍遥，也有人居庙堂逍遥。谢君又当如何呢？"

支道林的话正戳中谢安的心坎。原先，谢安从不想过早涉入官场，但随着谢万被贬，陈郡谢氏家族名声一落千丈，这些都令他陡生危机感，他意识到自己或许是到出仕的时候了。不过谢安并没下定决心，他仍在做官和隐居二者间摇摆。而且就在几天前，他同时收到桓温和司马昱的礼聘，两位权臣都想征谢安做自己的幕僚，谢安均未答复。

谢安踌躇道："我还是想不明白。"

支道林想了想，道："我给你讲个故事。"

谢安正坐静听。

"有个朋友知道我喜欢仙鹤，所以送了我一对小鹤。不久，小鹤翅膀长成，我不舍得它们飞走，故剪掉其羽毛。但马上我便后悔了，它们既然有冲上云霄的资质，我又怎能将其扼杀呢？所以后来，等它们羽翼丰满，我再也不加干涉，只是任凭它们翱翔天际。"

讲完，支道林直盯着谢安的双眼，道："我看谢君也有冲上云霄的资质啊！"

谢安听毕，缓缓点了点头。

公元 360 年，谢安接受桓温聘请，加入桓温幕府。谢万一年后病死，谢安成为陈郡谢氏冉冉升起的一颗新星。

政敌之间

桓温攻下洛阳后的第五年，公元 361 年，东晋第五代皇帝——时年十九岁的司马聃驾崩。由于司马聃到死没生下儿子，皇位只好传给他的堂兄弟——时年二十一岁的司马丕。司马丕是司马衍长子，即是当年何充想立没立成的那个婴儿。

司马丕自坐上皇位，就不知着了什么魔，整天拿仙丹当饭吃，一门心思想得道升仙。现代人都知道，古代的仙丹富含水银等多种重金属，他这么作死能不能得道不知道，但升天是肯定的了。

仅仅过了四年，司马丕即一命呜呼。他也没儿子，于是，皇位又传给了他的胞弟司马奕（司马衍次子）。司马奕才十四岁，基本也是个摆设。皇太后褚蒜子身价飙升，成为三朝皇太后。朝政大权则依然掌握在会稽王司马昱手中。

司马昱论辈分是司马聃、司马丕、司马奕三届皇帝的叔祖。这些年，他始终把遏制桓温当作头等大事，并相继扶持了好几个东线统帅。可是，这些东线统帅没一个靠谱，更不乏像殷浩这样被桓温弹劾赶下台的。眼看东线统帅立一个倒一个，司马昱面对桓温越来越弱势。不过，由于士族全都支持司马昱，司马昱在朝廷依旧拥有最大话语权。而桓温虽然接连斗垮了多任东线统帅，却始终没机会把手插进东线。

为什么士族会支持皇室抗拒桓温呢？这里要介绍一下东晋的政治形态——门阀政治。

门阀政治的特点是士族掌握政权。士族秉承着一个理念——避免任何政治动荡，尤其是改朝换代。倒不是说他们对司马氏有多忠心，而是因为皇帝徒具虚名，这对他们而言是最好的时代。

如果把东晋比作公司，皇帝充其量算个占小股份的法人代表，司马昱算手握稍大股份的CEO，而建邺的几大家族——琅邪王氏、太原王氏、颍川庾氏、高平郗氏、陈郡谢氏也都掌握高额股份。可能有人会问，在王导、郗鉴、庾氏兄弟死后，这几大家族的权势应该业已衰败，为什么仍能左右政局？国家的股份又到底是什么？爵位？食邑？这只是浅层次的表现形式，真正决定他们股份比例的，乃是无形的政治影响力。

如今，占据董事会大半席位的几个股东发现子公司负责人桓温有反吞母公司的危险，肯定要联起手来枪打出头鸟。

再说桓温。他自收复洛阳后，隔三岔五就跟朝廷提议迁都。朝廷为了让桓温消停，唯有不断给他加官晋爵。由此，桓温得到大司马、侍中、都督中外诸军事、扬州牧、录尚书事、假节钺一系列官衔。

桓温唯一的追求就是北伐中原，建功立业。然而，在经历了十几年的权力角逐后，他的心态和价值观不知不觉发生了改变。而今，他已年过半百，再也不是曾经那个心无旁骛只想北伐的人，他仍然渴望北伐，但同时，他也越来越渴望至高权力。

桓温和朝廷之间的关系变得越发紧张。

本来，桓温既已是都督中外诸军事（执掌中央军权）、录尚书事（监管尚书台政务）就该入朝辅政。但对这个问题，司马昱前怕狼后怕虎。不让他入朝吧，保不齐哪天桓温狗急跳墙就能率大军把建邺给围了。让他入朝吧，整天低头不见抬头见，心里更发毛。而处在桓温的立场，他一样对这个问题拿不定主意。入朝辅政无疑会让自己的权威更上一层楼，但要跟建邺那几大家族左右周旋，实在不是自己的强项，而且更得时刻防着政敌刺杀。

公元 364 年 7 月，司马昱硬着头皮让桓温入朝。桓温则硬着头皮拒绝。司马昱一看桓温不敢来，反倒壮起了胆，两个月后，他再度催桓温入朝。桓温前思后想，这回竟一口答应下来。可桓温刚上路，司马昱又怕了，赶忙下诏阻止桓温。

桓温半路上接到朝廷禁止其入朝的诏书，便在赭圻（今安徽省芜湖市西南四十公里处）屯驻下来。

《太平寰宇记》中记载了一个小故事，描述当时的紧张气氛。距桓温驻军的赭圻下游十里处有座江心岛，岛上栖息着很多水鸟。一天，鸟群突然惊飞起来。桓温见状，第一反应是朝廷派兵来攻打自己，全军顿时戒备森严。过了好一会儿，全无动静，大家才知道是虚惊一场。此事过后，这座江心岛遂被命名为战鸟山。

司马昱让桓温入朝，桓温踌躇不前；不让桓温入朝，又让桓温有了底气。两人就这样小心谨慎地试探着对方的底线。

公元 365 年 3 月，桓温在赭圻住了半年后，继续向建邺进发，最后，他驻军到了扬州姑孰。这里正是昔日王敦屯兵威慑朝廷的地方，离建邺近在咫尺。

司马昱闻听此消息，只觉毫毛倒竖，他不知道桓温到底要干什么。经过一番考虑，他做出了一个决定，他要亲自去拜会桓温，亲眼见见这个和自己斗了十几年的政敌。有什么话摆在台面上说，什么问题都能谈。

二人会晤的地点，一不在建邺，二不在姑孰，而是选择在建邺和姑孰之间，位于长江中的洌洲岛（今安徽省马鞍山市以西的江心岛）。

史书中并没记载这两位政敌到底谈了些什么。但是，我们可以通过事后的结果猜出会谈内容。

就在司马昱见过桓温回京后，朝廷马上任命桓温三弟桓豁为荆州及扬州义城、雍州京兆都督，兼荆州刺史；五弟桓冲为江州及荆豫八郡都督。至此，桓氏家族及亲信包揽了帝国西部各州兵权。那司马昱又换来了什么呢？我们继续往下看。

到第二年冬天，司马昱官拜丞相，入朝不趋、赞拜不名、剑履上殿。

实际上，西部各州本就在桓温势力范围内，朝廷也本就在司马昱控制中。二人此番会谈，简要言之，即是进一步稳固己方权力，并相互得到政敌的口头认可。

政治对冲

四十年前，权臣王敦兵败后被埋葬于扬州姑孰。

桓温特意去看了王敦的坟墓。他一边手抚墓碑，一边用低得只有自己能听到的声音感慨道："可敬可佩啊！"他毫不掩饰自己对王敦的仰慕，也越来越认同王敦的做法。随后，他又喃喃自语："如果我一辈子就这么碌碌无为，死后怕是要被司马师、司马昭兄弟笑话了……"

他官拜大司马，手握帝国大半兵权，又一举平定巴蜀，两度北伐，收复故都洛阳，却还说碌碌无为，他到底想要什么呢？毫无疑问，他已开始觊觎皇帝的宝座了。

这天，在国都建邺，一个三十来岁的年轻人正五体投地，倾听朝廷诏命。这人名叫郗超，乃是重臣郗鉴的孙子，时任司马昱幕僚。诏命的内容令他大吃一惊，居然让他转任桓温幕僚。显而易见，桓温不遗余力地笼络郗氏家族，直接挖了司马昱的墙脚。而对于郗超来说，他在两个政敌之间横跳，心里绝对是七上八下。

郗超受命出了建邺，却没直接前往姑孰，而是绕了个远，向着扬州腹地的会稽郡疾奔而去。他此行是去找他的父亲——时任会稽太守的郗愔（yīn）（郗鉴长子）商议对策。

父子见面。郗超说明了来由。

郗愔沉思良久，没直接回答儿子的疑问，反而讲起了郗鉴的往事："……想当年，王敦叛乱时，你爷爷只身来建邺，却把大批流民军留在江北。后来，他离开建邺，又跟朝中王导结盟……那时候他每走一步都小心翼翼，这才让咱们郗家成为江东一等名门……"

关于爷爷的故事，郗超早就耳熟能详，但仍仔细聆听，努力从父亲的话语中找出重点。想了片刻，他沉吟道："您的意思是咱们里应外合？那么，咱们到底该倾向桓温，还是倾向朝廷？"

郗愔笑了："当初，你爷爷只有一个人，不得不在皇室和权臣中选择一边。如今，咱们可有两个人哪。为父是朝廷臣子，为朝廷尽忠天经地义。你是桓温幕僚，帮桓温出谋划策也是本分。今后，我们父子二人各为其主，专心致志。无论如何，郗家都能得以保全。"

郗超恍然大悟，告辞了父亲，起程往姑孰而去。

公元 367 年，最新一任东线统帅庾希（庾冰的儿子）被桓温弹劾，遭到罢免。司马昱又提拔郗愔继任东线统帅（徐、兖、青、幽四州及扬州晋陵郡都督，兼徐、兖二州刺史）。郗愔被摆在了桓温的对立面，郗超则一心一意帮桓温出谋划策，很快成为桓温最信任的首席谋主。从此，这对父子为了保全家族这个共同目的，走上了对冲的路线。

桓温当然不只是笼络高平郗氏，诸如琅邪王氏、太原王氏、陈郡谢氏等名门均在他的关注之内。除了高平郗氏的郗超和陈郡谢氏的谢安，王珣（王导的孙子，琅邪王氏成员）、王坦之（王述的儿子，太原王氏成员）也相继加入桓温幕府。

这几大家族始终秉承着一个理念——在不得罪桓温的情况下，尽一切可能避免改朝换代的事发生。

变　数

东线统帅郗愔坐镇的京口，经他父亲郗鉴数十年经营，聚集了几十万北方流民。多年来，京口流民军一直是帝国东线最强的武装力量。而且，东线统帅虽然像走马灯一样来来去去，但郗氏家族与这支流民军一直没断联系，且始终维持着强大的间接控制力。

桓温迫切想把这支流民军收归麾下，眼下，他虽顾及郗超的面子没直接为难郗愔，但也多次跟郗超流露出想拿下东线兵权的意思。郗超对此心知肚明。

公元 369 年春，桓温命令东线统帅郗愔、豫州刺史袁真、江州刺史桓冲筹备北伐前燕事宜。

桓温的本意是希望袁真和郗愔能知难而退，主动交出兵权，可没想到这二人装糊涂，信誓旦旦向桓温陈明北伐决心。二人看似配合北伐，对桓温而言，恰恰是不配合。

袁真的事暂且搁下不提，只说郗愔。他接到命令后，当即给桓温回了一封信。

信先传到郗超手中。郗超拆开观看，只见信中写道："在下即刻率徐兖大军北上，誓与桓公齐心协力，共辅社稷。"

郗超心里咯噔一下，他暗想：桓温垂涎徐兖兵权已久，可父亲说要亲自率兵，毫无让权的意思，这肯定会得罪桓温。旋即，郗超模仿父亲的笔迹，重新替郗愔写了一封信。信是这样写的："在下本非将帅之才，身体又常生病，不堪军旅之事。希望桓公能奏请朝廷，让在下回家养老，东州兵权可由桓公自领。"

郗超将伪造的信笺送给桓温。桓温看毕，大喜过望。

5 月，丞相司马昱二度离开建邺，秘密会晤大司马桓温。之所以称密会，是因为这次会晤并不见之于史册，仅在南朝时一本关于修道的书——《真诰》中有只言片语的记载。

关于会晤的内容，书中只提到桓温与司马昱约定 5 月 18 日出师。但不言而喻，桓温肯定把那封郗超伪造的信笺甩给了司马昱。司马昱看毕，无言以对，只好让郗愔回去做了会稽太守，并让桓温亲自担任徐兖二州刺史。经过这么多年的斗争，桓温总算是成功把手插进东线，而最令他兴奋的，是得到了素以彪悍著称的京口流民军。这个时候，唯有豫州刺史袁真非自己嫡系，但桓温确信，拿下袁真不在话下。

然而，表面上看似一切顺利，背后却波涛汹涌，不久，豫州刺史袁真和会稽太守郗愔都将成为桓温最大也是最不可控的变数。

郗超本以为桓温喊出北伐口号只为借机拿下东线兵权，但没想到桓温是来真的。他心里不由得一揪，力劝桓温道："此行路途遥远，汴河水又浅，漕运不畅，很可能导致大军断粮。下臣建议先不要北伐。"他这么说，是因为他知道很多桓温不知道的内情，不过，这些内情他没法跟桓温明说。

桓温不听。

与此同时，桓温的另一位重要幕僚——谢安意识到，无论此番北伐是成功还是失败，都免不了引发一场大乱。于是，他果断向桓温提出辞职。桓温挽留不住，遂外派谢安做了吴兴太守，算作插进扬州腹地的棋子。不过，他并不确定，真要到出事的时候，谢安能否帮自己。

大概是因为要安抚徐兖二州新兼并的军队，桓温原定 5 月 18 日出师的计划不得不往后拖延。

5 月 22 日，桓温一切筹备停当，亲率五万大军从姑孰北上，他气吞山河，誓要一举吞并前燕慕容氏。出发当日，所有朝廷官员都来为桓温践行，整个建邺万人空巷，场面极其壮观。可是，就在这一片歌功颂德、预祝桓温凯旋的欢呼声中，公卿各怀鬼胎，他们并不在乎黄河以北能否被收复，他们只担心如果桓温真的大获全胜，那晋室江山可就要改姓了。

粮食？粮食！

7 月，一支连绵数百里的庞大舰队由长江出发，沿着淮河、泗河支流一路北上。行驶到金乡（今山东省金乡县）时不巧赶上大旱，往北的河道全部干涸。

郗超的话不幸言中，但桓温没有退意，他派人开凿出长达三百里的运河，将大汶河和微山湖一带的水引入清水河，然后从清水河直通黄河。

运河开凿完毕，不仅桓温的舰队能开进黄河以北，漕运更有了保障。看起来，郗超的担心是多余了。可是，郗超仍顾虑重重，再次劝桓温道："虽然开凿出清水河，但漕运还是难以保障。如果敌军坚守避战，我方粮草供应又出现问题，形势堪忧。"

桓温完全不理解，运河已然畅通，为什么郗超还要如此担心粮食问题？

"漕运的事不用太操心，你还是多想想怎么破敌吧！"

郗超知道桓温并没参透自己话中的深意，只好提出了两种作战方案：

"其一，率全军渡过黄河，单刀直入，直取燕都邺城。如果敌军望风逃回辽东，我们占据邺城即大功告成；如果敌军出战，我们可一战定胜负，速战速决；如果敌军据守邺城，我们就扫荡邺城周边的农田补充军粮。

"其二，如果您觉得此计冒险，也可以屯兵黄河、济河一带，牢牢控制住漕运，等储备足够多的粮食，到明年夏天再行进兵。虽然有点拖延，但成功的把握更大。"

郗超这两种方案到底是什么意思？我们可以用更直白的方式解释一下：要么速战速决，渡过黄河去抢邺城周边的粮食；要么耗一年，在黄河以南储备粮食。总之，千万别过分依赖后勤。

如此，应该看出些苗头了。郗超开始提漕运只是借口，他心里很清楚，无论有没有漕运，军粮供应一定会出问题。但这意思他为什么不跟桓温直说呢？不久我们就能明白这其中的内情。

纵然知道郗超的真正想法，也无非事后诸葛亮，而当事人桓温全没领悟。这些年，他已储备足够多的军粮，又打通了漕运，在他的概念里，军粮供应是绝对有保障的。另外，桓温在伐蜀和北伐关中两场战役中总结出了两条经验：第一，不能冒进；第二，不能指望敌区军粮（当年前秦坚壁清野，致使桓温收割关中粮食的希望落空）。而郗超提出的两条方案，一个太冒进，一个又太保守。最终，桓温自己定了个折中方案——稳扎稳打，步步为营。

随后两个月里，桓温取得节节胜利。

前燕部署在黄河以南的多个地方官举城投降，前燕将领慕容忠、慕容厉、傅末波等将领不是被俘就是溃败。眼见桓温势不可当，前燕皇帝慕容暐被迫向前秦割地以求援助。

10 月，前秦接受前燕的条件，派出两万名士兵攻向颍川，但这支军队并没跟桓温开战，只图坐收渔翁之利。

10 月 27 日，桓温渡过黄河，抵达枋头（今河南省鹤壁市），并在黄河北岸徐徐蚕食前燕势力。

正当前燕危在旦夕之际，前燕官员申胤说出这样一番话："桓温看起来势不可当，但这恰恰是晋朝臣子最不愿看到的局面，他们肯定会暗中破坏桓温北伐。而且，桓温大军深入敌境，不求速战速决，反而以持久战步步为营，一旦军粮供应出了问题，必不战自溃。"

申胤这番见解与郗超如出一辙。

这时候，桓温军中最大的变数之一，豫州刺史袁真突然出了状况。袁真在石门（今河南省荥阳市）战败，导致石门失守。这里是晋军漕运命脉。紧接着，前燕派出五千兵完全截断晋军粮道。

粮食供应果然出了问题。晋军士气开始下降，此后数战，桓温败绩连连。

11 月 4 日，桓温军粮告急，不得不下令撤军。此时，水路已经被前燕阻断，桓温只好将战船付之一炬，从陆路返回。

桓温撤军的途中，前燕宗室名将慕容垂亲率八千名骑兵尾随其后。他并没有马上发起追击，而是耐心地等了几天，直到桓温放松警惕才发动奇袭。与此同时，前燕将领慕容德也率四千名骑兵，协同前秦两万名士兵一起从侧翼夹攻桓温。

12 月，桓温撤回山阳（今江苏省淮安市）。整场战争，晋军总计战死近四万人。桓温多年的积累几乎损失殆尽。

桓温心里只有无穷无尽的恨。他干的第一件事就是上疏弹劾袁真石门战败之责。袁真不甘示弱，也上疏弹劾桓温，双方针尖对麦芒。结果，朝廷不敢得罪桓温，对袁真的弹劾状视而不见。袁真一气之下，据守在寿春城，投降了前燕。

乍一看，袁真实在太冲动，但仔细琢磨这事，却觉得似有蹊跷。

首先，袁真在石门战败是不争的事实，就算被桓温弹劾下台，忍几年还能复出。可他非但没引咎自责求得宽恕，反而上疏弹劾桓温。袁真为何有这样的底气？或者说，是谁给了袁真这样的底气？某个想坏桓温北伐大计的朝廷公卿？很有可能。事实上，桓温北伐以惨败告终，再加上被下属弹劾，屋漏偏逢连夜雨，这的确是朝廷削减桓温权势的最佳良机。但没想到的是，朝廷畏惧桓温的实力，根本没敢接袁真的话茬儿。而后，袁真看起来比桓温还要窝火，以致举城叛变。他气的是什么呢？或许就是气自己被人当枪使，自己傻乎乎地冲在前头，结果要紧关头朝廷当了缩头乌龟，还把自己一脚踹开了。

桓温第三次北伐的转折点自然是石门失守。倘若没有袁真这事，桓温保住漕运又会怎么样呢？下面，让我们把目光转向江东最大的粮食供应地——会稽郡，看看桓温北伐的另一大变数——郗愔身上发生的事。

就在郗愔被桓温夺去兵权转任会稽太守后，会稽郡发生了两桩极诡异的事。

据《晋书·五行志》记载，这年夏天，会稽郡山阴县发生特大火灾。大火殃及粮仓，致使几百万斛米被烧得一干二净。史书更煞有介事地说，这是上天不愿见到桓温威逼皇室，故物极必反，阴阳相克所致。

同样是这年夏天，同样是会稽郡，老百姓在修缮山阴粮仓时竟从土里刨出两艘船，船舱中满载钱币。官府得知，马上派兵看守，打算将这笔意外之财收归国有，未承想第二天两船钱币不翼而飞。

被官兵监管的两船钱居然凭空消失，这其中有什么内情？而烧掉几百万斛米的大火究竟是天灾还是人为？不得而知。我们只知道，作为桓温军资的重要供应地——会稽郡损失巨额钱粮，可事后，太守郗愔并没受到任何处分。从而，我们也有理由相信，就算桓温保住石门漕运，后面还是会冒出各种莫名其妙的天灾人祸，让他的后勤出现状况。

到这里，我们终于明白，为什么郗超反复提醒桓温关注后勤供应，却又言之未尽，不把问题讲明白。毫无疑问，他的父亲郗愔正身涉其中。

真正的敌人

桓温从这次战败中似乎嗅出了些味道，他并不相信石门失守只是一次单纯的战术失败，更不相信袁真背后没有其他人暗中指使。不过，纵然北伐以惨败收场，但桓温仍手握东晋帝国近乎全境的兵权，他极有可能因咽不下这口气跟朝廷翻脸。

对于朝廷而言，最危险的时刻到了。

北伐失败的这年年底，丞相司马昱为安抚桓温，决定第三次去拜会桓温。双方约见的地点定在桓温驻地与建邺中间的涂中（今安徽省滁州市）。

桓温先一步来到会谈地点。他一边等司马昱，一边对幕僚王珣（王导的孙子）言道："你不是一直想看看丞相长什么样吗？他一会儿就到，你可以留在这儿跟我一起见他。"

须臾，司马昱赶到。这回，他并非只身一人，而是带着尚书仆射王彪之（王彬的儿子，王珣堂叔，琅邪王氏族人）同来。

关于他们谈判的内容，史书中照例没有描写，但司马昱回朝后即任命桓温长子桓熙为豫州刺史，直接取代了已经叛变的袁真。

近五年来，两个政敌总共进行了三次会晤。每一次，桓温总能换来一部分地方实权，至此，他已经控制了东晋帝国全境的军政大权。司马昱则得到了桓温不向朝廷动武的口头承诺，其他基本就没什么了。

会谈结束后，桓温问王珣："你这回见着丞相了，你看他是个怎样的人？"

王珣答道："丞相眼神清澈，气宇轩昂，桓公更是万民所望，不然，王仆射（王彪之）怎能一句话都不说，甘于居后呢？"

桓温笑了笑。突然，他脑子里一个闪念，猛地想到了些什么。王彪之真是甘于居后吗？桓温通过三次与司马昱谈判已渐渐看出，司马昱其实早就向自己屈服，但之所以一直保持政敌的立场，乃是因为被那几大家族怂恿才骑虎难下啊……

换句话说，这二十多里，和自己斗的根本就不是司马昱，而是以琅邪王氏、太原王氏、颍川庾氏、高平郗氏、陈郡谢氏等名门为首的庞大士族集团。

此时此刻，桓温什么都明白了……

游戏规则

当初，前燕被桓温逼得眼看就要亡国，这才向前秦割地以求援助。前秦派出两万士兵支援，可等桓温一撤退，前燕就不认账了。

做人的道理是：许诺了就要给。不给，就等着日后拉青丹。

公元369年底，桓温刚刚撤军，前秦重臣王猛即挥师三万讨伐前燕。倘若前燕遵守承诺，然后与前秦联手南下，不仅桓温翻身无望，恐怕连东晋王朝都会就此玩完。然而，前秦和前燕两国火并，正好给桓温赢得了喘息的机会。

叛变投燕的袁真很倒霉。他之前有没有被东晋公卿卸磨杀驴姑且不论，如今，他刚一归顺前燕，却又赶上秦燕两国交战，这下，前燕也没工夫搭理袁真了。公元370年4月，袁真郁郁而终，之后，袁真的儿子袁瑾继续据守寿春城。

这年秋天，桓温率两万大军围攻寿春，同时，又派部将刘波率五千兵进驻石头城就近震慑朝廷。这位刘波即是早年司马睿的亲信重臣刘隗的孙子。

四个月后，寿春城被攻破，桓温特意把袁瑾一族押送到建邺斩首示众，借此威慑朝廷。顺便补充一句，就在不久前，前秦重臣王猛也攻克邺城，并俘虏了前燕皇帝慕容暐。至此，前燕灭亡，前秦基本统一了北方。中国大地呈现出南北二分的局面。

随着袁氏一族被灭，桓温开始考虑一个问题——自己是不是能取代司马氏建立一个新的王朝了。

他问郗超："此番平定寿春，你看能否洗刷北伐失败的耻辱？"这话的潜台词是问郗超以他目前的声望能否称帝。

郗超想了很久，最后摇了摇头道："不能。"

桓温默然。

郗超看桓温没说话，道："您如果不做出些震惊天下的大事，恐怕难以服众。"

"你想说什么？"

"臣建议您效仿伊尹、霍光废立皇帝，如此一来，声望足以威震四海。"

桓温缓缓颔首。

郗超为何给桓温出了这么一个主意？

在郗超的构想里，未来有三种局面。最佳局面是维持现状。桓温和朝廷两强并立，井水不犯河水，自己和父亲都懵便在这两股势力间玩对冲，实现家族利益最大化。其次才是桓温取代晋室，但这么干很可能让父亲蒙受损失。另外，改朝换代的变数很大，再往后情况如何，谁都没法预测。而最差的局面，无疑是桓温称帝后几大家族全都不服，不可避免再度爆发内战，最终闹得两败俱伤。

郗超必须尽一切力量阻止最差局面发生。既然桓温有心称帝，他只能帮桓温办得尽量稳妥。总的来说，郗超个人与桓温并没利益冲突，这也是桓温如此信任郗超的原因。但郗氏全族则跟桓温的追求有些出入。

废掉当朝天子司马奕已是板上钉钉的事，那么接下来的问题是：究竟拥立哪位皇室成员登上帝位？桓温与郗超经过一番商议，决定立司马昱为帝。

很多人怀疑桓温拥立一个跟自己斗了二十多年的政敌当皇帝是不是脑子进水。实际上，桓温把这个问题想得很透彻。立谁并不重要，一旦托上皇位就是傀儡，重要的是必须让废立大计顺利进行。常年来，几大家族全都唯司马昱马首是瞻（当然，从另一个层面来说，司马昱也是被几大家族托起来的傀儡），桓温想立新皇帝，阻力最小的无疑是立司马昱，这也不失为一个安抚（或者说是讨好）几大家族的机会。

公元 371 年冬，桓温开始在坊间散布谣言说司马奕是同性恋且患阳痿，司马奕的男宠又跟嫔妃通奸生下儿子冒充龙种。由此，皇室声望一落千丈。

公元 372 年 1 月 4 日，桓温率军进驻建邺，朝野惊恐。

当夜，在皇宫佛堂内，已历经三朝皇太后（司马聃、司马丕、司马奕）的褚蒜子正独自跪在佛像前口念经文，燃香祷告。四下一片寂静，褚蒜子甚至能听到自己扑通扑通的心跳声。她知道，马上就要出大事了。

一炷香还没有烧完，一名皇宫近侍忽然像丢了魂一样，跌跌撞撞地跑进佛堂。

"太后，大司马有奏表送到。"

该来的总会来的。这封奏表的内容，正是要求褚蒜子以皇太后的身份下诏废司马奕，立司马昱。

褚蒜子拆开奏表，草草扫了几行，就不想再往下看了。她取过笔，直接在奏表下批示了几句话："此乃社稷大计，容不得我反对。我虽心如刀割，但也无话可说。"如此，褚蒜子算是默许了桓温的决定。

桓温要废立皇帝必须走皇太后这道手续，这和魏朝时司马师借郭太后之名废黜曹芳如出一辙。一方面，权臣通过废立皇帝树立威信；另一方面，纵然全天下都知道废立是出自谁的主意，但权臣不好亲自动手。这就是政治的形式主义。

两天后，1 月 6 日，朝廷百官会集皇宫太极殿，褚太后正式下诏宣布废立。

司马奕披了一件白布单衣，坐在牛车里，哭哭啼啼地出了皇宫。随后，桓温率百官前往会稽王府，迎接司马昱登基。

司马奕在位六年，被废后降爵为王，没过一个月又从王降爵为公。他的命随时都攥在别人手里，稍不留神就会被人诬陷有图谋复辟的企图，他要想活下来，必须把谨慎发挥到极致。为此，他大张旗鼓地玩男宠，偶尔不小心和妃子生下儿子，当场弄死。就这样，司马奕又活了十五年，于四十五岁死去。司马奕是东晋第七代皇帝，在他之前，除了司马睿，就没一个能活到三十岁的。若说司马奕对东晋唯一的意义，大概就只有拔高了东晋皇帝的平均年龄吧。

司马奕是哭着离开皇宫的，司马昱是哭着走进皇宫的。

论辈分，这位东晋第八代皇帝司马昱乃是前三任皇帝的叔祖，于是，皇位便从孙子又传回到爷爷手上。

手足情深

司马昱时年五十二岁，他和桓温斗了二十多年，最后反被政敌拥立为帝，这对他来说极尽讽刺，而且绝不是一件幸事。

此时，整个建邺风声鹤唳，朝中人人自危，局势凶险莫测。

就在司马昱登基的第三天，公元372年1月8日，一队皇宫禁军气势汹汹地闯入新蔡王司马晃府邸。领头者便是桓温的弟弟——时任中领军的桓秘。

"新蔡王在哪儿？！"桓秘吼道。

这位司马晃是汝南王司马亮的玄孙，也是司马亮为数不多幸存的后代之一。他趋步迎上前来，眼见这阵势，吓得直哆嗦："臣、下臣在。"

桓秘拽住司马晃的胳膊，一把拉进厅堂内，然后扫了一眼周遭的王府侍从，像训斥自家仆役一样喝道："都退下，我跟新蔡王有事商量！"

王府侍从惶恐退下。司马晃颤巍巍地坐到桓秘的对面，连大气都不敢喘："不知将军到此有何贵干？"

"大司马（桓温）最近得到密报，说你和武陵王司马曦、著作郎殷涓、太宰长史庾倩、散骑常侍庾柔等人曾勾结袁真，密谋造反！"司马曦是司马昱的胞兄，多年来一直充当司马昱的左膀右臂。殷涓是早年被桓温弹劾下台的东线统帅殷浩之子。庾倩和庾柔则是庾冰的儿子，也和司马昱走得很近。

司马晃只觉浑身发软，一下瘫在地上："下臣纵然有一万个胆子也不敢做出这种事，还望大司马明察。"

桓秘冷笑："这事已经查得水落石出，想赖是赖不掉的。不过……"他顿了顿，瞪着司马晃的双眼问道："你想不想活命？"

"下臣想活命！想活命！"

"好！要想活命只有一个办法……"

半个时辰后，桓秘率军退出新蔡王府。他并没有带走司马晃。

当日，司马晃跌跌撞撞地奔进皇宫，觐见司马昱。

"臣有事启奏。"

"讲吧。"司马昱看着司马晃这副失魂落魄的样子，已猜出不会有什么好事。

"臣犯了谋反之罪。臣曾与袁真勾结。"

司马昱瞪圆了双眼，几乎不敢相信自己的耳朵。为什么司马晃要主动跟自己说这种事？

司马晃已哭得上气不接下气："陛下恕罪！还有同谋者……同谋者……"

瞬间，司马昱明白了一切，他内心苦苦哀求：求你别再说了！没有同谋者了！

司马晃完全不敢直视司马昱。他只顾玩命地磕着头，任凭血和泪滴在皇宫大殿的地板上："同谋者，还有武陵王司马曦、著作郎殷涓、太宰长史庾倩、散骑常侍庾柔！陛下！臣对不起社稷！臣对不起宗室啊！"

司马昱呆坐着，如鲠在喉，一句话都说不来。

不一会儿，包括司马晃在内，所有牵连者全部被押送到廷尉受审。

两天后，御史中丞司马恬上疏："武陵王、殷涓、庾倩、庾柔等人谋反证据确凿，按律当族诛！请陛下下旨！"

司马恬正是昔日王敦叛乱时据守湘州拼死抵抗的谯王司马承的孙子。早年，司马承被王敦、王廙杀害，儿子司马无忌深恨琅邪王氏，更一度想手刃王廙的儿子，也正因为此，他和建邺士族的关系极不融洽。而后，司马无忌出任荆州南郡太守，归属于桓温麾下，并随桓温伐蜀立下战功。多年来，司马无忌和司马恬父子是屈指可数支持桓温的皇室成员。

桓温利用皇室打击皇室，这一招相当狠。

司马昱和司马曦兄弟手足情深，眼见哥哥就要被族诛，他怨愤地瞪着司马恬言道："我肝肠寸断，实在不忍下旨，你们再回去商量商量吧。"

桓温按捺不住，亲自上疏，催司马昱下旨族诛司马曦等人。

此刻，司马昱万念俱灰。他做出了一个决定，就算豁出自己，也要保住唯一的哥哥。

"拿笔来！"

司马昱给桓温写了一道手诏："如果您觉得晋室国祚还能延续，请不要逼人太甚。如果您觉得国祚将亡，我甘愿退位！"

桓温看毕，冷汗直流，他万万没想到司马昱为保司马曦竟能这么拼命。最终，他做出了妥协。

1 月 13 日，朝廷正式宣布判决结果。司马曦父子免受族诛，但废黜一切官职爵位，流放边境。司马晃贬为庶民。其他如殷涓、庾倩、庾柔等全部夷灭三族。

庾倩的四哥庾蕴服毒自杀，大哥庾希和六弟庾邈逃亡远地。唯三哥庾友因为和桓氏结有姻亲被赦免。半年后，庾希和庾邈逃到京口，招揽当地囚犯抗拒桓温，但很快就被桓温剿灭斩首。至此，庾冰的后代大多被屠杀殆尽，显赫数十年的颍川庾氏最终遭到灭顶之灾。

入幕之宾

京都公卿目睹这场腥风血雨，无不噤若寒蝉。

前段时间，一度离开桓温，上任吴兴太守的谢安刚刚接到任命，又入朝做了侍中。这天上朝，谢安见桓温远远走来，扑通一下跪在了地上。

想当年，谢安在桓温幕府当差时，桓温对他尚要礼敬三分。如今，二人虽官位有高低，但毕竟同殿为臣，更没必要这么低三下四。

桓温见状诧异，上前扶起谢安："安石（谢安字安石），你怎么行如此大礼？"

谢安言道："您是君，我是臣，理应如此。"

谢安以君臣之礼对待桓温，正是他明哲保身的策略，他必须赢得桓温的信任，只有这样，他才有机会暗中掣肘桓温，保全晋室社稷和家族前途。

这段时间，身为桓温首席谋主的郗超借着桓温的势头，同样权倾朝野。

郗超官拜中书侍郎（中书省僚属），位阶虽不高，但每天都有无数公卿重臣为见他一面挤得头破血流。在郗超的府门外，重臣排成一条长龙，队尾便是侍中谢安和左卫将军王坦之。二人早先都做过桓温幕僚，现在一个是门下省首席，一个手握皇宫禁军兵权，却要拜谒一个中书省僚属，这让王坦之觉得相当掉价。

时近黄昏，二人已等了整整一天。王坦之不耐烦了，小声嘀咕道："当初咱们都在大司马幕府当过幕僚，拜大司马也就罢了，没想到今天还要拜这小子！"

谢安使劲戳了一下王坦之："你还想不想要命？再忍会儿！"说着，他又朝队伍前指了指，"看前面，连三公都在呢，你还发什么牢骚？"

群臣这么巴结郗超，是因为他们清楚，桓温入主朝廷，必会扫除异己，裁撤大批官员，而郗超正是能左右桓温决定的关键人物。

事实的确如此，这段时间，郗超每天都和桓温通宵达旦商议裁撤名单。二人忙了好几天，总算将名单拟定。

一大早，谢安和王坦之来到桓温府邸，准备拿到名单执行裁撤计划。

桓温将名单递给二人。

谢安看毕，心里一惊。这份名单上不单单有桓氏政敌，更有大批郗氏政敌。很显然，郗超在借机打压异己。谢安什么话都没说，点点头算作认可。一旁的王坦之见名单里有很多自己的同族（太原王氏族人），按捺不住说道："要裁撤的人是不是太多啦？"

桓温看出王坦之不满，打算卖个人情，便欲提笔删掉一些人。这时，帷幕后响起一声咳嗽。谢安和王坦之听得真切，这正是郗超的嗓音。

桓温撇下二人，转身入帷幕。里面窃窃私语。片刻，桓温走出来，对王坦之言道："这份名单还是不要改了。"

王坦之强压怒火。

谢安心里也有气，但不能发作，遂打了个圆场，笑道："郗君还真不愧是入幕之宾啊！"这是个双关语，"幕"字明指帷幕，暗指桓温幕府。此时郗超已非桓温幕僚，乃是朝廷公卿。谢安这么说，一半玩笑，一半揶揄。

谯郡桓氏本属三流士族，那些地位高贵的家族表面对桓温俯首帖耳，背地里却少不了搞小动作。桓温虽然手握强权，但执政总感觉力不从心。毕竟，他不能把那几大家族全杀干净。

1月17日，朝廷拜桓温为丞相，依旧保留之前的大司马、侍中、都督中外诸军事、录尚书事、扬州牧、徐衮二州刺史等官职。

次日，桓温返回姑孰驻地，并让郗超、谢安、王坦之等人留在朝中代自己执掌政权。

这天，皇帝司马昱屏退左右，单独召见了郗超。

"你就跟我说句明白话吧，在我身上会不会重现废立这种事？"

郗超沉思半晌，郑重言道："臣以全家百口性命担保，绝不会！"

郗超这话可谓半真半假。前文讲过郗超对家族未来的三种构想，最佳局面即是维持现状，此时，他正极力将事态往这方向拉。他给桓温出谋划策不假，但究其本意，无不是为了让目前这种局面尽可能拖延更久。郗超敢以全家性命担保，想必他在这方面有极大把握。那么，万一桓温等不及再图进取，又当如何呢？

郗超很清楚，真到那时候，也不会是废立，而是禅让了。

摄政？辅政？

无论是废立还是禅让，司马昱都无缘得见，这是他的幸运，也是他的不幸。就在翌年（372年）9月7日，司马昱坐上皇位才刚过八个月，他终于因忍受不住这巨大的心理压力，一病不起了。

司马昱预感死期临近，当日给桓温连发四封诏书，催桓温入朝接受托孤遗诏。而且，他在见不到桓温的情况下，甚至太子都没敢册立。为什么司马昱急于见桓温？实际上，他毫不怀疑桓温会谋朝篡位，如果不让桓温接受遗诏，到时候桓温不承认儿子的继承人身份，搞不好会率军进犯京都。如果改朝换代不可避免，他只求和平进行，只有这样，才能保住儿子一条命。

然而，桓温生性谨慎，怕被刺杀，硬是没敢入朝。

五天过去了，到9月12日，司马昱还是没等来桓温，眼看自己就要撑不住了，只好匆忙册立时年十一岁的儿子司马曜为皇太子，同时写下遗诏，请桓温按照古代周公姬旦的方式摄政。前文讲皇太后庾文君的时候说过，摄政指代替皇帝行使最高权力，这远远超越了辅政的权限。

紧接着，司马昱又补了一封遗诏："太子能辅佐就辅佐，如果不能辅佐，丞相可自取其位！"在汉末三国时期，曾有两位君主对臣子说过类似的话。一个是吴国奠基人孙策临终前对张昭说，一个是蜀国开国皇帝刘备临终前对诸葛亮说。无论是孙策与张昭，还是刘备与诸葛亮，都堪称肝胆相照的君臣典范，他们说这番话的目的是激励臣子努力辅佐后继者。然而，司马昱的心境跟孙策、刘备截然不同，时至今日，他已彻底放弃，彻底妥协了。

候在一旁的左卫将军王坦之接过遗诏看了又看。他几乎不敢相信自己的眼睛。遗诏哪有这么写的？司马氏可以没骨气，可以不要江山，但他太原王氏以及建邺那几大家族绝不能妥协！王坦之跪在司马昱床前，当着皇帝的面将这封遗诏撕了个粉碎。

再讲讲太原王氏家族。在魏朝和西晋时，太原王氏成员全都官居要职，但自从匈奴王刘渊闹独立，太原王氏就开始受到牵连。

西晋晚期和东晋初期，太原王氏成员很不得势。直到匈奴汉赵（前赵）被羯人的后赵灭掉，汉人与匈奴人的矛盾渐渐淡化后，太原王氏成员才得以重登政治舞台。但即便如此，跟刘渊关系最好的王浑、王济这一支的后人依旧抬不起头。而现在崭露头角的王坦之则是王浑弟弟王湛的孙子，这一支跟刘渊较少有瓜葛。

此时此刻，司马昱望着王坦之，破罐子破摔地说道："晋室江山是靠意外运气得来的。卿又何必这么放不下……"

王坦之大怒："天下乃是宣皇帝（司马懿）和元皇帝（司马睿）呕心沥血才挣来的！怎能说是运气？陛下不能说扔就扔！"

王坦之的执着似乎给了司马昱一丝勇气。他重新改写了一封遗诏："国事委托丞相，请丞相依诸葛亮、王导的先例辅政。"由此，摄政改成了辅政。

司马昱写完这封遗诏，于当日驾崩，享年五十三岁，谥号"简文帝"。

史书中随处可见司马昱和桓温的斗争周旋，其中不乏对司马昱气度和谋略的描写。不过，谢安这样评价司马昱："简文帝除了会清谈，跟惠帝（司马衷）没两样。"在他嘴里，司马昱成了一个只会清谈的弱智。好歹这人跟桓温斗了二十来年，怎么到头来竟被支持自己的士大夫骂得如此不堪呢？想必，这是因为他后来向桓温屈服，没能遂了谢安等人的意，为几大家族谋取利益吧。总之，司马昱，这个一度拔升宗室势力的皇帝，说到底，仅仅是士族的枪，以及桓温的傀儡罢了。

司马昱既已驾崩，理应由太子司马曜继位，可群臣怕忤了桓温的意思，愣是不敢擅自做主。

尚书仆射王彪之（王彬的儿子，琅邪王氏成员）力排众议，道："天子驾崩，太子即位，这是顺理成章的事，不容丞相有异议！"

由此，司马曜才得以登基。

而今，褚蒜子已是五朝（司马聃、司马丕、司马奕、司马昱、司马曜）皇太后，这些年她经历过太多风风雨雨，早学会做事不留把柄，她为不引起桓温的敌视，宣称要改桓温辅政为摄政，并正式下发了诏书。

王彪之又站出来阻拦，将褚太后的诏书原封不动退了回去。最终，朝廷仍按司马昱临终遗诏执行，让桓温辅政。

就这样，东晋王朝在太原王氏（王坦之）、琅邪王氏（王彪之）、陈郡谢氏（谢安）等几大家族的周旋下勉强得以延续。

那么，在这个紧要关头，桓温的代理人郗超又干了些什么呢？遗憾的是，郗超像个透明人一样完全没出头。事实上，郗超也倾向让桓温辅政，因为只有这样才能继续维持现状。而现状，对郗氏家族而言，无疑是最佳局面。

司马昱驾崩、司马曜即位的当天，身在姑孰的桓温接到了遗诏。

他看毕，大失所望："到头来只落得个辅政啊……"

原本，桓温认为司马昱临终前会直接把皇位禅让给自己，就算退一步，也该让自己摄政，但万没想到仅仅是辅政。这件事，让他再次见识到建邺那几大家族对政局的控制力，而郗超也没能起到应有的作用。

离婚风波

前文讲"东床快婿"时提过，王羲之的儿子王献之娶了自己的表姐——郗鉴的孙女郗道茂为妻，作为郗、王两家政治联盟的延续。然而，就在司马曜登基不久，王献之突然与郗道茂离婚，随后娶了司马昱的女儿安僖公主司马道福。

首先必须说明的是，王献之和郗道茂感情笃深。王献之不愿跟郗道茂离婚，不想娶司马道福。他甚至把脚烧成重伤，以自残的手段来抗拒这事。但最终，王献之还是身不由己，被迫与郗道茂离婚，娶了司马道福。郗道茂离婚后终身未嫁，在思念和悲伤中度过余生。

这桩离婚风波，意味着延续近五十年的郗王联盟正式宣告瓦解。

究竟是什么人给这对夫妻施加了如此巨大的压力？

表面上看，王献之娶司马道福，貌似有皇室从中促使的意味。然而，从另一个角度来看，这毫无疑问会把琅邪王氏和高平郗氏得罪不浅。如果是皇室的安排，最终的结果到底能不能起到笼络琅邪王氏这个预期效果？

反过来想，有没有可能是某人想借这事故意挑拨琅邪王氏和皇室的关系？如果这种猜测成立，那唯一的嫌疑人将指向桓温。可是，这种反其道而行之的手段也玩得太过火了，且很可能把高平郗氏连同郗超一起得罪。料想，桓温应该也不会这么干。

既然皇室和桓温都不大可能，还有谁拥有这么大能量且从中受益呢？

当时，朝廷里最有话语权的人除了郗超，非谢安莫属，会不会是谢安暗中撺掇皇室？这种可能性极大。谢安对郗超阳奉阴违，希望琅邪王氏跟高平郗氏划清界限。但如前文所讲，这事肯定会得罪郗、王两家，搞不好最后偷鸡不成蚀把米。为了避免自己成为众矢之的，谢安索性把皇室推到了前台，两家就算怨也是怨皇室，赖不到自己头上。

不过，王献之事后很可能知晓了其中原委。在《晋书·王献之传》中，离婚事件后紧跟着就写到谢安意图拉拢王献之，并聘请王献之做自己的幕僚。几年后，一次皇宫翻新太极殿，谢安想请王献之为太极殿题字，却不敢直说，而是旁敲侧击。王献之察觉出谢安的意图，一点面子没给，直截了当地拒绝了。谢安是王献之的顶头上司，让下属写几个字按理只须下个命令就行了，但显然王献之对谢安恨意难消，而谢安更像亏欠对方一般。

总之，几大家族之间的关系可谓错综复杂。

这么深的水，对于出身三流士族的桓温来说，自然是很难蹚得过去。

底　牌

公元 373 年初，桓温决定亲自去一趟建邺，探探虚实。4 月 2 日，他率军来到建邺。谢安、王坦之等公卿朝臣伏道迎接。每个人心里都忐忑不安。

"文度（王坦之字文度），文度！"谢安拍了拍王坦之的肩膀。

"啊！"王坦之一个激灵，"干什么？"他瞪了谢安一眼，很气恼对方把自己吓了一大跳。

谢安低声提醒道："你的朝板，拿倒了。"

"哦，哦！"王坦之有些尴尬，赶紧把朝板正过来，嘴里犹自嘀咕着，"丞相这回入京，肯定要找咱们兴师问罪。怎么办啊……"

谢安深深吸了一口气："还能有什么办法？一会儿你跟我去面见丞相。兵来将挡，水来土掩。晋室社稷存亡，在此一举！"

桓温入建邺府邸，先行安顿。不一会儿，谢安和王坦之携手揽腕前来拜见。

二人进府，穿过庭院，只见到处戒备森严，士兵皆拔剑张弩，犹如战场临敌。这阵势任谁看了都会心惊胆战。

王坦之朝谢安努了努嘴，悄声说道："你看，正厅墙后藏着人呢。"

谢安扫了一眼，果然，旁边的墙上时不时闪过兵刃的反光，隔着墙都能感觉到杀气。

"丞相这是要给咱们来个下马威啊……"

二人进了正厅，拜见桓温。

谢安意识到：如果谈判处于桓温的武力威慑之下，将无法顺利进行。于是，他开门见山："诸侯应该率军镇守边关，桓公怎么反倒把军队藏在自家墙后？"

桓温板着脸回道："情势所迫，这也是没办法的事。"

谢安和王坦之一语不发，以沉默应对。

桓温也不想局面就这样僵住，冲墙后面喊了一句："都退下吧。"言讫，一队士兵从墙后撤了出去。

对谢安和王坦之而言，这算开了个好头。只要没有武力相逼，接下来就什么都能摆在桌面上谈了。

三人整整谈了一天。在这场谈判中，双方均亮出底牌。谢安和王坦之表面上对桓温低眉顺目，但说的话柔中带刚，绵里藏刀。他们让桓温明白，如果桓温真要以武力威逼朝廷，建邺的几大家族绝不会坐视不理，到时候免不了两败俱伤。目前对双方最有利的局面是维持现状，如果桓温真有本事，自能循序渐进，以和平手段让皇位缓慢过渡。

谢安和王坦之二人所言不虚。想当年魏朝时，司马家族权势无人能及，却要经司马懿、司马师、司马昭、司马炎祖孙三代四人，耗了几十年才迫使魏朝禅让，开创晋朝基业。

桓温回想着晋朝建国的往事，由衷地钦佩司马懿父子，他曾担心自己不思进取会让九泉之下的司马师、司马昭耻笑，可今天他明白了，如果自己心浮气躁，跟朝廷闹得鱼死网破，才真的会让这两个篡国权臣的鼻祖耻笑吧。

九锡之礼

桓温在建邺住了十来天，整日忙于跟几大家族谈判周旋，只觉身心俱疲。有生以来，他第一次觉得自己是真的老了。桓温出身不好，要融入一等士族圈子总觉得困难重重，比起建邺，他更喜欢在军营里待着。桓温只想返回姑孰驻地。临走前，他决定先去拜祭先帝司马昱的陵墓。

这天，桓温率领一众公卿来到建邺近郊的高平陵。解释一下，东晋国都建邺的城门、皇宫、陵墓等命名基本照搬前朝旧例，这并非洛阳附近的高平陵。

近来，桓温精神紧绷，身体已是非常虚弱。他跪在司马昱的陵墓前，磕了几个头，抬眼向墓碑望去。

这人跟自己斗了二十多年……

一阵冷风袭来，桓温只感到头晕目眩，两眼昏花。突然，他觉得墓碑旁仿佛有个模模糊糊的人影，越看越像司马昱。

你都死了，却还是不甘心吗？

只见司马昱的人影嘴唇微动，似在说话。桓温屏息凝视，侧耳倾听。不知不觉间，他的头越垂越低，以致紧贴地面，不敢起来。

两旁的同僚隐约听到桓温口中念念有词："臣不敢……臣不敢……"

公元 373 年 4 月 15 日，桓温离京回到了姑孰。三个月后，桓温病情加重，他知道自己等不到称帝了。他给谢安、王坦之等人传出口谕，要求朝廷授予自己九锡之礼。一方面，他要在自己死前进一步巩固桓家权势；另一方面，这也算是他最后一个心愿，给他这一辈子来个完美的总结。

谢安和王坦之满口答应。

几天后，桓温连连催问九锡之礼的筹备情况。

朝廷使者答复："谢大人和王大人一直在加紧筹备。整个环节中，赐礼文章至关重要，谢大人特地让文采出众的吏部郎袁宏草拟。"

"让他们快点儿。"

连日来，袁宏被这事搅得焦头烂额，赐礼文章已不知递上去多少次，可每次都被谢安挑三拣四，要求重写。

袁宏被逼得没办法，便将文章拿给他的顶头上司尚书仆射王彪之看。

"王大人，您看我这文章写得如何？"

王彪之看毕，拍案叫绝："文辞优美！举世无双！"

袁宏愁眉不展道："可谢大人总是不满意。"

王彪之笑了："袁君，你这文章写得固然是好，但你要是让这种文章流传于世，难道不觉得愧对社稷吗？"

"但是……丞相那边如何交代？"

"丞相病了，而且病得不轻。我劝你还是再多改几遍吧……"

8月，桓温躺在病榻上接见了朝廷使者："九锡之礼准备得如何了？袁宏的文章写完没有？"

"启禀丞相，朝廷正为这事日夜操劳，丝毫不敢懈怠。谢大人更是对袁宏写的赐礼文章精益求精，字字斟酌。"

"唉……"桓温叹了一口气。他知道，自己有生之年都见不到九锡之礼了。

在梦中

使者离去后，桓温最仰仗的五弟江州刺史桓冲言道："想必是谢安和王坦之对兄长阳奉阴违。待兄长百年后，我是否要处理掉这两个人？"

桓温回忆起王敦的往事。当年，王敦临终之际对后代千叮咛万嘱咐，让他们回武昌固守兵权，但求保全门户。面对桓冲的询问，他缓缓言道："谢安、王坦之不是你能制得住的。别去得罪他们了，这也算给咱家留条后路。另外，我打算把兵权交给你。我那几个儿子都不成器，别说成大事，恐怕连家门都保不住。你以后切不可与朝廷为敌，好自为之吧！"

《晋书》把桓温与王敦并列在一个章节内。身为一个对上不敬的权臣，自然免不了被后世口诛笔伐。有个关于桓温的小故事。

一次，桓温从北方游牧部落的领地救回一个老妇人。询问之下，才知道这老妇人年轻时曾是西晋抗匈奴名将刘琨的婢女。

老妇人一见桓温，当即潸然泪下："您长得可真像刘司空。"

桓温一直把刘琨视为偶像，甚是高兴，忙追问："你快说说，我哪里像他？"

"脸型像，但薄了；眼睛像，但小了；胡须像，但没刘司空乌黑油亮；身形也像，但比刘司空矮；连说话声音都像，只是没刘司空雄壮。"

这番存心找碴儿、挤对且言辞规整的排比转折句，能出自一个刚被桓温从游牧部落手中救出的老妇人之口吗？老妇人是无理取闹，抑或是恩将仇报，闲得找死？毋宁说，这番恶心桓温的话，是出自后世史家之口。

此时，桓温的心跳已经停止了。在一片伸手不见五指的黑暗中，桓温突然看到远处闪着一点光芒，他向着光的方向跑去，一瞬间，他又矗立于广袤的中原大地，身后跟着百万雄师，他重新回到了那个荡气回肠、波澜壮阔的北伐时代。

一位老妇人站在桓温面前，笑着说道："您长得可真像刘司空。"

桓温也笑望着老妇人："我以前长得更像。只是这些年相貌不知怎的变了……"

公元373年8月21日，东晋丞相、大司马、侍中、都督中外诸军事、录尚书事、扬州牧、徐兖二州刺史、平北将军、使持节、南郡公桓温薨，享年六十二岁。

桓温死后，谢安任尚书仆射兼吏部事务，王彪之任尚书令，二人总揽尚书台政务。王坦之任中书令，成为中书省首席大员。政坛基本被陈郡谢氏、琅邪王氏、太原王氏三大家族瓜分。桓温五弟桓冲则继续担任帝国西线最高统帅。谢安与桓冲虽互有猜忌，但二人还是本着东西平衡的原则，携手共抗北方游牧部落。

十年后，公元383年秋，前秦苻坚率百万大军南下，意图吞并东晋。

当时，桓冲在西线牵制敌军，东线兵权则尽归陈郡谢氏之手。谢安任最高统帅，派侄子谢玄在淮南一带阻击前秦前锋。

该年12月，谢玄率五千名北府兵（前身即郗鉴组建的京口流民军）强渡洛涧，击溃数万前秦军。来年 1 月，谢玄率七万名北府兵在淝水一举击败十五万敌军主力，并阵斩敌军主帅苻融，挽救了东晋王朝。

尾　声

这年冬天格外寒冷，江南下起了罕见的鹅毛大雪。

深夜，家家户户早已熄灯安睡，但漫山遍野的雪反射着月光，将天地间照得仿佛白昼一般明亮，到处都是自然纯洁的白色。

毕竟地处南方，虽然下雪，湖面却没有冻结。就在扬州会稽郡曹娥江上，一艘小舟正顶着大雪缓缓溯流而上。

舟头站着一个人，这人身穿裘皮大衣，口中咏颂着西晋名士左思（"金谷二十四友"之一）的《招隐诗》。他时不时抬头仰望皓月，又时不时四周眺望，极尽贪婪地欣赏这绝世美景。他甚至连眼皮都不舍得眨一下，生怕错过任何一处景观，致令遗憾终生。

这人名叫王徽之，"书圣"王羲之第五子。他雪夜行舟，只为去见个朋友，不为别的，全因随性，而且，他觉得在此情此景之下，也唯有去找那位朋友才不会玷污了这份纯净。

小舟行了整整一夜，天空渐渐泛白，东方一轮红日冉冉升起，照耀着雪地，白里透着金色，与夜景又呈现出截然不同的意境。

随着日头升起，小舟行到剡县（今浙江嵊州）。一栋雅致的宅子离王徽之越来越近，这里正是他朋友的住处。

须臾，小舟靠岸，船工把桨横在船上："先生，咱们到了。"

王徽之却没下船，望了望朋友的宅子，转头言道："走吧，咱们回去。"

"啊？"船工目瞪口呆，"好不容易到了，您怎么又要回去？"

"乘兴而来，尽兴而去，又何必非要见安道一面不可呢？"

王徽之口称的这位安道即是他朋友的字，安道姓戴名逵，乃是当时一位著名的隐士，其人多才多艺，绘画、雕塑、音乐、文章无所不精。戴逵出身士族，父祖兄弟俱入仕途，但他自己对官场唯恐避之不及。

早先，武陵王司马曦得势时，曾派人邀请戴逵来府上鼓琴助兴。

戴逵闻言，指着来使的鼻子斥道："你们以为我戴安道是专供王侯消遣的伶人吗？"言讫，他当着使者的面将琴摔了个粉碎。

淝水之战期间，戴逵的哥哥戴逯随谢氏出征，屡立战功。一次，谢安问戴逯："你们兄弟一个归隐山林，一个建功立业，怎么性格天差地别？"

戴逯答道："我忍受不了清苦，正如舍弟忍受不了官场是一个道理。"

谢安听罢，对戴逵越发好奇，很想见见这位隐士，更奢望能凭三寸不烂之舌邀戴逵出仕。

过了些日子，谢安趁着闲暇来到会稽剡县，循着乡人的指引找到了戴逵的家。

敲了几下门，宅门打开，一名仆役探出头来，疑惑地盯着谢安。

"请问戴君在否？"

仆役也不多问，直接将谢安领进了屋："先生正在后院作画，请您稍候片刻。"

谢安闲得无聊，随手拿起案几上的一本书。

一旁，仆役边忙家务边言道："这是我家先生写的，您自可随意翻看。"

谢安点了点头，只见这本书名为"竹林七贤论"。他有些纳闷：竹林七贤？从没听说过，是什么人呢？

翻开第一页，开篇写道："嵇康字叔夜……"谢安明白了。"竹林七贤"原来是戴逵给这帮魏朝名士起的雅号。

谢安读得兴致盎然，不知不觉一个下午就过去了。他和戴逵从未谋面，但看完这本书，仿佛觉得自己完全感知到了戴逵的内心世界。他确定，戴逵是绝对不会出仕的。

这时，仆役招呼谢安："我家先生刚刚画完，请您到后院一叙。"

谢安转到后院，只见院子里杂七杂八地堆满了各种雕塑，其中尤以佛像居多，佛像个个憨态可掬，技艺巧夺天工。

在院落中央，一个人正端详着一幅墨迹未干的画。这人正是戴逵。

戴逵见谢安走来，招呼道："让您久等，实在不好意思。来来来，您看看我这画画得如何？"

谢安揖手，打算先自报名讳："在下是……"

"哎！既然到我这里，肯定是同道中人。不必报名，咱们先看画！"戴逵见谢安这身打扮，已知必是一位公卿贵胄，他打断谢安的话，以免搅了自己的雅兴。

谢安笑笑，只得上前。

这是一幅宽幅画作。画中共有八个人席地而坐，人与人之间隔以松柏槐柳竹等树木，八人旁边均注明了姓名。

谢安从右至左看起。

第一人身材矮小精悍，眼神中颇有几分市侩气，他跷腿斜靠在案几上，手持玉如意。旁边有个大酒樽盛满了酒，酒樽中还浮着一只俏皮的小鸭玩偶。这人是爱财如命的王戎。

第二人头裹方巾，神情明显比其他人显得沉稳持重，他端着酒樽正欲畅饮。这人是深富政治智慧的山涛。

第三人发髻包巾，左手支地，右手举在唇边，正得意地吹着口哨。这人是擅吹口哨的阮籍。

第四人梳着双发髻，相貌清秀，眼神桀骜不驯，膝上摆着一张琴正自抚弄。这人是"广陵绝响"嵇康。

第五人神情略显忧愁，闭着双眼，倚靠大树冥思苦想。这人是为《庄子》作注解的向秀。

第六人左手举樽，右手手指沾酒，眼神贪婪，直盯樽中酒。这人是嗜酒如命的刘伶。

第七人怀抱一把类似琵琶的乐器，凝神弹奏。这人是音乐达人阮咸。

在画幅最左，还有第八个人，他是个老者，同样抚琴弹奏。这人是春秋时期以洒脱乐观著称的隐士荣启期。荣启期跟"竹林七贤"并非同时代人，但八人穿越到一处，颇具超现实主义色彩。

这幅画名为"竹林七贤与荣启期图"，画中八人神态各异，栩栩如生。谢安看得如痴如醉，竟觉得自己也远离官场十万八千里，正穿越时空的阻隔，与画中人开怀畅饮。

"戴君画技果真名不虚传。观此画令我身临其境，我甚至都怀疑戴君是不是亲眼见过他们……"

"不，我当然没见过。"戴逵微笑着，"可我知道他们的故事，他们每个人的故事……"

——本书完——

[作者按]本书是《世家的天下》的修订版。初版上市后，有读者问我为何以桓温之死来收场，要知道，桓温死后，东晋王朝依旧延续了近半个世纪之久，这似有虎头蛇尾之嫌。

如今，借着修订版的机会，我想回答这一问题。

有人说鱼的记忆只有七秒，人类的记忆固然要比鱼长得多，再加上拥有文字这个强大的工具，人类本应牢记所有（至少是大部分）教训。然而，纵览数千年的人类文明史，却发现人类竟是一而再再而三地重蹈覆辙。有时候是前进三步，后退两步，有时候是前进两步，后退三步。

所以，如果我继续往后写，当然还有很多故事，但我觉得，那些故事仅是之前故事的重复罢了……

附录：世家简介

· 河内司马氏

魏朝，司马懿、司马师、司马昭父子三人有条不紊地蚕食曹氏社稷，最终由司马炎建立了一个士族的天堂——晋朝。"八王之乱"和"永嘉之乱"时，皇室成员命贱如蝼蚁，大批大批地被屠杀。虽然后来司马睿延续了晋室社稷，但皇室也沦落到任由士族摆布的地步，再难翻身。

· 琅邪王氏

中国历史上当之无愧的第一望族。在长达近千年的悠久岁月里，这一家族出过不计其数的名人，在政治、文化、哲学等领域独领风骚。高喊"老臣无状"的孝子王祥、"竹林七贤"中的王戎、清谈误国的王衍、东晋开国功臣王导、剑指国都的权臣王敦、"书圣"王羲之……这些风云人物，俱是时代的缩影。

· 颖川陈氏

东汉中期新崛起的士族。魏朝开创初，陈群推行"九品中正制"，不仅让自己成为士大夫的精神领袖，更给全天下士族带来长达数百年的巨大利益。不过，陈群、陈泰父子跟司马氏关系微妙，使这一家族在之后的地位大不如前。

· 颖川荀氏

荀氏的兴盛，起源于战国末期大思想家、文学家、政治家荀子，乃是名副其实的文化世家。东汉末年，颖川派是朝廷（曹操麾下）最强政治派系，荀氏大佬荀彧则属这个派系的核心。荀彧死后，家族成员迅速向司马氏靠拢，臭名昭著的佞臣荀颢、荀勖在西晋早期权倾朝野。"永嘉之乱"后，荀藩、荀组发展成半独立性质的割据势力，而后归附东晋。可无论时局如何，颖川荀氏在文化领域的领导地位始终未曾动摇。

· 颍川钟氏

东汉末年到魏朝开创，钟氏大佬级人物——钟繇的权势可以说是骤然跌落，钟繇的儿子很快变成司马家族的坚定盟友。后来由于钟会谋反，钟氏虽依旧繁盛，但他们在史书中的出镜率也大幅降低。

· 谯郡曹氏

众多史料表明，东汉末年的曹氏并不属于文化世家，但也绝非寻常寒门，严格来讲，应该算有点家底的豪族。曹氏在乱世中像暴发户般崛起，终于开创了魏朝，却只经过两三代人便急剧衰落。好在晋武帝司马炎宽宏大量，曹氏最后沦为前朝贵胄。

· 谯郡夏侯氏

跟曹氏同乡、联姻、携手打天下的铁哥们儿，这些因素让夏侯氏成了魏国"准"宗室。早期的夏侯氏尚武不尚文，由此培养出夏侯惇、夏侯渊这两个大名鼎鼎的军界牛人。但后来，大概是夏侯氏一心想往文化人堆里钻，让他们放弃了尚武的传统，曹叡就连想提拔个能带兵打仗的夏侯族人都找不出来。反倒是出了个跟司马氏死扛到底、名声响彻魏晋的玄学领袖夏侯玄。最后还是夏侯渊的曾孙女夏侯光姬比较得力，生出个东晋开国皇帝来。

· 太原王氏

从东汉末年司徒王允刺杀董卓时起，这一家族便在史书中留名。魏朝时，王淩、王昶兄弟是魏吴接壤两大主战区的最高军事统帅。但后来，王淩走上一条不归路，王昶则带领家族走向繁荣兴盛。西晋伐吴战役中，王浑为统一天下做出了巨大贡献。不过，由于太原王氏跟匈奴王刘渊的黑背景，家族一度沉沦。直到东晋中期，王坦之联合谢安跟权臣桓温周旋，保住东晋社稷，太原王氏才再度崛起。

· 河东裴氏

早在汉魏时，河东裴氏便是名门望族。西晋初，裴秀改制五等爵，家族实力飙升。元康年间，裴颜与贾模、张华分管朝政，让西晋进入一个相对平稳的时期。"永嘉之乱"后，河东裴氏多留在江北，唐朝时再度达到鼎盛。

· 高平郗氏

郗氏本属二三流士族。"永嘉之乱"后，郗鉴沦为流民帅发展势力，而后终于抓住机会跃升东晋重臣，并与琅邪王氏结为政治盟友。自此，郗氏开始兴盛。东晋中期，郗愔、郗超父子在皇室和权臣桓温之间玩政治对冲，以图保全家族。多年后，东晋灭亡，朝代更迭，郗氏后人最终押错了宝，致使家族日渐没落。

· 颖川庾氏

庾氏是魏朝新兴起的士族。西晋时，庾纯与任恺联手对抗贾充，后以失败告终。东晋时，庾亮帮司马绍剿灭了最强权臣王敦，而后，颖川庾氏成为琅邪王氏的头号政敌，并一度把王导压得抬不起头。东晋中期，庾氏大部分族人被权臣桓温屠灭，从此一蹶不振。

· 陈郡谢氏

谢氏本是魏朝新兴的小士族，直到东晋中期，通过皇太后褚蒜子的关系才渐入佳境。随后，谢安跟桓温百般周旋，维护东晋社稷与其他各家利益。淝水一战，谢安、谢玄叔侄挽救了东晋王朝，陈郡谢氏的声望达到巅峰，成为与琅邪王氏比肩齐名的望族，人称"王谢"。

· 谯郡桓氏

魏朝时，桓氏因为跟曹氏同乡，家族势力庞大。正始年间，义士桓范受曹爽牵连被诛，桓氏几近灭族。东晋中期，桓温崛起成为新一代权臣，然而，桓氏始终难以融进一等士族之列。桓温死后，公元403年，桓温的儿子桓玄灭了东晋，开创桓楚王朝。不想桓楚只存在一年多就被刘裕灭了，东晋得以复辟。又过了十七年，到公元420年，刘裕迫使东晋最后一位皇帝——司马德文禅位。自此，历史进入了南北朝时期。

· 弘农杨氏

有"四世三公"之称的弘农杨氏始自西汉。东汉末年，杨氏备受曹操打压，家道中落。西晋时，杨氏一连冒出两位皇后——杨艳、杨芷姐妹，外戚"三杨"权倾朝野。可没多久，"三杨"俱被贾南风诛灭，杨氏再度没落。"永嘉之乱"后，杨氏留在江北繁衍生息，两百年后，杨氏后人杨坚开创了隋朝。

· 泰山羊氏

毫无疑问，羊氏家族在魏晋时代是相当成功的。单就羊徽瑜嫁给司马师来说，这么硬的背景就足够羊氏躺在床上兴盛至少大半个世纪。不过，羊氏能流芳千古，恐怕还要归功于名将羊祜完美的品格。另外，被五废五立的传奇皇后羊献容的故事更是引人遐思。

· 太原郭氏

郭氏押了两次宝。第一次，郭淮死抱司马懿大腿，让家族在魏朝惊涛骇浪般的政治环境中得以繁盛。第二次，郭槐嫁给贾充，让家族在西晋得以壮大。可不承想，因为贾南风的败亡，郭氏最终还是走向了没落。

· 范阳卢氏

东汉末年，经学家卢植成为开启这一名门的鼻祖。魏朝时，卢毓是司马家族坚定的政治盟友。西晋时，卢志一心想把半傻子司马颖雕琢成器，最后功败垂成。"永嘉之乱"后，范阳卢氏多留在江北，一直到唐朝仍兴盛不衰。

· 琅邪诸葛氏

三国时期，诸葛氏分散在三个国家。蜀国诸葛亮，吴国诸葛瑾、诸葛恪，魏国诸葛诞的故事不仅充满了传奇，更在一定程度上体现了他们各自国家的特点。而琅邪诸葛氏在东晋兴盛，很大程度是由于东晋开国皇帝司马睿的奶奶——诸葛太妃的余荫。

· 吴郡陆氏

"吴郡四姓"之一，以忠著称。半个多世纪以来，陆氏家族始终灾祸不断。陆逊被孙权逼死；陆抗、陆凯郁郁而终；陆凯全家遭流放；陆抗两个儿子——陆晏、陆景在王濬伐吴时战死，另外三个——陆机、陆云、陆耽则卷入"八王之乱"，被司马颖处死。然而，陆氏虽屡屡重创，却一直稳居江东声望最高的名门之列。

· 吴郡顾氏

"吴郡四姓"之一，以厚著称。沉默寡言的吴国第二任丞相顾雍才死了一年，他的两个孙子就被孙权流放，顾氏家族遭受巨大打击。西晋末年，顾荣作为帮司马睿稳定江东局势的一杆大旗，不仅为东晋王朝的建立奠定了基础，更向世人证明，文、武、忠、厚这四种品性中，厚重才是能走得最长远的。

· 吴郡张氏

"吴郡四姓"之一，以文著称。其代表人物张温很早"打了酱油"，这一家族也就淡出了历史舞台。

· 吴郡朱氏

"吴郡四姓"之一，以武著称。和另外三家一样，三国时期的朱氏也是饱受迫害。大佬朱据因卷入"南鲁党争"遭受飞来横祸。朱异又被诸葛恪压制，最后死在宗室权臣孙綝手里。晋朝时，这一家族鲜有杰出人物。

· 牛氏

或许，东晋皇帝个个都该姓牛……